es 1535
edition suhrkamp
Neue Folge Band 535

Neue Historische Bibliothek
Herausgegeben von Hans-Ulrich Wehler

Aus dem Gegensatz von Traditionalität und Modernität ist häufig die französische Geschichte des 19. und 20. Jahrhunderts verstanden worden. In Absetzung von dieser bloß formalen und historisch belasteten Begrifflichkeit stehen in diesem Band die Herausbildung, die Etappen und die Formen der Klassengesellschaft in Frankreich im Mittelpunkt. Dabei wird die Untersuchung allgemeiner gesellschaftlicher Prozesse (Industrialisierung, Urbanisierung, Bevölkerungswachstum und Staatstätigkeit) mit der Analyse von Marktstrukturen und -konflikten, Lebensweisen, Karrieren und Aktionen gesellschaftlicher Klassen verbunden. Der erste Teil des Bandes zeichnet die Funktionsweise der Notabelngesellschaft bis 1880 nach, die eine Zwischenetappe auf dem Weg zur Herausbildung von Klassenstrukturen darstellt. Der zweite Teil entfaltet die Grundlinien der Bürgergesellschaft, die sich zwischen den beiden Weltkriegen und während der »Vierten« und »Fünften« Republik bildete.
Heinz-Gerhard Haupt ist Professor für westeuropäische Sozialgeschichte an der Universität Bremen.

Heinz-Gerhard Haupt

Sozialgeschichte Frankreichs seit 1789

Suhrkamp

Für Jean Bouvier

edition suhrkamp 1535
Neue Folge Band 535
Erste Auflage 1989

Erstausgabe

Satz: Hümmer, Waldbüttelbrunn
Druck: Nomos Verlagsgesellschaft, Baden-Baden
Umschlagentwurf: Willy Fleckhaus
Printed in Germany

1 2 3 4 5 6 – 94 93 92 91 90 89

Inhalt

Einleitung

Die französische Gesellschaft hat seit gut 200 Jahren der deutschen als Vorbild, als Spiegel oder als abschreckendes Beispiel gedient. In einer produktiven Aufnahme der Erfahrungen der Französischen Revolution von 1789 hatten die deutschen Jakobiner bereits auf eine politische Veränderung nach dem Vorbild Frankreichs gehofft. Auch Karl Marx meinte, durch das »Schmettern des gallischen Hahns« werde der deutsche Auferstehungstag, d.h. die Revolution angekündigt. Schließlich fand Heinrich Mann in der republikanischen Tradition, Kultur und Regierungsform Frankreichs einen Fixpunkt, um den deutschen Obrigkeitsstaat zu kritisieren. Selbstfindung ging aber leicht in Selbstbestätigung über. Folgenreicher als diese Sympathiebekundungen waren in Vergangenheit und Gegenwart die Autoren, die scharfe Unterschiede zwischen Deutschland und Frankreich hervorhoben. In seinem Kampf für die deutsche Kultur, der im Ersten Weltkrieg besonders aggressive Form annahm, identifizierte Thomas Mann in der folgenden bekannten Formel Frankreich als Antipoden: »Deutschtum, das ist Kultur, Seele, Freiheit, Kunst und *nicht* Zivilisation, Gesellschaft, Stimmrecht, Literatur.« Sowohl die Revolution von 1789 als auch generell die Demokratie, der auf Paris konzentrierte Literaturbetrieb wie dessen Tendenzen rückten in das Zentrum seiner Angriffe. In den zwanziger Jahren unseres Jahrhunderts verschob sich der Gegensatz von Kultur und Zivilisation indes stärker zu der Gegenüberstellung von Modernität und Traditionalität. Sie spielte bereits in Arnold Bergsträssers und Ernst Robert Curtius' Frankreichkunde als Argumentationsfigur eine Rolle und ging als Leitmotiv ein in Friedrich Sieburgs Essayband *Leben wie Gott in Frankreich*, der 1929 publiziert wurde. In diesem Kontrastbild konnte die Überlegenheit der deutschen Gesellschaft leicht bewiesen und die Statik Frankreichs schnell mit Dekadenz identifiziert werden. In dem Begriffspaar selbst schlummerte die aggressive Logik, daß die Dynamik der deutschen Entwicklung die Stagnation der französischen Zustände hinwegfegen müsse. Diese Tendenz ist bereits von hellsichtigen Zeitgenossen deutlich erkannt worden. Auch nach dem Zweiten Weltkrieg lebte die Begrifflichkeit fort, teilweise wertbesetzt wie eh und je, teilweise in einer Übernahme der Modernisierungstheorie abgeschwächt.

Nicht nur die historische Belastung und die Struktur rät zur Vorsicht bei der Benutzung der Begriffe »modern« und »traditionell«, sondern auch ihre begrenzte Reichweite. Denn sie zeichnen sich weder durch eine große Schärfe noch durch eine umfassende Erklärungskraft aus. Sie unterstellen ein bestimmtes Bild der Modernität, das zumeist aus historischen Vorbildern gewonnen ist, und verstellen oft den Blick für spezifische nationale Eigenheiten. So hat etwa eine für die Kenntnis der französischen Geschichte wichtige Schule amerikanischer Historiker und Soziologen Frankreich lange vom angelsächsischen Modell ausgehend analysiert, dabei aber etwa – wie David Landes – die Ressourcen der französischen Unternehmer unterschätzt. Auch sozialgeschichtlich so aufregende Entwicklungen wie die Herausbildung modern-kapitalistischer Strukturen in handwerklichen Organisationsformen konnten ebensowenig erfaßt werden wie die antikapitalistische Ausrichtung von traditionellen Forderungen der Bauern.

In jüngeren Arbeiten der bundesrepublikanischen Frankreichforschung ist vor allem der von Stanley Hoffmann geprägte Begriff der »blockierten Gesellschaft« rezipiert und benutzt worden. Mit diesem hat der amerikanische Sozialwissenschaftler auf eine seit 1880 und ein halbes Jahrhundert dauernde Phase der sozialen Ruhelage hingewiesen, in der der Solidarprotektionismus des kleinen und mittleren Bürgertums, eine schwache staatliche Autorität und ein unentwickeltes Vereinswesen für ein Parallelogramm der Kräfte sorgten, in dem die eine die andere bedingte und stabilisierte. Auch dieser Terminologie lag ein normatives Modell zugrunde, nämlich das einer mobilen Gesellschaft, hinter der unschwer die nordamerikanische zu erkennen war. Daneben gingen in die These Annahmen ein, die heute nach den Forschungen von Maurice Agulhon und seinen Schülern zu korrigieren sind. Da vor dem Ersten Weltkrieg in ganz Frankreich 2100 Schützen- und Sportvereine existierten, hat Hoffmann offensichtlich das Ausmaß der Geselligkeitsformen unter-, die Apathie der zivilen Gesellschaft aber überschätzt. Weiterhin unterstellte sein Modell den Dualismus von traditionalen und entwickelten Sozial- und Wirtschaftsgruppen, der eine Weiterentwicklung der französischen Gesellschaft verzögert habe. Neuere Arbeiten, u. a. die von Burkhart Lutz, haben aber auf die Dynamik aufmerksam gemacht, die beide Sektoren miteinander verband, so daß die Prosperität des einen die Voraussetzungen für die Entfaltung des anderen war. Schließlich nimmt die These der »blockierten Gesellschaft« ihren Ausgang von politischen Einstellungen, der sie dann einzelne, global charakterisierte Gesellschaftsklassen oder -schichten zuordnet, ohne diese selber zum Gegenstand der Analyse zu machen. In einer sozialgeschichtlichen Perspektive wirft die politische Etikettierung von Klassen eher Probleme auf, als daß sie diese lösen hilft.

Um die französische Gesellschaft nach 1789 zu charakterisieren, bietet es sich aufgrund der Schwächen der diskutierten Ansätze an, die Debatte aufzunehmen, die in der Bundesrepublik über die Herausbildung von Klassenstrukturen in entwickelten Gesellschaften geführt worden ist. Die dabei benutzten Begriffe sind weder historisch pervertiert und mit aggressiven Werten besetzt worden noch so sehr auf ein nationales Beispiel bezogen, daß sie den zu untersuchenden Gegenstand leicht verfehlen können. Sie haben überdies in Studien zur deutschen Gesellschaft bereits einen Härtetest bestanden. In dieser Tradition wird die leitende Frage gestellt, wann, in welchem Ausmaß und in welchen Formen die Klassen sich als prägende Strukturprinzipien, Lebensweisen und Aktionsräume herausgebildet haben. Mit dem Hinweis auf die Strukturen ist der Blick auf die Gesellschaft als Ganzes und die sie durchziehenden Mechanismen verbunden. Mit dem Rekurs auf die Lebensweise rückt die Kohäsion und Dispersion der Klassen, aber auch die soziale Distanz zwischen ihnen in den Mittelpunkt, mit den Aktionsräumen das Verhältnis von Klassenlage und -haltung.

Damit sind die drei zentralen Dimensionen der Analyse umrissen:

Erstens: die Ebene der Gesellschaftsgeschichte. Veränderten sich zwischen 1789 und 1945 die Mechanismen der Zuschreibung von sozialem Rang, Prestige und Macht derartig, daß unterschiedliche Typen von Gesellschaft und verschiedenartige Ausprägungen der sozialen Ungleichheit festzustellen sind, die nicht oder nur teilweise dem Typus der Klassengesellschaft entsprechen? Dieser wird als ein Ensemble von Bedingungen definiert, in dem die durch Besitz oder Qualifikation bzw. durch deren Fehlen charakterisierten Klassen gegenüber anderen Formen der Zuordnung dominierten und in einem prinzipiell offenen sozialen Raum und

Wettbewerb um Veränderung der sozialen Positionen und Schaltzentralen der politischen Macht kämpften.

Zweitens: die Ebene der Klassenbildung. Wann setzten sich durch ökonomische Grundverhältnisse wie Lohnarbeit, Profit, Grundrente, besondere Qualifikationen konstituierte, durch Heiratsbeziehungen, berufliche Traditionen und geselligen Kontakt geeinte »soziale Klassen« (Max Weber) durch? Welche Verbindungen nahmen sie untereinander auf bzw. welche Barrieren errichteten sie gegeneinander? Welche Fraktionen, d. h. durch besondere soziale Verhaltensweisen identifizierbare soziale Untergruppen, tauchten in den derartig bestimmten Klassen auf? Schließlich gilt es auch nach den Wegen und Möglichkeiten der Wanderung zwischen den Klassen zu fragen, um das Ausmaß der Flexibilität in einer Gesellschaft bestimmen zu können, die schnell seit dem Ende des 19. Jahrhunderts als »blockiert« angesehen wird.

Drittens: die Ebene der Klassenkonflikte. Verlängerten die politischen Auseinandersetzungen oder Gemeinsamkeiten die Linien der Klassenstruktur? Oder aber verwischten und mischten sich diese, so daß sozial eigenständige handlungsfähige Kollektive entstanden? Läßt sich etwa zwischen Konfliktformen und -inhalten unterscheiden, in denen die Klassen relativ ungemischt einander gegenüberstanden, und jenen, in denen Koalitionen notwendig waren? Fungierten einzelne Klassen als soziale Puffer oder Sicherheitsventile, so daß gesellschaftliche Spannungen in all ihrer Schärfe nicht zur Austragung kamen, sondern zuvor abgeleitet wurden? Damit wird keineswegs aus der Klassenlage ein notwendiges soziales, ökonomisches und politisches Engagement gefolgert, sondern nach Verwerfungen, Brüchen und Brücken gesucht.

Hinter all diesen Problemstellungen stehen – wie unschwer zu erkennen ist – Anleihen bei großen Theoretikern, von denen zumindest drei genannt werden sollen: Karl Marx, Max Weber und Pierre Bourdieu. Die Marxsche Klassenanalyse, deren wichtigste Schwäche in ihrer Teleologie liegt, sieht jedoch stärker als die Webers die Klassen in ihrer Dynamik und ist deshalb für historische Untersuchungen wichtig. Sie macht vor allem auf die dem Markt vorgelagerten Bedingungen aufmerksam, auf die Strukturen der Ungleichheit, die bereits durch Familienangehörigkeit, Geschlecht und Herkunft gegeben sind, die mithin nicht in der Marktkonkurrenz erworben wurden, sondern von dieser allenfalls bestätigt werden konnten. Außerdem betont Marx die Mechanismen, die zu der Herausbildung eines Marktmonopols und zur Reproduktion von Ungleichheit führen. Wenn auch sein Hinweis auf den Mehrwert, der in der Produktion vom Unternehmer angeeignet bzw. gesamtgesellschaftlich zur Alimentierung einer breiten, nicht arbeitenden Klasse dient, nur schwer zu operationalisieren ist, wirft er doch zu Recht das wichtige Problem auf, aufgrund welcher internen Mechanismen der kapitalistischen Gesellschaft diese sich in ihren wichtigsten Strukturen fortschreibt.

Bourdieu hat die Reihe der gesellschaftlichen Regeln, die Klassen abgrenzen und konstituieren, um kulturelle Normen, den Habitus und die den jeweiligen Institutionen innewohnenden Selektionskriterien erweitert und diese in eine dynamische Sicht der Gesellschaft eingebracht. Denn Qualifizierung und Differenzierungsmerkmale sind weder unschuldig noch unveränderlich, sondern sie sind nach Bourdieu das Ergebnis von immer wieder zu führenden Kämpfen um ihre Geltungskraft und -dauer.

Von Max Weber schließlich ist die Idee übernommen, daß die Klassen sich in ihrer Mannigfaltigkeit auf dem Markt zeigen und herausbilden, sich um die anzubietenden Güter gruppieren und in Opposition zu jenen stehen, die entweder einen Monopolanspruch auf Leistungen oder Besitz erheben oder diesen in Frage stellen. Auch die Betonung der sozialen Mobilität, der Berufswahl und der Geselligkeit ist Webers Definition der sozialen Klasse entlehnt. Seinem Ansatz folgend wird die Klassengesellschaft schließlich nicht als Lokomotive verstanden, wie sie in der Metaphorik der marxistischen Analyse oft erscheint, der alle anderen gesellschaftlichen Zustände weichen müssen, sondern als eine zeitweilig innehaltende, sich dann partiell durchsetzende, aber auch manchmal zurückbildende Struktur, die mannigfachen Einflüssen unterliegt. Von der Annahme einer linearen Entwicklung der Gesellschaft oder der Klassen wird mithin abgesehen.

Getestet werden soll eine Erklärung der französischen Gesellschaftsentwicklung in zwei Phasen: in der Entfaltung der Notabelngesellschaft zwischen 1789 und 1880, deren Beginn Wolfgang Mager schon im Ancien Régime ansetzt, und in der Ausbildung der Klassengesellschaft zwischen 1880 und 1945. In den noch nicht durchgesetzten und verallgemeinerten Marktstrukturen im ökonomischen, gesellschaftlichen und politischen Bereich wird eine wichtige Grundlage der Notabelnherrschaft gesucht, während die konstituierten Klassen sich bereits auf einem nationalen Markt bewegen konnten. Auch im Bereich der Konflikte und der sozialen Konstellationen ist der Markt von 1880 wichtiger als der Betrieb, der als gewerbliches Unternehmen gesellschaftlich minoritär und als Großbetrieb eine Rarität war. Der Übergang zwischen beiden Phasen verlief gleitend, begann teilweise früher, dauerte teilweise aber auch länger an. Die Zäsur des Jahres 1880 ist eher im Sinne von Reinhart Kosellecks »Sattelzeit« denn als ein strenger Einschnitt zu verstehen. Mit dem Jahr 1945 setzt dann eine spezifische ökonomische, demographische und soziale Konjunktur ein, die abschließend kurz skizziert wird.

Mit diesen Fragestellungen gehen prinzipielle Entscheidungen einher. Im folgenden wird der Akzent stärker auf den Binnenprozessen in sozialen Klassen und ihren Konfliktmustern liegen als auf der Vielfalt politischer Kämpfe, Zuordnungen oder Vorstellungen oder auf den religiösen und ideologischen Tendenzen. Aufgrund des höchst unterschiedlichen Forschungsstandes, aber auch aufgrund der Qualifikation des Verfassers nehmen die Passagen, die der Notabelngesellschaft gewidmet sind, mehr Raum ein als jene, die die Zeit nach 1880 behandeln.

In der Bundesrepublik eine Sozialgeschichte zu schreiben erfordert heute weniger Mut und weniger Bekenntnisse als vor 20 Jahren. Wenn diese auch keineswegs den Platz und das Prestige besitzt, das ihr in Frankreich zukommt, hat sie doch den Charakter der Außenseiter- oder Oppositionswissenschaft verloren. Die teilweise mit maßlosen Übertreibungen geführte Attacke gegen sozialgeschichtliche Analysen, die von seiten der Politik- oder Diplomatiegeschichte ausging, erscheint ebenso überlebt wie das Frohlocken über eine Renaissance der politischen Geschichte unter Sozialhistorikern. Denn die intime Kenntnis sozialer Prozesse und Interessen verleiht der Analyse politischer Akteure und Entscheidungen eine größere Reichweite. Auch die Auseinandersetzung zwischen der Alltagsgeschichte und der theoriegeleiteten Sozialgeschichte ist so prinzipiell geführt worden, daß übersehen werden könnte, wie komplementär manche Ansätze sind. Denn die Gesellschaftsgeschichte Hobsbawmscher oder Wehlerscher Prägung muß das Studium der Lebensbedingungen und -weisen einbeziehen, der theoretische Zugriff schließt die Lust am Detail nicht aus, hinter den Strukturen ist das einzelne Schicksal sichtbar zu machen.

Diese gleichsam ökumenische Position, die die Beschäftigung mit der französischen Sozialgeschichte nahelegt, steht freilich in der Gefahr, von den einen für zu impressionistisch, von den anderen für zu systematisch gehalten zu werden. Angesichts der Fülle lokaler und regionaler Besonderheiten in einem Land, dessen Vielfalt zuletzt wieder Fernand Braudel beschworen hat, war es immer wieder notwendig, Fallstudien heranzuziehen, um sowohl die Bandbreite möglicher Abweichungen von dem Trend aufzuzeigen als auch Bewegungen und Entwicklungen regional verorten zu können. Zugleich werden an die französiche Geschichte aber auch systematische Fragen herangetragen, die in den letzten Jahren in der Bundesrepublik diskutiert wurden. Nach Äquivalenten für das deutsche Bildungs- oder Stadtbürgertum wird ebenso gefragt wie nach Mustern der Arbeiterbewegung, die sich von den deutschen unterschieden. Diese Exkurse können sich jedoch nicht zu einer vergleichenden Geschichte verdichten, sondern sind dort, wo es sinnvoll erschien, kontrastiv oder erkenntnisleitend eingeführt worden.*

* Der vorliegende Band ist in den Monaten entstanden, in denen ich die Gastfreundschaft des »Centre Pierre Léon« der Universität Lumière Lyon 2 wie auch des »Centre de recherche historique« der »Ecole des Hautes Etudes en Sciences sociales« in Paris genießen konnte. Durch die Lehrveranstaltungen und Diskussionen habe ich zahlreiche Anregungen erhalten. Besonders haben mir jedoch die Gespräche mit Yves Lequin und Sylvie van de Casteele-Schweitzer geholfen, meine Thesen zu präzisieren. Hartmut Kaelble und Friedrich Lenger haben Teile des Manuskripts gelesen und kritisch kommentiert. Ihnen allen sage ich hiermit Dank.

I. Frankreich – Eine Notabelngesellschaft 1789–1880

1. Markt und Gesellschaft

Bei den vorliegenden Versuchen, einen bestimmten Entwicklungsabschnitt des Weges zur Klassengesellschaft zu charakterisieren, ist es verbreitet, von den Strukturen der Ungleichheit, den Produktionsverhältnissen oder der gesellschaftlichen Arbeitsteilung auszugehen. Alle diese Ansätze haben Vorzüge. Der Hinweis auf inegalitäre Bedingungen öffnet den Blick für die Kosten gesellschaftlicher Prozesse und umfaßt außer ökonomischen, sozialen, politischen auch kulturelle Faktoren. Der Akzent, der auf die Produktion und die ihr zugrundeliegenden sozialen Beziehungen gelegt wird, hebt einen gesellschaftlichen Kernbereich in seinem jeweiligen Stellenwert hervor und verortet ihn in einer Entwicklungslogik. Der Blick auf die gesellschaftliche Arbeitsteilung wirft die Frage nach dem Verhältnis von Innen- und Außenprozessen sowie von Peripherie und Zentrum auf und unterstreicht mithin die Dynamik der Entwicklung. Wenn im folgenden die Marktprozesse privilegiert werden, läßt sich diese Entscheidung mit der besonderen Situation Frankreichs im 19. Jahrhundert rechtfertigen. Denn in der Notabelngesellschaft spielten außenpolitische Einflüsse eine nachgeordnete Rolle und blieben die von der Fabrik geprägten Arbeitsverhältnisse in der Minderheit. Um die gesellschaftlichen Entwicklungsbedingungen in einer Zeit zu erfassen, in der sich das Kapital- und Lohnarbeitsverhältnis noch nicht verallgemeinert hatte, der Großbetrieb noch keineswegs die Werkstatt verdrängte und der primäre Sektor die anderen in seiner Abhängigkeit hielt, bot sich an, bei den verschiedenen Marktformen anzusetzen. An ihnen lassen sich nicht nur Trends, sondern auch Konflikte besser ablesen als an der Produktion. Denn die Verteidigung der Autonomie der ländlichen Gemeinden ebenso wie die Marktunruhen hätten leicht in einer Analyse übersehen werden können, welche die Klassen zu stark von der gewerblichen Produktion her bestimmt.

Aber auch die Wahl des Marktes ist nicht problemlos. Denn allzu leicht läßt sich der Historiker fangen von der Logik des Bereiches, spürt Vereinheitlichungs- und Fragmentierungstendenzen zwar nach, unterliegt aber leicht der Versuchung, Entwicklungsgänge und -stadien allein als Etappen auf dem Wege zum nationalen Markt zu bestimmen. Damit würde er allerdings ein ökonomisches Modell übernehmen, das unterschlüge, wie jeder Sieg des Zentrums über die Peripherie alsbald begleitet wird von der Herausbildung neuer Ungleichgewichte und peripherer Problemlagen. Der nationale Markt ist nicht das Ende der Geschichte, sondern nur der Beginn einer neuen.

1.1. Märkte und Marktbeziehungen

Folgt man Karl Polanyi, veränderten sich Ende des 18. Jahrhunderts mit den Markt- auch die Gesellschaftsstrukturen. An die Stelle der geregelten seien die sich selbst regulierenden Märkte getreten, die »die sozialen Beziehungen ... in das Wirtschaftssystem eingebettet« hätten. Nicht mehr die Prägekraft gesellschaftlicher Institutionen wie Zünfte oder Gilden auf dem Markt, sondern das Schwungrad des wirtschaftlichen Lebens bestimme damit die Physiognomie einer nationalen und modernen Gesellschaft. Diese These wird den komplizierten Verbindungen von ökonomischen und sozialen Strukturen nicht gerecht und unterschätzt zudem die Beharrungskraft staatlich-administrativer Regelungen. Zu Recht legt sie aber den Akzent auf die Herausbildung des Marktes als eines Treffpunktes »zum Zweck von Tausch, Verkauf und Kauf«, auf dem sich Individuen und soziale Gruppen mit den von ihnen feilzubietenden Waren begegnen. Damit stellt Polanyi eine Schaltstelle des gesellschaftlichen Lebens in den Mittelpunkt seiner Betrachtungen. Gleichzeitig bezeichnet er mit der Verallgemeinerung und der Autonomie der Marktbeziehungen einen Wendepunkt in der Entwicklung zur »Moderne«.

Sowohl die soziale Bedeutung des Marktes als auch das vorgeschlagene Periodisierungsschema sollen im folgenden diskutiert werden. Die Ausdehnung von Marktverhältnissen kann als Anzeichen für den Grad der wirtschaftlichen und gesellschaftlichen Verflechtung einer Gesellschaft gelten. In dem Maße, in dem die verschiedenen Teile der Bevölkerung und die unterschiedlichen Regionen in marktförmige Beziehungen eingebunden sind, beziehen sie sich aufeinander und bilden durch ihre Tätigkeit ein Aktionsfeld für Waren, Arbeit, Kapital und Informationen heraus. Damit gilt es nach der sozialen Eindringtiefe (Alf Lüdtke) des Marktes für die untersuchte Periode zu fragen. Gleichzeitig steht auch der Einfluß der neuen Organisations- und Kontaktform auf das bestehende soziale Geflecht, auf lebensweltliche Erfahrungen und Gegensätze zur Debatte. Welche Sozialstrukturen mußten dem Markt weichen? Inwiefern zerstörte er Autonomie und stellte Abhängigkeit her? Und weiter: Welche sozialen Konflikte brachen um die Gestaltung und die Macht auf dem Markt auf, der Ort der Selbstbehauptung sozialer Gruppen war?

Schließlich sind auch die sozialen Vorstellungen und Forderungen zu umreißen, die sich gegen und mit dem Markt entwickelten. Ausgehend von dieser sozialgeschichtlichen Problematik kann nicht nur ein Bild der inneren Verhältnisse Frankreichs gekennzeichnet, sondern auch der Tendenz mancher modernisierungstheoretischer, aber auch orthodox-marxistischer Ansätze entgangen werden, die in der Verwirklichung des nationalen Marktes einen ebenso notwendigen wie unaufhörlichen Prozeß erblickten, dem sich alle Klassen und Verhältnisse unterwerfen mußten. Bezieht man jedoch jene sozialen Praktiken und Schicksale ein, die mit nicht-marktförmigen Bedingungen verknüpft waren, können die Kosten der »Moderne« deutlicher umrissen werden.

Die Frage nach der Periodisierung wirft das Problem auf, welche gesellschaftliche Bedeutung der großen Französischen Revolution in der sozial- und wirtschaftsgeschichtlichen Entwicklung zukommt. Die deutliche Gegenüberstellung von Verteidigern eines revolutionären Bruchs und den Verfechtern einer die revolutionären Ereignisse in längerfristige Trends einordnende Kontinuität, der Kampf zwischen Karl Marx und Alexis de Tocqueville, hat in den letzten Jahren viel an Schärfe verloren. An die Stelle einer globalen Bilanzierung ist zunehmend eine sektorale oder problemorientierte Betrachtung getreten, die besser geeignet ist, Veränderung und Fortdauer zu erfassen. Gerade mit der Konzentration auf den Markt geraten soziale Bereiche in das analytische Visier, in denen die revolutionären Versammlungen umfangreiche Veränderungen anpeilten. Deshalb kann an ihnen die Entsprechung oder die Kluft zwischen den Initiativen der Revolution und den realhistorischen Entwicklungen detailliert diskutiert und eine Antwort auf die generelle Frage nach dem Stellenwert der Französischen Revolution für die sozialökonomische Entwicklung skizziert werden.

Die Herstellung allgemeiner, d. h. alle Teile einer Nation durchdringender und gesellschaftliche Verhaltens- und Organisationsweisen prägender Marktstrukturen war aber nicht nur ein Auslöser von Entwicklungsprozessen, sondern auch ein Faktor im Zusammenhang von allgemeinen Veränderungen. Sie ist deshalb in den Kontext der demographischen Entwicklung und der Industrialisierung, der inneren Staatsbildung und der Urbanisierung zu stellen, damit das Beziehungsgeflecht sichtbar wird, vor dessen Hintergrund die spezifische Ausbildung und Entfaltung sozialer Klassen zu verstehen ist.

Der Markt für Waren

Durch den Abbau der Zollschranken im Landesinnern und die Freigabe des Handels hat die Französische Revolution wichtige Hindernisse für die Zirkulation von Waren beseitigt. Bereits am 29. August 1789 fand der Getreidehandel die Freiheit wieder, die Turgot bereits gefordert, Brienne schon realisiert, Necker jedoch im November 1788 erneut eingeschränkt hatte. Trotz dieser Liberalisierung blieb der Export von Korn untersagt. Mit einem weiteren Bündel von Maßnahmen hoben die revolutionären Versammlungen die Salzsteuer (21. März 1790), die Binnenzölle (31. Oktober 1790) und die Stadtzölle (2. März 1791) auf, mithin Institutionen, die – im revolutionären Selbstverständnis – »die verschiedenen Teile des Staates einander entfremden... und der Reproduktion und der Vergrößerung der nationalen Reichtümer schaden«. Wenn die Städte auch später das Recht erhielten, bei der Einfuhr von Waren Zölle zu erheben und damit ihre das gesamte 19. Jahrhundert hindurch andauernde katastrophale Finanzlage zu verbessern, war mit dem Abbau von Steuern und Zöllen doch die Grundlage für die Herausbildung eines einheitlichen Wirtschaftsraums gelegt, zu der auch die am 11. Juli 1792 beschlossene Einführung des Meters und Gramms als einheitliche Meß- und Gewichtseinheit beitrug. Alle diese Maßnahmen richteten sich gegen die beschwerliche Warenzirkulation im Ancien Régime, die etwa darin zum Ausdruck kam, daß 1788 auf einer von Lothringen in den Mittelmeerhafen Sète geschickten Holzladung 34 verschiedene Zölle an 21 Orten lasteten.

Wie auch auf anderen Gebieten stellte die Französische Revolution einen Rahmen bereit, der erst allmählich ausgefüllt wurde. Denn die Vereinheitlichung des Warenmarktes war ein langwieriger Prozeß, der erst nach 1860 zu einem Abschluß kam. In der

Kontinuität des Ancien Régimes setzten nach 1789 die Kaufleute, die nicht nur Waren importierten, sondern sie auch im Inland vertrieben, ihre Aktivitäten fort. So kauften die Häuser in Le Havre Wolle in Argentinien und Baumwolle in Amerika ein und transportierten sie auch zu den Fabrikanten in Roubaix und Mülhausen. Außen- und Binnenhandel gingen Hand in Hand. Auch durch den Transport von Textilprodukten, die auf dem Land in Heimarbeit hergestellt wurden, und den von Rohstoffen wurde Frankreich mit einem Netz von Agenten überzogen, die von dem neuen Wirtschaftsraum ebenso profitierten wie sie ihn mitgestalteten. Im Zuge der Belebung der Handelstätigkeit stieg die Gesamtzahl der Personen an, die eine Gewerbesteuer (»patente«) entrichteten. Im Jahre 1815 waren 900 000 Handwerker und Kleinhändler, Kaufleute, Bankiers und Industrielle tätig, 20 Jahre später bereits 1 150 000 und kurz vor der Revolution von 1848 1 342 000. Trotz zahlreicher Steuerbefreiungen, die vor allem kleinen Händlern und Meistern zugute kamen, setzte sich der Anstieg in den folgenden Jahrzehnten fort und verdoppelte sich die Gesamtzahl zwischen 1827 und 1880. Schon in der ersten Jahrhunderthälfte wuchs jedoch die Zahl der Gewerbetreibenden schneller als die französische Bevölkerung, und vor allem in den Städten bildeten sich Zentren des gewerblichen und kommerziellen Lebens heraus.

Besonders in urbanen Räumen wurden immer größere Bevölkerungskreise in Handelsbeziehungen eingebunden. Auf dem Lande dagegen fehlte vor 1880 der Einzelhandel als letztes Glied in der Handelskette weithin. Er wurde nur unzureichend ersetzt durch den Hausierer, der einen Ballen auf dem Rücken, gefüllt mit verschiedenen Waren, weiterhin wie im 18. Jahrhundert von Hof zu Hof und von Dorf zu Dorf trug und der Landbevölkerung erlaubte, gewerbliche Produkte zu erstehen. Aber auch in Flecken und Städten blieb im Unterschied zu Paris, wo der Ökonom Adolphe Blanqui schon in der Julimonarchie eine Überbesetzung diagnostizierte, die Zahl der Einzelhändler gering. Zu Beginn der Revolution von 1789 wurden 40 000 Einwohner von Orléans von lediglich 867 Kleinhändlern versorgt, während im Jahre 1830 in dem bretonischen Flecken Plozévet 15 gezählt wurden. Aber im Laufe des 19. Jahrhunderts verbesserte sich offensichtlich die Situation. In dem Handels- und Verwaltungszentrum des agrarisch-archaischen Departements Haute-Loire, in Briode, waren 1846 47

Bekleidungs-, 36 Lebensmittel-, 14 Haushalts-, drei Eisenwaren- und vier Läden mit verschiedenen Waren vertreten. In der nordfranzösischen Kleinstadt Rosières (Sommes) kam im Durchschnitt noch 1836 auf 55, 1872 bereits auf 37 Einwohner ein Einzelhändler. Die Klagen der Stadtbewohner richteten sich vor allem gegen das begrenzte Angebot und die hohen Preise. Für den Beobachter der Pariser Gesellschaft, Sébastien Mercier, war Handel synonym mit Panschen von Wein, Verunreinigung von Waren und Überteuerung: »Wer auf die Winkelkramer angewiesen ist«, schrieb er, »die selber schon im Detail kaufen, was sie im Detail an den Mann zu bringen haben, lebt zumindest ein Drittel theurer«. Die Gründung eines »Commerce véridique et social« im Jahre 1835, der eine Gewinnbeteiligung der Käufer und Angestellten vorsah, ist ebenso vor dem Hintergrund schlechter Erfahrungen als auch der Ideen von Charles Fourier zu verstehen. Die Gründungswelle der Warenhäuser schließlich, die nach 1850 einsetzte – der Bon Marché stammte aus dem Jahre 1852 –, profitierte von der bestehenden Lücke im Angebot von notwendigen und erschwinglichen Waren.

Trotz allen Fortschritts war die kommerzielle Durchdringung des Lebens begrenzt. Noch immer siedelte sich in der ersten Jahrhunderthälfte die Schwerindustrie in der Nähe der zur Fertigung notwendigen Rohstoffe wie Holz, Erz, Kohle und Wasser an, da der Transport über längere Strecken schwierig und zu kostspielig war. Selbst der Austausch zwischen benachbarten Wirtschaftsregionen blieb mangelhaft, so daß z. B. der Kalk, der in der Mayenne zum Düngen benötigt wurde, in der Nähe von Laval im Überfluß vorhanden war. Die Zirkulation gewerblicher Produkte, die mit dem verbesserten Straßen-, Kanal-, vor allem aber Eisenbahnnetz an Schnelligkeit und Umfang gewann, hatte den von der revolutionären Gesetzgebung eröffneten Raum noch nicht genutzt. Marktnischen, die ihren Besitzern Gewinne erbrachten, bestanden neben Absatzschwierigkeiten, die aus fehlenden Informationen und der unzureichenden Transparenz des Marktes folgten.

Zwischen den Produzenten und Kaufleuten gab es zu Beginn und bis zur Mitte des 19. Jahrhunderts zumeist direkte Beziehungen. In örtlichen Markthallen oder bei periodisch stattfindenden Messen nahmen sie die Qualität der Waren in Augenschein und tätigten ihre Geschäfte. Sie wandten sich aber auch persönlich an Hersteller und orderten von diesem selbst geringe Mengen an Waren, die sie aufgrund ihrer lokalen Monopolstellung trotz des hohen Preises absetzen konnten. So ließ eine Händlerin aus der westfranzösischen Stadt Niort in der Mitte des Jahrhunderts Kurzwaren aus La Rochelle, Nantes, Saumur und Angers, d.h. aus den benachbarten Departements, aber auch aus Caen, Lille, Rouen, Orléans und Le Puy kommen. Zunehmend seit 1850, vor allem mit dem Ausbau der Eisenbahnlinien, verloren diese persönlichen Kontakte zwischen Ver- und Einkäufern an Bedeutung oder blieben lediglich unter Kleinproduzenten verbreitet, während die großen Unternehmer schnellere und effizientere Formen der Vermarktung ausprobierten. Auch die Messen, unter denen die von Beaucaire am Ende des 18. Jahrhunderts nationale Aura besaß, verschwanden zwar nicht, wurden aber seit 1840 auf Ereignisse regionaler oder lokaler Bedeutung begrenzt. Zwischen die größeren Hersteller von Textil- und Metallprodukten und die Konsumenten oder Detaillisten schoben sich weniger Institutionen – kurzfristig hatten einzelne Betriebe Depots in wichtigen Städten eingerichtet – als Vermittler. Sowohl der Makler, der Rohstoffe lieferte, Fertigprodukte aufkaufte, Vorschüsse gewährte, als auch der für ein Unternehmen Reisende gewannen seit der Jahrhundertmitte an Bedeutung. Während der Handelsreisende auf der Suche nach Aufträgen für einen Industriebetrieb oder ein Handelshaus tätig war, widmeten sich die Makler mehreren Unternehmen. Ihr Schwerpunkt lag zwar nicht ausschließlich, aber vor allem in Paris, von wo aus sie ihre Geschäfte tätigten. Anbindung des Vertriebs an die Betriebe auf der einen, Herausbildung eigenständiger wirtschaftlich mächtiger Vermittlerberufe auf der anderen Seite waren die Entwicklungstendenzen im Großhandel.

Von ihnen wurden auch die Produzenten, die weder eine Monopolstellung noch ein umfangreiches Angebot an Waren besaßen, berührt. Sie wurden zunehmend vom Markt abgeschnitten, abhängig vom Grossisten, der sie belieferte oder ihre Produkte kaufte. Die Schätzung, daß unter den Pariser Handwerksmeistern der Jahrhundertmitte lediglich 5% als unabhängig bezeichnet werden können, weil sie zwischen mehreren Zulieferern und Abnehmern wählen konnten, verdeutlicht die soziale Macht des Großhandelskapitals. Mit dem Makler entwickelte sich neben dem Überseekaufmann und in enger Symbiose mit dem Großhändler eine soziale Gruppe, die Ver- und Einkauf mit Geld- und Kreditgeschäften verband und deren Einfluß im Laufe des 19. Jahrhunderts stieg. Die Reisenden schließlich, die nach dem deutsch-französischen Krieg von 1870/71 die Produkte einzelner Betriebe vermarkteten, bildeten die Vorläufer einer Berufsgruppe, die zwar den Weisungen der Betriebe unterlag und auch ein Grundgehalt erhielt, zugleich aber auch am Umsatz und Gewinn beteiligt war. Sie standen mit einem Fuß in der Selbständigkeit und gehörten zu jenen Figuren, die als soziale Grenzgänger bezeichnet werden können.

Die Ware Getreide. Aufgrund des agrarischen Charakters der französischen Gesellschaft war das Getreide die wichtigste und verbreitetste Ware. Es war unersetzlich, da Brot das Hauptnahrungsmittel blieb; es war allgegenwärtig, da nicht nur jene 75% der französischen Bevölkerung, die Mitte des 19. Jahrhunderts in ländlichen Siedlungen lebten, mit ihm direkt in Beziehung kamen, sondern auch die Städter im täglichen Brotpreis die Schwankungen auf dem Getreidemarkt erfuhren. Die Freiheit des Handels mit Getreide, die die Revolution von 1789 legalisierte, sollte folgender, schon von Turgot 1766 beklagter Situation Abhilfe schaffen: »Nicht alle Ernten sind gleich groß. Getreide ist an denselben Orten manchmal sehr reichlich vorhanden, manchmal sehr wenig. Und in ein und demselben Jahr herrscht manchmal in einem Kanton Mangel, während man in anderen mehr hat, als man verzehren kann.« Die Freiheit sollte die Zirkulation des Getreides oder Mehls fördern, die unterschiedlichen Angebotslagen angleichen und das Preisniveau innerhalb des Landes vereinheitlichen. Dieser Plan ließ sich jedoch im 19. Jahrhundert lange nicht verwirklichen.

Instabilität und regionale Disparität der Preise in Frankreich dauerten über die Revolutionszeit hinaus an. Während der Agrarkrise der Jahre 1816 und 1817 etwa betrug der nationale Durchschnittspreis für ein Hektoliter Getreide am 15. März 1817 36,75 Francs, am 15. Juni bereits 42,21 Francs. Zur selben Zeit mußten die Müller und Bäcker, Kleinbauern und Tagelöhner im ostfranzösischen Departement Vosges 49 bzw. 82,40 Francs, im benachbarten Departement Haut-Rhin jedoch 47,75 und 94,58 Francs bezahlen. Selbst innerhalb der einzelnen Verwaltungseinheiten, vor allem aber zwischen ihnen, fluktuierten die Preise erheblich. In dem die Hauptstadt Paris umfassenden Departement Seine lag der Höchstpreis für Getreide in der Krise um 138% über seinem niedrigsten Stand, im Departement Moselle waren es jedoch 218%.

Nach den Forschungen von Robert Laurent nahmen aber im Verlauf des 19. Jahrhunderts die regionalen Unterschiede hinsichtlich der durchschnittlichen Getreidepreise ab. Lagen im Ersten Kaiserreich die departementalen Höchstpreise noch um 200% über den departementalen Niedrigstpreisen, verringerte sich der Abstand zwischen 1820 und 1830 schon auf 100% und betrug zwischen 1861 und 1870 nur noch 40%. Wie stark sich im Zweiten Kaiserreich der Markt vereinheitlicht hatte, läßt sich daran ablesen, daß zwischen 1861 und 1870 84% der für ein Jahrzehnt berechneten Durchschnittspreise je Departement zwischen 20 und 23 Francs pro Hektoliter lagen. Mit dieser Einebnung der Preisunterschiede ging auch den kleinen, mit einem begrenzten Ernteüberschuß spekulierenden Bauern eine Einnahmequelle verloren, die aus den verschiedenen hohen Preisen innerhalb einer Region geflossen war. Als 1867/68 der Zyklus der Mißernten und Hungersnöte zu Ende ging, der 1811/12 begonnen, 1816/17 und 1828/32 sowie 1839/40, 1847/48 und 1853/57 angedauert hatte, verließ – nach Laurents Worten – der lokale Spekulant die Bühne der Geschichte. Der Getreidehandel siedelte sich auf nationaler Ebene an.

Trotz dieser Vereinheitlichungen bestanden Unterschiede fort. Denn das Preisniveau differierte zwischen einzelnen Gegenden Frankreichs. So gehörte vor 1870 vor allem der Südosten Frankreichs, generell aber der gesamte Mittelmeerraum zu den Gebieten mit Höchstpreisen, da die lokale Produktion unzureichend war. Auch im Nordosten, der Normandie und dem Pariser Becken war das Getreide teuer, da hier die Nachfrage besonders hoch blieb und sich die schlechte Ernte direkt auswirkte. Zwischen den beiden Zonen verteilten sich je nach Krise und Phase die anderen Gegenden mit gemäßigten Preisen. Die hohen Preise hatten aber unterschiedliche Folgen für die Landwirtschaft. Während sie etwa im Südwesten, den Niederungen der Saône und im Pariser Bekken – wenn auch mit unterschiedlichem Erfolg – zu einer Intensivierung der Produktion und zum Einsatz von Maschinen vor allem nach 1840 führten, zogen sie im Mittelmeerraum ausländische, vor allem russische Getreideexporte an und bewirkten zunehmend die Aufgabe des Getreideanbaus und die Ausbildung des Weinbaus als Monokultur. Auf dem nationalen Getreidemarkt stellten die

Großproduzenten der nordfranzösischen Ebenen die weniger produktiven – da häufig kleinbetrieblichen – Bauern Südwestfrankreichs in den Schatten.

Jedoch wurden keineswegs alle Agrarprodukte vermarktet. In manchen Teilen Frankreichs bestand die Subsistenzwirtschaft noch fort. Nach den Berechnungen von Jean C. Toutain boten die französischen Bauern zwischen 1845 und 1854 nur 45% der von ihnen produzierten Nahrungsmittel auf den Märkten an, und erst nach 1875 behielten sie weniger als die Hälfte für den eigenen Gebrauch. Wo die Verkehrsbedingungen schlecht entwickelt waren, die Polykultur vorherrschte und die Urbanisierung in den Anfängen stand, in weiten Gebieten des Limousin, der Auvergne oder des Südwestens verzehrten die Bauern das, was sie produzierten. Selbst in einem doch insgesamt nach außen geöffneten Departement wie dem normannischen Calvados, in dem Viehzucht und Getreidehandel den Kontakt mit dem Marktgeschehen suchten, blieb die Selbstversorgung im Bocage verbreitet. Sie schirmte die Bevölkerung gegen die Folgen von Preisentwicklungen weitgehend ab. Lediglich die Notwendigkeit, für Steuer- oder Pachtzahlungen über Geld verfügen zu müssen, brach die Autarkie, in der die kleinen Bauern noch lebten, etwas auf. Symptomatisch für diese Situation war das Departement Vendée in Westfrankreich, dessen Präfekt im Jahre 1829 berichtete:

»Die Bevölkerung lebt verstreut auf dem Lande, wo der Produzent nur das dem Handel überläßt, was für den familiären Konsum nicht gebraucht wird. Die industrielle Klasse – die einzige, die hier Nahrungsmittel kauft – ist verglichen mit dem Rest der Bevölkerung so unbedeutend, daß selbst die sehr schlecht belieferten Märkte dennoch ihre Bedürfnisse befriedigen können.« Lokale Partikularismen und Kirchturmpolitik konnten auf diesem sozialökonomischen Hintergrund gut gedeihen.

Der Markt symbolisierte nicht nur die Herrschaft der Waren, sondern war auch in die Lebenswelt der Gesellschaft eingebunden, war Gegenstand von sozialen Auseinandersetzungen. Seit dem Ende des 18. Jahrhunderts forderten die Bewohner einzelner Städte und Flecken von den Behörden die Erlaubnis, entweder mehrfach im Jahr Messen oder wöchentliche Markttage abhalten zu dürfen. Um die Jahrhundertwende nahm daraufhin vor allem in Ackerbaustädten und Flecken die Zahl der Märkte zu, während parallel in Städten ihr Umfang und ihre Bedeutung wuchsen. Man hätte eine Häufung der Märkte dort vermutet, wo die Bevölkerung besonders zerstreut lebte und wenig Einkaufsmöglichkeiten besaß. Eine Bestandsaufnahme aus der Mitte des 19. Jahrhunderts erweist jedoch, daß sie insbesondere im Norden Frankreichs geballt auftraten. Vor allem die Nachfrage der Ortschaften war die Ursache für die Einführung von Markttagen. Ihre Präsenz ist in diesem Kontext eher ein Indiz für wirtschaftliche Initiative als für Rückständigkeit.

In der Tat erhofften sich die Stadtväter durch die Abhaltung von Markttagen einen Zuwachs des lokalen Budgets und eine Belebung der Geschäfte. Im Jahre 1849 führte etwa der Bürgermeister der nordfranzösischen Stadt Montreuil aus: »Die Getreide und Produkte werden von den Landwirten und den Gemüsebauern der benachbarten Gemeinden geliefert... Ein Teil des Erlöses ihrer Verkäufe kommt den Kaufleuten, Gastwirten und Industriellen von Montreuil zugute. Diese Berufe können sich hier nur dank der Märkte halten, die auch dazu dienen, der Stadt einen umfangreichen Teil der umlaufenden Münzen zu verschaffen.« Lokale Entwicklungspolitik mußte ihr Augenmerk nicht nur auf das Verkehrsnetz, sondern auch auf die periodisch wiederkehrenden Ereignisse richten, die ein ansonsten gemächliches Handelsleben beschleunigen konnten. Es gehört zu den Klischees von Verwaltungsberichten, der Buntheit der Märkte die Eintönigkeit des Alltags gegenüberzustellen. In der Tat führte der Verkauf verschiedene soziale Schichten zusammen, verbanden sich mit dem Geschäft Kommunikation und Vergnügen. Außer Kaufleuten und Produzenten, Handwerkern und Händlern belebten Schausteller verschiedener Art das Marktgeschehen. Vieh- und Getreidehändler, Müller und Fuhrleute gehörten zu den verbreitetsten und hervorstechendsten Personen, die oft mehrere Funktionen miteinander verbanden und als Handwerker, Gastwirt und Händler über ein Netz von Beziehungen und Informationen verfügten. Neben den Bauern der nahen Umgebung, die ihre Überschußproduktion anboten, den ortsansässigen Notaren, die an Markttagen besonders viele Urkunden ausfertigten, waren auch Schuster, Holzschuhmacher oder Töpfer anwesend. Am Markttag entfaltete sich die Vielfalt der lokalen Gesellschaft. Die behördlichen Weisungen galten deshalb auch dem Ziel, den Austausch zwischen Einzelpersonen, die sich kannten, zu begünstigen und die Eingriffsmöglichkeiten von professionellen und ortsfremden Zwischenhändlern zu begrenzen. So sollte der Marktflecken in einer Entfernung liegen, die den Anbietern und Käufern die Hin- und Rückreise an einem Tag erlaubte. Gleichfalls war es an einigen Orten den Bäckern untersagt, bereits zu Beginn des Marktes ihre Getreide- oder Mehleinkäufe zu tätigen. Erst sollten sich die Privatpersonen versorgen.

Diese Regelungen brachten auch das Bestreben nach Autonomie zum Ausdruck, das die lokale ländliche oder kleinstädtische Gesellschaft beanspruchte. Sie wehrte sich in der ersten Hälfte des 19. Jahrhunderts gegen Außenseiter, sofern sie in das Marktgeschehen eingriffen und nicht schmückendes Beiwerk waren. Der Markt als zentraler Raum des ländlichen Lebens sollte vornehmlich den Ortsansässigen reserviert bleiben. So wurden die als Zigeuner wahrgenommenen umherziehenden Viehhändler zur Zielscheibe von Verdächtigungen. Im Jahre 1886 erklärte in dem südwestfranzösischen Departement Landes ein Tierarzt Unruhen während des Marktes mit folgender Situation: »Ich sah Wagen ankommen, die voll von Zigeunern waren: zahlreiche Männer und Frauen, die Karten lesen konnten oder auf Abenteuer aus waren. Die ersten, wahre Taschendiebe, waren wie Viehhändler gekleidet und gingen wie echte Käufer auf dem Marktplatz herum, immer zu zweit oder zu dritt hintereinander. In dem Augenblick, in dem die Geschäftsabschlüsse ihren Höhepunkt erreichten, ahmten sie mitten in einer Gruppe von Käufern das Geräusch der ›hypoderma bovis‹ nach. Sofort brach Unordnung aus.« Eine offizielle Untersuchung des Vorfalls erbrachte kein Ergebnis, so daß in dieser Schilderung wohl eher die xenophobe Reaktion auf Außenseiter als eine realitätsgerechte Beschreibung zu sehen ist.

Die Autonomie wurde aber durch zwei Prozesse bedroht und ausgehöhlt: zum einen durch die Ausdehnung der Städte, die zunehmend die ländliche Umgebung in ihren Einflußbereich zogen und das dörfliche Wirtschaftsleben auf ihre Bedürfnisse ausrichteten. Zum anderen durch die Intervention ortsfremder Kaufleute, die entweder direkt die ländlichen Produzenten besuchten oder aber den lokalen Markt beherrschten. Damit verloren vor allem ab 1860/70 die Markttage der kleinen Städte und Flecken, die gleichwohl fortbestanden, ihren Charakter als Ausdruck lokaler Selbständigkeit und wurden Teil des nationalen Marktes. Der einzelne Produzent wurde dabei von dem Verkauf seiner Waren abgekoppelt und zunehmend stärker abhängig von den Angeboten der Kaufleute.

Marktkonflikte auf dem Land. Auf dem Markt wurde schließlich auch der Konflikt zwischen Produzenten und Konsumenten ausgetragen. Wenn in Zeiten guter Ernte auch das Verhältnis von Angebot und Nachfrage als Preisregulator angenommen wurde, so wurde bei Preissteigerungen oder gar bei Hungersnöten der Markt nicht mehr akzeptiert. Da Brot das wesentliche Nahrungsmittel blieb – ein Metallarbeiter in Fourchambault verzehrte in den zwanziger Jahren zwischen zwei und vier Pfund am Tag –, die Kartoffel erst allmählich und mit großen regionalen Unterschieden in die populäre Ernährung Eingang fand, wird verständlich, mit welcher Aufmerksamkeit Stadtbewohner und Lohnbevölkerung die Fluktuationen der Getreide-, Mehl- und Brotpreise beobachteten. Denn sie waren aufgrund einer jahrhundertelangen Entwicklung geprägt von der Furcht vor Hungersnöten, die im Ancien Régime häufig die Bevölkerung dezimiert hatten und auch nach der Französischen Revolution zwischen 1794 und 1796 noch einmal Not und Elend verbreiteten. Alle anderen Agrarkrisen des 19. Jahrhunderts waren Teuerungskrisen, in denen der hohe Preis des Brots und Getreides zusammen mit geringen Einkommen den städtischen Unterschichten nicht erlaubte, sich ausreichend zu ernähren, und die arme Landbevölkerung zwang, angesichts der geringen Ernteerträge Saat- oder Brotgetreide zu kaufen. Wie bedrohlich die Einbrüche dieser Preisentwicklung auch für die Familien der städtischen und ländlichen Unterschichten waren, so unterschieden sie sich doch von den Katastrophen, die Tod, Seuchen und Massensterben nach sich zogen. Generell war im 19. Jahrhundert die Grundlage für ein wie auch immer karges Überleben gelegt.

Überdies erfaßten die Teuerungskrisen – wie bereits angedeutet – nicht alle Gegenden mit gleicher Stärke. Es charakterisiert geradezu die französische Agrarlandschaft der ersten Hälfte des 19. Jahrhunderts, daß Gebiete mit Überschußproduktion neben Regionen mit Mißernten bestanden. Bäuerliche Subsistenzwirtschaft auf der Grundlage der Polykultur konnte überdies den Folgen der schlechten Ernten im großen und ganzen entgehen. Auch in den Gebieten, die durch beschiffbare Flüsse leicht zugänglich waren, konnte durch Getreideimporte die Versorgung der Bevölkerung sichergestellt werden. So ging bereits 1817 in der Lyoner Gegend die letzte Teuerungskrise traditionell-agrarischer Art zu Ende, während sie in anderen Regionen bis 1868 immer wieder auftraten. Besonders betroffen waren die größeren Städte Nordfrankreichs, vor allem natürlich Paris, wie auch die getreideproduzierenden Gebiete des Nordens, die nicht nur die ortsansässige Bevölkerung, sondern auch die Hauptstadt oder andere urbane Zentren versorgen mußten. In diesen Gegenden wie an anderen Umschlagstellen des Getreidehandels brach der Konflikt zwischen den Interessen der lokalen Konsumenten und den Geschäften der Kaufleute besonders deutlich auf.

Mit dem Ziel, möglichst günstige Versorgungs- und Marktbedingungen für die lokale Gesellschaft zu schaffen, stellten sich vor allem Frauen, aber auch Männer der unteren Schichten Fuhrwerken oder auslaufenden Schiffen entgegen, die aus der jeweiligen Produktionsregion Getreide ausführen wollten. Bisweilen als präventives Mittel gegen eine Verschlechterung, bisweilen auch als Notmaßnahme sollten diese Aktionen gewährleisten, daß die lokale Produktion ausschließlich der lokalen Bevölkerung zugute käme. In diesem Sinne hat Steven Kaplan recht, wenn er schreibt: »Die Welt der Lebensmittelversorgung war eine geschlossene Welt.« Denn der Horizont der Aktionen war auf die unmittelbare Nachbarschaft, auf die eigenen Interessen begrenzt und wurde durch keine Solidarität mit anderen Regionen oder Gruppen erweitert. Lokaler Partikularismus und Fremdenhaß drückten sich in diesen Selbsthilfemaßnahmen aus, die jedoch auf dem Lande teilweise auch als Reaktion auf die rigorose Praxis der jakobinischen Abgesandten zu interpretieren sind, die die Versorgung von Paris gewährleisten sollte. Ein deutlicher, durch die revolutionäre Politik geschürter Gegensatz von Stadt und Land bildete sich zweifellos in diesen Konfliktmustern ab.

Aber die Angriffe galten nicht nur den fernen Konsumenten, sondern auch den Verkäufern. Wenn der Preis des Brotes oder des Mehls derartig hoch war, daß die arbeitende Bevölkerung ihren Konsum wesentlich einschränken mußte, wurde die Ursache dafür in den Winkelzügen und verbrecherischen Praktiken der Getreide hortenden Bauern, der gewinnsüchtigen Kaufleute, der künstlich eine Politik der Verknappung betreibenden Bäcker oder von Personen des öffentlichen Lebens gesucht. Plünderungen und Marktunruhen, mit dem Ziel, die Verkäufer zu niedrigeren Preisen zu zwingen, Drohgebärden und Mord sollten die Preisentwicklung der Bedürfnisstruktur angleichen. Gerüchte, Verdächtigungen und Verschwörungstheorien blühten in diesem Kontext. So wurde zu Beginn der Revolution von 1789 der König und der Comte d'Artois eines Komplottes verdächtigt mit dem Ziel, die französische Bevölkerung verhungern zu lassen. Auch in der folgenden Zeit wurden je nach Konjunktur Napoleon I., Ludwig XVIII., Karl X. oder Louis Philippe als Urheber der Teuerung angeprangert, wenn nicht geheime Kräfte des Auslands oder der Finanz verantwortlich gemacht wurden. Von den Sansculotten bis zu den Bauern des Calvados der fünfziger Jahre und den 1868 eine staatliche Festsetzung des Brotpreises fordernden Frauen bestanden diese Sorgen und Aktionen fort. In ihnen stellten Frauen, Kinder und Männer aus den städtischen und ländlichen Unterschichten dem Marktmechanismus ihre »moral economy« entgegen, ein System von Werten, in dem die physische Existenz und die Unabhängigkeit der Person garantiert werden sollte. In diesem Sinne forderten die Sansculotten und implizit auch die Volksbewegung des 19. Jahrhunderts das »droit à la subsistance«, das sie dem Markt überordneten und das im staatlich festgesetzten Preismaximum des Wohlfahrtsausschusses Berücksichtigung fand. Persönlicher Stolz und ausreichende Versorgung mit Nahrungsmitteln hingen dabei zusammen. Denn die Aussage »Wir haben Brot zu Hause« war gleichbedeutend mit persönlicher Autonomie.

Die Entwicklung von marktwirtschaftlichen Prinzipien in der Landwirtschaft, die seit dem Zweiten Kaiserreich zur Bildung eines nationalen Marktes für Getreide führten, schloß das Fortleben von traditionellen dörflichen Strukturen und die Kohäsion der ländlichen Gemeinschaft nicht aus. Die Vermarktung von Überschußproduktion bedeutete keineswegs eine Übernahme städtischer Modelle, sondern ging oft einher mit einem deutlichen Autonomiestreben des Landes. Das kam in weiten Teilen in einem ausgeprägten Lokalismus zum Ausdruck. »Bei uns beansprucht jedes Dorf ein ›pays‹ zu sein mit einer eigenen Sprache, eigenen Legenden, Sitten und Gebräuchen.« Die Eigenständigkeit und eifersüchtige Pflege der dörflichen Besonderheit, die ein Lokalhistoriker für das südostfranzösische Departement Var bestätigt, geriet aber in Konflikt nicht nur mit dem Zugriff der Stadt und professioneller Vermittler, sondern auch mit der regulierenden Intervention des Staates. Trotzdem blieben bis zu Beginn des 20. Jahrhunderts die dörflichen Partikularismen, wenn auch eher in kultureller als in ökonomischer Form, bestehen.

Das Land als Ware. Mit dem berühmten Dekret vom 4. August 1789 beschloß die Verfassunggebende Versammlung: »Die Nationalversammlung zerstört vollständig die Feudalordnung.« Damit befreite sie das Land von den auf ihm lastenden Abgaben, Pflichten und Begrenzungen. Es wurde zu einer Ware, die gegen einen auszuhandelnden Preis frei ver- und gekauft werden konnte. Im Prinzip zumindest: Denn in den Ausführungsbestimmungen, die die Versammlung in der folgenden Zeit verabschiedete, wurde zwischen den eine persönliche Abhängigkeit bewirkenden Feudalrechten und den vertraglich fixierten Rechten unterschieden, von denen die ersten abgeschafft, die zweiten rückkaufbar waren. Auch alle Ehrenvorrechte wurden beseitigt, dagegen blieben die dem Grundherrn beim Wechsel des Besitzers gebührenden »droits casuels« bestehen und entschädigungspflichtig. In dem Gesetz vom 3. Mai 1790 legte die Versammlungsmehrheit fest, daß die festen und jährlichen Abgaben, die bislang pekuniär entrichtet wurden, mit dem 20fachen, die Naturalabgaben mit dem 25fachen der jährlichen Höhe abzulösen seien. An die Stelle des seigneurialen Eigentums setzte die Revolution mithin »das allseits akzeptierte, von den politischen Konflikten zwischen den Tiers Etat und der ›feudalen‹ Aristokratie nicht berührte Renteneigentum« (Ernst Hinrichs).

Da sich unter diesen Bedingungen die Situation der Bauern nicht wesentlich verändern konnte und diese überdies in zahlreichen Unruhen ihren Protest artikulierten, hob der Konvent mit dem Gesetz vom 17. Juli 1793 die Unterscheidungen zwischen Feudalrechten auf und ordnete deren entschädigungslose Enteignung an. Damit und durch die Einführung der Realteilung war der Grundstein für die Herausbildung der Kleinbauernwirtschaft gelegt, welche die Agrarstruktur Frankreichs nachhaltig prägen sollte. Im Unterschied zur preußischen Bauernbefreiung, die gerade Entschädigungen der Grundherren verbindlich machte, konnte die jakobinische Gesetzgebung die Hoffnung hegen, den Weg zu einer Demokratie der Kleinbesitzer auf dem Land eröffnet zu haben. Überdies gab sie – und dies in Analogie zu den preußischen Reformen – das Land als Ware frei, die ohne Belastungen und Verpflichtungen veräußert werden konnte. Damit setzte die Revolution einen Schlußstein unter eine seit Jahrhunderten andauernde Entwicklung, in deren Verlauf, in der Bretagne etwa seit dem 13. Jahrhundert, schon Land verkauft worden war und sich vor 1789 bereits Kaufleute und Zwischenhändler auf diese Ware spezialisiert hatten.

Neu war jedoch der Umfang der Landverteilung, die in zwei Wellen durch den Verkauf der zu Nationaleigentum erklärten Kirchengüter und Besitztümer des Adels vorgenommen wurde. Bereits 1790 erklärte die Verfassunggebende Versammlung den Kirchenbesitz zum Eigentum der Nation und bot 6 bis 10% des französischen Grund und Bodens zum Kauf an. Zu Recht hat daher Michel Vovelle von der »umfassendste(n) Enteignung der frühen Neuzeit« gesprochen. Da die erste Generation der »biens nationaux« aber ungeteilt, meistbietend und in der Kantonshauptstadt vergeben wurde, besaßen die Reichen, Bürger und Stadtbewohner eine bessere Ausgangsposition als die Bauern. Allerdings kam den Belangen und Möglichkeiten der letzteren die Regelung entgegen, die Zahlungen in zwölf Raten vorzunehmen. Aber erst die Stückelung des seit 1792 angebotenen Besitzes von Emigranten eröffnete in größerem Ausmaß außer reichen auch den kleinen und armen Bauern oder Tagelöhnern die Chance, Grundeigentum zu erwerben. Während das Ventôse-Dekret des Jahres 1794, nach dem der Besitz von Verdächtigen kostenlos an verdiente Patrioten verteilt werden sollte, ohne praktische Auswirkungen blieb, begünstigte die galoppierende Inflation unter dem Direktorium die Käufer und Schuldner. Schließlich beschleunigte das Kaiserreich die Landesverteilung durch die Veräußerung von Gemeindeland (20. Januar 1813) und trug damit nicht nur der angestrengten Finanzlage, sondern auch der Maxime Rechnung, daß – wie zeitgenössische Schriften unermüdlich wiederholten – der Landbesitz ein Element politischer Stabilität bilde.

Selbst nach 1793 waren keinesfalls alle Ländereien von Pflichten frei und veräußerbar. Denn gewohnheitsrechtliche Bindungen und kollektive Nutzungen standen einer Verallgemeinerung des »Agrarindividualismus« (Marc Bloch) entgegen. Trotz der Einführung der Anbaufreiheit (5. Juni 1791) stießen – wie bereits vor 1789 – zwei Konzeptionen des Eigentums aufeinander. Die erste verteidigte die Autorität und den Alleinverfügungsanspruch des Besitzers, während die zweite die Sozialbindung des Eigentums unterstrich. Gegenstand der Kontroverse waren traditionelle bäuerliche Rechte wie das Weiderecht auf abgeernteten Feldern, das Ährenlesen und das Blättersammeln. In den Agrarunruhen der Revolutionszeit wurde dieser Konflikt ausgetragen, er nährte danach einen tagtäglichen Kleinkrieg, den u. a. Balzac in seinem Roman *Les Paysans* kenntnisreich und anschaulich beschrieben hat. Er führte in Boutigny sogar zum Tod des Schloßherrn, der von dem Müller ermordet wurde, weil er diesem untersagt hatte, sein Vieh über die Wiesen des »châtelain« zu treiben. Vor allem in der Loire-Gegend, dem Norden und Nordosten Frankreichs lebte in der Julimonarchie diese Praxis fort, welche die jeweiligen Regierungen nicht frontal angriffen, sondern der Entscheidung der lokalen Autoritäten überließen. Sie rieten aber davon ab, außerhalb der von Großgrundbesitzern beherrschten Gegenden die Gewohnheitsrechte einzuschränken oder abzuschaffen. Die Umzäunung, die schon vor 1789 in der französischen Agrarlandschaft auftauchte, war eher ein Resultat großbäuerlicher Politik als die Folge eines breiten Konsenses.

Ebensolange wie dieses »droit honteux pour la propriété« widerstand das Gemeindeland dem Siegeszug der Marktprinzipien. In einem Gesetz vom 10. Juni 1793 trug der Konvent zum einen dem Interesse der Gemeinden Rechnung, indem er die Rückerstattung des von Privatpersonen usurpierten Landes forderte. Gleichzeitig legte er deren Nutzung in die Verfügungsgewalt der Gemeindemitglieder, die mit einem Drittel der Stimmen aller Bewohner, die älter als 21 Jahre waren, die gleichmäßige Verteilung auf alle männlichen und weiblichen Einwohner, die mindestens ein Jahr ansässig waren, beschließen konnten. Zum andern ließ er aber auch die Möglichkeit offen, die »communaux« zu verpachten und zu verkaufen. Insgesamt scheinen die Teilungen selten geblieben, die Verpachtung oder aber die kollektive Nutzung häufiger gewesen zu sein. Teilweise zeigten sogar Großgrundbesitzer Interesse am Fortbestand des Gemeindelandes, um es sich alsbald pachten und langfristig kaufen zu können. Andernorts und vor allem in rückständigen Gegenden wie dem Limousin gehörte die Allmende so unauflöslich zu den Überlebensstrategien der Bauern, daß sie sich ihrer Aufteilung oder ihrem Verkauf bis weit in das 19. Jahrhundert widersetzten. Trotz eines positiven Votums des »Conseil général« schreckte der Präfekt dort angesichts des »geschlossenen und leidenschaftlichen Widerstands der Bewohner« davor zurück, das Gemeindeland aufzuteilen, das die Bewohner zum Kummer von Agronomen benutzten, um ihr Vieh zu füttern, Baustoffe zu lagern oder Rasenstücke auszuheben. Die dörfliche Gemeinschaft, die in ihrem Einfluß auf den örtlichen Getreidemarkt bereits ihre Autonomiebestrebungen manifestiert hatte, fand in dem Fortbestand der Allmende auch ein kollektives Band. Wenn diese nach 1850 zurückging, machte das Gemeindeland doch 1877 noch immer 9% der Fläche Frankreichs aus. Nach alledem setzte die Französische Revolution weder das Land von allen bestehenden Bindungen frei, noch lieferte sie die Gesamtheit des Acker- und Weidelandes als Ware für einen sich entwickelnden Grundstücksmarkt.

Das breite Angebot an Land nach 1789, das einen sprichwörtlich gewordenen »Hunger nach Land« stillen sollte, wälzte jedoch die Struktur des Besitzes nicht um. Vielmehr zementierte die Umverteilung die bestehende gesellschaftliche Hierarchie. Durch den Verkauf der Nationalgüter und – allerdings in geringem Umfang – des Gemeindelandes nahm die Zahl der Landbesitzer zu, die in Frankreich traditionell schon immer groß war. Nach zeitgenössischen Schätzungen des Jahres 1819 habe sie sich seit dem Sturm auf die Bastille verdreifacht, und der Historiker A. Gain, der die Entschädigung der Emigranten untersucht hat, schätzte, daß etwa eine Million Franzosen nach 1815 an ihrem in der Revolution erworbenen Besitz hingen. Die Ausdehnung des Landbesitzes läßt sich auch an der Zahl zu versteuernder Grundstücke ablesen, die aber keineswegs identisch mit der Zahl der Besitzer waren: Sie stieg von zehn Millionen im Jahre 1826 auf 13 Millionen im Jahre 1854 und 14 Millionen 30 Jahre später. Regionale und lokale Beispiele belegen, daß auch die Gruppe der Klein- und Kleinstbesitzer in der ersten Hälfte des 19. Jahrhunderts im Zuge dieser Expansion zunahm. In der nahe Lyon gelegenen Gemeinde Chaponost machten 1760 die Höfe mit weniger als einem Hektar Land 30,3% der Gesamtzahl aus, 1822 waren es jedoch bereits 44,5%. Im Nivernais schnellte zwischen 1835 und 1855 die Zahl der besteuerten Grundstücke von 48 000 auf 70 000 hoch, die Zahl derjenigen, die weniger als 5 Francs Steuern bezahlen mußten, verdoppelte sich.

Dieser Anstieg wird auf verschiedene Ursachen zurückgeführt: auf die Ausweitung der landwirtschaftlichen Nutzfläche, die Realteilung und die zahlreichen Verkäufe, die in der Alpengegend etwa die Auflösung von Domänen bewirkten. Auch die beständige Nachfrage einer umfangreichen Landbevölkerung, die versuchte, entweder ihren Besitz zu arrondieren oder überhaupt mit Eigentum eine Existenzgrundlage zu erwerben, trug zu diesem Wachstum bei. Philippe Vigier sprach von einer »véritable frénésis d'achat«, die nicht nur Bürger, sondern auch Landbewohner ergriffen habe. Diese konnte aber je nach Gegend unterschiedlich befriedigt werden. Während sie in den Alpen ein reichhaltiges Angebot fand, waren in den burgundischen Departements die Kaufmöglichkeiten deutlich geringer. Vor allem in den nord-, nordwest-, aber auch den mittelfranzösischen Departements prägten vor 1848 die Kleinbesitzer die französische Agrarlandschaft.

Ob mit dem Angebot und der Nachfrage nach Land auch eine zunehmende Integration der ländlichen Bevölkerung in Marktbeziehungen und die Herausbildung von marktwirtschaftlichem Denken verbunden war, ist nicht eindeutig zu klären. Freilich informierten sich die Parzellenbauern oder Großbauern, die zusätzliches Land erwerben wollten, an den Preisen und an der Höhe der Zinsen, die sie für Kredite bezahlen mußten. Es scheint, als seien dort, wo aufgrund einer bewußten Politik die Großgrundbesitzer ihre Ländereien zum Kauf freigaben, auch die Kreditbedingungen günstig gewesen. Ob aber über die lokalen Umstände hinaus auch allgemeine gesellschaftliche Verkehrsprinzipien in diesen lokal abgeschlossenen Kaufakten aufblitzten, erscheint zumindest fraglich. Auch die Motivation für den Kauf mußte keinesfalls aus Gewinnstreben resultieren, sondern konnte sehr wohl auf das Nahrungsprinzip zurückzuführen sein, d.h. auf das Bestreben, durch eine Vergrößerung des Landbesitzes eine breitere Grundlage für die Subsistenz der Familie herzustellen.

In der Stärkung des Parzellenbauerntums ist spätestens seit Marx eine der Ursachen für die späte Industrialisierung Frankreichs gesehen worden. Denn die Französische Revolution habe den Kleinbesitz gestärkt, der innovationsfeindlich sei, eine zahlreiche Bevölkerung auf dem Lande festgehalten, die für das Renteneinkommen eines parasitären Bürgertums arbeite und damit der Entstehung eines nationalen Marktes für gewerbliche Produkte entgegenwirke. Sowohl die Beharrungskraft traditioneller Bebauungsmethoden in den ersten beiden Dritteln des 19. Jahrhunderts und das Übergewicht einer in ländlichen Gemeinden lebenden Bevölkerung, die im Zweiten Kaiserreich ihren Höchststand erreichte, als auch die Fragmentierung des ländlichen Marktes unterstützten diese Sichtweise. Die aktuelle Diskussion privilegiert aber, wie noch zu zeigen sein wird, stärker die Entfaltung kapitalistischer Formen unter den genannten Bedingungen als ihre Behinderung. Aufgrund der Besonderheiten der französischen Agrarstruktur schlug Frankreich einen besonderen Weg zum Kapitalismus ein, der sich lange Zeit über die Konservierung von agrarischen und gewerblichen Klein- und Kleinstbetrieben und über ihre Instrumentalisierung entfaltete.

Wenn die Ausweitung des Landmarktes auch nicht die Struktur der Agrargesellschaft erschütterte, veränderte sie doch die Verhältnisse auf dem Grundstücksmarkt. Die revolutionären Ereignisse von 1789 hatten zwar keine Veränderung der ländlichen Klassenstruktur, wohl aber Verschiebungen zwischen den Klassen zur Folge. Diese zeichneten sich in dreierlei Hinsicht ab:

Erstens: Der Adel, der nach den Intentionen der Revolutionäre neben der Kirche der große Verlierer der revolutionären Enteignungswelle sein sollte, bewahrte in einem erstaunlichen Ausmaß seinen Besitz. Freilich war seine wirtschaftliche Position im Elsaß, das schon im 18. Jahrhundert den ärmsten Adel der Monarchie beherbergte, in Lyon wie auch in den Departements Vaucluse und Cantal leicht erschüttert. In anderen Gegenden, wie im Cher, Maine-et-Loire, Vendée, Mayenne und Loire-Inférieure, d.h. in West- und Südwestfrankreich wie im Zentralmassiv, fand er jedoch seine Ländereien zur Zeit der Rückkehr Ludwigs XVIII. wenig verändert wieder. Zu diesem Fortbestand hatte nicht nur die Abneigung royalistischer Bevölkerungskreise beigetragen, von dem Verkauf der Domänen königstreuer Adeliger zu profitieren, sondern auch die wirksame Rolle, die Familienmitglieder, Verwalter und Freunde gespielt hatten. Als Strohmänner hatten sie oft Land erworben oder es dem Zugriff revolutionärer Behörden entzogen. Da überdies die 1825 dem Adel gewährte Entschädigung für die Unbilden der Revolutionszeit, die als »Milliard des Emigrés« bekannt und berüchtigt wurde, den Rückkauf oder die Entschuldung erlaubte, blieb der adelige Grundbesitz in zahlreichen Gegenden tonangebend.

Unter den zwölf Höchstbesteuerten jedes Departements, deren Namen die napoleonische Regierung im Jahre XI auflistete, nahmen Adelige oft hervorragende Positionen ein und stellten ein Drittel der Notabeln. Bei einer ähnlichen Umfrage des Jahres 1821, in der die Präfekten die begütertsten und geachtetsten Besitzer des von ihnen verwalteten Departements nennen sollten, führten sie zu 75% Träger von Adelstiteln an, von denen 80% bereits im Ancien Régime zum Zweiten Stand gehörten. Tragen diese Angaben auch deutlich die Zeichen einer innenpolitischen und adelsfreundlichen Wende der französischen Politik nach 1820 und sind die Adeligen auch zweifellos überrepräsentiert, besteht doch kein Zweifel daran, daß in der ersten Hälfte des 19. Jahrhunderts die Adeligen unter den Großgrundbesitzern und den Honoratioren einen zentralen Platz einnahmen.

Zweitens: Im Zuge der Revolution wuchs auch der bürgerliche Landbesitz an. Nach den Schätzungen, die Ernst Labrousse vorgenommen hat, verfügten am Vorabend der Revolution von 1789 der Klerus über 10%, Adel und Bürgertum über je 25% und die Bauern über ein gutes Drittel des Landes. Nach 1815 schied die katholische Kirche als Landbesitzerin fast völlig aus, war der Besitz vor allem des kleinen und mittleren Adels geschmälert, der der Bauern auf 40% angestiegen, während auch die Bürger substantielle Gewinne verzeichneten. Zwischen 1791 und dem Jahr VII erwarben Toulouser Bürger etwa 93,7% aller Nationalgüter. In Burgund gingen 70% des Kirchenbesitzes in die Hände von Bürgern über, die auch im Departement Haute Loire unter den Käufern waren. Allerdings war die Situation nicht einheitlich. Im Departement Nord etwa überstiegen die bäuerlichen Landkäufe die der Bürger. Generell gehörten die besitzenden Bürger, freie Berufe, aber auch einzelne Handwerker zu jenen Schichten, die die für den Landerwerb notwendigen Finanzmittel besaßen oder aber leicht Kredit erhalten konnten.

Ein Teil dieses Bürgertums, das bereits als »accapareur des terres« in der Anfangsphase der Revolution die Wut der Bauern auf sich gezogen hatte, lebte auf dem Land selbst, ein anderer jedoch in den Städten. Noch in der Mitte des 19. Jahrhunderts gehörte in 68% der nordfranzösischen Gemeinden mehr als die Hälfte des Grund und Bodens Bürgern, die in regionalen Zentren, aber auch in Paris wohnten. Unabhängig davon, ob sie das Land durch einen Verwalter oder Pächter bestellen ließen, zogen sie doch aus der Landwirtschaft Geld ab, das sie für städtische Unternehmungen nutzten, konsumierten oder für kurzfristige, oft unsinnige Ertragssteigerungen des Landes anlegten. Diese Rentenbourgeoisie, die in einem ebenso großen Maße wie der Adel zur Zielscheibe bäuerlichen Protests in den revolutionären Ereignissen wurde, wird mit ihrem innovationsfeindlichen Geschäftsgebaren oft unter den sozialgeschichtlichen Faktoren genannt, welche die langsame Kapitalisierung der französischen Landwirtschaft erklären sollen.

Das Spannungsverhältnis zwischen Stadt und Land, das durch die Intervention städtischer Kaufleute auf lokalen Märkten ebenso wie später dann durch die Verfügung über die Düngemittelindustrie gesteigert wurde, fand ihren Ursprung in dem Einfluß, den bürgerliche Landbesitzer seit dem 18. Jahrhundert in den Dörfern ausgeübt hatten.

Drittens: Zu den Gewinnern der revolutionären Landverteilung gehörten auch die reichen Bauern, die »coqs du village«, die teilweise bereits vor 1789 marktorientiert gearbeitet hatten. Sie arrondierten ihren Besitz. Im Departement Haute-Loire erwarben sie, die dort bereits über 80% des Landes verfügten, noch etwa die Hälfte der Nationalgüter hinzu. Vor allem der Verkauf des Emigrantenbesitzes, der 1792 dem der Kirche folgte, interessierte stärker die Bauern, da dieser in kleinen Einheiten weiterhin meistbietend versteigert wurde. Unter wirtschaftsgeschichtlichen Gesichtspunkten ist diese Investition in Land anstatt in Produktionsmittel als eine Entscheidung interpretiert worden, die die Kapitalisierung der Landwirtschaft verhinderte. Sozialgeschichtlich interessiert sie aber als Stärkung eines mittleren Bauerntums, das dann Ende des 19. Jahrhunderts zum Rückgrat der bäuerlichen Gesellschaft wurde. Freilich übernahmen sich Bauern und Pächter auch mit Käufen und waren froh, wenn sie – wie etwa im Elsaß – wieder ohne zu große Einbußen ihre Ausgangsposition einnehmen konnten. Insgesamt aber konnten die besitzenden Bauern ihre Stellung behaupten oder gar verbessern. Sie gehörten zu jenen 11,2% der Landbesitzer, die in vier Departements während der zwanziger Jahre zwischen sechs und 50 Hektar besaßen und damit über 30,5% des Landbesitzes verfügten, während die 87,6%, die als Klein- und Kleinstbauern zu bezeichnen sind, lediglich 21,1% ihr eigen nannten.

Trotz der Ausweitung des bäuerlichen Besitzes ist für die Charakterisierung der ländlichen Gesellschaft zweierlei nicht zu vergessen: zum einen das numerische Gewicht der Parzellenbauern, zum anderen der Einfluß der Besitzlosen. Landarbeiter und -innen, die sich am Grundstücksmarkt nicht beteiligten, machten 1851 44,3% der ländlichen Bevölkerung aus, während die Besitzer jeglicher Größenordnung 35,7% betrugen. Der Rest verteilte sich zu 13% auf die Pächter und zu 7% auf die Halbpächter. Diese Angaben erklären, warum Teuerungs- und Hungerkrisen eine Mehrheit der Landbewohner mobilisierten.

Über das Funktionieren des Grundstücksmarktes ist wenig bekannt. Allerdings sind schon aus der Revolution von 1789 Versuche überliefert, den Marktmechanismus außer Kraft zu setzen. So benutzten Bauern an einigen Orten die Macht ihrer Zahl, um potentielle Käufer abzuschrecken, staatliche Schätzer zu beeindrukken oder aber um sich in Genossenschaften zusammenzuschließen und Einkäufe zu tätigen. Auch von seiten der Geschäftsleute wurden Konsortien gebildet, die in der Zeit des Direktoriums »bandes noires« genannt wurden und die geschickt mit der Inflation hantierten, um die besten Grundstücke zu erwerben. Nach dem Verkaufsfieber der Jahrhundertwende verloren derartige Praktiken offensichtlich an Bedeutung und wichen juristischen Prozeduren, in denen es um die Rechtmäßigkeit des Besitzes ging. Gleichzeitig nahm jedoch die Rolle professioneller Vermittler auf dem Markt für Grund und Boden zu. Lokale Agenten mischten sich beim Landverkauf ein, Notare oder ortsansässige Bürger wirkten als Makler oder Kreditgeber mit.

Die Untersuchung des Waren-, Getreide- und Landmarktes ergab, daß in den ersten beiden Dritteln des 19. Jahrhunderts und weitgehend darüber hinaus kein nationaler Zusammenhang zwischen Produzenten und Konsumenten, Verkäufern und Käufern existierte. Der Markt war fragmentiert, bestand bei gewerblichen Produkten zwischen einzelnen Städten, bezog aber kaum eine lange in autarken Einheiten lebende Landbevölkerung ein. Auch der Markt für Getreide gehorchte ebenso wie der Grundstücksmarkt bis in das Zweite Kaiserreich hinein eher lokalen Gesetzen als einem nationalen Motor. Folgt man Max Webers These, daß Klassen sich als Marktklassen konstituieren, sind aus diesem Befund Schlußfolgerungen für die Klassenstruktur in Frankreich vor 1880 abzuleiten. Zum einen ist anzunehmen, daß je nach der Einbeziehung in Marktmechanismen große Ungleichzeitigkeiten in und zwischen den Klassen bestanden. Zwischen dem von Rio de Janeiro bis Roubaix seine vielfältigen Geschäfte tätigenden Kaufmann und dem im Umkreis von 20 Kilometern Verkaufenden klafften ebenso Welten wie zwischen dem an einen regionalen Getreidemarkt angebundenen Bauern des Calvados und dem Halbmeier des Limousin, der in einer reinen Subsistenzwirtschaft lebte. Eher die Zersplitterung von Großklassen als ihre Einheit gerät mithin ins Blickfeld. Darüber hinaus erscheinen die sozialen Gruppen stärker lokal-partikular als national orientiert. Die

Wirkungskraft lokaler Märkte und ihrer Eigengesetzlichkeit, die Besonderheiten des jeweils örtlichen Angebotes schlugen sich offensichtlich stärker in den Lebensbedingungen und dem Geschäftsgebaren nieder als nationale Strukturen. Daraus resultiert aber auch, daß die Kenntnis nationaler Ereignisse und Prozesse, die Verankerung in regional übergreifenden Prozessen und Entscheidungen Einflußmöglichkeiten und Herrschaftspositionen konstituierten. Diejenigen sozialen Gruppen, die sich über den lokalen und regionalen Rahmen erheben konnten und an nationaler Willensbildung teilnahmen, erhielten aufgrund dieser Tatsache zusätzliches Gewicht im regionalen und lokalen Zusammenhang.

Die Marktstrukturen enthüllten weiterhin soziale Ungleichheit. Konsumenten und Produzenten, Besitzer und Nichtbesitzer erschienen mit unterschiedlichen Waren zum Tauschen und verließen den Markt oft in der sozialen Situation, in der sie ihn betreten hatten. Eher als Bestätigung denn als Karussell sozialer Verhältnisse fungierte der Markt. Aber er entfaltete auch spezielle Funktionen, welche die Veränderung von Lebenssituationen, möglicherweise sogar gesellschaftlichen Aufstieg erlaubten. Wenn auch nur wenig über die soziale Herkunft von Reisenden, Maklern und Notaren bekannt ist, ist doch zu vermuten, daß diese sozialen Gruppen insgesamt von der Zunahme des Marktgeschehens profitierten. Bäcker und Müller, Vieh- und Getreidehändler gehörten ja ohnehin zu den Aristokraten der dörflichen Gesellschaft, in der sie fußten, über die sie sich jedoch auch erhoben.

Die marktförmig definierten Räume waren auch Konflikträume. Die Verfügung über die Preise, die nach liberalem Selbstverständnis dem Marktmechanismus des Verhältnisses von Angebot und Nachfrage zukam, führte zu einem Konflikt um die Marktmacht und wurde von den Konsumenten in Frage gestellt. Auch auf dem Landmarkt versuchten in der Französischen Revolution kleine Kaufleute, die Macht ihrer Zahl gegen den Besitz einzusetzen. Aus der Abschließung und dem Partikularismus folgte auch die Ablehnung von Fremden auf den Märkten, auf denen die lokale Gesellschaft ohne Zutun nicht Ortsansässiger ihre Geschäfte tätigen wollte. Xenophobie und Demonstration lokaler Autonomie gingen dabei Hand in Hand. Die in der modernen Konfliktforschung nachgewiesene Bedeutung, die der Verteidigung von traditionellen Handlungsräumen zukommt, läßt sich in diesem Kontext auch für Frankreich nachweisen.

Weder die Freisetzung der Arbeitskraft aus gewohnheits- oder privatrechtlichen Abhängigkeitsbeziehungen noch die Institution des Marktes, auf dem Nichtbesitzer ihre Arbeitsfertigkeiten verkauften, entstammten dem Ende des 18. Jahrhunderts. Denn in Frankreich war die Leibeigenschaft im 18. Jahrhundert weitgehend verschwunden und die feudale Bindung lediglich in Form von Abgaben und Diensten präsent. Bereits seit dem 14. Jahrhundert hatten sich überdies Märkte etabliert, auf denen sich männliche und weibliche Arbeitskräfte gegen einen Lohn für eine gewisse Zeit verdingten. Vor allem auf dem Lande dienten die Waren- und Jahrmärkte auch dazu, Knechte und Dienstmädchen anzuwerben. Diese Praxis setzte sich bis in das 19. Jahrhundert fort. Aber auch in den Städten boten Stellungslose auf bestimmten öffentlichen Plätzen ihre Arbeitskraft an. Einen besonderen Bekanntheitsgrad hat der vor dem Rathaus liegende Place de Grève in Paris erhalten, da er der Weigerung der sich dort Versammelnden, ihre Arbeitskraft zu verkaufen, den Namen »grève« gab. Die soziale Bedeutung des Arbeitsmarktes ist angedeutet, wenn man sich vergegenwärtigt, daß vor 1789 in Paris bereits die Hälfte der Bevölkerung und in ganz Frankreich drei Millionen Familienväter auf Lohnarbeitsverhältnisse angewiesen waren.

In der Französischen Revolution wurden freilich nicht die Produzenten von ihren traditionellen Produktionsmitteln getrennt, gleichwohl die rechtlichen Voraussetzungen für einen funktionierenden Arbeitsmarkt geschaffen, auf dem sich Anbieter und Käufer als Warenbesitzer gegenübertraten. Mit dem Gesetz Allard (1790) beseitigte die Verfassunggebende Versammlung die Zünfte, in denen die Arbeitskräfte einem strengen Reglement in der Form von korporativen Regeln und der Autorität des Meisters unterworfen waren. Diese hatten ihre selbstregulierende und -organisierende Kraft de facto bereits im Laufe des 18. Jahrhunderts verloren und waren auf die Intervention staatlicher Stellen angewiesen, um die Disziplin und Unterordnung von Gesellen durchzusetzen. An die Stelle dieser außerökonomischen Instanz sollte nach 1790 das freie Vertragsverhältnis von Meistern und Gesellen treten. Nach dem Selbstverständnis der Revolutionäre sollten diese sich als Individuen auf dem Markt begegnen und je nach Angebot und Nachfrage den Lohn aushandeln. Deshalb untersagte das bekannte Gesetz Le Chapelier (14. Juni 1791) auch die Bildung von Vereinigungen, die unter der Hand zunftähnliche Formen hätten annehmen können.

Unter dem Druck der Selbständigen schränkte das Kaiserreich diesen Freiheitsspielraum auf Kosten der Lohnabhängigen jedoch ein. Das Gesetz vom 12. April 1803 stellte das Arbeitsbuch (»livret«) wieder her, das sowohl die Bewegungen der Arbeitskräfte kontrollieren als auch ihre Abwerbung verhindern sollte. Ein weiteres Gesetz vom 22. Germinal an XI untersagte zwar die Zusammenschlüsse jedweder Form und Zielsetzung bei Arbeitern, verbot aber nur diejenigen der Unternehmer, die übermäßig und unrechtmäßig die Löhne drücken wollten. Schließlich erklärte der Artikel 1781 des Code civil, daß bei Streitigkeiten die Darstellung des Meisters über die Form des Arbeitsvertrages, seinen Inhalt und die erfolgten Lohnzahlungen zugrunde gelegt werden sollte. Dem Gesetzestext folgte jedoch nicht automatisch seine Umsetzung. Das Arbeitsbuch war ungleichmäßig verbreitet, und die Regierung ließ bei der strafrechtlichen Verfolgung von Arbeiterzusammenschlüssen öfter das Opportunitätsprinzip walten. Trotzdem zeigen all diese Interventionen, daß der Arbeitsmarkt eine so zentrale Instanz der bürgerlichen Gesellschaft bildete, daß die staatlichen Instanzen sie nicht unbeaufsichtigt lassen konnten. Erst das Gesetz vom 25. Mai 1864 erlaubte Koalitionen der Arbeiter, die als ständige Interessenvertretungen indes bis zum 21. März 1884 untersagt blieben. Erst am 22. August 1868 wurde die Privilegierung der Meister im Konfliktfall aufgehoben.

Arbeiter-Bauern und Arbeiter-Handwerker. Ebensowenig wie der Arbeitsmarkt als sich selbstregulierender Funktionsmechanismus vor 1870 existierte, bestand er als soziale Realität. Das Idealbild, nach dem die ihrer Ressourcen entkleideten Lohnarbeiter ihre einzige Ware, ihre Arbeitskraft, auf dem Markt anboten, entsprach in dreierlei Hinsicht nicht der Wirklichkeit:

Erstens: Gewohnheitsrechtliche Regelungen und Bindungen, die das freie Aushandeln des Lohns beeinflußten, bestanden fort. Trotz der Abschaffung der Zünfte lebten traditionelle Verfahren in den alten handwerklichen Berufen über die Revolution hinaus weiter. Für die Stuhlherstellung in Paris z.B. schrieben sie die Lohnzahlung, die Arbeitsunterbrechung, die Dauer, Garantie und Ausführung der Arbeitsverträge ebenso vor wie die Form der Konfliktaustragung. Auch in der Eisenindustrie wurde bei Abschluß eines Arbeitsvertrages herkömmlichen Rechten Rechnung getragen: Eine Prämie in Höhe von 50% des Monatslohns wie spezielle Zahlungen für Festbankette, die Hüttenarbeiter je nach Gegend zu unterschiedlichen Zeitpunkten feierten, wurden vor 1815 gewährt. Angesichts der weithin üblichen mündlichen Vertragsabschlüsse war der Respekt dieser gewohnheitsrechtlichen Regelungen eine notwendige Voraussetzung dafür, daß Arbeitsverhältnisse entstehen und andauern konnten. Sie drückten aber auch die Durchsetzungsfähigkeit von qualifizierten Arbeitern aus.

Konflikte entstanden, wenn entweder einzelne Meister oder neue Verleger sich nicht an die informellen Regeln hielten. Deshalb versuchten in der ersten Hälfte des 19. Jahrhunderts Gesellen und Arbeiter in handwerklichen Berufen immer wieder, an die Stelle der unverbindlichen Regelungen rechtlich festgelegte bzw. staatliche garantierte Abmachungen zu setzen. In diesem Sinne forderten die Pariser Arbeiter im August und September 1830 von der neuen Regierung unter Casimir Périer, Maschinen zu verbieten, einheitliche Stücklöhne festzusetzen und den Arbeitstag zu verkürzen. Es ist bekannt, daß die staatliche Weigerung, den zwischen Verlagskapital und Lyoner Seidenproduzenten ausgehandelten Stücklohn – den »tarif« – für verbindlich zu erklären, der ersten großen von Arbeitern und Gesellen geprägten Revolte in Frankreich im November 1831 zugrunde lag. Auch die Institution des zuerst von Napoleon I. in der Lyoner Seidenindustrie geschaffenen Gewerbegerichts gewann in diesem Kontext ihre Bedeutung.

Der Kampf um die Respektierung des »guten alten Rechts« durch die Unternehmer durchzog die Programme und Zielsetzung eines Teils der französischen Arbeiterbewegung bis in die achtziger Jahre des 19. Jahrhunderts. War er auch frühzeitig unter den kapitalistischem Druck ausgesetzten Berufen der Schneider-, Schuster- und Tischlergesellen der großen Städte verloren, konnte er länger in anderen Branchen wie der Glas- und Metallindustrie zugunsten der Arbeiter entschieden werden. In ihnen gelang es mit mehr oder minder großem Erfolg bis in das letzte Drittel des 19. Jahrhunderts hinein, den Unternehmern eine Arbeitsorganisation aufzuzwingen, die Einstellung neuer Arbeitskräfte zu kontrollieren und die Höhe des Stücklohns zu überprüfen. In diesem Zusammenhang spricht Yves Lequin für die Lyoner Gegend, in der eine derartig handwerklich qualifizierte Arbeiterklasse besonders stark und seit längerer Zeit beheimatet war, sogar von einem »véritable pouvoir syndical«.

Zweitens: Zahlreiche gewerbliche Arbeitskräfte besaßen mehr als ihre Arbeitskraft. In der Regel ist davon auszugehen, daß in handwerklichen Berufen ihre Arbeitsmittel ihnen selbst gehörten. Aber auch in der Heimindustrie, in der sie für Textil-, Holz-, Metall- oder Lederkaufleute tätig waren, verfügten sie in der Regel über ihre Produktionsmittel. Fertigkeiten und der Besitz der Arbeitsmittel erlaubten zahlreichen Arbeitern sogar in Branchen, in denen das Anfangskapital gering war, sich kurzfristig selbständig zu machen, um entweder der Arbeitslosigkeit zu entgehen oder eine soziale Veränderung bzw. einen Aufstieg zu suchen. Für diese soziale Gemengelage bürgerte sich im Paris des Zweiten Kaiserreiches der Begriff »ouvrier-patron« ein.

Außerdem waren gewerbliche und agrarische Tätigkeiten eng miteinander verbunden. Schon vor 1815 blieben die Hochöfen im Sommer kalt, weil die Hüttenarbeiter ihr Land oder ihren Weinberg bestellten bzw. während der Ernte auf den Feldern arbeiteten. Diese Verbindung konnte verschiedene Formen annehmen. Je nachdem, ob es sich um Heimarbeit, Beschäftigung in Werkstätten oder in Fabriken handelte, konnte der Mann der Landarbeit, die Frau der gewerblichen Arbeit nachgehen oder umgekehrt. Vor 1880 ist in nahezu allen Industriezweigen die Verbreitung des ländlichen verwurzelten Arbeiters belegt. Die Textilarbeiter im südwestfranzösischen Mazamet besaßen nebenbei einen Garten, hielten Kleinvieh und zogen bei Kurzarbeit oder Arbeitslosigkeit von Weinbauer zu Weinbauer. Von den Bergarbeitern in Carmaux ist bekannt, wie beharrlich sie sich der ganzjährlichen Tätigkeit widersetzten und ihre Verankerung in der Landwirtschaft verteidigten, die ihnen zusätzliche Einkünfte sicherte und Sicherheit bot. Auch von seiten der Agrargeschichte ist vor 1880 besonders für die Provence, das Languedoc und die Bretagne die vielfache Aktivität der Bauern, die ihrerseits gewerbliche Zusatzbeschäftigungen suchten, als Zwang belegt, um auf dem Lande überleben zu können.

Diese, die vertraute Teilung in drei Sektoren des wirtschaftlichen Lebens einebnende soziale Wirklichkeit band den gewerblichen Arbeitsmarkt in den Rhythmus des ländlichen Lebens eng ein und verdeutlicht, daß in der behandelten Periode der Zwang, ausschließlich auf dem gewerblichen Arbeitsmarkt ein Auskommen zu finden, für große Teile der französischen Bevölkerung nicht bestand. Besonders wenn das Familieneinkommen berücksichtigt wird, fällt die Mannigfaltigkeit der Arten und Bereiche der Beschäftigung auf. All diese Angaben rücken auch das Bild des pauperisierten Arbeiters zurecht, das vor allem die breite sozialkritische Literatur der vierziger Jahre des 19. Jahrhunderts überliefert hat. Freilich sind Hunger und Elend, Ausbeutung und Sterblichkeit die Kennzeichen des Arbeiterschicksals, wie es die Beobachter in Lille, Paris oder Rouen vorfanden. Mechanisierte Großbetriebe und kleinere Unternehmen hatten einen ähnlich großen Anteil an diesen unwürdigen Bedingungen. Aber diese Manufakturarbeiter der großen Städte waren nur ein Teil des »peuple«, in dem differenzierte Überlebensstrategien vorherrschten, die Polyvalenz der Tätigkeiten und die Mitarbeit der gesamten Familie die Existenz auf eine etwas breitere Grundlage stellten.

Drittens: Schließlich standen sich auf dem Arbeitsmarkt die Individuen auch als Teile von Kollektiven gegenüber. Durch die familiäre Sozialisation, in der tradierte Fertigkeiten überliefert wurden, bildeten sich etwa in der Eisenindustrie Monopolstellungen für einzelne Qualifikationen heraus, die die Unternehmer zu akzeptieren hatten. Das freie Austauschverhältnis war durch dieses familiäre Know-how nachhaltig gestört. Aber auch in anderen Branchen traten familiär verbundene Gruppen von Arbeitern und Arbeiterinnen den Fabrikanten gegenüber. Jene männlichen Zuwanderer, die vor 1880 aus dem Limousin oder der Auvergne stammten und in Paris saisonale Beschäftigung suchten, fanden Arbeit durch die Vermittlung von Familienmitgliedern oder von Bekannten. Überhaupt ist die Rolle des familiären Zusammenhalts bei Wanderungen nicht zu überschätzen, wenn es sich darum handelt, Unterkunft, Information oder eine Vermittlung bei den Vorarbeitern zu erhalten. In den Textilindustrien Nordfrankreichs engagierten sich sogar bis zum Ende des Jahrhunderts mehrere Mitglieder einer Familie und arbeiteten gemeinsam.

Außer dem familiären Nexus führte das Kontraktsystem eine kollektive Komponente in die Arbeitsbeziehungen ein, bevor die Gewerkschaften und Unternehmerverbände in größerem Maßstab intervenierten. Um die Mitte des 19. Jahrhunderts war der »marchandage« weit verbreitet, wenn auch in unterschiedlichen Formen. In Betrieben der Metallindustrie fertigten Arbeiter einer

»équipe« unter der Leitung eines Vorarbeiters, der einen Stücklohn aushandelte. Dieses Verfahren war auch im Bergbau, in der Textil- und Druckindustrie sowie im Bauwesen verbreitet. Bei dem Bau der Eisenbahnstrecken schlossen sich 50 bis 60 Arbeiter zu einer »bricole« zusammen, deren Chef den Preis der zu übernehmenden Arbeit durchsetzte und ihn gleichmäßig verteilte. Bis zum Ende des 19. Jahrhunderts und bis in die entstehende Automobilindustrie hinein lebte dieses System fort, das erst mit der Rationalisierung der Arbeit verlorenging.

Mit ihm konnten verschiedenartige Autoritätsbeziehungen verbunden sein. Der »marchandeur« konnte ein gewerblicher Vermittler sein, der den Unternehmen Arbeitskräfte zuführte, ein vom Unternehmer selbst ernannter Vorarbeiter, der einen großen Handlungsspielraum bei Einstellung und Entlohnung besaß, oder ein von den Arbeiterkollektiven selbst gewählter Vorarbeiter. Bei allen Formen fand die Auseinandersetzung um Löhne und Arbeitsbedingungen nicht so sehr zwischen Arbeitern und Unternehmern, sondern zwischen Gruppenmitgliedern und -leitern statt. Vor allem der unzuverlässige, Gelder veruntreuende oder sich einen unmäßigen Teil des in der Mitte des 19. Jahrhunderts allgemein gängigen Stücklohns aneignende Vorarbeiter wurde von seinen Kollegen angegriffen. Deshalb engagierten sich Teile der revolutionären Bewegung im Paris des Jahres 1848 für den »marchandage collectif«, der von einem gewählten Delegierten der Arbeiter vorgenommen wurde. Sie konnten sich aber nicht durchsetzen.

Sieht man mit Werner Sombart im Übergang vom Zeit- zum Stücklohn einen Wandel des Unterhalts- zum Leistungslohn, könnte die Bezahlung von Teilen des Arbeitsprozesses, wie sie dem Kontraktsystem zugrunde lag, als Schritt hin zu modernen Formen der Entlohnung gedeutet werden. Damit würde aber unterschätzt, wie stark bis in die siebziger Jahre die Forderung des »tarifs«, des »gerechten Lohns«, handlungsorientierend wirkte. Um die Festsetzung eines Durchschnittspreises für einen Arbeitstag, der von den Meistern akzeptiert und vom Staat garantiert wurde, rankten sich vor 1848 zahlreiche Konflikte, die in der Sprache des Ancien Régimes ausgetragen wurden und in denen versucht wurde, die Diversifizierung der Produktion durch den Rekurs auf einen einheitlichen Stücklohn in der Branche zu überwinden. Auch danach richtete sich die Kritik gegen die freie

Konkurrenz, die besonders in handwerklichen Berufen mit der Gefahr eines Abbaus von gewohnheitsrechtlichen Regelungen verbunden war.

Insgesamt hatte sich der gewerbliche Arbeitsmarkt nur teilweise aus der Umklammerung des Landes befreit, das der Produktion oft saisonalen Charakter aufzwang, die Arbeitenden mit zusätzlichen Ressourcen versorgte und ihre Abhängigkeit vom Gewerbe verringerte. Er hatte sich aber auch noch nicht von der zünftlerischen Vergangenheit gelöst. Diese ging in die Vorstellungswelt städtischer Handwerker und Arbeiter ein, brach in der Bedeutung traditioneller Regeln hervor und schlug sich in allen Versuchen nieder, den Arbeitsprozeß und die Lohnform festzuschreiben. Schließlich trat der Arbeiter auf dem Markt nicht als Monade auf, sondern in familiären, regionalen oder kollektiven Zusammenhängen, in denen es ihm teilweise gelang, seine Arbeitskraft besser zu verkaufen, er andererseits von seinem Lohn aber auch die Kommission des Vermittlers und Vorarbeiters bezahlen mußte, wenn dieser nicht aus seinen Reihen hervorging.

Arbeitermigranten. Vor 1880 war die Arbeitskraft auch noch keine Ware, die sich je nach Angebot durch Frankreich bewegte und damit ebenso Ausdruck wie Faktor der nationalen Verflechtung der Arbeitsmärkte war. Die entstehenden großen Fabriken oder Bergwerke rekrutierten ihre Arbeitskräfte auf einem regionalen Markt. So waren zwischen 1860 und 1864 82,9% aller Bergarbeiter in Decazeville in einem Umkreis von 50 Kilometern geboren, 38,8% stammten aus der unmittelbaren Nähe der Stadt. Auch der große Stahlfabrikant Schneider bezog in Le Creusot in der Mitte des 19. Jahrhunderts fast drei Viertel seiner Beschäftigten aus dem umliegenden Departement. In einer alten gewerblichen Agglomeration wie der Lyoner Gegend schließlich blieb das Einzugsgebiet für die Arbeitskräfte lokal und regional begrenzt.

Daneben waren jedoch bereits Arbeitskräfte in einem großen Radius auf der Suche nach Arbeitsplätzen oder Überlebensmöglichkeiten. Vor allem wenig qualifizierte Arbeitskräfte, die auch in Decazeville zu den mobilsten gehörten, zogen über das Land. Bauwesen und größere Erdarbeiten, Gelegenheits- und Hausiererjobs boten ihnen immer wieder ein kurzfristiges Auskommen. Diese Armutsmigration, die bereits im Ancien Régime bestanden hatte, dauerte an und erregte häufig Angst und Abwehrreaktionen der ansässigen Bevölkerung. Da die Konstituante den Anteil der Armen an der Gesamtbevölkerung auf 5% schätzte – im agrarischen Departement Loiret machten sie im Jahre 1820 12% der Einwohner aus, in Paris kam 1831 ein Armer auf elf Einwohner, kurz vor 1870 betrug das Verhältnis 1 : 17 –, bestand ein enormer Problemdruck, der sich in Wanderungen entlud. Besonders in Teuerungs- und Krisenzeiten schwoll die Zahl der Bettler an, die vor allem isoliert lebende Bauern verängstigten und die zu den Unsicherheitsfaktoren des ländlichen Lebens gehörten.

Mit der sich öffnenden Schere zwischen dem Wachstum der Landbevölkerung und der ungleichen Landverteilung nahmen in der ersten Hälfte des 19. Jahrhunderts auch die Migrationsprozesse aus besonders benachteiligten Agrarregionen zu. Die Bewohner Savoyens, die als Schornsteinfeger nach Burgund zogen, gehörten ebenso zu dieser Kategorie wie Bauern aus dem Zentralmassiv, die in der Industrie von St. Etienne Anstellung fanden. Auch die Schnitter, die sich während der Ernte in den französischen Kornkammern der Beauce oder der Brie verdingten, sind zu dieser Gruppe zu rechnen. Diese Wanderungen blieben aber – wie die der Maurer aus dem Limousin – noch temporär, auf eine oder eine sich wiederholende saisonale Tätigkeit beschränkt und mit dem Ziel verbunden, den Hof zu entschulden oder auf eine gesündere wirtschaftliche Grundlage zu stellen. Von den 500000 Männern und Jugendlichen, die jedes Jahr, vornehmlich zwischen 1845 und 1880, aus dem Limousin zur Arbeit in der Bauindustrie nach Paris oder in andere regionale Zentren zogen, kehrte die Mehrheit im Winter zu ihrer Familie zurück und investierte den angesparten Lohn vor Ort. Vor allem der Eisenbahnbau zog zahlreiche nicht in festen Arbeitsverhältnissen stehende Lohnarbeiter an. In ihm suchten sowohl Kleinbauern ein Zubrot als auch Arbeitslose ein Auskommen. Am Bau der Linie von St. Etienne nach Roanne beteiligten sich z. B. Textilarbeiter, die in Roanne arbeitslos geworden waren.

Neben diese Wanderungen aus Not traten die der Facharbeiter. Sie wollten in verschiedenen Städten ihre Qualifikation vervollständigen, oder aber sie waren gezwungen, sich einen anderen Arbeitsplatz zu suchen, da die frühindustrielle Fabrik durch den schnellen Wechsel von Zeiten intensiver Auslastung und Arbeitslosigkeit charakterisiert war. In die erste Kategorie fiel die »Tour de France«, welche die Mitglieder der Gesellenbruderschaften absolvieren mußten, bevor sie ihr Gesellenstück anfertigen durften. Agricol Perdiguier, in der hochgradig ritualisierten und geheimniskrämerischen Binnensprache »Avignonnais la vertu« genannt, wohnte und arbeitete zwischen 1824 und 1828 etwa in Mazameth, Nîmes, Montpellier, Beziers, Toulouse, Bordeaux, Rochefort, Nantes, Tours, Blois, Chartes, bevor er Paris erreichte und sich über Chalons sur-Sâone und Lyon wieder auf die Rückkehr nach Avignon machte. Auch ohne den Druck der Bruderschaft waren der Wechsel des Arbeitsplatzes und umfangreiche Wanderungen verbreitet. So zog auch der 18jährige Dreher Dumay von Paris aus nach Südfrankreich, um in den großen Metallbetrieben Frankreichs seine Handfertigkeit zu verbessern.

Die vielfältigen individuellen Bewegungen und Migrationsströme muten regellos an, folgten aber meistens einer bestimmten Logik. Sie richteten sich nach institutionellen Netzen oder den Zentren der Industrie, aber auch nach familiären und regionalen Faktoren. So fanden sich in der Kleinstadt Givors die Bewohner bestimmter Dörfer des Jura ebenso wieder wie in Paris die aus der Auvergne; sie verfügten über eigene Vereine, privilegierte Wohngegenden und Vermittlungsmöglichkeiten für Neuankommende. Die nationale Ausweitung oder regionale Verengung des Arbeitsmarktes fällt jedoch nicht zusammen mit den Teilarbeitsmärkten, die in der neueren soziologischen Forschung Aufmerksamkeit gefunden haben. Sowohl Unqualifizierte als auch Facharbeiter waren seßhaft und mobil. Allerdings hatte die Mobilität für sie eine andere Bedeutung: Während sie für die handwerklich Qualifizierten zur Vervollkommnung dienten, verschärfte sie bei den Unqualifizierten ihr berufliches Defizit.

Zunehmend an Gewicht gewann auch die Frauenarbeit. Bereits 1856 stellten die Frauen ein Drittel aller Berufstätigen Frankreichs. Im nordfranzösischen Departement Pas-de-Calais nahmen sogar 73% aller weiblichen Personen zwischen 14 und 70 Jahren an der Produktion teil. Sie stellten dort in der Jahrhundertmitte fast die Hälfte der Landwirte, mehr als 50% der Landarbeiter und ein Drittel der Handwerker. Gemäß den offiziell gültigen Geschlechterrollen waren sie in städtischen Gesellschaften im Dienstleistungsbereich und in der Textilindustrie, vor allem natürlich in der Konfektion, vertreten. Nach Schätzungen von Theresa McBride hatte ein Drittel aller jungen Frauen im 19. Jahrhundert vor ihrer Heirat als Dienstmädchen gearbeitet. Auch in der Textilherstellung und -verarbeitung lag der durchschnittliche Anteil der Frauenarbeit über 50%.

Marktstrategien von Arbeitern. Mit der unterschiedlichen Qualifikation waren Interessen verbunden, die zu Auseinandersetzungen unter den Arbeitskräften um die Gestaltung des Arbeitsmarktes führten. Die handwerklich qualifizierten Berufsgruppen widersetzten sich der – wie sie argumentierten – lohndrückenden Konkurrenz der weniger Qualifizierten, die die Unternehmer entsprechend ausnutzten. So beklagten sich bereits in den dreißiger Jahren Lyoner Seidenarbeiter bitter über die Zugereisten, die keine berufliche Ausbildung besäßen, und im Paris des Jahres 1848 wehrten sich Wasserträger und Hafenarbeiter energisch gegen Arbeitslose, die in ihre Domäne einbrachen. Frauen und Nichtqualifizierte, aber auch Zugewanderte wurden von der einheimischen männlichen, handwerklich ausgebildeten Bevölkerung als Bedrohung wahrgenommen und isoliert. Die Kontrolle der Einstellungen sollte die Wahrung der Arbeitsbedingungen garantieren, die durch Lohndrücker gefährdet werden könnten. Die Pariser Arbeiter mieden die Zugewanderten, die – wie die Maurer aus dem Departement Creuse – in Kaschemmen wohnten und mit denen – wie Martin Nadaud bitter vermerkte – auf Bällen nicht einmal die leichten Mädchen tanzten. Die Spaltung des Arbeitsmarktes je nach Ausbildung, Geschlecht und Anciennität, die zahlreiche Unternehmer einebnen wollten, wurde von Teilen der Arbeiter selbst verteidigt. Monopol, nicht Wettbewerb war ihre Devise.

Keineswegs für alle Arbeiter hatte der Markt bereits die Vorstellungen von der sozialen Wirklichkeit bestimmt. Freilich entwikkelte sich unter tätiger Mithilfe der Saint-Simonisten ein Arbeitsethos, das sowohl auf manche Beispiele aus handwerklichen Berufen zurückgreifen konnte als auch in den verschiedenen sozialistischen Schulen gepflegt wurde. Demgegenüber hat Michelle Perrot in ihrer detaillierten Analyse der Memoiren von Norbert Truquin, eines besonders mobilen Arbeiters im Umkreis der Revolution von 1848, aufgezeigt, wie instrumentell er sich gegenüber der Arbeit verhielt, und dazu aufgerufen, durch zusätzliche ethnologische Studien die Vorstellungswelt von Arbeit, wie sie unter den Arbeitenden verbreitet war, zu erhellen. Denn neben dem Lob der Arbeit und der resigniert instrumentellen Sicht standen auch die Ablehnung und das Lob der Faulheit, das bekanntlich

Paul Lafargue anstimmte. Schließlich ist auch auf Kreise hinzuweisen, die in einem traditionellen Zusammenhang verharrten und ihre veränderten Bedingungen nicht wahrnahmen. Textilarbeiter in Nordfrankreich setzten selbst unter dem Dach der Fabrik ihre durch protoindustrielle Bedingungen geprägte Lebensweise fort und betrachteten weder ihre Tätigkeit als Lohnarbeit noch die Unternehmer als Gegner. Sie besaßen keinen eigenen Begriff für Arbeit, sie nannten ihre Spindeln »semaine« und ihre Maschinen ihr »ouvrage«. Gleichzeitig sahen sie sich als Teil eines Austauschprozesses, in dem die Verleger ein Produkt anlieferten, das sie verwandelten und gegen Geld abgaben. Die Unternehmer unterstützten diese Sichtweise, indem sie wöchentlich eine Abgabe für die Dampfmaschine von den Spinnern erhoben.

Wenn der seiner Produktionsmittel entkleidete Lohnarbeiter seine Arbeitskraft verkauft, geht er – nach Fernand Braudel – durch das »enge Loch des Marktes und verläßt die traditionelle Wirtschaft«. Ein großer Teil derjenigen, die im Frankreich der ersten beiden Drittel des 19. Jahrhunderts gewerbliche Arbeit verrichteten, blieben jedoch in traditionellen Bezügen verhaftet: durch Landbesitz und landwirtschaftliche Nebentätigkeit einerseits und durch die Verquickung von abhängiger Arbeit und Selbständigkeit andererseits. Der »ouvrier-paysan« und der »ouvrier-patron« waren um die Jahrhundertmitte bekannte und verbreitete Sozialfiguren. Neben ihnen blieben die reinen Lohnabhängigen oft in der Minderheit. Nur 20,9% der Beschäftigten in den burgundischen Städten Dijon und Tournus lebten in der Julimonarchie allein vom Lohn. Unter den 4,4 Millionen Arbeitern, die der Statistik der Jahrhundertmitte zufolge in Frankreich tätig waren, arbeiteten 1,2 Millionen zwar in Manufakturen, gehörten aber auch zu der Gruppe derjenigen, die über zusätzliche Einkünfte verfügen konnten.

Wenn man von der Enteignung der Arbeiter von ihren Subsistenzmitteln einen radikalisierenden Effekt erwartet, müßten die weiterhin über Ressourcen verfügenden Arbeiter und Arbeiterinnen lammfromm gewesen sein. Sie waren es freilich nicht. Ihre Radikalisierung resultierte eher aus der Bedrohung ihrer Existenzgrundlagen als aus der bereits abgeschlossenen Klassenbildung. Sie folgte weitgehend den Bruchlinien, die durch Qualifikation, Stabilität und Anciennität innerhalb der Arbeitenden gezogen wurden. Vor allem die um ihr Beschäftigungsmonopol kämpfenden handwerklich versierten Arbeiter trugen die einflußreichen und programmatisch innovativen Organisationen der französischen Arbeiter, die in einer Gegenreaktion gegen die sie verteufelnde bürgerliche Publizistik ihren Stolz formulierten.

Der Arbeitsmarkt mit seinen Bruchlinien, seinen Lokalismen und seinen Ausschlußbestrebungen fand sich mithin auch in der Arbeiterklasse und ihren Organisationen wieder. Er selbst war aber auch Gegenstand der Diskussion. Die Regelung gegen die freie Konkurrenz, die Kontrolle über Einstellungspraktiken gegen das freie Spiel des Marktes, der einvernehmlich festgesetzte und staatlich fixierte »tarif« gegen die freie Konkurrenz, all diese 1848 häufig in dem Vokabular des Ancien Régime formulierten Forderungen liefen vor allem in der Textilindustrie auf eine Ausschaltung oder zumindest eine Domestizierung des Marktmechanismus hinaus. Im Unterschied zum Bauwesen, in dem aufgrund der leicht einzuschätzenden Auftragslage die Arbeiter bereits ihre Aktionen an Marktbedingungen ausrichteten und damit eine Strategie der Zukunft praktizierten, blieb der Rückgriff auf traditionell-zünftlerische Modelle in anderen Berufen noch verbreitet.

»Zum Gelde drängt doch alles...«

Tauschbeziehungen und Marktgeschehen setzen die Existenz eines allgemeinen Äquivalents, des Geldes, voraus. Erst nachdem sich unterschiedliche Waren und ihre Werte in einer speziellen Ware ausdrücken können, lassen sie sich austauschen. Mit dem Abbau des Naturaltausches ging mithin auch eine Ausweitung der Geldwirtschaft einher. Überdies hatte der Staat des Ancien Régime die bäuerliche Subsistenzwirtschaft – nach Braudels Worten – dadurch »gewaltsam« geöffnet, daß er direkte Steuern einführte. Durch die Steuerpflicht, die Vermarktung von agrarischen und gewerblichen Produkten hätte im Prinzip kein Teil der französischen Gesellschaft der gestalterischen Kraft der Geld-Ware-Beziehungen entgehen dürfen. Ja, folgt man Georg Simmel, gerade durch die Verbreitung von Geldbeziehungen hätte die Gesellschaft ihre Einheit finden können. Denn »das Geld (schafft) eine äußerst starke Bindung zwischen den Mitgliedern desselben Wirtschaftskreises; gerade weil es nicht unmittelbar verbraucht werden kann, weist es auf die anderen Individuen hin, von denen man das eigentlich zu Verbrauchende dafür erlangen kann«.

Geldverkehr und Naturaltausch. In den ersten beiden Dritteln des 19. Jahrhunderts konnte sich das Geldprinzip aber nicht verallgemeinern. Ganze Gegenden blieben, wie z. B. Korsika vor 1914, nahezu außerhalb der Geldwirtschaft. Auch im Limousin tauschten Bauern und Handwerker Produkte gegen Dienste, ohne auf die Vermittlung des Geldes zurückzugreifen. So bezahlte der Landwirt den Müller und Bäcker in Getreide, und der Handwerker entgalt Agrarprodukte durch Dienstleistungen. Auch die 200 000 Halbmeier, die im Jahre 1862 in Frankreich gezählt wurden, teilten sich die Produkte der Felder mit den Eigentümern, zahlten in der Regel aber kein Geld. Landarbeiter generell, aber auch saisonal beschäftigte Schnitter und Schäfer wurden sowohl im Périgord als auch in der Dauphiné, dem Roussillon und dem Languedoc selten in bar, sondern in Naturalien entlohnt. Hinter dieser Form stand die Vorstellung, daß sie gleichsam am Ertrag des Landes teilnahmen, auf dem sie gearbeitet hatten, nicht aber, daß sie eine Leistung erbracht hatten, für die sie ein Äquivalent erhielten.

In Krisenzeiten wie auch im Lohn mancher Arbeitergruppen bestanden Naturalleistungen fort. In der Inflationszeit des Direktoriums etwa zahlten die Hüttenbesitzer ihre Arbeiter in Lebensmitteln aus und entrichteten auch in konjunkturell günstigen Jahren einen Teil der Bezahlung in Nahrungsmitteln, da die Versorgung durch den Detailhandel in den ländlich abgeschieden liegenden Hütten nicht gewährleistet war. Die Praxis des indirekten Lohns – wie die Mietfreiheit und die Stellung eines Schrebergartens in der Papierindustrie der Lyoner Gegend – verringerte den Umlauf von Geld und die Einbeziehung in seine Gesetzmäßigkeiten. Vor allem auf dem Land und in den Dörfern, weniger in den Städten und Flecken, dauerten die direkten Beziehungen zwischen Käufern und Verkäufern an, die nicht durch Geld vermittelt waren. Erst seit 1870 verschwanden diese Unterschiede, drang das Geld tiefer in die bäuerliche Wirtschaft ein.

Es ist deshalb nicht so erstaunlich, daß die umlaufende Geldmenge begrenzt blieb. Von 2,3 Milliarden Francs zwischen 1820 und 1824 stieg sie auf 4,58 Milliarden 20 Jahre später an und erreichte zwischen 1880 und 1884 nach einer erneuten Verdoppelung 9,02 Milliarden. Trotz dieser Zunahme war die Menge den Bedürfnissen nicht angemessen, und Klagen über Knappheit an Zahlungsmitteln wiederholten sich leitmotivisch unter der Feder der Behörden. Freilich gestaltete sich die Lage je nach lokalen Bedürfnissen unterschiedlich. Während unter Louis Philippe in Autun, einer Stadt begüterter Landrentiers, Geld im Überfluß vorhanden war, fehlte es in dem benachbarten Zentrum Dijon im Handel. Dieser Mangel war eine Folge der Neigung, das Hartgeld eher im Sparstrumpf zu verbergen als für Marktgeschäfte zu benutzen. So legten im Zweiten Kaiserreich die Franzosen und Französinnen 120 Millionen Francs in Banken und Sparkassen an, behielten aber 3 Milliarden Francs in ihren Häusern und unter ihren Strohsäcken. Überdies hatten sich trotz aller Bemühungen der Französischen Revolution um die Vereinheitlichung weder der Wert noch die Art des Geldes angeglichen. Verschiedene, teilweise aus dem 18. Jahrhundert stammende Rechnungseinheiten blieben verbreitet, und es war keineswegs ausgemacht, daß der Franc in Paris den gleichen Wert wie in Toulouse hatte. Ähnlich gemächlich wie das metrische System, das lange Zeit mit traditionellen Maßen rivalisierte, setzte sich der »Franc germinal«, der am 28. März 1803 geschaffen wurde, gegen die »liards« und »pistoles« oder die in der Bretagne benutzten »fréaux« durch, die noch aus der Zeit der spanischen Besatzung stammten. Geldzahlungen blieben unter diesen Bedingungen und über längere Entfernungen hinweg mit Unwägbarkeiten verbunden.

Trotzdem genoß das Metallgeld, das in Gold, Silber und Nickel existierte, ein größeres Vertrauen als die Geldscheine, die vor 1848 ausschließlich von der Bank von Frankreich und in Coupons von 500 Francs ausgegeben wurden, bevor danach die lokalen Banken ausgabeberechtigt waren und der 50-Francs-Schein auch unter weniger Begüterten Verbreitung fand. Aber in der Mitte des 19. Jahrhunderts machte die Geldnote erst 12,6% der Geldmenge aus und konnte bis 1900 das Hartgeld nicht überflügeln. Die vorsichtige, um das Vertrauen der Kaufleute und Bankiers bemühte Politik der Bank von Frankreich wie auch die traumatischen Erinnerungen an die Assignaten in der Französischen Revolution hatten den Vormarsch der Banknote behindert. Denn das auf die Nationalgüter bezogene Papiergeld, das die Verfassungsgebende Versammlung im Jahre 1790 schuf, büßte trotz eines offiziellen Festkurses bald an Glaubwürdigkeit ein, wurde auf den Märkten zunehmend von Hartgeld ersetzt, verlor an Wert und zog die französische Wirtschaft in den Strudel der Inflation, der nachhaltig die Staatsfinanzen und die Position der Gläubiger erschütterte.

Große Teile der französischen Gesellschaft blieben der Geldwirtschaft mithin fern oder freundeten sich nur ganz allmählich mit ihr an. Geld blieb in Teilen des agrarischen Frankreichs eher aufgrund seines Metallwertes denn als Wertzeichen, eher für die Schatzbildung als für die Zirkulation wichtig. Unter diesen Bedingungen waren auch der Einfluß der Banken und die Mobilisierung der Sparer gering. Die Gewöhnung der französischen Bevölkerung an Aktien oder Staatsanleihen befand sich 1850 erst in ihren Anfängen. Auch der Scheck bürgerte sich erst nach und nach ein. Selbst unter den Bewohnern von Paris, die am besten mit den Mechanismen des Geld- und Kapitalmarktes vertraut waren, machten die Aktien der Bank von Frankreich 1820 3,2%, 1847 sogar nur 2,5% der Erbschaften aus, während die Renten verbreiteter waren: 17,5% bzw. 21,1% der Verstorbenen hinterließen ihren Erben Staatspapiere, die von den jeweiligen Regierungen über alle Regimewechsel hinweg garantiert wurden und deshalb kontinuierliche Einkünfte versprachen. Wenn auch das Zweite Kaiserreich den Kreis der Rentenbesitzer dadurch ausweitete, daß Anleihen nicht mehr über die Banken vertrieben, sondern direkt dem Publikum angeboten wurden, besaßen nach Schätzungen am Ende der Regierungszeit Napoleon III. lediglich 500000 Franzosen Staatspapiere. Ihre Zahl ging mithin nicht erheblich über den Umfang des zensitär bestimmten Wahlkörpes der Julimonarchie, d.h. über den Kreis der durch Besitz und Steuerzahlung legitimierten Bürger, hinaus.

Größere soziale Breitenwirkung erzielten jedoch die Sparkassen. 1818 in Paris entstanden, entwickelten sie sich auf Initiative örtlicher Honoratioren, seit 1835 auch auf die der Gemeinden zügig weiter. 1830 hatten erst elf Kassen – und diese vor allem in der Hauptstadt – existiert, 1847 florierten bereits 277 mit 81 Zweigstellen, die 736952 Sparbücher führten. Die Mehrzahl von ihnen gehörte Bewohnern von Paris, unter denen Arbeiter fast die Hälfte stellten. In der Provinz dagegen war der Anteil der Bürger höher, Bauern waren kaum einbezogen. Insgesamt öffnete das »livret« zwar den exklusiven Kreis der Sparer etwas, diente aber hauptsächlich als Mittel, um die Mittelschichten, örtlich auch Arbeiterkreise, an das Geld- und Sparsystem heranzuführen und ihnen eine sichere Geldanlage zu bieten.

Das Netz des Kredits. Neben dem lückenhaften Geld- und dem sozial elitären Kapitalmarkt florierte ein breiter Kreditmarkt.

Durch Schuldscheine und Handelswechsel konnten breite soziale Schichten in schwierigen Situationen Geld erwerben und andere sich als Gläubiger betätigen. Zwischen dem einfachen Billet, auf dem Schulden bestätigt wurden, der von einem Notar eingetragenen Hypothekenschuld und dem durch mehrere Unterschriften von Kaufleuten bestätigten Wechsel bestanden deutliche Unterschiede. Sie alle trugen aber zur Dichte des Kreditnetzes in Frankreich bei, das sowohl auf dem Land als auch in der Stadt bestand. Der Konsumentenkredit der Bäcker und Krämer bildete die alltäglichste, der Kredit zur Ergänzung des Umlaufkapitals die problematischste und der Hypothekenkredit die sicherste Form.

Im Departement Pas-de-Calais nahmen im Jahre 1851 vor allem Landwirte eine Hypothek auf, die ihnen im Durschnitt 2172 Francs einbrachte. Handwerker und Kleinhändler folgten ebenso wie Arbeiter mit deutlichem Abstand. Im Unterschied zu den Bauern versuchten sie in der Regel kleinere Beträge zu erwerben, denn je nach Berufsgruppe lag bei 40 bis 87% von ihnen die Hypothek unter 1000 Francs. Dieses Geld diente den kleineren und mittleren Bauern in kaum der Marktwirtschaft geöffneten Gegenden dazu, Land zu erwerben, während es dort, wo bereits Austauschbeziehungen bestanden, helfen sollte, die Durststrecke bis zum profitablen Verkauf des Ernteüberschusses zu überbrücken. Unter den handwerklichen Berufen fragten vor allem Dienstleistungsbetriebe und Bauindustrielle um Kredit nach, und mit den Gastwirten und den Schmieden bildeten sich informelle Zentren heraus, in denen Geld vermittelt wurde.

Wie verbreitet die Praxis war, durch einen Kredit die Basis des Unternehmens zu vergrößern, läßt sich aus der Schätzung entnehmen, daß sich im Departement Pas-de-Calais in der Mitte des 19. Jahrhunderts 5% aller Landwirte verschuldeten. Im burgundischen Maçonnais beliefen sich die Hypothekenschulden auf ein Drittel des Wertes des Landbesitzes, waren die jährlich zu zahlenden Zinsen doppelt so hoch wie die Grundsteuer. Angesichts der weitverbreiteten Verschuldung, die schon Marx festgestellt hatte, konnten in Krisen oder bei ungünstiger Marktlage die Schuldner gezwungen sein, entweder ihre Schulden zu ungünstigen Bedingungen umzuwandeln oder aber Zwangsversteigerungen zu akzeptieren. Um 1850 entfielen im nationalen Durchschnitt 15,6 derartige Verkäufe auf 100000 Einwohner, deren Zahl in den burgundischen Departements Côte-d'Or und Sâone-et-Loire allerdings auf 21,0 und 27,2% anstieg.

Auch in den städtischen Gesellschaften gehörte das Kreditgeschäft zum Alltag. Sowohl in der westfranzösischen Stadt Niort als auch in Paris hatten sich der bargeldlose Geschäftsverkehr und die Kreditvergabe zu einer auf allen Ebenen der Kaufmannsschicht gängigen Praxis entwickelt. Bis in die letzten Verästelungen von Handel und Handwerk hinein waren Vorschüsse und Stornierungen verbreitet. Selbst für kleine und kleinste Summen suchten Händler und Meister um Aufschub nach. In seiner Untersuchung der Konkurse in Niort hat Jean Clément Martin die Bedeutung der niedrigen Kredite in Städten bestätigt, die bereits auf dem Land vorherrschten. In zwei von drei Schuldverschreibungen ging es um weniger als 900 Francs, in 20% sogar um weniger als 150 Francs. Vor dem Handelsgericht erschienen sogar Dienstmädchen, die aufgrund der freien Kost und Logis in der Lage waren, ihren Dienstherren bei Geldknappheit Vorschüsse zu leisten.

Wie umfangreich und sozial verbreitet der Kreditmarkt auch war, so war er doch nicht unstrukturiert. Das Verhältnis von Schuldnern und Gläubigern bildete einen Teil der hierarchischen Beziehungen, die in der jeweiligen lokalen Gesellschaft bestanden. So beherrschten die Landrentiers und die Stadtbewohner, unter denen ein Fünftel Frauen waren, das Hypothekengeschäft in dem Departement Pas-de-Calais und setzten in diesem Bereich ihre Vorherrschaft fort, die sie bei dem Erwerb und der Verwaltung von Grundstücken bereits demonstriert hatten. Die Bedeutung der Stadt für die Landwirtschaft fand sich bei diesem Geschäft wieder, da die städtischen Bürger Pachtzahlungen abziehen und diese dann den Bauern als Kredit erneut zu den von ihnen gesetzten Bedingungen zur Verfügung stellen konnten. Allerdings suchten die Kreditgeber sich vor allem Schuldner in einer ihnen genehmen Schicht aus. In Niort, wo vor allem Kaufleute Vorschüsse gewährten, gefolgt von den Bankiers und den besitzenden Rentiers, engagierten sie sich primär in dem engeren wirtschaftlichen Sektor, den sie überblickten und in dem sie ohnehin bereits Geschäftsbeziehungen besaßen. Martin schließt daraus: »Es bestand eine Vielzahl von Märkten nebeneinander, die durch identische Praktiken geeint, jedoch gegeneinander abgeschlossen waren.«

Im Unterschied zu dem ländlichen Beispiel, in dem der Kredit aus der unmittelbaren Umgebung stammte, läßt sich in Niort die

Existenz eines nationalen Netzes nachweisen. In der ersten Hälfte des 19. Jahrhunderts blieben zwar die auf einheimische Kaufleute gezogenen Wechsel weiterhin wichtig, nahmen aber auch die von Pariser Geschäftsleuten getragenen und garantierten »créances« kontinuierlich zu. In dieser Ausweitung kam auch die führende wirtschaftliche Rolle von Paris zum Ausdruck, welche die Hauptstadt im Zuge der napoleonischen Kriege und der Kontinentalsperre hatte erwerben können. Gleichzeitig stärkte die regionale Herkunft des Kredits die lokal-partikulare Ausrichtung auf dem Lande, während seine nationale Provenienz den Horizont des Kaufmannsbürgertums notwendigerweise erweiterte.

Die Abhängigkeit von Bauern und Handwerkern von Kreditspritzen konnte sowohl den Ansatz für gesellschaftliche Veränderungsstrategien bilden als auch für zusätzliche Ausbeutung. Bekanntlich hat Pierre-Joseph Proudhon die Kreditorganisation in den Mittelpunkt seiner Assoziationsgedanken gestellt. Die im Zweiten Kaiserreich sich entwickelnden Kreditgenossenschaften nahmen ex- oder implizit dieses Programm auf. Unter Napoleon III. versuchten sowohl die Republikaner und die Liberalen als auch die kaiserliche Regierung, den Handwerksmeistern leichter Zugang zu Kreditquellen zu verschaffen. Damit erkannten sie nicht nur die Schwierigkeiten an, vor denen die kleinen Gewerbetreibenden standen, sondern auch die Mißbräuche, denen sie ausgesetzt waren. Denn der Wucherer konnte die Notlage der Geldsuchenden und damit das unzureichend entwickelte Kreditnetz ausnutzen.

Die »Lepra« des Wuchers. So lieh etwa ein Geschäftemacher in Burgund zwischen 1825 und 1838 in 63 Fällen Geld, wobei er zwischen 7,5 und 12% Zinsen, bei kurzfristigen Vorschüssen bis zu 144% pro Jahr erhob. Auch die Diskontierung von Wechseln bot Verleihern gute Gewinnmöglichkeiten, da sie teilweise bis zu 22% des Nennwertes einstrichen. Die Unwissenheit der Landbevölkerung und das Prestige seiner Funktion nutzte schließlich ein »huissier« aus, der im zweiten Drittel des 19. Jahrhunderts 115 Personen kurzfristig mit Geld versorgte, prinzipiell aber keine Quittungen ausstellte und deshalb häufig zweimal Zinsen erhob. An einigen Orten sollen sogar Geistliche diesen »gottlosen Handel« betrieben haben. Glaubt man dem Generalstaatsanwalt aus Dijon, bildeten sich Wuchersyndikate heraus. Er schrieb im Jahr

1847: »In mehreren Gemeinden meines Amtsbezirkes haben sich richtige Wucherhäuser unter dem Vorwand gebildet, Bankoperationen durchzuführen... Kleinbesitzer, Arbeiter und Landwirte... bestätigen schriftlich, daß sie Geld in Handels- oder Orderwechseln erhalten haben; diese Anerkenntnisse nehmen sogar notarielle Formen an, wenn der Schuldner ein Analphabet ist.«

Diese von Zeitgenossen »Lepra unseres Landes« genannte Praxis war nicht nur eine Folge des Analphabetentums, sondern auch des mangelhaften Kreditsystems. Dieses hielt mit dem Geldbedarf der Bauern nicht Schritt. Auch der 1852 gegründete »Crédit foncier«, der der Landwirtschaft Investitionshilfen verschaffen sollte, konzentrierte sich auf Hypothekengeschäfte, die hohe Sicherheiten boten. Angesichts der häufig fehlenden oder unvollständigen Besitztitel und der mit Hypotheken verbundenen Verwaltungsakte kamen wohl eher größere Ländereien in Kontakt mit der Bank, die sich seit 1860 überdies stärker für städtische Grundstücke als für Ackerland interessierte.

Der Kampf gegen die Wucherer ging ebenso in die dörflichen und ländlichen Konflikte ein wie die Opposition gegen die »financiers« in die städtischen Bewegungen. Da vor allem die Führungsschichten der ländlichen Gesellschaft – Besitzer, Notare, reiche Bauern – die Geldverleiher stellten, entlud sich im Protest gegen die »Messieurs« auch die Erbitterung über die finanziellen Fesseln, in denen sie die Bauern hielten. In den Städten mischten sich in die Auseinandersetzung mit dem Handelskapital die Auflehnung gegen die Finanzleute, die bis gegen das Ende des 19. Jahrhunderts als Prototypen der Kapitalisten galten und stärker als die Industriellen die Empörung der Handwerker, Kleinhändler und Arbeiter auf sich zogen. Vor allem auf dem Lande scheint die manipulative Taktik aber keinen Erfolg gehabt zu haben, die Juden mit dem Wucher zu identifizieren und sie als Sündenböcke der öffentlichen Wut preiszugeben. Abgesehen vom Elsaß, in dem der Antisemitismus unter Bauern verbreitet war, nahmen bis in die Zeit der Dreyfus-Affäre Kleinbauern und Landarbeiter ihre reale Situation und ihre Abhängigkeit doch zu deutlich wahr, als daß sie sich in dem Ziel ihres Protestes hätten irreführen lassen. Die Gleichsetzung von Finanzgeschäften, Wucher und Juden scheint aber in der städtischen Gesellschaft verbreiteter gewesen und als Teil in die »Mythologie der arbeitenden Klassen« (Eugen Weber) eingegangen zu sein.

Auch die Verbreitung des Geldes und des Kredits konnte vor 1880 die Fragmentierung der französischen Gesellschaft nicht beseitigen. Inseln der geldlosen Tauschwirtschaft überlebten. Vor allem Teile der ländlichen Gesellschaft – und wohl auch der kleinstädtischen – wurden nur peripher von Geldströmen berührt und transformiert. Ein lebhaftes Kreditgeschäft, das auf dem Lande wie in den Städten verbreitet war, löste diese bestehenden Abhängigkeitsbeziehungen aber nicht auf, sondern bestätigte oder vertiefte sie. Es sorgte auch nicht für eine zunehmende Verflechtung der Gesamtgesellschaft, da die Kreditgeschäfte – sieht man einmal von dem national verbreiteten Handelswechsel ab – vor allem in lokalen und engen beruflichen Zusammenhängen erfolgten. Offen blieb die von Georg Simmel aufgeworfene Frage nach den Einstellungsveränderungen, die aus dem Kontakt mit Geld und Geldgeschäften resultieren können. Trug die Ausweitung der Geld- und Kreditwirtschaft zu einer Zunahme des Rechnens, dem genauen Kalkül von Einnahmen und Ausgaben, Zinsen und Renditen, mithin zum Sieg der Zahl bei und förderte gar, wie Simmel vermutete, eine Individualisierung der Gesellschaft? Die Antwort kann nur vorläufig sein. Wenn man die Angaben heranzieht, die die 1913 und 1914 unter Kleinhandelsorganisationen weit verbreitete organisierte Umfrage erbrachte, scheint in diesem Sektor gerade das Fehlen einer geordneten Buchführung typisch gewesen zu sein. Das Leben von der Hand in den Mund, das Fehlen von modernen ausbalancierten Budgets scheint zudem über diesen Bereich hinaus auch in anderen Gesellschaftsschichten üblich gewesen zu sein. Wie bereits erwähnt, führte der Geldverkehr auch nicht notwendig zur Stärkung des Individuums, sondern band dieses in bestehende soziale Bezüge und Hierarchien oft sogar im größeren Ausmaß ein.

Der Markt für kulturelle Güter

Wenn Marktverhältnisse Aufschluß über die Dichte der Verbindungen, Strukturen sozialer Ungleichheit, Mentalitäten und soziale Konflikte geben sollen, ist auch die Vermarktung von Kultur im weitesten Sinn einzubeziehen. Denn an der Verbreitung einer nationalen Sprache, dem Zugang zu Bildungssituationen und der Wirksamkeit von Presseerzeugnissen oder anderen Informationsmitteln lassen sich Etappen der Vereinheitlichung der nationalen

Gesellschaft ablesen, soziale Unterschiede sowohl in den Chancen des Zugangs zur Kultur als auch in kulturellen Ausdrucksformen aufdecken, aber auch Auseinandersetzungen um den Wert oder die Form von kulturellen Gütern verdeutlichen. Sowohl über Öffnung und Geschlossenheit als auch über Nationalisierung und Partikularisierung der französischen Gesellschaft lassen sich mithin Aussagen machen.

Auf der Suche nach einer gemeinsamen Sprache. Eine gemeinsame Sprache zu finden, in der die verschiedenen Teile der Bevölkerung miteinander kommunizieren konnten, dieses Ziel hatte sich bereits das Ancien Régime gestellt. Die Französische Revolution nahm es auf und begründete es politisch. Im Unterschied zur Anfangsphase der Revolution, in der Verwaltungstexte in verschiedene Dialekte übersetzt wurden und die sprachliche Mannigfaltigkeit mithin anerkannt wurde, identifizierte der Konvent und in ihm besonders der Abbé Grégoire die Bildung der Nation mit der Durchsetzung einer einheitlichen und allen gemeinsamen Sprache. »Die Einheit der Idiome ist ein notwendiger Teil der Revolution ... Die Identität der Sprache ist notwendig.« Dies sollte nicht nur durch ein Wörterbuch, sondern auch durch die Pflicht für Ehepaare durchgesetzt werden, vor der Verheiratung ihre Kenntnisse der nationalen Sprache nachzuweisen. Ein politisch subversiver Charakter wurde lokalen Dialekten gar in der »terreur« zugeschrieben, in der die Einheit und Geschlossenheit der bewaffneten Nation gegen die Innen- und Außenfeinde zum höchsten Wert erhoben wurde. In seiner berühmten Rede vom 27. Januar 1794 behauptete das Mitglied des Konvents Barère: »Der Föderalismus und der Aberglaube sprechen niederbretonisch; die Emigration und der Haß auf die Republik sprechen deutsch; die Konterrevolution spricht italienisch, und der Fanatismus spricht baskisch ...«

Trotz dieser auf Vereinheitlichung ausgerichteten Sprachenpolitik, die im Unterschied zu politisch noch nicht als Nationalstaat konstituierten Gesellschaften in Frankreich nach dem Sturz Robespierres viel an Brisanz verlor und einem eher pragmatischen Umgang mit der linguistischen Vielfalt Platz machte, gingen im 19. Jahrhundert die lokalen und regionalen Dialekte nur allmählich zurück. Nach Eugen Webers Analysen sprach in den sechziger Jahren noch ein Viertel der Bevölkerung nicht, die Hälfte der Volksschüler gar nicht oder nur mäßig das nationale Idiom. Der globale Befund verdeckte regional unterschiedliche sprachliche und soziale Praktiken. Besonders hartnäckig hielten sich sprachliche Besonderheiten im Süden und Südwesten Frankreichs, in Flandern und in Teilen der Bretagne, die man geradezu als von einer chinesischen Mauer gegen Außeneinflüsse abgeschirmt dargestellt hat. Selbst in diesen Gegenden ließ sich jedoch im Laufe des 19. Jahrhunderts der Sprachenpurismus nicht aufrechterhalten. Lokale Sprachen vermischten sich mit der nationalen. Während der Dialekt etwa für die Alltagskommunikation erhalten blieb, wurde das Französische für Verwaltungsakte und feierliche Anlässe benutzt. Wie Reiseberichte zeigen, lebten diejenigen, mit denen kaum Kommunikation möglich war, häufig abseits der großen Verkehrsstraßen oder gingen Beschäftigungen nach, die sie selten mit der Außenwelt in Verbindung brachten. Unter ihnen waren Frauen besonders zahlreich. Erst mit der Verallgemeinerung des Schulwesens, dem Ausbau der Verkehrswege und der kommerziellen Durchdringung der Gesellschaft scheint sich seit 1880 das Französische auf breiter Front durchgesetzt und die Schützengrabenerfahrung des Ersten Weltkrieges vollends die linguistische Vereinheitlichung des Landes bewirkt zu haben.

Diese Entwicklung ist vor allem von einer regionalistisch argumentierenden Literatur als Enteignung der Eigenständigkeit oder gar als Zerstörung der regionalen Identität interpretiert worden. Abgesehen von dem problematischen Begriff der »Identität«, der wenig von dem widersprüchlichen Prozeß von Identifikationen einfängt, krankt diese These daran, daß sie die staatlichen und äußeren Zugriffe als übermächtig und die jeweils Dialekt sprechende Bevölkerung als Objekt der Politik und als bar aller Interessen darstellt. Die staatlichen Instanzen konnten jedoch weder die Entwicklung forcieren noch die Interessenstruktur lokaler Gesellschaften umwälzen. Wie bereits erwähnt, gingen die Dialekte nur langsam im 19. Jahrhundert zurück, fand Agricol Perdiguier auf seinen Wanderungen in den zwanziger Jahren noch eine babylonische Sprachenvielfalt vor und stießen Offiziere und Präfekten auf lokale sprachliche Besonderheiten, die sie teilweise verwundert, teilweise schockiert notierten. An diesem Rückgang hatte die Schulpolitik zweifellos ihren Anteil, die weitaus wirksamer als Abbé Grégoires Franzisierungskampagne für die Verbreitung der nationalen Sprache sorgte.

Geistliche in sprachlichen Mischgebieten arbeiteten in die gleiche Richtung. Vor allem jedoch die Zunahme der Handels- und generell der Austauschbeziehungen drängte das lokale Idiom zunehmend zurück und machte der ländlichen Bevölkerung, unter der dieses sich am hartnäckigsten hielt, klar, daß sie aus Gründen der Selbstbehauptung das Französische, das vor Gericht und in Verwaltungskanzleien gesprochen wurde, beherrschen mußte. Die veränderten Rahmenbedingungen setzten mithin neue Interessen durch. Denn – wie ein Akademieinspektor des Departement Tarn formulierte – zumindest im Südwesten Frankreichs war sprachliche Besonderheit mit Abhängigkeit verbunden. »Die Bauern kennen die Sprache nicht, die die Bürger sprechen; aber die Bürger kennen ihre, und mehr brauchen sie nicht.« Diese Besonderheit konnte nicht nur einen sozialen, sondern auch einen räumlichen Charakter annehmen, denn zwischen Stadt und Land eröffneten sich sprachliche Barrieren. Wenn mithin auch die regionalistische These zu pauschal ist, darf nicht vergessen werden, welchen tiefen Einschnitt es für die Bevölkerung auf dem Lande bedeutete, von dem gesprochenen, gewohnten Dialekt zu der Schriftsprache Französisch, von der mit Körpersprache untermauerten Unterhaltung zu der durch Text organisierten Kommunikation überzugehen. Dieser Übergang vollzog sich keineswegs abrupt, sondern mischte Tradition und Neuerung.

Die sprachlichen Besonderheiten, deren politische Bedeutung bereits das Erste Kaiserreich durch eine vorsichtige Praxis der Bestandsaufnahme entschärft hatte, wurden gleichwohl Gegenstand politischer Kontroversen. Sie gingen nämlich als Bestandteil in das Bild von Regionen ein, das sich – wie das Stereotyp der agrarischen, liebenswürdigen Bretagne – im ersten Drittel des 19. Jahrhunderts unter dem Eindruck der Romantik vor allem herausbildete. Sie wurden als Wahrzeichen einer kulturellen Elite gepflegt, wie etwa das literarische Provenzalisch zur sozialen Distanzierung eingesetzt oder auch vom Klerus bemüht wurde, um eine vorwiegend ländliche Bevölkerung von den verhängnisvollen Einflüssen des modernen Lebens abzuschirmen. Im Dialekt äußerte sich aber auch Protest. Als etwa die Weinbauern Südfrankreichs im Jahre 1907 gegen die staatliche Agrar- und Repressionspolitik protestierten, formulierten sie ihre Parolen in dem gewohnten Okzitanisch. Die Verteidigung der lokalen Dialekte war mithin politisch polyvalent, wenn auch mehrheitlich traditionalistisch gefärbt. In ihr kam aber auch die Vitalität lokaler Strukturen und Besonderheiten, die Distanz zu den Ortsfremden und das Mißtrauen gegenüber dem Nationalen zum Ausdruck, die bereits in anderen Marktbeziehungen aufschienen.

Schreiben und Lesen. Sowohl eine Voraussetzung als auch ein Faktor der nationalen Verbreitung kultureller Güter war die Schulbildung. Sie erlaubte es, am politischen, kulturellen und zivilen Leben aktiv teilzunehmen, und beschleunigte die Ausdehnung des Marktes für Druckerzeugnisse. Im 19. Jahrhundert standen die Zeichen der Zeit auf Fortschritt. Die Zahl der Analphabeten ging zurück, die der Schulen und Schüler nahm zu. Bei der Musterung konnte in den dreißiger Jahren fast die Hälfte der jungen Männer weder schreiben noch lesen (47,4%). In den Gründerjahren der Dritten Republik (1876/77) fiel ihr Anteil bereits auf 15,6%. Vor 1870 kann freilich das Gerücht, Analphabeten würden nicht zum Wehrdienst eingezogen, dazu geführt haben, daß die Gemusterten ihre Unwissenheit überbetonten. Aber die Angaben über die Schreibfähigkeit von Ehepaaren zeigen ähnliche Resultate. Zwischen 1816 und 1820 konnten 54% der Männer, jedoch nur 34% der Frauen die Heiratsurkunde unterzeichnen. Zwischen 1872 und 1876 stiegen die Anteile auf 77% bzw. 67% an, um 1901 96% bzw. 94% zu erreichen. Am Ende des 19. Jahrhunderts konnte die überwiegende Mehrheit der sich verheiratenden Männer und Frauen die für die Zeremonie notwendige Unterschrift leisten.

In dieser Entwicklung, die für die männliche Bevölkerung schneller als für die weibliche verlief, schlug sich auch die Zunahme der Schulen nieder. Denn vor 1881/82 wurden in immer mehr Orten Schulen eröffnet.

	Gesamtzahl der öffentlichen und privaten Schulen	Orte ohne Schulen
1817	20734	
1829	30996	13987
1837	52779	5667
1847	63089	3213
1863	68761	818
1876–77	71547	312
1881–82	75635	159

Vor der Verallgemeinerung der Schulpflicht durch die Gesetze von Jules Ferry (1881) gehörte bereits ein Schulgebäude zum Erscheinungsbild nahezu aller französischen Gemeinden.

Parallel zu diesem Wachstum stieg auch die Zahl der Schüler. Besuchten 1829 417 Einwohner pro 10000 eine Schule, waren es 1847 bereits 997, 1860 1186 und 1881/82 1418. Im Jahre 1876 nahmen vier Fünftel aller Jungen, die zwischen sechs und 13 Jahren alt waren, am Schulunterricht teil. Wenn auch das verbreitete Fehlen im Sommer, vor allem in der Zeit der Ernte, nicht überwunden war und der Schulbesuch oft noch nicht kostenlos war, konnten sowohl in bezug auf die Regelmäßigkeit als auch auf die Kosten in den sechziger Jahren bereits deutliche Fortschritte verzeichnet werden. Da sich gleichzeitig auch die Ausbildung der Lehrer und die pädagogischen Methoden verbesserten, war schon vor der Reform des Jahres 1881 die kulturelle Einheit des Landes einen entscheidenden Schritt vorangetrieben worden.

Diese Entwicklungsaussage darf aber weder regionale Unterschiede noch Verzögerungen überdecken. Insgesamt waren die nördlich einer Linie von St. Malo bis Genf liegenden Gebiete früher und breiter alphabetisiert als die südlichen Departements. Bereits seit dem Ende des 17. Jahrhunderts hatte der katholische Klerus vor allem die Lesefähigkeit im Kampf gegen die Reformation gefördert, so daß vor 1789 bereits in Nord- und Nordostfrankreich jeder zweite Mann seinen Heiratsvertrag unterzeichnen konnte und in Städten wie Lyon und Meaux der Zugang zur schriftlichen Kultur möglich war. Auch in der Verteilung der Schulbildung fanden sich diese Unterschiede wieder, flachten im Laufe des 19. Jahrhunderts aber ab. So war 1829 die Zahl der Eingeschulten im entwickeltsten Departement zwanzigmal so groß wie in dem am wenigsten entwickelten. Die Differenz sank auf das Siebenfache im Jahre 1840 und auf das Dreifache 23 Jahre später.

Neben die regionalen Unterschiede trat der zwischen Stadt und Land. In den beiden burgundischen Departements Côte d'Or und Sâone-et-Loire konnte in der Regel die städtische Bevölkerung früher und besser schreiben und lesen als die ländliche. Vor allem in Gebieten mit Streusiedlung, in denen der Boden karg, die Gemeindegüter begrenzt, die Wege nicht existent oder schlecht gepflegt waren, hielt sich das Analphabetentum lange, während es dort zurückging, wo die Bevölkerung dichter zusammenlebte, das

Gemeindeland zahlreicher vorhanden war und sich Handwerker und Krämer häufiger niedergelassen hatten. Sowohl auf dem Lande als auch in der Stadt gehörten die Tagelöhner, Bauern und gewerblichen Arbeitskräfte zu den kulturell Unterprivilegierten, die Handwerksmeister und -gesellen zu den kulturell Bessergestellten.

Schritt somit auch die Akkulturation insgesamt fort, verfügte zu Beginn der Dritten Republik ein Teil der Bevölkerung immer noch nicht über die elementaren Fertigkeiten. Noch 1881 waren in den am wenigsten von der Kultur erfaßten 16 Departements von den dort lebenden 6,5 Millionen Einwohnern 1,3 Millionen Analphabeten. Im bretonischen Morbihan erreichte dieser Anteil sogar 41,3% unter den Männern und war unter den Frauen noch höher. Selbst unter den sich bekanntermaßen ihrer Qualifikation widmenden Handwerksgesellen blieb die Ausbildung lange Zeit rudimentär. So konnte der 1849 zum Abgeordneten gewählte Maurer Martin Nadaud seine Briefe nicht allein schreiben! Die Präsenz eines Bevölkerungsteils, der bei seinen Kontakten mit der Außenwelt auf Vermittler angewiesen war, war im französischen Alltag vor 1880 und – wenn auch in geringerem Maße und lokal begrenzt – ebenso noch danach unbestreitbar.

Vor diesem Bildungshintergrund wird die Bedeutung der mündlichen Kultur verständlich. Gerüchte, die Informationen und Wertungen, Ängste und Hoffnungen verbreiteten, gehörten zu den verbreiteten Nachrichtenmitteln des »peuple«. Bekannt und von Georges Lefèbvre untersucht ist die »Grande Peur« genannte kollektive Hysterie, die im Jahre 1790 die Furcht vor einer Restauration des Ancien Régimes sowie vor Räubern und Ausländern verband, sich schnell entlang von Handelswegen ausbreitete und zur Plünderung und Brandschatzung von Schlössern führte. Von Hausierern und Reisenden, Bettlern und Handwerksgesellen weitergetragen, beeinflußte auch in der Folgezeit das Gerücht Verhaltensweisen. Noch 1823 schlossen in einigen Gegenden durch die dunkle Andeutung, der Zehnte könne wiedereingeführt werden, beunruhigte Pächter nur unter der Bedingung ihren Pachtvertrag ab, daß der Grundeigentümer die vorausgesagte Mehrbelastung trage. Obwohl die verschiedenen Regierungen derartige Meinungsäußerungen streng überwachten und Panikmacher bestraften, konnten sie nicht verhindern, daß vor allem in gesellschaftlichen Krisenzeiten entweder die Nachricht von Brandstiftern die

Unsicherheit vergrößerte und die Instabilität der bestehenden Ordnung demonstrierte, wie das 1830 in der Normandie geschah, oder aber die immer wieder kolportierte Rückkehr Napoleons die Hoffnung auf Veränderung ausdrückte.

Angesichts der Verbreitung der mündlichen Kultur, die sich auch in den Liedern eines Béranger oder in abendlich erzählten Geschichten ausdrückte, verlieh die Schriftlichkeit denjenigen, die über sie verfügten, eine Machtstellung. In dem Maße, in dem an die Stelle der Rituale der schriftliche Akt trat und die Französische Revolution auch die Schriftlichkeit privilegierte, um mit dem Ancien Régime demonstrativ zu brechen, sicherten sich Notare und Anwälte, aber auch Handwerksmeister und Händler eine Führungsrolle in lokalen Gesellschaften. Diese Gruppen konnten Verwaltungsakte lesen, Petitionen schreiben, Plakate entwerfen und sich mit Bewohnern anderer Ortschaften verständigen. So wirkten nach Alain Corbins Darstellung im Limousin Alphabetisierung, Seßhaftigkeit und wirtschaftliche Funktion zusammen, um in der Jahrhundertmitte Handwerksmeistern politischen Einfluß zu verleihen.

Es gehörte zu den Charakteristika der Notabeln, daß sie über Informationen verfügten, sich schriftlich äußern konnten und mit der Außenwelt Kontakte pflegten. Die Verbindung mit dem nationalen Leben setzten sie häufig in politischen Einfluß um. Alexis de Tocqueville begleitete etwa bei der ersten Wahl nach dem allgemeinen gleichen Wahlrecht im April 1848 die Bauern seines Familiensitzes zum Wahllokal, nicht ohne sie zuvor über eine »gute« Stimmenabgabe aufgeklärt zu haben. Der Erfolg war ihm sicher. Er wurde gewählt.

Schriftliche und mündliche Kultur standen sich freilich nicht unverbunden gegenüber. Das Vorlesen von Zeitungen und Büchern an Winterabenden in Dörfern und Flecken, die öffentliche Bekanntmachung durch Ausrufer oder die Verbreitung von Liedern erlaubten es, über den Bereich der Lesekundigen hinaus die Bevölkerung in die Debatte politischer Ereignisse einzubeziehen oder sie mit allgemeinen Themen bekanntzumachen. Der Almanach gehörte seit dem 17. Jahrhundert zu den Büchern, die, vom Hausierer in ländliche Haushalte getragen, über Erntezeiten oder kirchliche Feste informierten, praktische Hinweise gaben, aber auch erbauliche Geschichten enthielten, mithin Werte transportierten. Er bildete neben den kirchlichen Stundenbüchern oft den einzigen Buchbesitz von Bauern und wurde an Abenden vorgelesen, kommentiert und wiederholt gelesen. Über ihn drangen nicht nur neue Werte wie die von Benjamin Franklin vertretene Arbeitsethik auf dem Lande vor, sondern auch politische Maximen und Symbole. Von den Regierungen als »le moraliste et l'instituteur« der Landbevölkerung gefürchtet, wurde seine Verbreitung genau kontrolliert, und die Texte wurden häufig der Zensur unterworfen, bevor die Zeitungen seit dem Zweiten Kaiserreich den Almanach ablösten.

Dem verbreiteten kulturellen Entwicklungsstand angepaßt war auch das politische Lied, das während sowie nach der Revolution von 1789 populär war. Straßensänger verbreiteten es, Handwerksgesellen nahmen es auf, und die seit 1815 aus dem Boden schießenden städtischen Gesangvereine pflegten es. Aus der geselligen Tradition des 18. Jahrhunderts stammend, nahmen die Lieder nach 1800 politische Inhalte und Funktionen an, so daß zwischen republikanischen und liberalen Chansonniers ein wahrer Sängerwettstreit einsetzte, in dem die Royalisten zumindest vor 1848 nicht mithalten konnten. Niemand vermochte überdies mit der Popularität von Béranger zu rivalisieren, der »poète national« genannt wurde und dessen Lieder in ganz Frankreich die Größe der Nation, die Liebe zur Freiheit und die Würde des einfachen Lebens verbreiteten.

Schrift und Bild verbanden schließlich auch die »canards«, jene in hoher Auflage gedruckten Blätter, in denen hervorragende Persönlichkeiten oder spektakuläre Ereignisse textlich kommentiert wurden. Bewohner größerer Städte konnten sie kostenlos in Auslagen betrachten, während sie auf dem Land gekauft wurden und sogar die Katen normannischer Bauern schmückten. Auch in ihnen drückten sich politische Inhalte aus. Sie hielten das Andenken an Napoleon I., an die Soldaten und Offiziere seiner Armee, aber auch an wichtige Daten der Französischen Revolution wach, bevor Louis Napoleon sie systematisch benutzte, um sich einer breiten Bevölkerung bekanntzumachen.

Der Siegeszug der Zeitungen. Auch die Zeitungen, deren Zahl und Auflagenhöhe seit der Jahrhundertmitte schlagartig zunahmen, waren in die Tradition des Vorlesens, des gemeinsamen Gesprächs, mithin in kollektive Formen eingebunden. Da sie vor 1850, dem Stand der Drucktechnik entsprechend, teuer waren, wurden sie zumeist im Abonnement bezogen, in Kaffeehäusern oder in Lesegesellschaften konsultiert. Schon im *Rapport Géneral sur la presse* des Jahres 1825 hob der Berichterstatter hervor, daß die Mehrzahl der Bezieher Gruppen oder Vereinigungen seien. Neben den Adeligen, die in Salons gemeinsam lasen und diskutierten, oder den bürgerlichen Kaufmannszirkeln öffneten die Lesegesellschaften den Zugang zur Information gegen Entgelt. Untersuchungen von Françoise Parent haben für das Paris der Restaurationszeit 463 derartige Etablissements ausgemacht, die sich vor allem in den Handels- und Finanzvierteln auf der rechten Seite der Seine und in der Studentenhochburg des Quartier Latin ballten. Die Zirkel boten auch Handwerksmeistern und Krämern Lesemöglichkeiten, die außerhalb von Paris auch in Buchhandlungen und Cafés existierten. Durch die Forschungen von Maurice Agulhon ist bekannt, wie stark in der Provence die »Chambrées« genannten dörflichen und kleinstädtischen Vereinigungen das durch Zeitungslektüre genährte Gespräch über Politik förderten. Wenn der folgende Bericht des Präfekten aus der Restaurationszeit auch aus politischen Gründen zweifellos übertrieb, drückte er doch Lesepraktiken und die Tendenz der politischen Öffentlichkeit aus, über den Kreis der Besitzenden und Gebildeten hinauszustoßen: »*Le Constitionnel* dringt in die kleinsten Flecken, die entlegensten Höfe vor. Von einer großen Zahl seiner Abonnenten sozusagen in die Städte und auf das Land gebracht, wird er kostenlos jenen geliehen, die ihn nicht bezahlen könnten, und ich kenne entlegene Ortschaften des Departements, in dem die Blätter nach zwei Wochen von der wiederholten Lektüre zerlesen sind und erst dann nicht mehr konsultiert werden, wenn sie vollkommen zerfallen.«

Verglichen mit der geringen Auflagenhöhe der Zeitungen – am 1. Januar 1825 drückten die zwölf größten Blätter lediglich 58855 Exemplare – war der Leserstamm erheblich größer. Die populären Zeitungen, deren erste der 1863 gegründete *Le Petit Journal* war und die von der verbesserten Drucktechnik und der schnelleren Nachrichtenübermittlung profitierten, drangen in ein Milieu ein, in dem die Tradition des Vorlesens noch existierte, die mit den Fortschritten der Alphabetisierung aber zurückging. Mit einer Auflage von 220000 Exemplaren stellte das Blatt von Moise-Polydor Millaud ein Zehntel der Pariser Presse und fand im *Petit Parisien*, dem *Petit Marseillais* (1868) und der *Petite Gironde*

(1872) alsbald auch regionale und Pariser Nachahmer. Kleinformatig aufgemacht, politische und sensationelle Meldungen mischend, waren die Blätter für ein breites Publikum erschwinglich und attraktiv. Wenn ihr Einfluß auch im einzelnen noch nicht untersucht ist und schwerlich in einem breiten Bündel von Faktoren zu isolieren sein dürfte, zeichnen sich doch zwei Tendenzen ab. Zum einen lieferten die Zeitungen, die sich häufig auf die von der Nachrichtenagentur Havas übermittelten Informationen stützten, ein stark von der Pariser Perspektive geprägtes Bild des politischen und gesellschaftlichen Lebens. So verloren im letzten Jahrhundertdrittel die regionalen Blätter zunehmend an Einfluß, während sich die in Paris gedruckten in der Provinz verbreiteten. Yves Lequin sieht in dieser Entwicklung eine zunehmende Eroberung der Peripherie durch das Zentrum, die regionale Abwehrreaktionen nach sich ziehen konnte, aber auch einen Faktor der Nationalisierung des politischen Lebens darstellte. Zum anderen brachten die populären Presseorgane auch politisch-moralische Kategorien in Umlauf, die – verbunden mit anderen Faktoren – Einstellungen beeinflussen und verändern konnten. In der Koppelung mit einer repressiven Strafgesetzveränderung im Zweiten Kaiserreich und der sich entwickelnden Massenpresse, die Kriminalfälle sensationell aufbauschte, sieht Michelle Perrot etwa eine Ursache für die sich ändernde Haltung der populären Schichten gegenüber Kriminellen. Der »peuple« hatte noch in der ersten Hälfte des 19. Jahrhunderts in Verbrechern eine Art Robin Hood, bewundernswerte oder zumindest aus Notlagen zu entschuldigende Klassengenossen gesehen und sie in Südostfrankreich sogar mit der Aura des Heiligen umgeben und verehrt. Erst in der zweiten Hälfte des 19. Jahrhunderts und unter dem Eindruck der um Ursachenanalyse nicht bemühten Massenblätter nahm die Mißbilligung von Verbrechern, ihr Ausschluß aus der Gesellschaft zu und drangen bürgerliche Verhaltensnormen stärker in den Volksschichten vor.

Trotz dieser Entwicklung, die sich ab der Jahrhundertmitte beschleunigte, blieb die Epoche zwischen 1790 und 1880 eher durch kulturelle Viel- als Einheit charakterisiert. Eine einheitliche Ausrichtung auf kulturelle Güter, eine gemeinsame Sprache, Ausbildung und Lektüre gewann an Bedeutung, erfaßte aber keineswegs die Gesamtheit der Bevölkerung. Landbewohner, Unterschichten und Frauen blieben insgesamt hinter der Entwicklung zurück, die zur Akkulturation führte. Gleichwohl existierte über den durch Besitz und Bildung privilegierten Kreis der Bürger und Adeligen hinaus doch eine Öffentlichkeit, die politische Fragen diskutierte, sich informierte und unter städtischen, aber auch ländlichen Handwerksmeistern und -gesellen, Krämern und Arbeitern ihre soziale Grundlage fand.

Überdies provozierte die nationale Kultur auch Widerstand. Die Pflege von regionalen Bräuchen durch Mitglieder des Bürgertums wie die Forderung nach lokaler Unabhängigkeit, die am Vorabend der Pariser Kommune von 1871 maßgeblich von großen Städten wie Lyon oder Marseille erhoben wurde, können als Indizien für die Gegenbewegung gegen eine von Paris ausgehende kulturelle und politische Erfassung der Gesellschaft gelten. Trotzdem wäre das Bild einseitig, wenn nicht nationale und lokale, schriftliche und mündliche, einheitliche und mannigfaltige Kultur in ihren Verbindungen gesehen würde. Das moderne Nachrichtenmittel der Zeitung verbreitete sich durch das Medium des Vorlesens, die lokalen Almanache nahmen nationale Mythen auf, und der »nationale Poet« drückte lokale Unzufriedenheit aus. In einer Mischung aus Schriftlichkeit und Mündlichkeit, Informationsmitteln des Ancien Régimes und des 19. Jahrhunderts fand die kulturelle Praxis ihre Besonderheit.

Konflikte um kulturelle Güter. Die Verbreitung kultureller Güter folgte keiner Eigengesetzlichkeit, sondern wurde geprägt von den Interessenkonflikten, die zwischen Staat, Notabeln, katholischer Kirche und den Unterschichten ausbrachen. Sowohl im Bereich der Schule als auch der Informationsmittel intervenierten die verschiedenen Regierungen. Bekanntlich verpflichtete das Gesetz Guizot (28. Juni 1833) die Gemeinden, eine Schule zu eröffnen und einem Teil der Schüler das Schulgeld zu erlassen. Gleichzeitig griff die Julimonarchie auch in die Kompetenzen der örtlichen Honoratioren ein. Während zuvor der Bürgermeister und der Ortsgeistliche die Schulaufsicht innehatten, schuf Guizot durch eine Ordonnanz vom 26. Februar 1835 einen besonderen Schulinspektor, das Gesetz Falloux (15. März 1850) einen akademischen Rat im Departement. Da seit 1850 auch die Wahl eines Lehrers in öffentlichen Schulen – in kirchlichen lagen die Dinge anders – nur auf einer von dem Rat erstellten Liste erfolgen durfte, waren die Notabeln wesentlicher Einflußmittel auf die Schulen beraubt. Die

Verwaltung nahm zunehmend ihren Platz ein, wie 1881 der gemäßigte Republikaner Jouin erkannte: »An die Stelle des Volksschullehrers, den wir heute haben, werden Sie einen vom Stadtrat, vom Bürgermeister unabhängigen Volksschullehrer setzen, der nur noch von seinen hierarchischen Vorgesetzten abhängig ist... Sie wollen alle unsere Schulen in die Hand des Staates legen.«

Tiefergreifend als diese, sie aber teilweise überlagernd, wirkte die Auseinandersetzung zwischen den kirchlichen und staatlichen Schulen. Bis zur Durchsetzung des staatlichen Erziehungsmonopols in der Dritten Republik wogte der Kampf um den Platz der religiösen Erziehung und um die Stärke des kirchlichen Einflusses. Abgesehen von einer Minderheit der Katholiken, die gegen jede Form der Volkserziehung wetterten und unter ländlichen Notabeln in dieser Ablehnung auch Anhänger fanden, diskutierte die Mehrheit vor allem über das Ausmaß des Einflusses der Kirche auf die Ausbildungsinstitutionen. Dabei gerieten die staatlichen Leitungs- und Oberaufsichtsinstanzen – die »Université« – ebenso ins Zentrum ihrer Attacken wie die laizistischen Volksschullehrer. Beseitigung der staatlichen Aufsicht über den Erziehungsbereich war die Maximal-, Durchbrechung des Erziehungsmonopols die Minimalforderung der Katholiken. Kontrolle der Lehrer durch die Geistlichen bzw. seine Unter- und Beiordnung stellten die Extreme in einer heftig geführten Debatte dar. Während die Zeit zwischen 1822 und 1828 sowie die fünfziger Jahre zu den Phasen gehörten, in denen die kirchlichen Vorstellungen sich weitgehend durchsetzten und bei den Regierungen das Argument Zustimmung fand, daß die Bewahrung des Status quo ohne die bindende und moralisierende Kraft der Religion unmöglich sei, bildeten sich unter dem Bürgerkönigtum, aber auch in der Opposition gegen das Zweite Kaiserreich die Grundpositionen des Laizismus heraus.

Erziehungsfreiheit wurde als Parole gegen den Klerikalismus, die Wahrheit der Wissenschaft gegen die Gültigkeit kirchlicher Dogmen gesetzt, und mit der Emanzipation des Lehrers aus der Abhängigkeit vom Priester trat man den Kampf für die Verbreitung liberal-republikanischer Prinzipien an. Die von Jean Macé 1866 ins Leben gerufene »Ligue de l'enseignement«, die 1870 in 57 Zirkeln 17000 Mitglieder zählte, protestierte sowohl gegen die Ausdehnung der kirchlichen Schulen, die sich seit 1850 vor allem in West-, Nord-, Mittel- und Südwestfrankreich wie auch im Rhônetal vollzogen hatte, als auch gegen den staatlichen Rückzug aus der Gestaltung des Erziehungsbereichs. Denn nach 1850 hatte der katholische Klerus nicht nur die Beherrschung des bestehenden Schulsystems gesichert, sondern auch einen breiten eigenständigen Sektor kirchlich geleiteter Bildungsanstalten aufgebaut und sich vor allem der bis dahin vernachlässigten Mädchenausbildung angenommen. Im Jahre 1880 wurden z. B. 80,7% aller Mädchen im Departement Loire von Nonnen unterrichtet.

Daß sich die französische Gesellschaft gerade in der Schulfrage entzweite, hing damit zusammen, daß die unterschiedlichen Schichten und Klassen mit der Schule spezifische Ziele verbanden. Konservative Honoratioren sahen etwa in ihr ein geeignetes Mittel, um die Massen zu moralisieren und zu domestizieren. Republikanische Eliten hingegen setzten ihr das Ziel, die Bevölkerung aus der kirchlichen Bevormundung zu lösen. Aber auch innerhalb der Volksschichten selbst gewann die Schule an Attraktivität, als die Austauschbeziehungen zunahmen und sich durch eine bessere Ausbildung vielfältige Berufspositionen eröffneten. Weniger in geographisch isoliert liegenden Gegenden, in denen – nach den Worten von Robert Thabault – »der beständige Gebrauch von Zeichen, die man in der Schule benutzt«, nicht nötig war, aber in kleinen und großen Städten gehörte zu den Überlebens- und Plazierungsstrategien, daß man schreiben und lesen konnte. Wie Jacques Ozouf nachgewiesen hat, mischten sich dabei Notwendigkeit und Stolz, Unabhängigkeits- und Aufstiegsstreben in einer Konjunktur, in der nach 1850 vor allem die Schriftlichkeit der Gesellschaft insgesamt zunahm. Wurden in der französischen Gesellschaft der dreißiger Jahre pro Kopf und Jahr drei Briefe geschrieben, waren es 50 Jahre später schon 14. Da gleichzeitig auch Werkmeister und Vorarbeiter schriftlich abrechnen mußten, im Handel der Briefverkehr unentbehrlich war, der Staat den Zugang zu Verwaltungsposten oder Korporalstellen vom Nachweis einer Schulbildung abhängig machte, wurde eine Veränderung der gesellschaftlichen Position von dem jeweils erreichten Ausbildungsstand bestimmt. Umgekehrt setzte Unwissenheit Abhängigkeit und Beschränkung fort.

So verzichtete der vagabundierende Arbeiter Norbert Truquin, der im algerischen Oran von der Polizei festgenommen wurde, darauf, nach Marokko zu fliehen. Denn – so schrieb er in seinen Memoiren – »ich dachte nach; da ich ohne Ausbildung war, wäre ich in Marokko genauso Sklave wie andernorts.« Deshalb erschien bereits in dem am 30. Juni 1848 von dem Minister Hippolyte Carnot eingereichten Gesetzentwurf die wesentliche republikanische Forderung nach Schulpflicht und Schulgeldfreiheit, die auch die Arbeiterdelegierten in den sechziger Jahren aufnahmen. Politische Emanzipation war für die Republikaner und Sozialisten nicht ohne Befreiung aus der Unmündigkeit möglich. Am Ende des Zweiten Kaiserreichs, insbesondere aber in der Dritten Republik nahm der Schulstreit vehemente Formen an. Dabei prallten zwei lokale Machtansprüche ebenso aufeinander wie unterschiedliche Erziehungsideale.

Wie die Schule war auch die Presse Gegenstand von Auseinandersetzungen. Nur die ersten Jahre der Französischen Revolution von 1789 und der Revolution von 1848 ließen der schriftlichen Meinungsäußerung volle Freiheit. Sonst wurde durch verwaltungsmäßige, finanzielle und rechtliche Mittel deren Handlungsspielraum eingeschränkt. Am weitesten gingen in der Knebelung der Presse das Erste und Zweite Kaiserreich. Unter Napoleon I. wurden durch ein Dekret vom 17. Januar 1800 politische Meinungen äußernde Zeitungen im Prinzip für die Dauer des Krieges, faktisch aber länger verboten, die sich wirtschaftlichen oder kulturellen Zielen widmenden Blätter dagegen autorisiert. Sobald jene jedoch Artikel veröffentlichten, welche nach Meinung der Regierung dem Respekt, der dem sozialen Pakt, der Souveränität des Volkes und dem Ruhm der Armee gebührte, abträglich waren, konnten sie sofort verboten werden. Die vage Formulierung der Strafbestände sicherte der Regierung weitestgehende Autonomie in der Strafverfolgung.

Auch unter Napoleon III. wurden in der Ordonnanz vom 17. Februar 1852 zwischen der großen politischen und der kleinen unpolitischen Presse unterschieden, von denen die erste folgenden Beschränkungen unterlag: Genehmigung durch offizielle Stellen bei der Gründung, Kaution von 15000 bis 50000 Francs und je Nummer eine Stempelsteuer von sechs Centimes. Sobald die Zeitungen einen dem Regime feindlichen Geist ausstrahlten oder die öffentliche Ordnung störten, konnten sie von der Verwaltung verwarnt, bei drei Verwarnungen sogar verboten werden. Auch Geldstrafen konnten – sofern sie sich wiederholten – nicht nur die Absetzung des Chefredakteurs, sondern auch das Verbot der Zeitung nach sich ziehen. Die Pressepolitik der Restaurationszeit und der Julimonarchie bewegte sich zwischen den beiden Extremen, verzichtete aber weder auf die Kaution, die gewährleistete, daß die Zeitungsgründer aus dem Kreis der Besitzenden stammen mußten, noch auf die strafrechtliche Ahndung von Meinungsdelikten.

Gegen diese Beschränkungen gingen die Liberalen vor. Sie engagierten sich, wenn diese über das für sie akzeptable Maß – d. h. Schutz vor Verunglimpfung von Personen oder Angriff auf die bestehende Ordnung – hinausgingen. Vor allem protestierten sie, wenn die Zensur, die im Ancien Régime bis 1788 die Meinungsäußerung unterdrückt hatte, wiedereingeführt wurde. So provozierte die Ordonnanz der Regierung Polignac vom Juli 1830 – sie führte die Zensur wieder ein und zwang alle Zeitungen und kleinen Broschüren, alle drei Monate erneut um eine staatliche Genehmigung nachzusuchen – einen Sturm der Entrüstung, den formellen Protest von Journalisten und die Teilnahme der in Paris entlassenen Drucker an den revolutionären Tagen. Der Liberalismus an der Macht vergaß allerdings schnell seine Prinzipien und dehnte in dem Pressegesetz vom 9. September 1835 das Feld der Delikte aus. Strafrechtlich zu verfolgen waren danach Zeitungen, die die verfassungsmäßig begründete Ordnung in Frage stellten, für die Errichtung einer anderen Dynastie warben, sich republikanisch nannten, das Eigentum angriffen oder »Haß zwischen den verschiedenen Klassen der Gesellschaft« predigten. Mit dieser irenischen Sicht des Meinungskampfes schränkten sie den Bereich der Öffentlichkeit erheblich ein, während sie gleichzeitig die bei Zeitungsgründung zu entrichtende Kaution erhöhten. Die Republikaner, die in der Julimonarchie die Forderung nach Pressefreiheit aufnahmen, in der *Réforme* und dem *National* auch einflußreiche Organe besaßen, konnten unter Napoleon III. der Unterstützung der verschiedenen liberalen Fraktionen gewiß sein, die in der Opposition die Bedeutung einer freien Presse wiederentdeckt hatten.

Der Markt für kulturelle Güter hatte vor 1880 noch keine Einheit gefunden. Bei dieser These ist Eugen Weber zuzustimmen, der erst mit der Verallgemeinerung der Schule, der Wehrpflicht und der Praxis des allgemeinen gleichen Wahlrechts den Prozeß der Nationalisierung sich durchsetzen sah. Aber die französische Gesellschaft befand sich im 19. Jahrhundert bereits auf dem Wege zur Vereinheitlichung, wie sich in der Durchsetzung der nationalen Sprache, der Ausdehnung des Schulbesuchs wie auch an den Fortschritten des Zeitungswesens zeigte. Zweifellos überlebten immer noch umfangreiche Enklaven der Mündlichkeit, des Dialekts oder der Indifferenz gegenüber dem Schulbesuch, die häufig in ländlichen, nur wenig in wirtschaftliche Austauschbeziehungen integrierten Gegenden lagen. Insgesamt wird man deshalb die Mannigfaltigkeit der nationalen Einheit oder die einheitlichen Züge der Vielfalt hervorheben müssen, wie sie etwa in der Verquickung von mündlicher Kultur und Schriftlichkeit zum Ausdruck kam.

Mit dem Markt für schulische Abschlüsse und für Zeitungen entwickelten sich auch zwei Berufsgruppen, die in der Dritten Republik an Einfluß gewinnen sollten. Die Volksschullehrer besaßen bereits seit 1850 eine relativ gesicherte und klare Laufbahnordnung sowie ein verbessertes Einkommen, sie lösten sich seit 1870 zunehmend aus der Abhängigkeit des Klerus. Häufig aus Kleinbauern- und Handwerkerkreisen stammend, genossen sie jedoch noch nicht das Ansehen, das ihnen am Jahrhundertende entgegengebracht wurde. Selbst wenn ihre Ausbildung noch rudimentär war, erhoben sie sich bereits über die Masse der teilweise noch analphabetischen oder teilalphabetisierten Bauern und Tagelöhner. Zwischen den Eliten und dem Gros der Bevölkerung dienten sie als Vermittler. Mit der Presse fanden die Schriftsteller und Intellektuellen, die in keinem der freien Berufe untergekommen waren, eine Karrieremöglichkeit. Balzac hat den aufstiegshungrigen Provinzjugendlichen in der Person von Lucien de Rubempré porträtiert, der, aus Angoulême kommend, in Paris sich im Zwischenbereich von Presse, Theater und Literatur sein Plätzchen suchte. Dieser Gruppe boten nicht nur die Zeiten freier Meinungsäußerung neue Arbeitsmöglichkeiten, sondern auch die Herausbildung einer Massenpresse. Als mobiles, Arbeit und Ausdruck suchendes Milieu, das auch die Verbindung mit der jungen Handwerker- und Arbeiterbewegung nicht scheute, erregte es die Aufmerksamkeit der Konservativen. Diese bezeichneten es im Zweiten Kaiserreich als »bohème« und mutmaßten, Journalisten und Literaten stellten aus Neid und Erfolglosigkeit die bestehende Ordnung in Frage.

Obwohl zahlreiche Entwicklungsprozesse regionale und nationale Märkte miteinander verbanden und diese Verflechtung im Laufe des 19. Jahrhunderts zunahm, blieb sie immer noch lückenhaft. Sie war 1820 weniger fortgeschritten als 1840 und erreichte 1880 eine größere Intensität als 1860. In den achtziger Jahren eine Zäsur zu setzen heißt den Akzent auf die Verallgemeinerung des Schulwesens, die Ausdehnung des Eisenbahnnetzes im Landesinnern und die Bedeutung der allgemeinen Wehrpflicht zu legen. Darüber ist nicht zu vergessen, daß diese Entwicklungen noch nicht oder bereits zuvor abgeschlossen waren. Selbst nach der Konsolidierung der Dritten Republik hatten Eisenbahn- und Postverkehr es noch nicht vermocht, in alle Gegenden Frankreichs vorzudringen.

Zahlreiche Nischen bestanden fort, die aber einen unterschiedlichen sozialen Sinn besaßen. In ihnen konnten sich Archaismen wie ein lokaler Dialekt oder Naturaltausch, aber auch Privilegien erhalten. Die ländlichen Eisenhütten oder im Tagewerk betriebenen Bergwerke, die abseits der Warenströme funktionierten, verfügten über ein lokales Belieferungs- und Arbeitskräftemonopol, das ihnen erst allmählich streitig gemacht wurde. Schließlich konnte fern des Marktes die Regelungsautonomie lokaler Gemeinden blühen, die sich in Gebräuchen und auf Ansässige begrenzten Markttätigkeiten niederschlagen konnte.

Die allmähliche Ausweitung der Marktstrukturen ging einher mit der Herausbildung von sozialen Gruppen und Konflikten. Die Zahl der Kaufleute und Händler, Grossisten und Reisenden, aber auch der Journalisten und Literaten, der Bankiers und Handlungsgehilfen nahm zu; sie legten den Grundstock für den tertiären Sektor, der am Jahrhundertende bereits reichlich aufgebläht war. Gleichzeitig stießen auch unterschiedliche soziale Interessen zusammen. In den in den sechziger Jahren verschwindenden Agrarunruhen prallte der Anspruch der örtlichen Bevölkerung, über die Menge und den Preis des geernteten Getreides zu verfügen, mit den Zielen der Kaufleute zusammen, dieses zu einem möglichst hohen Preis zu vermarkten. Zugleich bildete sich in der Abgrenzung gegen Fremde und Fremdes lokales Selbstbewußtsein heraus. Gegen das Prinzip des freien Warentauschs kämpften Gesellen und Arbeiter an, die gemeinsam mit den Kleinmeistern feste Stücklöhne forderten und bis zum Beginn des 20. Jahrhunderts nicht von dieser Parole abrückten. Während diese Konflikte insgesamt zu den von Charles Tilly »reaktiv« genannten Auseinandersetzungen zu rechnen sind, waren die Fronten im kulturellen Bereich verwirrender. Herrschaftsansprüche von Honoratioren, des katholischen Klerus und des laizistischen Staates waren nicht vereinbar, aber auch Emanzipationsbestrebungen von Bauern, Meistern und Gesellen mischten sich in die Auseinandersetzungen um die kulturelle Hegemonie.

All diese Kämpfe verdeutlichen, daß die Marktprinzipien keineswegs fest in der Mentalität verankert waren. Gegen das Leistungs- wurde das Nahrungsprinzip, gegen den Austausch der Status, gegen den Verdienst der Besitz, gegen das Nationale und Allgemeine das Lokale und Partikulare gesetzt. Auch die Arbeit als Notwendigkeit und Chance hatte ihren Siegeszug in den Einstellungen der Franzosen noch keineswegs beendet.

Dieser Zustand hatte natürlich Folgen für die Klassenbildung. Diese hat sich vor 1880 eher auf lokaler und regionaler Ebene als im nationalen Maßstab abgespielt. Denn die sozialökonomischen Bedingungen differierten zu stark je nach Gegend, als daß sich nationale Zusammenschlüsse dauerhaft herausbilden konnten. Sie wird sich weniger auf das Monopol einzelner Produktionsfaktoren stützen können, »kraft deren den objektiven ökonomischen Bedingungen eine ›kämpfende Gruppe‹, ein personalisiertes Kollektiv, ein sich seine eigene Zwecke setzendes historisches Subjekt entsteigt« (Bourdieu), als auf deren Verbindung. Denn weder waren Handels- und Banktätigkeit, Manufaktur- und Verlagssystem, Lohnarbeit und Landwirtschaft schon so deutlich geschieden, daß das Monopol einer Ware oder Qualifikation auf dem Markt oder der Besitz bzw. Nichtbesitz von Produktionsmitteln eine ausschlaggebende Rolle bei der Klassenzuweisung spielen konnte. Diese wird schließlich stärker die Heterogenität als die Einheitlichkeit der Klassen und ihrer Interessen, stärker ihre durch Ereignisse induzierte Kraft als ihre Selbstverständlichkeit hervorheben. Politische Faktoren werden in diesem Zusammenhang eine spezifische Funktion erhalten. Politische Privilegien oder besondere Vertretungsformen werden notwendig, um die Einheit von Klassen herzustellen oder zu zementieren, während Kommunikationsorgane auf beruflicher Ebene geschaffen werden, um Zersplitterung zu überwinden.

1.2. Industrialisierung, Bevölkerungswachstum und innere Staatsbildung

Der Zusammenhang zwischen Veränderungen auf Märkten und in der Gesellschaft ist weder einseitig noch einfach. Freilich schlägt sich auf den Märkten der Wandel von gesellschaftlichen Strukturen nieder und führt etwa die Herausbildung einer Unternehmerklasse sogar zu einer Veränderung der Marktbedingungen. Gleichzeitig sind die Märkte aber auch Teile eines gesellschaftlichen Umwandlungsprozesses, den sie beschleunigen oder verlangsamen können. Sie können – wie in der Terminologie von Pierre Vilar formuliert werden kann – als Zeichen, Resultate oder Faktoren eines gesellschaftlichen Prozesses diskutiert werden. Anstatt in einem kruden Ökonomismus die letztinstanzliche Prägung von Entwicklungsprozessen durch die Wirtschaft aufzuspüren, anstatt aber auch unverbundene einzelne Faktoren aneinanderzureihen, soll das Bedingungsgeflecht möglichst genau entfaltet werden, innerhalb dessen dann Marktveränderungen und -bedingungen verständlich werden. Dabei geht es vor allem um den Einfluß der Industrialisierung, der demographischen Entwicklung und der inneren Staatsbildung. Diese Prozesse können hier nicht in ihrer vielfältigen Bedeutung beschrieben werden. Sie sind daraufhin zu befragen, ob sie auf Verflechtung und Einheitlichkeit drängten oder Unterschiede produzierten, ob sie auf schnelle Veränderung abzielten oder Kontinuitäten bewahrten.

Der französische Weg der Industrialisierung

Bekanntlich unterscheidet die wissenschaftliche Diskussion die »industrielle Revolution« von der »Industrialisierung«. Im Unterschied zu einer Beschleunigung der Entwicklung, zu einem qualitativen Sprung legt der zweite Begriff den Akzent auf mittel- oder langfristige Veränderungen, in denen das fixe Kapital wichtiger als das umlaufende wird, die Bedeutung des Handels- gegenüber dem Industriekapital zurücktritt, technologische Neuerungen eingeführt und angewandt werden, die Investitionen sich erst später amortisieren und die Produktion häufig nur schwer den Wandlungen des Marktes anzupassen ist. Überbetont der Begriff »Industrialisierung« auch die Kontinuität und unterschätzt er das Krisenhafte und Schubweise der Prozesse, so umfaßt er doch mehr

Wirklichkeitsbereiche über eine längere Zeit als der Begriff »industrielle Revolution« und eignet sich vor allem besser zur Kennzeichnung der französischen Entwicklung.

In Frankreich läßt sich eine »industrielle Revolution« nämlich nur schlecht ausmachen. Die Existenz eines »take-off«, den Walt W. Rostow an dem schnellen Wachstum der Nettoinvestitionen, der Ausbildung von industriellen Leitsektoren und ihrer Expansionstendenz ablas, ist von der französischen Forschung verneint worden. Bereits 1960 hatte Jean Marczewski zwischen Phasen des beschleunigten und verlangsamten wirtschaftlichen Wachstum unterschieden. Zwischen 1796 und 1844, 1855 und 1884, 1895 und 1913 sei die Wirtschaft am stärksten expandiert, während die Industrie in der Julimonarchie ihre höchsten Wachstumsraten erreichte. Nach Tihomir Markovitch, neben Marczewski ein bekannter Vertreter der quantitativen Wirtschaftsgeschichtsschreibung, zeigten vor allem die Jahre 1815 bis 1845 ein hohes wirtschaftliches Wachstum, ohne daß man aber von einem »Abheben« sprechen könne. Maurice Lévy-Leboyer seinerseits charakterisiert die Jahrzehnte vor 1820 und seit 1890 durch Wachstumsschübe der Industrieproduktion und findet eine ähnliche Chronologie in seinen Studien zur Bruttokapitalbildung. François Crouzet stellt für die Zeit zwischen 1815 und 1824 eine Beschleunigung der industriellen Wachstumsraten fest, denen – bis auf eine kurze Verlangsamung – ein bis in die Mitte des Jahrhunderts dauernder Anstieg folgte, bevor das Tempo deutlich seit 1860 gedrosselt wurde. Damit schält sich folgendes allgemeine Bild heraus: Das wirtschaftliche Wachstum Frankreichs begann im 18. Jahrhundert und setzte sich bis in die Mitte des 19. Jahrhunderts trotz einiger Verlangsamungen fort, bevor es stockte und abnahm.

Deshalb zerfällt das 19. Jahrhundert in zwei Teile: Dem starken Wachstum der Jahre vor 1860 steht das Nachlassen oder gar die Stagnation der folgenden Dezennien gegenüber, bevor seit den neunziger Jahren die »Belle Epoque« begann. Zwischen 1815 und 1824 und von 1845 bis 1854 nahm etwa das Agrarprodukt durchschnittlich jedes Jahr um 1,2%, das Industrieprodukt um 2,5% und das Gesamtprodukt pro Einwohner um 1,4% zu. Zwischen 1854 und 1864 sowie von 1891 bis 1894 sanken die Werte auf 0,1%, 1,6% und 0,8%. Starkes, wenn auch insgesamt unregelmäßiges Wachstum vor 1860, das sich dann verlangsamte und erst in den letzten Jahren des Jahrhunderts wieder anzog – diese Entwicklungstendenz deutet bereits an, daß nicht so sehr Brüche und Sprunge, sondern gleitende Übergänge die wirtschaftliche Erneuerung Frankreichs im 19. Jahrhundert geprägt haben. Diese schlossen zwar Krisen nicht aus, die bis 1846/1848, regional auch bis in die fünfziger Jahre hinein noch den Charakter von »crises de l'Ancien Régime« hatten, die von einer Mißernte ausgelöst wurden. Aber diese zerstörten nicht den Gesamtcharakter einer allmählichen Anpassung Frankreichs an die neuen sozialökonomischen Bedingungen. Dazu trug vor allem die Bedeutung des Agrarsektors, der Verbrauchsgüterproduktion, der Kleinbetriebe und die regionale Ansiedlung der Industrie bei.

Der Einfluß der Landwirtschaft. Pflug und Egge prägten stärker als Dampfmaschine und Webstühle das Gesicht der französischen Wirtschaft und Gesellschaft vor 1880. Wenn man den Dienstleistungsbereich einmal unberücksichtigt läßt, stellte die Landwirtschaft zwischen 1810 und 1840 66,5%, in den folgenden drei Jahrzehnten 54% der französischen Gesamtproduktion her. Sie bildete auch den Lebens- und Arbeitsraum der Mehrheit der Bevölkerung, wie die folgende Verteilung der aktiven Bevölkerung auf die drei Sektoren zeigt:

	Landwirtschaft	Industrie	Dienstleistung
1781–90	55%	15%	30%
1856	51,7%	26,8%	21,8
1881	47,5%	26,7%	24,9%

Da überdies in der Mitte des Jahrhunderts nahezu drei Viertel der französischen Bevölkerung in Gemeinden mit weniger als 2000 Einwohnern lebten, ist die Vorherrschaft des Landes umrißartig beschrieben.

Auch in der Landwirtschaft kennzeichnete die langsame Veränderung, nicht der revolutionäre Umschwung den Gang der Geschäfte. Wenn sich in der ersten Hälfte des 19. Jahrhunderts die Produktion der Landwirtschaft auch erhöhte – nach Lévy-Leboyer stieg sie zwischen 1815 und 1852 um 78% an –, blieben die Neuerungen in der Organisation und den Bebauungsmethoden doch sehr begrenzt. Freilich wurde durch Rodung und Nutzbarmachung das Ackerland ausgeweitet oder die Brache allmählich aufgegeben, die 1840 aber immer noch 27% des Landes ausmachte. Es wurden auch neue Produkte angebaut. Mais und Kartoffeln, seit 1800 ebenso Zuckerrüben, breiteten sich aus, während in der Nähe städtischer Märkte der Gemüseanbau an Bedeutung gewann. Diese Entwicklung, zu der die Intensivierung der Viehzucht kam, setzte sich im dritten Viertel des Jahrhunderts fort, in dem die Landwirtschaft Wohlstand verbreitete. Freilich nahm zwischen 1852 und 1862 der Wert der Agrarproduktion noch einmal um 44% zu, um in den folgenden 20 Jahren jedoch lediglich um 25% zu wachsen. Gleichzeitig wiesen die Steuerakten aus, daß das pro Hektar zu versteuernde Einkommen, das in der Regel unter dem realen lag, zwischen 1851 und 1879 um 39% gestiegen war. Da sich zudem bis 1870 die soziale Organisation der Landarbeit und das Verhältnis der Klassen auf dem Land nicht grundlegend verändert hatten, fand das wirtschaftliche Wachstum in einem stabilen Rahmen und ohne tiefgreifende Einbrüche oder rasante Beschleunigungen statt. Eine Revolution der Agrarmethoden und eine Umwälzung der Sozialstruktur vollzogen sich vor 1880 nicht.

Aus diesen Gründen blieb der Transfer, der von einer gründlich erneuerten Agrikultur der Industrie und ihrer Entwicklung zugute kam, in Frankreich selten und begrenzt. Dies galt sowohl für die Bevölkerung als auch für das Kapital und die Ausbildung der Nachfrage. Die Überschußbevölkerung, der die Industrie Arbeitsplätze bieten sollte, blieb bis in die späten fünfziger Jahre hinein auf dem Lande ansässig, so daß die Forschung sogar von einem »surpeuplement« spricht. Durch Klein- und Kleinstbesitz gebunden, überlebensfähig aufgrund von vielfältigen gewerblichen Nebentätigkeiten, oft auch abgeschnitten von Informationen über Arbeitsmöglichkeiten lebte in den fünfziger Jahren das Gros der französischen Bevölkerung in Dörfern und Flecken. Diese Verankerung war nach Serge Chassagne auch die Folge von Überlegungen der Honoratioren, die man – auf die Gefahr hin, ihre Intentionen überzubetonen – auch Strategien nennen könnte. Denn damit besaßen sie ein reiches Potential an Arbeitskräften, Halbmeiern und Pächtern und verhinderten das Wachstum der Städte, die in einer auf Jean-Jacques Rousseau zurückgehenden Tradition als Orte der Unordnung und Rebellion galten. Daher kam es bisweilen, wie in den Bergwerken der Grand Combe in den Cevennen, zu der paradoxen Situation, daß die Nachfrage nach Arbeitskräften vor Ort keineswegs durch die Überschußbevölkerung in der Umgebung befriedigt werden konnte.

Vor 1850 zogen die ländlichen Arbeitskräfte nur selten zur Industrie, sondern diese suchte die ländlichen Produzenten auf, indem sie in Form von Heimarbeit Arbeits- und Verdienstmöglichkeiten bot. Das war vor allem in der Textilindustrie der Fall. Im Jahre 1860 surrten in Roanne etwa in 43 Betrieben 2500 Webstühle, während 4000 weitere zur Hälfte bei städtischen, zur anderen Hälfte bei ländlichen Heimarbeitern aufgestellt waren. Die Lyoner Seidenfabrikanten begünstigten seit der Jahrhundertmitte gar die ländliche Produktion, u. a. auch um die sozialen Konflikte in der Stadt abzubauen.

Freilich flossen aus diesen ländlichen Aktivitäten dem Handelskapital auch Einkünfte und Profite zu. Dabei verdrängten jedoch die gewerblichen nicht die ländlichen Strukturen, sondern verquickten sich mit ihnen und federten den Übergang zum Industriekapitalismus ab. Das in der Landwirtschaft erworbene Geldkapital kam dem industriellen Wachstum nur begrenzt zugute. Zum einen wurde es vor 1870 noch häufig für Landkäufe benutzt oder in langfristig unsinnige, kurzfristig aber hohe Gewinne abwerfende Investitionen in der Landwirtschaft geleitet. Zum anderen floß es auch in den Kauf von Schlössern, die der Erhöhung des sozialen Prestiges dienen sollten. So diagnostiziert Michel Denis für das westfranzösische Departement Mayenne eine Manie der Besitzenden, Schloßherren werden zu wollen. Auch die Banken, die einen Teil des gesellschaftlichen Geldkapitals sammelten, legten es eher in Staatspapieren als in Industriebeteiligungen an. Schließlich ging von der Agrikultur auch nicht jener Nachfragesog aus, den Paul Bairoch etwa im Übergang von den Holz- zu Eisenwerkzeugen vermutet hat. Denn erst allmählich setzte sich der Eisen- gegenüber dem Holzpflug durch. Erst 1823, unter der Leitung von Mathieu de Dombasle, wurde eine Pflugfabrik eröffnet, die in großem Umfang Eisen und Gußeisen verarbeitete. Aber noch 1852 herrschte der Holzpflug in Mittel- und Südfrankreich vor, und der vervollkommnete Pflug konnte sich gegenüber den lokalen Modellen nicht durchsetzen. Insgesamt wird man weniger von einem Prius der landwirtschaftlichen als von einer Parallelität der agrarischen und industriellen Entwicklung sprechen müssen.

Allerdings konnte das Tempo der Agrikultur auch das der Industrie bremsen. In dem Simulationsmodell, das Patrick Verlay für die sechziger Jahre erstellt hat, wird deutlich, wie wichtig die Industrie als Abnehmer von Agrarprodukten war, die sie – wie die Textil-, Leder-, Holz und Nahrungsmittelindustrie – für die Endverbraucher verarbeitete. Nicht als Absatzmarkt, sondern als Zulieferer für die Industrie war in diesem Kontext die Landwirtschaft von Bedeutung. In dem Maße, in dem nun die Aufstiegstendenz der landwirtschaftlichen Produktion abbrach – dies war 1857 im Departement Vaucluse, 1862 in der Beauce und dem Calvados, 1868 in der Bretagne der Fall –, schlug sich diese Verlangsamung auch in dem gesamtgesellschaftlichen und industriellen Wachstum nieder. Eine sich nur allmählich in den Produktionsmethoden und der Produktionsintensität verändernde Landwirtschaft verzögerte mithin auch Neuerungen im gewerblichen Sektor.

Vorherrschaft der Verbrauchsgüterindustrie. In der französischen Industrie der ersten beiden Drittel des 19. Jahrhunderts dominierte die Verbrauchs- über die Investitionsgüterindustrie. Mit 65% der gesamten Industrieproduktion erreichte sie zwischen 1825 und 1844 den Höchstpunkt ihres Einflusses und nahm danach nur allmählich ab. 1840 waren die Textilindustrie und die Konfektion zu je 21%, die Nahrungsmittelbetriebe mit 15%, der Sektor des Bauwesens und der öffentlichen Arbeiten gar mit 24% an der Industrieproduktion beteiligt. Konfektions- und Nahrungsmittelindustrie gehörten in den sechziger Jahren sogar zu den Motoren des Wachstums, obwohl sie von der wachstumsintensiven metallverarbeitenden und chemischen Industrie bereits als Leitsektoren abgelöst wurden, die aber nicht ihren Umfang erreichten. In der Textilindustrie arbeitete auch das Gros der französischen Arbeitskräfte: 60% waren im Ersten Kaiserreich, 58% in der Mitte des 19. Jahrhunderts in Spinnereien und Webereien beschäftigt. Über 1850 hinaus gab das Spinnen und Weben von Baumwolle und Wolle, aber auch von Leinen und Seide 1426000 Personen Arbeit, während der Bausektor nur 375000 und die Metallbetriebe 339000 Arbeitsplätze boten.

Es ist bereits angedeutet worden, wie eng die Verbrauchsgüterindustrie mit der ländlichen Gesellschaft verbunden war. Ihre Arbeitsplätze waren oft auf dem Land angesiedelt, sie verarbeiteten lokale Rohstoffe und verkauften die Produkte auf dem lokalen bzw. regionalen Markt. Im Laufe des 19. Jahrhunderts löste sie sich aber zunehmend, obwohl keineswegs vollständig aus dieser Verbindung und gewann stärker nationalen oder internationalen

Zuschnitt. Denn die wesentliche Antriebsenergie, die Rohstoffversorgung und die Absatzpolitik veränderten sich. An die Stelle der Wasserkraft trat die Dampfmaschine, die Holzkohle wurde seit 1850 zunehmend vom Koks abgelöst, so daß die Ansiedlung von Betrieben in der Nähe von Flüssen und Wäldern weniger notwendig wurde, zumal gleichzeitig die Eisenbahnen den Transport von Rohstoffen verbilligten. Auch die einheimischen Rohstoffe verloren an Bedeutung. Während die dynamische Baumwollindustrie ohnehin von Importen lebte, wurden diese auch in der Woll- und Leinenindustrie wichtiger. Hatte die einheimische Produktion in der Restaurationszeit noch vier Fünftel des Wollbedarfs der Industrie geliefert, konnte sie um 1870 nur noch die Hälfte der Nachfrage stillen. Neben die europäische trat seit 1850 zunehmend die australische und argentinische Wolle. Auch in der Leinenindustrie wurde in der Mitte des Jahrhunderts die Hälfte der für die Produktion notwendigen Wolle importiert. Da gleichzeitig auch in der Lyoner Seidenindustrie asiatische Rohseide allmählich die einheimische verdrängte, bewegten sich immer mehr Unternehmen im internationalen Zusammenhang.

Wenn die Verbrauchsgüterindustrien auch auf den Absatz auf dem Binnenmarkt angewiesen waren und in Zeiten unzureichender Verkehrsverbindungen noch über das Monopol auf Teilmärkten verfügten, engagierten sie sich doch auch im Welthandel. Woll- und Seidenprodukte machten zwischen 1833 und 1840 vier Fünftel des französischen Exports aus. Besondere Luxusprodukte, die in Paris, Reims oder Rouen entwickelte Mode, mit der die Aristokraten und reichen Bürger der alten und neuen Welt versorgt wurden, gingen über die Grenzen. Trotz dieser internationalen Orientierung blieb der regionale und nationale Markt weiterhin entscheidend für die Prosperität des Textils. Im Durchschnitt lediglich 18% der Gesamtproduktion wurden in der ersten Jahrhunderthälfte ausgeführt. Selbst in den Zentren der Textilindustrie, im Elsaß etwa, stellten die für den Export arbeitenden Fabrikanten lediglich die Hälfte der Gruppe, in der Champagne nur ein Drittel. Die Verbrauchsgüter-, aber auch die Investitionsgüterindustrie der ersten beiden Drittel des 19. Jahrhunderts baute auf ländlich-dezentrale Produktionsstätten auf, blieb stark auf den Binnenmarkt ausgerichtet und erschütterte nicht entscheidend die Physiognomie der Gesamtgesellschaft.

Verbreitung der Klein- und Mittelbetriebe. In der untersuchten Epoche blieb das kleine und mittlere Unternehmen verbreitet, das teilweise aber aus der Arbeitsteilung und Erhöhung der Arbeitsintensivität Produktivitätsgewinne erhoffte. Diese Produktionsweise war sehr wohl vereinbar mit einer weithin ländlichen Gesellschaft oder mit nur teilweise gewerblich aktiven Arbeitskräften. Unterscheidet man die großen und die kleinen Betriebe danach, ob sie Maschinen benutzten, stellten die ersten nach den Berechnungen von Markovitch lediglich 37,5% des Nationalprodukts zwischen 1855 und 1864 her, die letzteren jedoch 63,5%. Dehnt man den Bereich der handwerklichen Kleinbetriebe aber auf alle jene aus, in denen der Unternehmer selbst mitarbeitete, reduziert sich der Anteil der Großbetriebe auf 19,8% der Industrieproduktion.

Die Kleinbetriebe beschäftigten nach Aussagen desselben Autors zwischen 70 und 75% der gewerblichen Arbeitskräfte. Kleinbetriebliche Strukturen erwiesen sich – wie das Raphael Samuel auch für Großbritannien nachweist – als tragende Säulen der französischen Industrialisierung. Der Anteil der großen Unternehmen war insgesamt nicht größer als derjenige der Heimarbeit. Trotz der Herausbildung der Industriegiganten in Le Creusot und Anzin, in Fourchambault und Mülhausen blieb Frankreich ein Eldorado der Kleinindustrie. Oder wie Fernand Braudel formulierte: »Die industrielle Revolution... wird Mühe haben, die bestehenden Rahmenbedingungen zu zerbrechen: sie muß mit ihnen leben.«

Diese dualistische Struktur der französischen Industrie und die Veränderungen unter Wahrung der Kontinuität waren Besonderheiten des französischen Weges in den Industriekapitalismus. Dieser wurde keineswegs durch diese Strukturen verhindert, sondern setzte sich sogar mit deren Hilfe durch. In einer revisionistischen Sicht der französischen Wirtschaftsentwicklung ist zuerst von Patrick O'Brien und Caglar Keyder nicht nur auf die Akkumulationsmöglichkeiten verwiesen worden, die der Kleinbetrieb bot, sondern auch auf seine Anpassung an spezifisch französische Besonderheiten: ein segmentierter Markt, Vorherrschaft hochwertiger Produkte für mittlere und höhere Einkommen, begrenzte Urbanisierung und geringer Export von Industrieprodukten. Nicht durch die Eliminierung, sondern durch die Instrumentalisierung der Kleinbetriebe entfaltete sich die kapitalistische Produktionsweise in Frankreich.

Geographische Zersplitterung der Produktion. Dem Fortbestand von Handarbeit, rückständigen Technologien, teilweise protoindustriellen Arbeitsbedingungen und der kleinbetrieblichen Struktur entsprach die geographische Verteilung der Industrie. Gegenüber dem Beginn des Jahrhunderts, als Spinnräder verstreut über das Land surrten, Eisen und Stahl oft lokal verarbeitet wurden, setzte sich eine regionale Spezialisierung durch, und es bildeten sich Wachstumspole heraus. Die Juteindustrie ebenso wie die Leinenfabrikation siedelten sich in Flandern an, die Wolle wurde seit der Jahrhundertmitte vornehmlich in Roubai, Amiens, Sedan und Elbeuf verarbeitet; die Stoffdruckerei herrschte im Elsaß vor. Mit dieser Standortverschiebung ging nicht nur die Deindustrialisierung Westfrankreichs, d. h. der Niedergang der Leinen- und Wollindustrie einher, sondern auch die Südwestfrankreichs, die ihren Anfang schon im Ersten Kaiserreich genommen hatte. Das galt auch für das normannische Rouen, das seine führende Rolle als Textilmetropole in den dreißiger Jahren an Mülhausen verlor. Auch in der Eisenindustrie traten die zuvor tonangebenden Betriebe der Loiregegend und des Dauphiné seit 1870 gegenüber den nordfranzösischen Unternehmen zurück. Östlich einer Linie von Le Havre bis Marseille konzentrierten sich seit dem Ende des Ancien Régimes die Industrien und bildeten folgende Entwicklungspole (François Perroux) heraus: Nordfrankreich verband Textil-, Stahl- und Chemikalienherstellung mit umfassenden Kohlevorhaben, das südöstliche Mittelfrankreich mit dem Loirezentrum vereinte Kohle, Textil und Chemie, im Elsaß herrschte das Textil vor. Die deutliche Trennung zwischen dem Norden und dem Süden Frankreichs, der industriellen Spezialisierung und der Desindustrialisierung gehörte zu den Strukturproblemen Frankreichs.

Aufbau eines Kommunikationssystems. Gleichwohl trugen die Veränderungen in den Transport- und Nachrichtenmitteln dazu bei, die Verbindung zwischen den einzelnen Regionen Frankreichs zu verbessern. Schon im 18. Jahrhundert war unter der Regie des 1716 gegründeten »Corps des Ingénieurs des Ponts et Chaussées« mit dem Bau breiter und teilweise gepflasterter Straßen begonnen worden, die um 1800 über 40000 Kilometer führten. Wenn diese auch in den Revolutionswirren und unter Napoleon I. vernachlässigt wurden und teilweise verfielen, verbesserte vor allem das Bürgerkönigtum die großen Straßen Nordfrankreichs, des Rhônetals und Aquitaniens und baute das Departemental- und Vizinalstraßennetz aus. Dieses erfaßte freilich selbst in der Mitte des 19. Jahrhunderts noch nicht die gebirgigen und abgelegenen Gegenden, in denen heftiger Regen oder Schnee tage- oder wochenlang die Verbindung mit der Außenwelt unterbrachen. Trotzdem fanden auf der Straße die meisten Austauschbeziehungen statt. Die Kanäle, die gegenüber dem Straßenverkehr die Transportkosten zwischen 75% und 90% senkten und die Geschwindigkeit erhöhten, erlebten zwischen 1820 und 1840 ihre Blütezeit. In diesen Jahrzehnten wurden 60% aller je in Frankreich gebauten Wasserstraßen eröffnet. Der Kanal von Burgund wurde 1834, der des Zentrums 1838 fertiggestellt. Dadurch nahm natürlich auch die Binnenschiffahrt zu, blieb in ihrer ökonomischen Bedeutung aber begrenzt. Zu hohe Tarife, schlecht gepflegte Wasserstraßen und untereinander nicht abgestimmte Maße behinderten den Verkehr mit Kähnen und Schiffen.

Erst die Eisenbahn förderte gewaltig die Ausbildung des Binnenmarktes. Vor 1840 waren auf private Initiative erst 427 Kilometer Strecke gebaut worden, die Industrie- und Handelszentren wie Alès und Beaucaire, aber auch die Sommerfrische in St. Germain mit Paris verband. Durch das Gesetz des Jahres 1842, in dem der Staat den Kauf des Landes und des Unterbaus übernahm, die Gesellschaften gegen eine Betriebskonzession das Zugmaterial stellten, erhielten bereits zuvor entwickelte ambitiöse Pläne neue Nahrung. 1850 waren bereits 2915 Kilometer Schienen gelegt, zehn Jahre später 9167, 1870 schließlich 15 444. Nach Deutschland und Großbritannien stand Frankreich damit an dritter Stelle in Europa. Gleichzeitig nahm auch die Zahl der Reisenden und der Umfang der zu transportierenden Waren zu. Beförderten die Züge 1841 6,3 Millionen Personen, so waren es 1851 19,9 und 1881 179,7 Millionen. 1851 hatte die Schiene mit 11% aller Transporte nur einen relativ bescheidenen Anteil am Gesamtvolumen des Austauschs, den sie aber bis 1870 auf 63% ausdehnte.

Die Bewegung der Waren und Personen in Frankreich hatte mithin an Umfang und Schnelligkeit deutlich zugenommen. Anstatt im Schnellpostwagen 33 Stunden für die Strecke zwischen Paris und Lyon zu benötigen, legte der Zug sie im Jahre 1848 in etwa elf bis zwölf Stunden zurück. Da gleichzeitig auch der Postverkehr und die Geschwindigkeit der Nachrichtenübermittlung durch den Telegraphen gewachsen waren, trat die französische Gesellschaft seit der Jahrhundertmitte in eine Phase stärkerer wechselseitiger Bezüge und Austauschbeziehungen ein. Aber erst in dem Programm zur Konjunkturankurbelung Ende der siebziger Jahre entschloß sich die Regierung, durch zahlreiche Nebenstrecken das Eisenbahnnetz zu verdichten und auch kleine Ortschaften einzubeziehen. Im Jahre 1854 beschränkte sich deshalb der Warentransport auf der Schiene auf die nordfranzösischen Landschaften, die Lyoner und Marseiller Gegend, erfaßte jedoch weder die Bretagne noch das Zentralmassiv und Aquitanien, wo weiterhin das Wasser und die Straße die meisten Produkte zu transportieren halfen. Gleichzeitig ist die Wirkung der Eisenbahn nicht zu überschätzen, wie das Beispiel der kleinen südwestfranzösischen Stadt St. Antonin zeigt. Diese blühte zwar auf, als die Linie Paris–Toulouse den Ort berührte und dieser dadurch zu einem Knotenpunkt wurde. Als aber die Streckenführung verändert wurde und die Ortschaft nurmehr an einer zweitrangigen Linie lag, erfuhr die traditionelle, dem landwirtschaftlichen Bedarf zuarbeitende handwerkliche Struktur der Stadt keinen Wandel.

Der Eisenbahnbau hatte jedoch tiefgreifende ökonomische Folgen. Er trug seit 1850 zu etwa einem Achtel zu dem Gesamtvolumen der Investitionen bei, förderte die Eisen- und Kohleindustrie und half bei der Entwicklung einer französischen Lokomotivenproduktion. Hatte Frankreich noch 1840 die meisten Lokomotiven importiert, exportierte es 20 Jahre später bereits 40% der Herstellung. Technologische Neuerungen in der Metallindustrie, Fortschritte in der Benutzung von Dampfmaschinen und erhöhte Investitionen waren auch eine Folge oder Begleiterscheinung des Eisenbahnbooms. Die Industrialisierung Frankreichs verdankte ihm in den fünfziger und sechziger Jahren wesentliche Fortschritte.

Das galt auch in finanzieller Hinsicht. Angesichts des notwendigen Kapitalbedarfs machten die kleinen Gesellschaften schnell bankrott und setzten sich große oft mit Bankkapital verbundene Kompanien durch. Die »Compagnie du Nord« etwa wurde 1846 unter der Oberaufsicht der Rothschilds mit einem beträchtlichen Kapital von 200 Millionen Francs gegründet. Nachdem viele Bankiers und Unternehmer vor 1848 noch gezögert hatten, ihr Kapital von den Rentenpapieren auf Eisenbahnaktien umzuleiten und 600 Millionen der sich auf eine Milliarde Francs belaufenden Investitionen aus England stammten, erfaßte sie danach das Gründungsfieber. Die hohen Kurse der Aktien und die niedrigen Zinsraten, hohe Dividenden und gesicherte Profite führten zumindest in den fünfziger Jahren, weniger in der Zeit danach, zu einem Tauziehen zwischen einzelnen Kapitalgruppen, welche die Form von Aktiengesellschaften annahmen, wie auch zum Aufbau einer großen Geschäftsbank, nämlich des »Crédit Mobilier« der Brüder Peireire. Aber die Blüte der Eisenbahnpapiere war nur von kurzer Dauer. Mit weniger rentablen Streckeneröffnungen ging auch die Rentabilität der Anlagen zurück, so daß sich das französische Kapital bereits auf die Suche nach ausländischen Anlagemöglichkeiten begab. Im Innern des Landes garantierte der Staat nach 1857, als die Dividenden zurückgingen, die Verzinsung der Obligationen, welche die Gesellschaften ausgaben, und machten sie zu krisensicheren, aber wenig einträglichen Papieren. Diese Erfahrungen hatten allerdings für die Reproduktion des Finanzkapitals und seine Exporttendenzen eine wichtige Bedeutung.

Trotz der Vorherrschaft der Landwirtschaft und der Kleinbetriebe, der Beharrungskraft der Konsumgüterindustrie und der ungleichzeitigen Entwicklung gehörte Frankreich in den ersten beiden Dritteln des 19. Jahrhunderts zu den wachstumsintensiven europäischen Ländern. Es nahmen nicht nur generell die nationalen Wachstumsraten, sondern speziell auch die industriellen zu. Im Metallbereich entstanden überdies große Produktionsanlagen, der Bergbau wurde intensiviert, und die Anfänge der chemischen Industrie sind zu vermelden. Es mag verführerisch sein, von einer dualistischen Struktur der französischen Wirtschaft, von einem Nebeneinander entwickelter und unentwickelter Sektoren zu sprechen, wenn dieses Bild nicht die Verflechtung unterschlüge. Denn mit Hilfe des Kleinbetriebes setzten sich kapitalistische Strukturen durch. Unter den protoindustriellen Verhältnissen der Textilproduktion konnte Kapital akkumuliert und die Abhängigkeit der Produzenten vom Handelskapital erfahren werden. Die kleinbetrieblich strukturierte Luxusproduktion in Paris etwa exportierte einen großen Teil ihrer Produkte und spürte bereits die Auswirkungen einer Weltkonjunktur. Der Kapitalismus in Frankreich entwickelte sich mithin nicht außer- oder oberhalb der Selbstversorgung und der handwerklichen Produktionsweise – wie Fernand Braudel unterstellt –, sondern in ihnen und durch ihre Veränderung. In der Funktionalisierung bestehender sozialer und ökonomischer Organisationsformen, nicht in ihrer Verdrängung oder gar Revolutionierung lag das Geheimnis der französischen Industrialisierung.

Das langsame Wachstum der Bevölkerung

Vor 1880 und noch lange danach stellte eine Bevölkerungsexplosion Staat und Gesellschaft nicht vor neue Probleme. Vielmehr nahm die Zahl der Einwohner in Frankreich nur kontinuierlich und langsamer als in anderen europäischen Staaten zu: von 29 Millionen im Jahre 1801 auf 38,5 Millionen im Jahre 1870, d. h. um fast 30%. Da der Zugewinn von Nizza und Savoyen lediglich ein Plus von 650000 Personen erbrachte, lagen diesem Anstieg vor allem endogene Ursachen zugrunde. Er war auf eine stets über der Sterblichkeitsrate liegende Geburtenrate zurückzuführen, seit der Mitte des Jahrhunderts aber auch auf der Einwanderung, die jeweils weit größer als die Auswanderung war und den bis in die Gegenwart andauernden Ruf Frankreichs als Einwandererland begründete. Gegenüber den 1876 gezählten 801800 Ausländern, die in Frankreich lebten, fielen die 35000 Personen, die zwischen 1871 und 1880 emigrierten, nicht ins Gewicht. Im Unterschied zu Deutschland nahm in Frankreich die Emigration nie einen Massencharakter an.

Vor allem im letzten Drittel des 19. Jahrhunderts konstatierten Konservative und Republikaner besorgt das Erlahmen der demographischen Dynamik und diagnostizierten es teilweise als Zeichen einer nationalen Dekadenz. Bis heute hat sich in Frankreich nicht nur eine besonders lebendige Aufmerksamkeit für Bevölkerungsfragen gehalten, sondern auch die Thesen, daß das – in Anlehnung an die Geburtenbeschränkung befürwortenden Thesen von Malthus – malthusianisch genannte demographische Verhalten ursächlich für einen ökonomischen Stillstand verantwortlich sei. Diese These, die Pierre Chanu in seiner langfristig angelegten Untersuchung über das Wirtschaftswachstum der Normandie vertreten hat, ist für das 19. Jahrhundert bezweifelt worden. Nicht nur widersprechen die Wachstumsraten der Wirtschaft der Annahme einer ökonomischen Selbstbeschränkung, sondern auch die komplexen Beziehungen zwischen Bevölkerung, Gesellschaft und Ökonomie einem simplen Determinismus. Freilich kann, wie Jean Bouvier treffend bemerkt, das langsame Bevölkerungswachstum dazu beigetragen haben, daß die französischen

Unternehmen weniger elastisch auf äußere Anreize reagiert haben; aber es hat keinesfalls eine Entfaltung des Kapitalismus verhindert. Trotz des Tempos der demographischen Entwicklung fanden sowohl Mobilität der Arbeitskräfte im Landesinnern statt als auch Urbanisierung. Allenfalls fehlte ein durch ein schnelles und umfangreiches Bevölkerungswachstum hervorgerufener Problemdruck, der von den staatlichen Instanzen und gesellschaftlichen Gruppen schnelle Antworten auf zahlreichen Gebieten erfordert hätte.

Sozialgeschichtlich interessant sind außer dem Rhythmus der Demographie die Abweichungen vom nationalen Durchschnitt und die sozialen Formen, welche die allgemeine Tendenz annahm. Die Bevölkerung, die eher gleichmäßig als sprungartig zwischen 1800 und 1880 wuchs, expandierte in unterschiedlichem Ausmaß in den einzelnen Departements. Aufgrund der schon im 18. Jahrhundert praktizierten Geburtenkontrolle waren die normannischen Departements Calvados, Eure, Orne und Manche mit den südwestfranzösischen Gers, Lot-et-Garonne und Tarn-et-Garonne sowie dem westfranzösischen Indre-et-Loir diejenigen, welche die geringste Fruchtbarkeit in der Mitte des 19. Jahrhunderts aufwiesen, während die mittelfranzösischen Departements Allier, Cher, Nièvre, Loire und Haute Vienne, die beiden bretonischen Finistère und Morbihan sowie das alpine Hautes Alpes die höchste Fruchtbarkeitsrate besaßen. Korrelationen können diese Verteilung nicht erklären, denn sie fällt weder mit der zwischen agrarischen und industrialisierten, armen und reichen noch mit der zwischen katholischen und entchristlichten Regionen zusammen. Die Erklärung wird überdies dadurch erschwert, daß innerhalb der einzelnen Departements unterschiedliche demographische Verhaltensweisen koexistierten.

So überlebte im westlichen Teil von Burgund in der Julimonarchie eine hohe Geburten- und Sterberate, die gleichwohl einen hohen Geburtenüberschuß erbrachte. In der Bresse und entlang der Sâone löste eine Übergangsdemographie die Strukturen ab, die aus dem Ancien Régime stammten. Die Geburtenrate lag dort etwas über dem nationalen Durchschnitt, während die Sterblichkeit deutlich zurückging. Modernes Verhalten zeigte dagegen das Weinanbaugebiet, in dem sowohl die Geburten- als auch die Sterberate niedrig waren und die Bevölkerung seit 1836 sogar zurückging. Pierre Goujon kommentiert diese Situation folgendermaßen: »Der Weinberg hat eine starke, aktive Bevölkerung gefordert, aber wenig Kinder.« Auch in Burgund fielen die verschiedenen demographischen Verhaltensweisen nicht mit dem Unterschied zwischen Stadt und Land zusammen.

Schließlich verhielten sich auch die einzelnen Klassen unterschiedlich. In der Bresse lag unter dem Bürgerkönig die Geburtenhäufigkeit der Pächter und Landarbeiter über der der Bauern und Handwerker. Vor allem die Besitzenden scheinen die Mittel der Geburtenkontrolle eingesetzt zu haben, um der Gefahr einer Überbevölkerung und einer den Lebensstandard der Erben bedrohenden Zersplitterung des Besitzes vorzubeugen. Maurice Garden sieht vor allem in dem Rückgang der Kinderzahlen von Handwerksmeistern und Kleinhändlern der Städte eine Ursache für die Geburtenbeschränkung, die sich schon vor, vor allem aber auch nach der Französischen Revolution abzeichnete. Wie dem auch sei, Familien mit zu vererbendem Besitz bemühten sich, durch verschiedene Strategien, u. a. auch durch Geburtenkontrolle, ihren wenigen Kindern eine bessere Zukunft zu garantieren. Nicht geographische und soziale Einheitlichkeit, sondern Mannigfaltigkeit charakterisierte die demographische Situation im Frankreich der ersten beiden Drittel des 19. Jahrhunderts.

Geburt und Heirat. In der vom Beginn des Jahrhunderts bis 1870 von 33 bis 34‰ auf 26‰ sinkenden Bruttogeburtenrate drücken sich Kontinuität und Veränderung in sozialen Verhaltensweisen aus. Das hohe Heiratsalter, mit dem das Ancien Régime bereits die Geburten regelte, setzte sich im 19. Jahrhundert fort. Nur 5 bis 6% aller jungen Mädchen hatten vor ihrem 20. Lebensjahr geheiratet, während im Jahre 1831 lediglich 31,7% aller Frauen im Alter zwischen 15 und 29 verehelicht waren. Je höher das Lebensalter, desto größer war der Anteil verheirateter Frauen. In der Gemeinde Chaponost des Departement Rhône hatten in der ersten Hälfte des 19. Jahrhunderts zum Zeitpunkt ihrer ersten Heirat 27% der Ehefrauen bereits ihren 30. Geburtstag gefeiert. Ja, Zeitgenossen berichten sogar, daß heiratswillige Männer in verschiedenen Gegenden Frankreichs Witwen oder ältere Frauen ehelichten, um durch diese Wahl die Möglichkeit zahlreicher Geburten von vornherein einzuschränken.

Wie im Ancien Régime blieb auch die Ehelosigkeit verbreitet. Im Jahre 1821 waren 56,0% aller erwachsenen Männer und 55,2%

der Frauen nicht verehelicht. Freilich verdeutlicht diese Angabe nicht, wie viele sich von ihnen dann doch verheirateten, aber sie spiegelt zumindest den Umfang der zeitweiligen Ehelosigkeit wider. Im Jahre 1861 waren in etwa 24 Departements weniger als die Hälfte der Frauen zwischen 15 und 49 Jahren verheiratet. Der Verzicht auf eine Ehe besaß je nach sozialer Schicht eine unterschiedliche Bedeutung. Er konnte in bürgerlichen Familien dazu dienen, das Vermögen nicht durch eine zusätzliche Aussteuer zu schmälern; in bäuerlichen Kreisen wirkte er der Realteilung entgegen und vermittelte dem ältesten Sohn eine weitgehend unbezahlte Arbeitskraft in der Person des unverheirateten Bruders oder der ledigen Schwester. Er konnte aber auch vor allem am Ende des 19. Jahrhunderts die Voraussetzung für erfolgreiche weibliche Karrieren in Verwaltung, Handel oder Industrie bilden. In Arbeiterkreisen drückte sich in ihm nicht nur das Bedürfnis nach Existenzsicherheit aus, sondern auch die Ablehnung von Verwaltungsakten.

Für den Rückgang der nationalen Geburtenrate war auch die Praxis verantwortlich, Kinder außerhalb der Ehe zu zeugen und sie vor allem in großen Städten einer Amme zu überlassen. Das verbindliche Modell der Ehe hatte sich trotz der zahlreichen Versuche der Notabeln und der Kirche keineswegs durchgesetzt. Denn zwischen 1861 und 1865 wurden in 15 Departements 10% aller Kinder außerehelich geboren. Vor allem die urbanisierten Departements Seine, Rhône und Seine-Inférieure vereinten das Gros dieser Geburten auf sich. Insgesamt machten für ganz Frankreich die Kinder, die nicht in eine bestehende Ehe hineingeboren wurden, unter Napoleon III. 7,5% aller Neugeborenen aus, und dieser Anteil veränderte sich wenig bis zum Ersten Weltkrieg. Die in Frankreich »concubinage« genannte wilde Ehe gehörte deshalb zur bevorzugten Zielscheibe der Angriffe von bürgerlichen und kirchlichen Moralisten, welche die Ehe als gesellschaftliche Norm durchsetzen wollten. So engagierte sich die »Société Saint-Francois Régis«, die 1826 in Paris gegründet wurde, für folgende Ziele: »die Armen aus dem Unglück und dem Verbrechen eines unerlaubten Zusammenlebens herauszureißen«, »ihren Kindern die Wohltat der Legitimation zu geben«, »sich zu bemühen, Vater, Mutter und Kinder zur Praktizierung und zur Liebe des Glaubens zurückzuführen«. Sie kümmerten sich im Paris der ersten Hälfte des 19. Jahrhunderts vor allem um Arbeiter und Arbeiterinnen, denn zwei Drittel der von ihr betreuten Männer arbeiteten manuell, während dies neun Zehntel der Frauen taten. Lediglich unter den Männern gab es einige Kaufleute und Handwerker. Schnell wechselnde soziale Situationen, aber auch umfangreiche und lästige Verwaltungsakte waren für die Dauerhaftigkeit von nicht legalisierten Verbindungen von Arbeitern verantwortlich.

Nicht nur unter den unehelichen, sondern auch unter den von ihren Eltern ausgesetzten Kindern war die Sterblichkeit höher als unter den in einer Ehe geborenen. Insgesamt hielt sich zwischen 1820 und 1880 die Kindersterblichkeit auf einem hohen Niveau, nachdem sie seit dem Ende des 18. Jahrhunderts zurückgegangen war. Höher in armen und städtischen Familien als in reichen und ländlichen raffte sie zwischen 300 und 350‰ der Neugeborenen vor ihrem fünften Geburtstag hinweg. Auch die durchschnittliche Lebenserwartung stagnierte in den ersten beiden Dritteln des 19. Jahrhunderts zwischen 37 und 39 Jahren für Frauen und Männer, obwohl sie seit dem Ancien Régime um zehn Jahre zugenommen hatte. Trotz aller Fortschritte der Medizin verstarben zahlreiche Säuglinge und Kleinkinder an Masern, Keuchhusten oder Diphtherie, aber auch infolge von Durchfallerkrankungen. Ihre Sterblichkeit war größer in den Unter- als in den Oberschichten. Offensichtlich wandten letztere früher elementare hygienische Vorschriften an, kochten etwa Wasser und Milch ab.

Zu jenen Gruppen von Kindern mit hoher Sterblichkeitsrate gehörten neben den außerehelich geborenen die ausgesetzten. Obwohl die städtische Verwaltung sich gegen eine im Laufe des 19. Jahrhunderts steigende Ausgabe wehrte, ging die Praxis der Armen nicht zurück, unter Wahrung der Anonymität Kleinstkinder vor allem auf den Stufen von Kirchen, vor Hospizen oder in einer seit alters her bestehenden Klappe der Hospitäler der Öffentlichkeit zur Versorgung zu übergeben. Vor allem in größeren Städten verbreitet, hielt diese archaische Form der Familienbeschränkung trotz aller administrativer Anstrengungen vor 1880 an. Von ihr waren in Lyon in der Mitte des Jahrhunderts 34% der Geburten eines Jahres, in Paris 25%, im Elsaß jedoch nur 4% betroffen. Aber selbst in ländlichen Gegenden fehlten die Kindsaussetzungen nicht: drei oder vier Fälle pro Jahr wurden auch in Ackerbaustädten verzeichnet, auf die die städtischen Behörden zumeist mit der Übergabe der Findlinge an eine Amme reagierten.

Das Ammenwesen hatte am Ende des 17. und im 18. Jahrhundert unter dem Einfluß von zwei Faktoren einen mächtigen Aufschwung erlebt: zum einen unter dem Einfluß der steigenden Zahl von Kindsaussetzungen, zum anderen durch die eher bürgerliche als kleinbürgerliche Gewohnheit, daß die Frau ihr Kind nicht mehr selbst stillte. In der zweiten Hälfte des 18. Jahrhunderts sollen zwischen einem Drittel und der Hälfte der städtischen Familien ihr Kind etweder zu einer Amme aufs Land geschickt haben oder selber eine Frau vom Land in ihrem Haushalt angestellt haben. Im 19. Jahrhundert setzte sich diese Praxis fort: 25 bis 35% der in Paris ehelich Geborenen wurden im Umkreis der Stadt einer Amme übergeben, während zwischen 5 und 7% in Paris selbst von einer Amme gestillt wurden. Zwischen der Provinz und der Hauptstadt entwickelte sich sogar ein regelrechter Handel mit Muttermilch, so daß manche Frau ihren eigenen Säugling vernachlässigte, um sich gegen Bezahlung um ein fremdes Kind zu kümmern. Zwischen 27 und 33% der derartig von ihren Müttern behandelten Kinder starben schnell. Aber auch die ausgesetzten Kinder oder die von ihren Eltern aus wirtschaftlichen oder hygienischen Gründen in Pflege gegebenen Säuglinge wiesen eine hohe Sterblichkeit auf. Nach Jean-Pierre Bardet verstarben in Rouen am Ende des Ancien Régimes 90% von ihnen bis zum Alter von sieben Jahren, und im 19. Jahrhundert waren ihre Überlebenschancen kaum größer.

Vor allem nach 1871 setzte eine breite Bewegung ein, um diese Ursache der hohen Kindersterblichkeit zu bekämpfen und damit die demographische Situation Frankreichs zu verbessern. Das Gesetz Roussel aus dem Jahre 1874 sah eine Kontrolle der hygienischen Bedingungen vor, unter denen Ziehmütter die ihnen anvertrauten Säuglinge aufzogen. Es konnte aber nicht verhindern, daß am Ende des Jahrhunderts noch immer 10% der Kinder eines Jahrgangs von Ammen ernährt und großgezogen wurden und daß unter ihnen die Sterblichkeit höher blieb als unter den von ihren leiblichen Müttern gestillten Kindern.

Ehelosigkeit und späte Heirat, Aussetzung von Kindern und ihre Erziehung außerhalb der Familie senkten ebenso wie Kindstötungen und Empfängnisverhütung die Geburtenrate. In der zweiten Hälfte des 19. Jahrhunderts wurden im Fünfjahresdurchschnitt 4000 Prozesse gegen Frauen geführt, die im Verdacht standen, ihr Neugeborenes getötet zu haben. Vor allem junge, häufig als Dienstmädchen oder Tagelöhnerin tätige Frauen standen vor Gericht, um sich für eine Tat zu verantworten, durch die sie zwar gesellschaftliche Normen durchbrochen, gleichzeitig jedoch faktisch versucht hatten, in einer Verzweiflungstat dem gesellschaftlichen Prinzip zu seinem Recht zu verhelfen, daß lediglich in der Familie die Fortpflanzung stattzufinden habe. Wichtiger als diese Fälle waren die Methoden der Empfängnisverhütung, deren Kenntnis Bardet und Jacques Dupâquier auf die Französische Revolution von 1789 und die Propaganda der mobilen Soldaten, Emigranten, kleinen staatlichen Beamten und Hausierer zurückführen. Ihre Verbreitung ging einher mit dem zunehmend deutlicher werdenden Scheitern der katholischen Kirche, die Sexualmoral der einzelnen zu bestimmen, und drückte mithin auch den Prozeß der Entchristlichung der Gesellschaft aus.

Sterben und Tod. Die Sterblichkeit, die – wie nicht oft genug wiederholt werden kann – im 19. Jahrhundert immer noch zum großen Teil die Mortalität der Säuglinge und Kinder war, ähnelte weiterhin den Mustern des 18. Jahrhunderts. Weder hatten maßgebliche Fortschritte in der Ernährung noch in der ärztlichen Versorgung und dem Stand der Medizin durchgreifende Erfolge gegen den tödlichen Ausgang sich komplizierender banaler Krankheiten oder die Wirkung von Hungersnöten oder Epidemien erzielt. Im Umkreis der Wirtschaftskrisen der Jahre von 1828 bis 1832 oder der großen Krise der Jahrhundertmitte schnellte die Sterblichkeit ebenso hoch wie in der Folge des deutsch-französischen Krieges, der Belagerung von Paris und der Pariser Commune. Erst nach 1870 sank das Niveau der Mortalität und entwickelte sich gleichmäßiger von einem Jahr zum anderen.

Wenn auch nicht mit derselben Schärfe, suchten doch weiterhin Epidemien Frankreich heim. Vor allem die Cholera, die 1832 und 1854 ausbrach, in gemilderter Form aber auch 1865, 1873, 1884 und 1893 auftrat, beeindruckte die Zeitgenossen und rief Erinnerungen an die Pest wach. Aus England kommend, breitete sie sich in Paris aus, wo sich die Zahl der Bestatteten verzehnfachte und begüterte Bürger panikartig die Stadt verließen: sie erfaßte das Pariser Becken, Nordfrankreich und einige Teile Ostfrankreichs. Sowohl 1832 als auch 22 Jahre später blieben weite Teile des Landes aber verschont; die Krankheit gelangte vor allem im Gepäck von Reisenden und entlang der Handelsstraßen in die Provinz. Im

Vergleich zur Pest gingen die Choleraepidemien glimpflich aus. 102000 Personen sollen 1832, 143000 in den fünfziger Jahren an den Folgen der Krankheit gestorben sein, bevor dann die Pocken während der Kriegs- und Unruhejahre 1870/71 ca. 400000 bis 500000 Franzosen hinwegrafften.

Gegenüber der Kindersterblichkeit, dem Einfluß der Mißernten und Epidemien, die zur erhöhten Sterblichkeit beitrugen, spielten die Kriegsfolgen ebensowenig eine ausschlaggebende Rolle wie der offensichtliche Rückgang der Morde, der statistisch durch den Anstieg der Selbstmorde im 19. Jahrhundert ausgeglichen wurde. Aus alledem resultierte zum einen eine Bevölkerungspyramide, in der trotz der hohen Mortalitätsrate die Jugendlichen unter 20 Jahren in der Jahrhundertmitte noch immer 36% ausmachten. Die Gruppe derjenigen, die das 60. Lebensjahr überschritten, betrug lediglich 10%.

Zum anderen unterschied sich die Sterblichkeit je nach Region und Klasse. Den schlechten Gesundheitszustand der Unterklassen auf dem Lande und in der Stadt hatten bereits die Musterungsausschüsse festgestellt, die zwischen 1818 und 1826 mehr als 37%, in den sechziger Jahren immer noch 26,8% der Gemusterten wegen Krankheit oder Gesundheitsschäden zurückstellten. Vor allem in den Städten nahm vor den siebziger Jahren, in denen die großen medizinischen Erfindungen eine Veränderung der Gesundheitsvorsorge und der Behandlungsmethoden bewirkten, die Sterblichkeit schneller zu als auf dem Lande. Auch hier hielt sich »Gevatter Tod« an die soziale Hierarchie. In der normannischen Stadt Caen starb man in der Mitte des 19. Jahrhunderts in durchweg von Unterschichten bewohnten Straßen mit 34 Jahren und vier Monaten, in sozial gemischten Straßen mit 42 Jahren und vier Monaten, in den reichen Vierteln mit 55 Jahren und zwei Monaten.

In der französischen Gesellschaft der ersten beiden Drittel des 19. Jahrhunderts war mithin der Tod fast alltäglich. Todgeburten und Säuglingssterblichkeit, Epidemien und Hinrichtungen, Arbeitsunfälle und die blutige Repression von Aufstandsversuchen – all diese Faktoren trugen dazu bei, daß der Tod sichtbar, geradezu alltäglich war. Überdies trug die Romantik zu seiner Verklärung bei und scheuten die katholischen Missionen der Restaurationszeit vor keinerlei Greueldarstellung zurück, um angesichts der Schrecklichkeit des letzten Gerichts die Bevölkerung zur allein seligmachenden Kirche zurückzuführen. Selbst die der Kirche fernstehenden Bevölkerungskreise verzichteten nicht auf die kirchlichen Sakramente oder das Begräbnis, denn lediglich 10 bis 30% der Erwachsenen lehnten diese Konvention im 19. Jahrhundert ab. Der Tod wurde mithin weiterhin in kirchliche Rituale eingebettet. Er war gleichzeitig auch ein Anlaß, bei dem die Familie ihre Geschlossenheit demonstrierte. In Darstellungen und Todesanzeigen rückten die trauernden Familienmitglieder in den Vordergrund, unter denen die Frauen, selten die Kinder, einen wichtigen Platz einnahmen.

Die »Landflucht«. Vor allem zwei Prozesse prägten vor 1880 über die natürliche Bevölkerungsbewegung hinaus die Physiognomie Frankreichs: die Landflucht und die Urbanisierung. Niemals lebten in der Folgezeit mehr Franzosen auf dem Lande als im Jahre 1861. Selbst wenn man mit Charles Pouthas die Grenze zwischen der städtischen und ländlichen Bevölkerung mit 3000 Einwohnern fraglos zu hoch ansetzt, waren im Jahre 1830 74,3% in ländlichen Gemeinden ansässig. Die Verbindung von gewerblicher und agrarischer Arbeit, die Prosperität der Landwirtschaft, an der die Kleinbauern als Besitzer, Pächter, Halbmeier oder Tagelöhner teilhaben wollten, aber auch das Fehlen von urbanen Arbeitsplätzen erklären die Dominanz und die Beharrungskraft der ländlichen Bevölkerung. Nach den Forschungen von Paul Hohenberg verlor vor allem in den fünfziger Jahren und nach 1886 das Land an Bewohnern. 150000 Personen emigrierten im Durchschnitt alle fünf Jahre vor 1880, 250000 nach diesem Datum, d. h. 0,15 bzw. 0,25% der Gesamtbevölkerung waren jährlich von dieser Bewegung betroffen. Angesichts des geringen Geburtenüberschusses schlugen diese insgesamt nicht hohen Zahlen in der demographischen Bilanz doch negativ zu Buche. Vor allem Paris, Lyon, Bordeaux und die Mittelmeerküste übten ihre Anziehungskraft auf Zuwanderer aus, während der Süden und Westen insgesamt weniger stark als der Norden und Osten zu den mobilsten Teilen des Landes gehörten.

Die Dramatik, die im Begriff »Landflucht« mitschwingt, hatte in Frankreich deutlich gemilderte Züge. Nach Hohenberg verließen im Durchschnitt jedes Jahr nur 0,9% der Bevölkerung ein agrarisches Departement odere siedelten sich dort an. Zu dieser Stabilität trug nicht nur die weiterhin gepflegte und intensivierte vielfache Aktivität der Landbewohner bei, sondern auch der temporäre und auf einen beschränkten geographischen Raum begrenzte Charakter der Migrationen. So zogen die Maurer des Departement Creuse im Herbst in ihre Heimat zurück, und vor 1880 blieb die Zahl derjenigen, die dauerhaft in der Hauptstadt verweilten, gering. Auch die Schornsteinfeger, die häufig aus Savoyen stammten, nahmen zwar für einige Jahre von ihrem Geburtsort Abschied, kehrten aber zurück, wenn sie genügend Geld angespart hatten. Die aus der Alpengegend Oisans kommenden Hausierer suchten erst am Ende des 19. Jahrhunderts in der Ebene und in den Städten einen Wohn- und Arbeitsplatz. Die Aufgabe des ländlichen Wohnsitzes, die wie im Departement Calvados durch den Ruin der ländlichen Textilindustrie bedingt sein konnte, führte selten zur Niederlassung in einer großen, sondern zumeist zum Umzug in eine kleine oder mittlere Stadt.

Die geographische Veränderung fand mithin schrittweise statt, nicht – wie eine zeitgenössische Stadtkritik unterstellte – als plötzliche Entwurzelung. Die Übergänge zwischen dem ländlichen und städtischen Leben waren gleitend und verliefen in den Bahnen von Familienbanden, regionaler Solidarität und beruflicher Tradition. Erst mit der festen Niederlassung der Migranten in größeren Städten, mit langen Anfahrtswegen und dem Verlust von ländlichem Besitz wandelte sich am Ende des 19. Jahrhunderts der Charakter eines Teils der Wanderungen. Die seßhaft gewordenen Migranten brachen nunmehr definitiver mit ihrem Herkunftsmilieu und richteten sich – wie die Bewohner der Auvergne in Paris – in der Stadt ein. Bei allen Ortsveränderungen darf nicht vergessen werden, daß die Städte ihrerseits wenig attraktiv für Zuwanderer waren, die häufig mit Kriminalität, Gewalt und Prostitution die Schwierigkeiten der Anpassung erlebten. Weder anziehende Wohnformen noch dauerhafte Arbeits- und Familienbeziehungen banden etwa die Maurer des Limousin an die Hauptstadt, vielmehr flohen diese vor 1880 nach der Saison schnell aus den Elendsquartieren, in denen sie untergebracht waren.

Die Landflucht war überdies nicht mit der Flucht aus der Landwirtschaft identisch. Freilich verließen Jugendliche, Alte und Arbeitslose das Land, um andernorts Arbeitsplätze zu suchen. Durch diesen Exodus nahm die ländliche Überschußbevölkerung ab. Vor allem erfaßte die Wanderlust jedoch Handwerker, die den begrenzten Markt der kleinen Dörfer gegen den reicheren Arbeitsmarkt der Flecken und Städte eintauschten, auf dem sie zwar teilweise nicht ihre ursprüngliche Qualifikation, aber doch ihre vielfältigen Fertigkeiten verkaufen konnten. Die Folgen dieser Wanderungen hat Ernest Labrousse folgendermaßen beschrieben: »Durch diese Landflucht, die die Grenze zwischen Kornkäufern und -verkäufern aufgehoben hatte, wurde die Gesellschaft der Unternehmer, die Gesellschaft der mehrheitlich Waren verkaufenden Bauern vom kleinen Landwirt bis zum Bauern einheitlich stärker.« In der Forschung wird deshalb auch von der »Ruralisierung« des Landes gesprochen, die sich etwa seit 1880 durchsetzte.

Urbanisierung. Im 19. Jahrhundert wuchs die städtische Bevölkerung und die Zahl der Städte. Während am Vorabend der Französischen Revolution 17,5% der Gesamtbevölkerung in Städten lebten, d. h. in Ansiedlungen, die mehr als 2000 Einwohner umfaßten, waren es 1914 bereits 45%. Definiert man mit Georges Dupeux als Städte alle Orte, die mehr als 3000 Personen zählten, bestanden 1811 422, 1851 602, 1901 792 Städte, in denen jeweils 4,2, 6,3 und 12,3 Millionen Franzosen heimisch waren. Blieb in dieser Langzeitentwicklung die ländliche Bevölkerung auch insgesamt in der Größenordnung bestehen, die sie bereits am Ende des Ancien Régimes besessen hatte, kam den Städten der demographische Überschuß zugute. Die kleinen und großen städtischen Zentren wuchsen zwar kontinuierlich an, nahmen aber vor allem sowohl zwischen 1851 und 1856 als auch zwischen 1872 und 1881 schneller zu. Von 1861 bis 1881 kam diese Beschleunigung dem Norden Frankreichs insgesamt, den größten Städten und den Industrie- und Bergbauorten Nordfrankreichs und Lothringens zugute.

Der Gesamteindruck einer allmählichen Entwicklung wird dadurch erhärtet, daß die Hierarchie der Städte weitgehend unangetastet blieb. Vor 1851 hatten unter den 40 größten Orten lediglich fünf ihren Platz aufgegeben und mit St. Etienne, Tourcoing und Roubaix Industrieansiedlungen weichen müssen. Damit zeichnete sich bereits ein Trend zur zunehmenden Bedeutung von industriell geprägten Orten ab, die schon vor 1850, vor allem aber danach deutlich wird. Allerdings ist dieser Wandel nicht mit einer Revolution, sondern lediglich mit einer Verschiebung innerhalb eines stabilen Ensembles gleichzusetzen. Wie Marcel Roncayolo es formuliert: »Die Stadt ist in Frankreich eine Struktur mit größerer Dauer und Kraft als die Industrie.«

Deutlich prägten sich aber folgende Tendenzen aus: die wachsende Bedeutung von Paris und die Ausdehnung der Vororte außerhalb der traditionellen Stadtzentren. Wohnten 1806 26% der Bevölkerung der 40 größten Städte in der Hauptstadt, waren es 1851 bereits 36%, 1911 gar 46%. Während Paris im Jahre 1851 bereits 1,2 Millionen Einwohner hatte, zählte Lyon 258 000, Marseille 195 000 und Bordeaux 131 000. Diesem Größenunterschied entsprach eine Differenz der Funktionen. Paris vereinigte Verwaltungs- und Regierungsaufgaben, Handels- und Finanzaktivitäten, kulturelles und geselliges Leben, zog seit dem Ende des 19. Jahrhunderts auch Industrien an. Die anderen großen Städte dagegen besaßen spezielleren Zuschnitt. Hier dominierte der Außenhandel in Verbindung mit Gerichts-, Universitäts- oder Präfekturniederlassung, dort der Handel mit dem Umland. Das Übergewicht der Hauptstadt, das sich bereits seit dem Beginn des 19. Jahrhunderts abzeichnete, gehört zu den bis in die Gegenwart reichenden Problemlagen.

Der Blick auf die großen Orte darf aber die numerische Stärke der kleinen und mittleren Orte nicht verdecken. Inmitten eines agrarischen Ozeans dominierten vor 1850 die Klein- und Ackerbaustädte. Am Ende des Ancien Régimes wohnten in einem Ort durchschnittlich 750 Personen, 1914 1100. Die Verbreitung der kleinen agrarischen Gemeinden und Flecken ebenso wie die der kleinen und mittleren Städte unterstreicht Charles Pouthas für die Zeit vor 1850: »In der ersten Hälfte des 19. Jahrhunderts ist Frankreich mithin ein Land der ganz kleinen Städte, wo das städtische Leben sich kaum vom ländlichen unterscheidet und sich aus diesem speist.« Bürger aus kleinen Städten wachten über ihr verpachtetes Land, zogen die Rentenzahlungen ein, liehen Geld an Bauern oder nahmen als Korn- oder Viehhändler an der Vermarktung von Agrarprodukten teil, wenn sie nicht wie um Mazamet oder Caen als Verleger mit der Landbevölkerung in Kontakt standen. Die kleineren und mittleren Städte hatten ihrerseits noch immer einen ländlichen Charakter. Verbreitet waren Schrebergärten, Viehhaltung in der Stadt oder die Gewohnheit, wie in Lyon im letzten Drittel des 19. Jahrhunderts, das Vieh zum Schlachthof quer durch die Stadt zu treiben. Bis in die Architektur hinein blieb der ländliche Einfluß erhalten, wenn man der Beschreibung von Stendhal aus der Zeit der

Julimonarchie glaubt. »Dijon ist eine Stadt, die aus hübschen mit kleinen Quadersteinen gebauten Häusern besteht, die meistens nur eine erste und eine kleine zweite Etage haben. Das gibt ihnen einen dörflichen Anstrich. Sie sind bequemer und gesünder als die fünfstöckigen Häuser, aber sie haben keinen Ernst, keinen Stil. Wir befinden uns auf dem Dorf.«

Mithin wälzten weder Industrialisierung noch Bevölkerungswachstum und Migrationen die Formen der Ansiedlung in Frankreich schnell und tiefgreifend um. Die Industrie suchte sich bereits bestehende Orte, die sie dann aber wie Decazeville oder Le Creusot umwandelte oder in denen sie sich niederließ und einzelne Viertel prägte. Das Bevölkerungswachstum, das vor 1850 noch dem Lande zugute kam, trug durch die zunächst temporäre Wanderung vom Land zur Stadt dazu bei, die niedrige urbane Geburtenrate zu kompensieren. Diese Prozesse prägten nicht nur die großen, sondern auch die kleinen und mittleren Städte, die wichtige Relaisstationen zwischen Stadt und Land bildeten.

Die innere Staatsbildung

Seit Max Weber, Otto Hintze und Gustav Schmoller, neuerdings wieder dank Norbert Elias ist die Rolle des Militär- und Steuerstaates bei der Vereinheitlichung nationaler Gesellschaften zu einem Gemeinplatz geworden. Durch das staatliche Verwaltungs-, Gewalt- und Steuermonopol verloren alle Zwischen- oder Partikulargewalten an Einfluß und ordneten sich zunehmend dem Leviathan-Staat unter, der auch allgemeine Verhaltensnormen ausgab und durchsetzte. In Frankreich wurde dieser Prozeß, den Elias schon für den Ausgang des Mittelalters anberaumt, vor allem durch die Französische Revolution beschleunigt.

Der Verwaltungszentralismus. Schon im Ancien Régime hatte die Monarchie versucht, durch die Einrichtung von Généralités der regionalen Vielfalt entgegenzuwirken und damit zentrale Weisungen lokal umzusetzen. Aber erst nach 1789 gelang es, die örtlichen Behörden den zentralen unterzuordnen, nationales Bewußtsein neben lokalem und partikularem durchzusetzen und die Hierarchie von Verwaltungen zu begründen, in denen Berechenbarkeit und Kontrolle von Verwaltungshandeln möglich wurde. Diese Veränderung fand nicht gradlinig statt. Denn die »Munizipalrevolution« am Anfang der Revolution sah die Wahl der lokalen Behörden sowie eine weitgehende Dezentralisierung von Kompetenzen vor, und wurde erst während des seit 1792 geführten Kriegs und unter der Herrschaft des Konvents zurückgenommen. Wenn auch der moderne französische Verwaltungszentralismus vollends von Napoleon I. ausgebaut und befestigt wurde, auf den die folgenden Regierungen dann trotz aller Modifikationen im einzelnen nicht verzichten sollten, so hatte die Verfassungsgebende Versammlung doch einen wichtigen Anteil an der Einteilung Frankreichs in Departements.

Inspiriert vom amerikanischen Beispiel, aber auch beseelt vom Willen, die Spuren der Vergangenheit zu verwischen, teilten die Verfassungsgeber im Jahre 1790 das Land in 83 Departements ein, die sie zumeist nach Flüssen oder Bergen benannten. Dabei brachen freilich zahlreiche lokale Rivalitäten auf, die sich gegen die Zu- und Unterordnung von Ortschaften aussprachen. Demgegenüber verstand die Konstituante ihr Werk als Vereinigung aller Franzosen in einem »großen, mit einem gemeinsamen Geist erfüllten Volk«. Alte räumliche Vorstellungen wie die Provinzen oder die Gegenüberstellung des südlichen und nördlichen, des gebirgigen und flachen Frankreichs sollten nunmehr von rein administrativen Einheiten abgelöst werden, die lediglich durch Verwaltungsgrenzen, jedoch nicht mehr durch Steuerschranken, Vorurteile oder bestimmte Privilegien getrennt waren.

Das Werk der Verfassungsväter war langfristig und technisch erfolgreich, zu Veränderungen der Mentalität trug es jedoch nur begrenzt bei. Seit dem Ende des 18. Jahrhunderts setzte sich bis in die Gegenwart – sieht man von den gescheiterten Versuchen der Vichy-Regierung ab, die Provinzen als Verwaltungseinheit neuzubeleben – die Departementalgliederung Frankreichs durch, unter der es zu Beginn die Distrikte, die bald von den Arrondissements abgelöst wurden, die Kantone und die Gemeinden gab. Selbst wenn sie im einzelnen andere Räume aufbauten, bezog sich sowohl die Schul- als auch die Finanzverwaltung auf das Departement. In diesem Bereich wurden Gesetze und zentralstaatliche Weisungen umgesetzt und wesentliche Entscheidungen über lokale Angelegenheiten getroffen. Mentalitätsgeschichtlich lebten jedoch tradierte globale Bilder Frankreichs, etwa die Trennung zwischen dem nördlichen und dem südlichen Teil des Landes, fort, aber auch die Bezüge auf die Regionen, die aufgrund der

Konflikte zu Beginn der neunziger Jahre des 18. Jahrhunderts sogar politische Couleur erhalten hatten.

Gleichzeitig wurde das regionale Denken dadurch geschwächt, daß durch die neuen Departements örtliche Gegensätze und Besonderheiten ein stärkeres Gewicht erhielten und regionale Zuordnungen relativierten. Wenn in den Raumvorstellungen der Zeitgenossen die Region präsent blieb, wurde sie nicht regionalistisch überhöht. Die Nation als Gehorsam, Unterordnung und Hingabe verlangende Instanz, die in Symbolen, Institutionen und Rechten inkarniert war, hatte sich noch nicht als handlungsleitende Instanz durchsetzen können und benötigte die Erfahrungen des 19. Jahrhunderts, um sich so tief zu verankern, daß sich 1914 sogar die Arbeiter als Teile einer nationalen Gemeinschaft verstanden.

Unter der Jakobinerherrschaft dehnte sich jedoch das Netz der Jakobinerklubs und ihre Verbindungen untereinander auf die Ebene des Staates aus. Im Kampf gegen die Konterrevolution im Landesinnern und gegen den Außenfeind zog die Zentralregierung jene Kompetenzen wieder an sich, die sie zuvor delegiert hatte. Die Wahl der lokalen Behörden durch die Bürger wurde durch die Ernennung der wichtigsten Beamten für die zentralen Funktionen abgelöst. Unter Napoleon I. wurden etwa die Präfekten, Unterpräfekten und die Bürgermeister von der Zentralregierung ernannt. Gleichzeitig verloren die unteren Verwaltungseinheiten an Autonomie, wurden die Arrondissements den Departements, die Kantone den Arrondissements und die Gemeinden den Kantonen nachgeordnet. Ernennung der Verantwortlichen, aber Wahl der Beratenden – dieses Prinzip könnte trotz aller zeitweiligen Modifikation als Grundsatz über den Strategien der Regierungen vor 1870 stehen. So wurden etwa im Zweiten Kaiserreich die Generalräte und der Gemeinderat von den wahlberechtigten Bürgern direkt gewählt. Sowohl der Bürgermeister und seine Beigeordneten als auch der Vorsitzende des »Conseil général« wurden jedoch vom Staatsoberhaupt ernannt. Zugleich blieben die Kompetenzen der gewählten Versammlungen auf lokaler, kantonaler oder departementaler Ebene eingeschränkt. Sie konnten das für einzelne Verwaltungseinheiten festgesetzte Steueraufkommen verteilen, über Wege- und Kanalbauten diskutieren, sich über Bebauungspläne verständigen, besaßen aber kein politisches Mandat.

Trotz aller Dezentralisierungsbestrebungen, die jeweils die parlamentarische Opposition äußerte, änderte sich cum grano salis wenig an dieser Grundstruktur des französischen Verwaltungsapparates. Nun muß das Verwaltungshandeln keineswegs der Struktur entsprechen. Es ist z.B. gut denkbar, daß lokale Solidaritäten halfen, zentralstaatliche Weisungen zu unterlaufen, und daß die notwendige Abhängigkeit der Präfekten und Unterpräfekten von den örtlichen Honoratioren die Wirkungskraft der von Lucien Bonaparte ausgegebenen Weisung begrenzte: »Die Grundideen müssen vom Zentrum ausgehen: von dort muß der einheitliche und gemeinschaftliche Impuls ausgehen.« Solange eine Geschichte der Verwaltungstätigkeit noch nicht vorliegt, kann dieses Problem nicht eingehend diskutiert werden. Sicher ist aber, daß die Regierungen bald durch den häufigen Wechsel der höheren Beamten der Gefahr vorbeugten, diese könnten eher zu Advokaten der lokalen Gesellschaft als zu Vertretern der Zentrale werden. So gehörten in der Pyrenäenstadt Oléron in der Julimonarchie die Beamten jedweder Qualifikationen zu den Mobilsten und nahmen damit, wie Lequin betont, auch eine geographische Disponibilität vorweg, die sich zunehmend auch in anderen Berufsgruppen ausweitete.

Präfekten etwa wechselten häufig den Ort im Laufe ihrer Karriere. So amtierte der 1809 geborene Georges Eugène Haussmann, der als Stadtsanierer von Paris bekannt geworden ist, als Unterpräfekt von 1833 bis 1840 in Neyrac, von 1840 bis 1842 in Saint-Girons und von 1842 bis 1849 in Blaye, bevor er 1849 zum Präfekten des Departements Var, ein Jahr später zum Präfekten des Departement Yonne ernannt wurde und noch eine Zwischenstation in Bordeaux einlegte, bevor er sich 1853 in Paris installierte. Zur Herausbildung eines Sonderbewußtseins der höheren Beamten auf der Departementebene trug überdies bei, daß sie vor 1880 vor allem aus Paris stammten, zu mehr als der Hälfte Väter hatten, die ihrerseits als Beamte tätig waren, und alle die juristische Fakultät absolviert hatten. Da erst am Ende des 19. Jahrhunderts der Wettbewerb (»concours«) als Zugangsschranke zu öffentlichen Ämtern verallgemeinert wurde, blieben zuvor die Ernennungen gebunden an den Einfluß der Herkunftsfamilie, an die materielle Ausstattung des anfangs schlecht entlohnten Sohnes, an Beziehungen und politisches Wohlverhalten. Die unteren Beamten, wie Fluraufseher, Angestellte in Büros oder Polizisten, rekrutierten sich jedoch aus örtlichen Handwerker- und Bauernkreisen. Wie die staatlicherseits ernannten Präfekten jedoch mit den vielfältigen Problemen höchst unterschiedlicher lokaler Gesellschaften fertig wurden, könnte erst eine Untersuchung ihrer Verwaltungstätigkeit und -vorstellungen klären. Sicher ist jedoch, daß die allzu naive Benutzung von Präfektenberichten dazu führt, eine Pariser und Oberklassensicht der sozialen Verhältnisse für bare Münze zu nehmen und das Erstaunen über den zurückgebliebenen Zustand zahlreicher Landstriche für die Realität. In diesem Zusammenhang ist eine neue Lektüre der Berichte und der aus ihnen gezogenen Schlußfolgerungen angebracht.

Militär und Polizei. Ebenso wie Justiz und Verwaltung führten Militär und Polizei einheitliche Regelungen für alle Franzosen ein und gehörten zu den auf Annäherung der Vorstellungen und Lebensweisen drängenden Faktoren. Mit der »nation en armes« rief die Französische Revolution zur allgemeinen Wehrpflicht auf, ergänzte die Berufsarmee durch Freiwillige und erneuerte die Linientruppen. Jede Gemeinde mußte eine gewisse Zahl von Soldaten stellen. Das Fernziel von Carnot war die allgemeine Wehrpflicht: »Es ist absolut notwendig, daß im freien Volk jeder Bürger Soldat ist oder daß niemand es ist.« Bereits unter Napoleon I. wurden unter den Gemusterten indes durch Los diejenigen bestimmt, die dienen mußten; dagegen waren freigestellt die verheirateten Männer, die Priester und diejenigen, die einen Ersatzmann nennen konnten. Da die Wehrpflicht 1818 auf sechs Jahre, 1824 sogar auf acht Jahre erhöht wurde und mit fünf Jahren zwischen 1868 und 1889 ihren niedrigsten Stand vor der Dritten Republik erreichte, setzten die auf die Arbeitskraft der Söhne angewiesenen Bauern und Handwerker ebenso wie die Begüterten alles daran, ihren männlichen Nachkommen den Kriegsdienst zu ersparen. Sofern die Söhne ein schlechtes Los gezogen hatten, engagierten sie unter auf diese Tätigkeit spezialisierten Handwerksgesellen oder Tagelöhner einen Ersatzmann, der gegen Barzahlung den Platz des Gemusterten einnahm. Erst 1905 mußten alle Jugendlichen einen einheitlichen zweijährigen Dienst ableisten, nachdem bereits 1873 das System der Ersatzleute abgeschafft worden war.

Dank dieser Praxis wurde weder die Gesamtheit eines Jahrgangs eingezogen noch alle Gemusterten. Aufgrund der durch Krankheit, Gebrechen und kleiner Statur hohen Untauglichkeitsquote und des Losentscheids mußten lediglich 10% der Wehrpflichtigen dienen, und unter ihnen stellten etwa 25% noch einen Ersatzmann. Vor dem Ende des 19. Jahrhunderts bildete der Wehrdienst mithin noch nicht einen allgemeinen Erfahrungshorizont, der nationales Bewußtsein schuf. Nach den Revolutions- und napoleonischen Kriegen, in denen die Möglichkeit eines schnellen Aufstiegs und die gesellschaftliche Hochschätzung des militärischen Ruhms die Situation der Soldaten und Offiziere verklärt hatten, zeigten die ländlichen und städtischen Gesellschaften wenig Achtung für das Militär. Abgesehen von den Garnisonsstädten, in denen die Kaserne auch Arbeitsplätze und Verdienstmöglichkeiten bot, trafen die Truppen, die zu einem nicht unwesentlichen Teil aus Berufssoldaten zusammengesetzt waren, oft auf ein reserviertes Verhalten, wenn nicht Ablehnung. Dazu trug die Praxis bei, den eigenen Kindern um jeden Preis den Wehrdienst zu ersparen. Die Versicherung der Söhne gegen die Einziehung gehörte seit der Restaurationszeit zu den vorsorgenden Maßnahmen eines guten Hausvaters, die in der Bretagne vor der Musterung durch Rituale und Zauberformeln ersetzt wurden. Die Auvergne und die Pyrenäengegend waren sogar als Hochburgen der Deserteure bekannt. Der Einsatz von Truppen bei der Bekämpfung von Aufständen und Streiks brachte ihnen wenig neues Prestige, häufig aber Feindschaft ein.

Dennoch zeichnete sich bereits in den ersten Jahrzehnten des 19. Jahrhunderts ab, daß – um Eugen Weber zu zitieren – das Militär als »Agent der Emigration, der Akkulturation ... und der Zivilisation« fungierte. Es beförderte die Mobilität der Land- und Stadtbewohner, machte sie mit einer zuvor wenig bekannten Außenwelt bekannt, aus der sie z. B. Verhütungsmethoden, Gerüchte und Informationen über Arbeitsmöglichkeiten in ihre Heimat mitbrachten. Da der Aufstieg in der Armee an Schreib- und Lesefähigkeit gebunden war, verstärkte diese auch die Bedeutung der Alphabetisierung und beförderte sie durch Kurse. Hinsichtlich Ernährung und Kleidung setzte sie überdies Standards durch, die über denen der Landarbeiter lagen und eine Veränderung von Gewohnheiten bewirkten. Wenn das Militär mithin auch nur einen Teil der männlichen Bevölkerung erfaßte, diesen allerdings über einen langen Zeitraum, löste sie ihn aus der lokalen Umgebung, weihte ihn ein in Kulturtechniken und bot ihm häufig nach dem Ende der Dienstzeit eine Anstellung als städtischer Beamter, Gendarm oder Eisenbahner außerhalb seiner Heimat. Vor allem in der zweiten Hälfte des 19. Jahrhunderts eröffneten sich unter dem Aufsichtspersonal von Industrieunternehmen auch zusätzliche Arbeitsmöglichkeiten für die Veteranen.

An der Aufrechterhaltung der inneren Ordnung nahmen Armee, Nationalgarde und Polizei vor 1871 gemeinsam teil, bevor dann die Bürgermiliz aufgelöst wurde und die Armee gegenüber der Polizei allmählich an Bedeutung verlor. Da kaum einer Unterpräfektur eine Garnison fehlte, waren die Soldaten stets präsent, wenn es galt, bei Unruhen einzuschreiten, städtische Nachtwächter zu unterstützen oder bei Hinrichtungen für den vorgesehenen Verlauf der Exekution zu sorgen. Überdies waren die Gendarmen, die vom Kriegsministerium abhängig waren, gemeinsam mit den Feldhütern für die Sicherheit der ländlichen Gegenden zuständig. Städtischen Charakter trug dagegen die Nationalgarde, eine in den ersten Jahren der großen Französischen Revolution herausgebildeten Bürgermiliz, der diejenigen angehören konnten, die über genügend Besitz verfügten, um Bewaffnung und Uniform selbst bezahlen zu können. Im Fest der Föderierten des Jahres 1790 hatten die Nationalgardisten mit viel Sinn für Symbolik über alle lokalen Unterschiede hinweg ihre Einheit erfahren, die die Föderierten der Bretagne und des Anjou folgendermaßen ausdrückten: »Wir erklären feierlich, daß wir – weder Bretonen noch Bewohner des Anjou, aber Franzosen und Bürger desselben Empire – auf unsere regionalen Privilegien verzichten und ihnen als verfassungswidrig abschwören.«

Diese nationale Ausrichtung konnte sich jedoch nicht behaupten. Freilich demonstrierte die Bürgerwehr häufiger im 19. Jahrhundert ihre nationale Gesinnung. In dem Widerstand der Pariser Nationalgarde gegen die Kapitulation vor den deutschen Truppen im Februar 1871 erreichte sie ihren Höhepunkt; sie agierte aber vor allem auf lokaler Ebene, um den bürgerlichen Besitz zu schützen, die nächtliche Ruhe zu garantieren und Unruhen zu bekämpfen. Anfangs aus Bürgern und Kleinbürgern gebildet, nahmen in ihr zunehmend, vor allem seit 1830, Handwerksmeister und Krämer an Bedeutung zu.

In den Städten teilten sie ihre Aufgaben mit den Polizeikommissaren und -inspektoren, den Friedensrichtern und den »Sergeants de ville«, die alle für die Bekämpfung der Kriminalität und die Wahrung von Ruhe und Ordnung zuständig waren. Trotz aller zahlenmäßigen Fortschritte des Polizeiapparates blieb Frankreich jedoch vor 1870 ein Land, in dem die Polizei sogar weniger präsent war als in England. Im Jahre 1831 wachten etwa außer den Kommissaren nur zwei Brigadiere und 94 Sergeanten über die Ordnung in Paris. Besonders das Zweite Kaiserreich erhöhte die Zahl der Polizisten, richtete eine einheitliche Bezahlung ein, stockte die Bezüge auf und etablierte eine zentrale Führung. Trotzdem blieb die Polizeidichte gering. In der westfranzösischen Stadt Besançon teilten sich um die Jahrhundertmitte 21 Polizisten die Aufsicht über 30000 Einwohner, in der westfranzösischen Textilhauptstadt Rouen 96 die über 87800 Personen. In Marseille kam 1855 ein Polizist auf 1893 Einwohner, in Liverpool jedoch einer auf 1425. Wie Clive Emsley zu Recht bemerkt, erstaunt überdies die geringe Zentralisierung der Polizei in einem durchaus zentralistisch organisierten Land. Denn die lokale Polizei wurde weiterhin von den Bürgermeistern bestellt und aus dem städtischen Budget bezahlt, hing mithin auch von lokalen Kräfte- und Finanzverhältnissen ab, so daß Hunderte von Kommissariaten etwa vor 1870 unbesetzt blieben. Die Gemeinden verteidigten ihre Prärogativen allerdings so sehr, daß erst 1908 nach Paris und Lyon auch Marseille eine staatlich kontrollierte Polizei erhielt.

Angesichts dieser insgesamt schwachen Präsenz der Polizei und ihrer Abhängigkeit von der Hilfe des Militärs bei größeren Aufläufen kann von einer »Verpolizeilichung« des französischen Lebens nicht gesprochen werden. In entlegeneren Landstrichen blieben Bauern und Bäuerinnen auf Selbsthilfe angewiesen, wenn Bettler oder Vagabunden mit Feuer und Rache drohten – oder aber auf ein gutes Auskommen mit ihnen. Denn in aller Regel war die nächste Polizei- oder Gendameriestation zu weit entfernt, um bei akuter Bedrohung Hilfe bringen zu können. Auch die Tätigkeit von Räuberbanden am Ende des 18. und zu Beginn des 19. Jahrhunderts in der Provence wurde anfangs von breiten Teilen der Bevölkerung unterstützt, da sie sich gegen diese nicht wehren konnten und diese ihnen einen besseren Schutz als die allzu schwache Ordnungsmacht versprachen. Erst als die Behörden mehr Truppen in die Gegend verlagerten, wurden das staatliche Gewaltmonopol und sein Schutzversprechen glaubhaft und konnte die Verwaltung auf die Unterstützung von Dorfbewohnern bei der Bekämpfung der Räuber rechnen.

Auch bei der Repression der seit dem »Code forestier« von 1827 strafbaren Holz- und Walddelikten war die Rolle der Wald- und Feldhüter, unterstützt von den lokalen Honoratioren, größer als die der Polizei. Die in der zweiten Hälfte des 19. Jahrhunderts durchgesetzte Milderung der Strafen drückte jedoch die staatliche Einsicht aus, daß die innerdörflichen Auseinandersetzungen zwischen Besitzenden und Nichtbesitzenden nicht durch Strafe und Verfolgung allein zu lösen seien. Nach alledem werden die polizeilichen Aktionen nicht sehr verhaltensprägend gewirkt haben, und die Regelungsautonomie vor allem ländlicher Gemeinden wird noch hoch gewesen sein. Dazu trug nicht zuletzt auch die in populären Kreisen verbreitete Abneigung gegen die Polizei bei, die sich weitgehend aus ehemaligen Soldaten rekrutierte und unter der die »Sergeants de Ville« zu den bestgehaßten Personen der Pariser Bevölkerung vor 1870 gehörten. Während die eigenständige Regelung von Konflikten auf dem Lande häufig eine Folge der zu geringen Polizeidichte war, resultierte sie in Städten eher aus der Ablehnung der Polizeimacht.

Der Steuerstaat. Das Steuersystem des Ancien Régime hatte ebenso die bestehende Privilegienstruktur wie die regionalen Besonderheiten ausgedrückt. Adel und Klerus waren im Prinzip von der Steuerpflicht ausgenommen und allenfalls zu freiwilligen Zahlungen aufgerufen. Die indirekten Steuern, die stärker die unteren Volksklassen als die Reichen belasteten, erbrachten nahezu die Hälfte der staatlichen Einkünfte vor 1789. Unter ihnen zog vor allem die Salzsteuer viel Protest auf sich. Aber auch diese verteilte sich so ungleichmäßig über das Land, daß der Historiker François Hinker die Regel der Steuerordnung in ihrer Ausnahme erblickt. Schließlich waren die einzelnen Steuerbezirke an sog. »Fermiers Généraux« verpachtet, die der Monarchie die Steuereinnahmen vorschossen und Bankgeschäfte tätigten. Die Verfassungsgebende Versammlung schuf dann die indirekten Steuern ab und optierte auch deshalb für eine Besteuerung der äußeren Zeichen von Reichtum, um die Rechte des bürgerlichen Individuums zu schützen.

Zwischen 1791 und 1798 wurden die »quatre vieilles« eingeführt, jene Steuern, die bis zur Veranlagung der Einkommen im Jahre 1914 allein bestanden. Neben drei Verteilungsabgaben, der Grund-, Haus- und persönlichen Steuer, stand die Gewerbesteuer, die »patente«, die je nach Ort und gewerblicher Aktivität unterschiedlich hoch war, jedoch nicht nach dem Umfang der Geschäfte oder gar deren Profit variierte. Steuerliche Privilegien wurden abgeschafft und die Gleichheit der Steuerpflicht verankert. An die Stelle der Käuflichkeit von Steuerbezirken und der privaten Aufsicht über die Eintreibung traten zu Beginn der Revolution Wahlbeamte, die »percepteurs« in den Gemeinden, welche die gesammelten Summen an die »receveurs« und über diese an das staatliche Schatzamt weiterleiteten. Einnahmen- und Ausgabenverwaltung wurden aus Gründen der besseren Kontrolle fein säuberlich getrennt, da in den Departements allein die ihrerseits gewählten »payeurs généraux« staatliche Zahlungen vornahmen.

Das Konsulat und das Erste Kaiserreich stellten – wie auch auf anderen Gebieten der Verwaltungsordnung – die Weichen für eine Verbeamtung der Finanzverwaltung und für eine Veränderung des Steuersystems. Vor Ende des 19. Jahrhunderts setzte sich zwar die staatliche Ernennung der Beamten durch, aber nicht das Prinzip, daß diese für ihre Tätigkeit ein angemessenes Gehalt bekamen. Denn die »receveurs généraux« waren seit dem Konsulat Beamte, die einerseits durch Kautionen dem Staat für ihre Lauterkeit bürgten, andererseits mit dem im Dienste des Staates eingezogenen Geld aber auch Privatgeschäfte betrieben. Sofern sie die gesammelten Steuergelder schnell der Zentrale überwiesen, erhielten sie einen bestimmten Zinssatz, der ihnen erlaubte, finanzielle Geschäfte zusätzlich zu ihrer Beamtentätigkeit zu betreiben. 1865 wurde die Ausgaben- und Einnahmenverwaltung zusammengefaßt und der »trésorier payeur général« geschaffen, der bis heute in den Departements die direkten Steuern einzieht und bis 1908 wiederum Zinsen erhielt. Die materielle Interessiertheit sollte nicht nur die Schnelligkeit des Geldumlaufs erhöhen, sondern auch die Loyalität der Staatsdiener.

Seit 1804 wurden die indirekten Steuern wieder restauriert und gewannen in der folgenden Zeit so sehr an Bedeutung, daß sie Ende des 19. Jahrhunderts bis in die Zeit vor dem Ersten Weltkrieg vier Fünftel des staatlichen Einkommens ausmachten. Bereits 1812 stammten 28% aller Steuern aus den Verbrauchsabgaben, 1830 waren es bereits 47%, 1848 50%, 1871 79% und 1913 vollends 81%. Das Prinzip, eher die Konsumenten als die Besitzenden zu belasten, überstand mithin verschiedene politische Systeme, machte den »Immobilismus« (Jean Bouvier) des französischen Steuerstaates aus und resultierte aus dem Sieg einer breiten Front von Besitzenden in den Verteilungsdebatten. Zugleich setzte sich unter Napoleon I. die bereits von den Physiokraten befürwortete Tendenz fort, Grund und Boden stärker als das Gewerbe zu veranlagen. Im Jahre 1838 trug die Grundsteuer zu 68,3%, die »patente« lediglich zu 9,6% zum Steueraufkommen bei. Fünfzig Jahre später lag der Anteil der ersten noch bei 49%, der der zweiten bei 23,2%, obwohl sich in der Zwischenzeit der Wert der Agrar- und Industrieproduktion einander angenähert hatten. Das französische Steuersystem war mithin äußerst industriefreundlich organisiert.

Trotz aller Veränderungen und sozialen Ungerechtigkeit gehörte die Steuer zu den Faktoren der Nationalisierung, denn sie beruhte nicht auf Ausnahmen und Privilegien, sondern auf dem allgemeinen Grundsatz, daß im Prinzip alle steuerpflichtig waren und daß nicht Einkommen und Umsatz, sondern Besitztitel zur Berechnung der Abgaben dienten. Sie wurde von einem Beamtenapparat verwaltet, der – teilweise materiell an dem schnellen Einzug der Abgaben beteiligt – selbst schon Besitz hatte und der in eine von der Spitze in Paris kontrollierte Hierarchie eingebunden war. Wie die vor 1850 immer wieder ausbrechenden Revolten gegen Zusatz- oder Verbrauchssteuern demonstrierten, nahmen Teile der Bevölkerung überdies in den Abgaben den nationalen Staat wahr, dessen Monopol sie sich widersetzen wollten.

Weder Industrialisierung noch Bevölkerungswachstum, weder Urbanisierung noch innere Staatsbildung hatten in den ersten beiden Dritteln des 19. Jahrhunderts die Verflechtung der einzelnen Teile des Territoriums und der Bevölkerung schon so weit vorangetrieben, daß die Gesellschaft einen hohen Grad an Einheitlichkeit erreicht hätte. Freilich standen die Zeichen der Zeit auf industrieller und kommerzieller Kommunikation und Vernetzung, Ausbildung eines nationalen Marktes der Städte und ähnlichen generativen Verhaltensweisen. Im Vergleich zum Ancien Régime waren überdies deutliche Fortschritte zu verzeichnen, aber diese zeichneten sich je nach Region, Örtlichkeit und sozialer Klasse so unterschiedlich stark ab, daß jede Analyse, die diese Vielfalt ausblendet oder einebnet, an wesentlichen Charakteristika des 19. Jahrhunderts vorbeigeht.

2. Adel und Bürgertum in der Notabelngesellschaft

Dem gesamtgesellschaftlichen Entwicklungsstand angepaßt, diesen aber auch erhaltend, drückten die Notabeln dem Frankreich der ersten beiden Drittel des 19. Jahrhunderts, teilweise aber darüber hinaus ihren Stempel auf. Auf dem Wege zur Klassengesellschaft machte Frankreich einen Umweg, eine Zwischenstation, in der zukunftweisende Strukturen zwar angelegt, aber noch nicht bestimmend waren. Der Begriff der »Notables«, der zur Kennzeichnung dieser Besonderheit – dieses, wenn man so will, französischen Sonderwegs – benutzt wird, ist alt. Er erschien bereits 1691 im Wörterbuch von Furetière und wurde vom Lexikon der Académie Française, der Sprachnormen fixierenden Institution, 1762 folgendermaßen definiert: »die Wichtigsten und die Geachtetesten einer Stadt, einer Provinz«.

Entsprechend dieser allgemeinen Definition berief Calonne 1788 eine »Assembleé de Notables« ein und reservierte die Verfassunggebende Versammlung in ihrem Dekret vom 14. Dezember 1789 dieser Gruppe und den Mitglieder des Gemeinderats den »Conseil général de la commune«. Seit dem Direktorium sorgten die folgenden zensitären Regime oder die Beschränkung der Passivbürger auf eine Oligarchie dafür, daß die durch Besitz ausgezeichneten Bürger weiterhin als Notabeln politisch tonangebend blieben.

Angesichts der zeitgenössischen Verbreitung des Begriffs und des politischen Gewichts der Gruppe ist es nicht erstaunlich, daß der Terminus Eingang in historische Arbeiten fand. Vor allem unter jenen Historikern, die in Anlehnung an Thesen von Tocqueville die Klassenauseinandersetzung zwischen Adel und Bürgertum in und vor der Revolution in Frage stellten, spielte die Bezeichnung, in der adlige und bürgerliche Bestandteile der Elitengesellschaft verschwammen, eine zentrale Bedeutung. Ob es sich um die Elitenkultur handelte, die am Ende des 18. Jahrhunderts Teile des Bürgertums und des Adels integrierte, oder um die Herrschaft der großen Notabeln, die André Tudesq unter den zwischen 1840 und 1848 mehr als 1000 Francs steuerzahlenden Männern verortete – beiden Thesen lag die Annahme zugrunde, daß die Notabeln eine

Gruppe sui generis waren, die nicht im Gegensatz von Adel und Bürgertum aufging. Denn sie wurde, wie Tudesq betont, sowohl durch politische und ideologische als auch durch ökonomische und soziale Faktoren geeint: »Was den Notabeln ausmacht, ist das ›Haben‹, der große Notabel hat Besitztümer, Wissen, Beziehungen, eine Familie und eine Funktion, durch die er an der öffentlichen Gewalt teilnimmt entweder durch Delegation von Befugnissen, wenn er Beamter ist, oder durch Wahl; er hat einen Namen und oft einen Titel. Er ist Notabel aufgrund dessen, was er hat.«

Gruppiert um die Kriterien des Eigentums, der Familie und der Macht nähert sich der Begriff dem der Honoratioren an, deren Einfluß Max Weber unter anderem begründet durch ihre ökonomische Lage, ihre »spezifische(n) soziale(n) Ehre, die an der Art der Lebensführung haftet«, den Besitz von »(relativ) arbeitslosen oder doch so gearteten Eigentum, das sie zur Übernahme von Verwaltungsfunktion unter ihrer (etwaigen) beruflichen Tätigkeit befähigt«.

Im folgenden soll der Begriff aufgenommen und auf jene durch Besitz, soziale Macht und politischen Einfluß verfügenden Aktivbürger beschränkt werden, unter denen sich sowohl Adlige als auch Mitglieder des Bürgertums fanden. In einem ersten Schritt sollen die Mechanismen der Notabelngesellschaft dargestellt, in einem zweiten die Mitglieder der Notabelnschicht aufgeführt, in einem dritten die Einheit und Verschiedenheit dieser Schicht hervorgehoben werden.

2.1. Strukturen der Notabelngesellschaft

Die Notabelngesellschaft stand – entwicklungsgeschichtlich gesprochen – zwischen der Stände- und der Klassengesellschaft. Unter ständischen Bedingungen nahm der einzelne durch Geburt und Familienzugehörigkeit seinen Platz in der Gesellschaft ein, vermittelte ihm die Zugehörigkeit zum Stand Herrschaftsrechte und besondere Lebenschancen und sicherte die Tradition diese ab. In der Klassengesellschaft jedoch schrieben der Besitz, seine Art und Höhe, aber auch Kompetenzen Positionen zu, und soziales Prestige wurde stärker an Funktion als an Herkunft gebunden. Das Frankreich der Notabeln setzte den Besitz als Merkmal sozialen Werts an die Stelle der Geburt, bestätigte jedoch auch die Rolle der Familie bei der Herstellung und Fortsetzung von sozialen Karrieren und gründete sich auf ein Netz von informellen und formellen Mitteln der Einflußnahme im politischen und gesellschaftlichen Bereich. Es hatte deshalb einen sozialen Mischcharakter.

König Grundbesitz

Es gehörte zu den gesellschaftspolitischen Stereotypen des beginnenden 19. Jahrhunderts, daß der Besitz – vor allem der von Grund und Boden – eine Gewähr für politische Reife und Bürgersinn sei. Entsprechend dieser Wertschätzung definierten sich die Notabeln primär als Besitzende und leiteten aus ihren Besitztiteln häufig ihren Einfluß und die Legitimität ihrer Macht über andere soziale Gruppen ab. Die Voraussetzung für Anerkennung und Macht bildete vor allem der umfangreiche Besitz, der Sozialprestige nach sich zog, ein Leben ohne Arbeitszwang erlaubte und die für politische Tätigkeit notwendige Zeit gewährleistete.

Als Besitzende waren die Notabeln Teil einer Minderheit in der französischen Gesellschaft des 19. Jahrhunderts. Folgt man den Angaben, die eine Forschergruppe um Adeline Daumard über das beim Tod vererbte Vermögen verschiedener sozialer Gruppen zusammengetragen hat, wird deutlich, daß die Vererbung von Grundstücken oder Immobilien, Geld oder Gebrauchsgegenständen das Privileg eines Teils der Franzosen war. In der Mitte des 19. Jahrhunderts hinterließen nämlich 70% der Pariser, 75% der Lyoner, 76% der Liller und 79% der Bordeauxer Bevölkerung bei ihrem Tode ihren Nachkommen nichts. Freilich sank in weniger industrialisierten Städten wie Amiens und Toulouse dieser Anteil um ein Zehntel, in kleinen Orten wie St. Valéry-sur-Somme sogar auf 30%. Da in den sechziger Jahren aber auch etwa zwei Drittel der ländlichen Bevölkerung entweder als Pächter oder Halbmeier oder aber als Knechte und Mägde verzeichnet waren, die kaum eigenen Besitz hatten, ist anzunehmen, daß mehr als die Hälfte der Franzosen am Ende ihres Erwerbslebens über keine Rücklagen verfügten. Ihr Anteil wird in Städten höher als in Flecken oder auf dem Dorf gewesen sein. Diese Schlußfolgerung ist auch dann aufrechtzuerhalten, wenn man sich des begrenzten Aussagewertes der Angaben bewußt ist, die der Steuerverwaltung gemacht wurden. Diese lagen – wie am Beispiel der Lyoner Schlachter nachgewiesen wurde – nicht nur unter dem realen Wert der Erbschaften, sondern erfaßten auch jene Besitzübertragung nicht, die bereits vor dem Tode vorgenommen wurde.

Unter der Minorität der Besitzenden stachen die Notabeln durch besonders ausgedehnte Ländereien, zahlreiche Häuser oder dicke Bankkonten hervor. 1 bis 2% der Bewohner von Paris, Toulouse, Amiens oder St. Valéry-sur-Somme besaßen 30% des gesamten hinterlassenen Vermögens der Städte. In den Jahren zwischen 1856 und 1858 verfügten 8,1% der Vererbenden sogar über 89,9% der Erbmasse, im Toulouse des Jahres 1846 war das Verhältnis 2,25% zu 46%. Im Paris des Jahres 1847 vererbten 6,9% aller Verstorbenen einen mittleren Besitz, der sich immerhin auf astronomische Summen von 20000 bis 500000 Francs belief, während nur 0,8% mehr als eine halbe Million Francs bei ihrem Tode besaßen. Als die Reichsten unter den Besitzenden waren die Notabeln mithin eine verschwindende Minderheit in der Besitzerklasse.

Das vererbte Vermögen wurde in der Jahrhundertmitte noch häufiger von Immobilien als von Mobilien gebildet. Der städtische oder ländliche Notabel war immer auch Landbesitzer. Es erstaunt wenig, wenn der Hüttenbesitzer Jean-Louis Boigues im Jahre 1830 7131,71 Francs Grund-, aber nur 1000,72 Francs Gewerbesteuer zahlte, da die Eisenindustrie vor der Einführung des Koks auf Holzkohle oder Wasserkraft angewiesen war. Aber selbst den für seinen unternehmerischen Wagemut bekannten Jacques Laffitte wies seine Steuerrolle als Großgrundbesitzer aus. Der allgemeinen Attraktivität des Landes entgingen auch die Überseekaufleute in Marseille nicht, die sowohl 1815 als auch 1870 noch über ein Fünftel ihres Besitzes in Land- und Grundstücken angelegt hatten. Sie schmückten sich dementsprechend häufig mit dem Titel »Négociant-propriétaire«. Auch im agrarischen, Viehzucht betreibenden Departement Calvados war unter den ländlichen und städtischen Notabeln der Landbesitz verbreitet. 1820 waren 83,2% von ihnen auf dem Land, 64,1% in der Stadt als Besitzer oder Landwirte ausgewiesen.

Auch unter den 600 je Departement höchstbesteuerten Bürgern des Ersten Kaiserreichs, die Napoleon I. einer »Granitmasse« gleich in das bewegte und sich bewegende Erdreich der französischen Gesellschaft als Grundfesten einsenken wollte, war vor allem das Frankreich des Besitzes, nicht aber das der Fähigkeiten und Kenntnisse vertreten. Unter den 70000 erfaßten Personen machten die Landbesitzer mehr als die Hälfte aus, und sie fielen auch in den einzelnen Vermögensklassen nie unter diese Marke zurück. Auch die Generalräte, deren Funktion auf dem Land in der Vermittlung zwischen der staatlichen Obrigkeit in der Person des Präfekten und dem Bürgermeister bestand, rekrutierten sich zwischen 1840 und 1848 noch zu 28% aus den Kreisen derjenigen, die allein durch ihren Besitz ausgewiesen waren. In der Deputiertenkammer des Jahres 1815 schließlich betrug ihr Anteil 39%; er sank 1817 auf 21% und erreichte 1824 mit 43% seinen Höchststand unter der Restauration. Zu Beginn der Julimonarchie bezeichnete sich ein gutes Fünftel der Abgeordneten als Besitzer, 1847 war es lediglich ein Zwölftel, während sogar in der revolutionären Versammlung des April 1848 noch 22% der Abgeordneten sich als Rentiers oder Grundbesitzer ausgaben. Sowohl auf regionaler als auch auf nationaler Ebene nahm der Grundbesitz außer seinen ökonomischen auch politische Funktionen wahr.

Diese weite Verbreitung des Grundbesitzes unter den Notabeln hatte unterschiedliche Funktionen. Wenn auch im Zeichen fallender Getreidepreise die Einkünfte aus der Landwirtschaft sinken konnten und erst seit 1850 für 20 Jahre kräftig anstiegen, bot das Land doch den Vorteil, daß es eine sicherere Anlage bot als die Industrie, deren Ansehen in den zwanziger Jahren durch mehrere aufsehenerregende Pleiten erschüttert worden war. In einer Epoche, in der sich das Banksystem erst allmählich entwickelte und kaum für Industrieinvestitionen zur Verfügung stand, gestattete ein großer Grundbesitz den Industriellen, durch Hypotheken Kredit zu erhalten. Über Grundbesitz zu verfügen war überdies eine Notwendigkeit für die Hüttenbesitzer, die aus Wäldereien die Holzkohle bezogen, oder für Textilfabrikanten, die auf Wasserkraft angewiesen waren. Überdies bot der Besitz von Grund und Boden günstige Gewinnmöglichkeiten in Zeiten der Stadterweiterung, die in Paris in der Restaurationszeit und im Zweiten Kaiserreich stattfand. Vor allem aber war mit dem Landbesitz Sozialprestige verbunden. So war der Landerwerb in den westfranzösischen Städten Laval, Cholet oder Le Mans Teil einer langfristigen bürgerlichen Strategie, den Adel zu übertrumpfen und zu verdrängen. Bekanntlich blieb in der zensitären Monarchie zwischen 1815 und 1848 das Wahlrecht insbesondere den Besitzern vorbehalten, da das französische Steuersystem außer zwei kleinen Haus- und einer keineswegs den Umfang der Geschäfte zugrundelegenden Gewerbesteuer vor allem den Landbesitz erfaßte. Im Departement Calvados zahlten 1820 nur 28 von 2897 Wählern eine »patente«, welche die Grundsteuer überstieg, und nur neun erreichten den Zensus von 300 Francs ohne jeglichen Landbesitz. Mithin war der Besitz von Ländereien oder Grundstücken nicht nur eine wenig risikoreiche Kapitalanlage, sondern auch die Voraussetzung für Bankkredit und für politischen Einfluß.

Der Zwang zur Familie

Entgegen zeitgenössischen Jeremiaden, die Industrialisierung habe die Familie zerrüttet, und entgegen antiquierten soziologischen Modellen, die nach der Zerstörung der Groß- den Siegeszug der Kleinfamilie ansetzen, hat sich die Familie als Produktions- und Reproduktionsort in der Notabelngesellschaft behauptet. Unter Familie wird im folgenden vor allem jene um eine Wohneinheit gruppierte, verwandtschaftlich verbundene Menschengruppe verstanden, und damit wird davon abgesehen, daß Verwandtschaftssysteme sehr komplexe und vielfältige Formen annehmen können, die aber bislang weder historisch noch ethnologisch zureichend untersucht sind.

Bereits die Einmütigkeit, mit der liberale und traditionelle Theoretiker und Politiker, sozialkonservative und sozialistische Autoren die Familie beschworen, deutet auf den Konsens hin, der die gesellschaftliche und politische Bedeutung der Familie umgab. Allerdings hatte diese unterschiedliche Funktionen. Sollte sie für die Liberalen individuelles Glück und öffentliches Wohl vereinen, schrieb der Traditionalist Louis de Bonald ihr in der Restauration eine disziplinierende Wirkung auf die Familienmitglieder und eine stabilisierende Rolle in der Gesamtgesellschaft zu. Während Frédéric Le Play mit seiner Apologie der »famille souche« ein Plädoyer für paternalistische Sozialbeziehungen verband, engagierten sich Frühsozialisten wie Flora Tristan oder Louis Blanc für eine modernisierte Familie, in der die Geschlechter gleichberechtigt und die Ehescheidung statthaft sein sollten.

Über diesen ideengeschichtlichen Gleichklang hinaus, in den allenfalls einige Frühsozialisten radikalere Töne hineintrugen, läßt sich die Ausstrahlung des gesellschaftlichen Modells der Familie an der Verfemung der nicht im familiären Bereich stattfindenden Sexualität ablesen. Homosexualität, außereheliche Kinder und »wilde Ehen« wurden nicht nur von bürgerlichen Moralisten verurteilt, sondern trafen auch in den Unterschichten selbst auf Ablehnung. Für die Arbeiter im Paris der Jahrhundertmitte war die Ehe auch ein Mittel, um Würde zu bewahren und gleichzeitig die eigene Existenz auf eine breitere ökonomische Grundlage zu stellen. Nicht als Vorformen kulturrevolutionären Verhaltens, sondern als Ausdruck zerrütteter Familienverhältnisse in der Frühindustrialisierung müssen die außerehelichen Verbindungen gedeutet werden, die durchaus mit dauerhaften Beziehungen vereinbar waren. An der Zahl der außerehelich geborenen Kinder, die seit der Jahrhundertmitte bis zum Beginn des 20. Jahrhunderts mit ca. 7,5% aller Geburten vergleichweise hoch lag, ist der Umfang dieser Lebensformen abzulesen.

Besonders gesellschaftlich gebrandmarkt wurden die ledigen Mütter. Die Untersuchungen von Serge Chassagne zur Bevölkerung baumwollverarbeitender Ortschaften belegen für das erste Drittel des 19. Jahrhunderts, daß Frauen mit außerehelichen Kindern auch dann, wenn diese später von dem Vater anerkannt wurden, nur schwer einen Ehepartner fanden. Er zieht daraus den Schluß, »als habe die Umwelt, unter Einschluß der Arbeiterschaft, alles daran gesetzt, ihr sexuelles und sittliches Außenseitertum zu sühnen«. Dieses Verhalten war in einem Jahrhundert nicht erstaunlich, in dem die Familie ihren Siegeszug antrat. Während die Kirche für die Respektierung des Sakraments der Ehe eintrat, engagierte sich auch das Bürgertum für deren Verallgemeinerung und setzte sich in verschiedenen Vereinen für die »Familiarisierung der Unterschichten« ein. Wenn auch alle unternehmerischen und bürgerlichen Versuche, die Familie in der Arbeiterklasse zur durchgängigen Struktur zu machen, wenig erfolgreich waren, ist doch unbestreitbar, daß in der zweiten Hälfte des 19. Jahrhunderts die familiäre Norm sich auch über das Bürgertum und Kleinbürgertum hinaus immer weiter in der Gesellschaft durchsetzte.

Dazu trugen auch die staatlichen Instanzen bei, die zwischen 1814 und 1884 das Verbot der Scheidung restaurierten, den unauflöslichen Charakter der Ehen festschrieben und damit eine seit der Französischen Revolution eingeleitete Praxis aufhoben. Selbst im Wandel der Prostitution im 19. Jahrhundert spiegelte sich die normgebende Rolle der Familie wider. Denn diese hatte sich in der ersten Hälfte des Jahrhundets vor allem an eine mobile, von ihrer Familie getrennte Handarbeitergruppe in den großen Städten gerichtet. Nach 1850 vollzog sich nicht nur aufgrund der Ansprüche einer numerisch wachsenden studentischen und Angestelltenkundschaft eine Veränderung, sondern auch infolge der Wünsche von Ehemännern, die mit Prostituierten stabile und aufregende Verbindungen suchten, die eheähnlichen Charakter tragen und die durch strenge Rollendefinitionen provozierten Versagungen in der Partnerschaft kompensieren sollten.

Das Leitbild der Familie wurde durch ihre Rolle in Wirtschaft und Gesellschaft verstärkt. In der bäuerlichen Ökonomie, in den Heimarbeiterfamilien der Stadt und des Landes und in den Kleinbetrieben in Handel und Industrie war die Familie Produktions- und Reproduktionseinheit zugleich. In Betrieben der nordfranzösischen Textilindustrie wurden sogar bis zum Ende des 19. Jahrhunderts ganze Familien als Arbeitskräfte eingestellt. Wenn auch in deutlicher Arbeitsteilung, nahmen Männer und Frauen gemeinsam an der Feldarbeit teil, betrieben Spinnräder oder Webstühle, lösten sich im Laden ab oder führten Bücher und Aufsicht. Vor allem Martine Segalen hat die Komplementarität von männlichen und weiblichen Aufgaben auf dem Lande hervorgehoben, die einer auch durch Sprichwörter und die Bestimmungen des Code Civil geprägten Priorität des Mannes im Haus und in der Arbeit widerspach. Auch für die St. Etienner Bandwirker ist jüngst für das Ende des 19. Jahrhunderts nachgewiesen worden, wie gleichrangig Mann und Frau am Webstuhl arbeiteten, wenn auch die Selbstdarstellung die Egalität negierte. In zahlreichen Kleinläden fungierte zwar der Mann als Händler und als Geschäftsleiter, ging aber faktisch einer Lohnarbeit nach und überließ den Verkauf seiner Frau.

Über diesen Bereich hinaus blieb auch die Familie für den sich entfaltenden Industriekapitalismus prägend. Häufig waren die Unternehmer ihrerseits bereits Erben, stammten mithin aus Familien, in denen ihnen – wie etwa in Roubaix – ein einfacher Lebensstil, Arbeitsethos und ein dem Wohl des Unternehmens untergeordnetes Heiratsverhalten eingeimpft worden war. Allerdings scheint die Berufsvererbung im 19. Jahrhundert und in den untersuchten Baumwoll- und Metallfabriken selten über die dritte Generation hinausgelangt zu sein, wenn man von der ostfranzösischen Ausnahme absieht. Familienmitglieder boten sich an, wenn es um die Bildung oder Erweiterung von Firmen ging. Brüder und Schwager wurden vor allen Familienfremden zu Investitionen eingeladen; die Mitgift der Ehefrauen war – etwa in Rouen – ein Mittel zur Kapitalerhöhung; familiäre Arbeitskraft half, Kosten zu senken, und überdies stellte der familiäre Kontext bei Liquiditätsschwierigkeiten oder gar beim Bankrott eine Garantie für die Gläubiger dar. Darüber hinaus kam – wie Louis Bergeron unterstreicht – die normative Kraft der Familie auch der Stabilität von Unternehmen zugute, die häufig die juristische Form von Handelsgesellschaften annahmen. »Ein Unternehmen kann sich nur stärken, wenn es sich in das familiale Muster einpaßt, und damit zu seinen Gunsten die affektiven Kräfte mobilisiert, die sich innerhalb der Familie mit besonderer Intensität entwickeln.«

In der Notabelngesellschaft war die Unterstützung, die die Familie bei Krankheit, Armut und Alter ihren Mitgliedern leisteten, so unbestritten, daß sozialpolitische Institutionen selten und lükkenhaft bleiben konnten. Umgekehrt können diejenigen, die die Hilfe derartiger Organisationen, wie etwa die des Hospizes, annehmen mußten, als Opfer fehlender oder unzulänglicher familiärer Unterstützung angesehen werden. Kindheit und Erziehung, Heirat und Tod vollzogen sich in der Regel im Rahmen der Familie. Abgesehen von jenen ausgesetzten oder auf das Land geschickten Kindern funktionierte für die meisten Söhne und Töchter die familiäre Einheit als Sozialisationsinstanz, in der sie außer sozialen Verhaltensweisen auch Werte erwarben. Außer der Lehrzeit beim Meister, die bereits in der Mitte des 19. Jahrhunderts im Ruf des Absterbens stand, lernten die Kinder und Jugendlichen durch die Mithilfe in der häuslichen Werkstatt oder als Handlanger eines in einer Eisenhütte oder einem Textilbetrieb arbeitenden Vaters mehr als durch die wenigen von Unternehmern und später auch von staatlichen Stellen gepriesenen Fortbildungsschulen. Die Familien lenkten auch die Allianzen ihrer Mitglieder, wachten über die soziale Gleichrangigkeit der Partner, suchten aber auch durch Heirat ökonomische Pläne zu verwirklichen.

In seiner Untersuchung der Heiratspolitik im Béarn betont Bourdieu, daß »die Heiratsstrategien im engeren Sinne nicht – es sei denn man abstrahiert mutwillig – von den Erbfolgestrategien ... und der Gesamtheit biologischer, kultureller und sozialer Reproduktionsstrategien überhaupt abgetrennt werden können, die jede Gruppe anwendet,um der nachfolgenden Generation in der gleichen oder in erweiterter Form die Rechte und Privilegien zu übertragen, die sie selbst geerbt hat«. Auffallend ist nicht nur das hohe Ausmaß an Homogamie, die sowohl unter bürgerlichen Berufen und auf dem Lande als auch unter den Glas- oder Metallarbeitern der Lyoner Gegend vor 1880 vorherrschte. Auch der geographische Radius, in der die Braut gesucht wurde, blieb eng, und außerhalb der verbreiteten kleinen Ortschaften war auch der Kreis, in dem die Wahl getroffen werden konnte, auf wenige Personen beschränkt. Geht man von der durchschnittlichen französischen Ortsgröße des 19. Jahrhunderts, mithin von 600 Einwohnern aus, so ist der Schluß von Maurice Garden plausibel, daß ein junger Mann oder eine junge Frau allenfalls unter drei oder vier Personen derselben Generation und derselben sozialen Stellung ihren Ehepartner auswählen konnte. Unter diesen Bedingungen wird verständlich, wie ablehnend dörfliche Gemeinden auf Ehen mit Ortsfremden reagierten. Ebenso entschieden intervenierten Mitglieder des Bürgertums, wenn eine Mesalliance drohte, die Braut weder dem ökonomischen Status noch dem gesellschaftlichen Kreis entsprach, aus dem der Bräutigam stammte. So verließ der junge bürgerliche Besitzer Odouard de Mercurol Mitte des 19. Jahrhunderts auf Druck seiner Familie die Volksschullehrerin Fanny, die ein Kind von ihm erwartete, ihre Stellung deswegen verlor, aber nicht als gleichrangig angesehen wurde. Erst allmählich konnte sich in der zweiten Hälfte des 19. Jahrhunderts die Liebesheirat gegenüber der aus geschäftlichen und gesellschaftlichen Gründen favorisierten Allianz einen größeren Platz behaupten.

Schließlich hatten Alte um so größere Chancen, in den Familien ihrer Kinder bis zum Lebensende zu bleiben, wenn sie durch eine späte Übertragung des Erbes vorsorgten und selbst durch ihre Seßhaftigkeit komplexe Familienstrukturen ausgebildet hatten. In Städten indes scheint der Anteil alleinlebender Alter größer gewesen zu sein als auf dem Lande. Vor allem im Todesfall wurde die Rolle des Vaters und der ihn umgebenden Familie noch einmal dargestellt und verherrlicht.

Innerhalb Frankreichs unterschieden sich die familiären Typen jedoch deutlich. Die Großfamilie war allenfalls vereinzelt präsent, konnte jedoch in einzelnen Phasen des Familienzyklus für begrenzte Zeit bestehen. Allgemein dominierte die Kleinfamilie, wie aus einer Untersuchung des Lyoner Stadtviertels La Guillotière hervorgeht. Dort waren zwischen 1851 und 1876 65 bis 70% der Haushalte von Kleinfamilien, nur 10% von erweiterten familiären

Zusammenhängen bewohnt, während der Rest nur schwer zuzuordnen ist. Im Süden Frankreichs, in dem schriftliche Heiratsverträge häufiger und die Autorität des Vaters unumstrittener war, waren Großfamilien aber zahlreicher als in den nördlichen Gegenden Frankreichs. Folgt man der interessanten Typologie, die Hervé Le Bras und Emmanuel Todd erstellt haben, sind drei Teile Frankreichs zu unterscheiden: die Kleinfamiliengegenden, in denen das Heiratsalter weniger stabil als andernorts war: Normandie, Teile Westfrankreichs, Champagne, Lothringen, die Gegend um Orléans, Burgund und Franche-Comté; die Gegenden mit komplexen Familienstrukturen und wenig kontrollierter Heirat: Teile Südwestfrankreichs, die Provence, der Norden; die Gegenden schließlich mit komplexen Strukturen und kontrollierter Heirat: Bretagne, Baskenland, der Süden des Zentralmassivs, Savoyen und Elsaß. Wie vielfältig auch die Formen des familiären Zusammenlebens, der familiären Produktion oder der Arbeitsteilung in der Familie waren, die Notabelngesellschaft blieb doch noch weitgehend auf sie, ihren Zusammenhalt und ihre Kraft begründet.

Formelle und informelle Machtpositionen

Es kann zwischen jenen Notabeln unterschieden werden, die aus ihrem Besitz, ihrer Familientradition, ihrer Ortsansässigkeit Einfluß bezogen, und jenen, denen ihr Platz in dem politischen oder administrativen System das notwendige Prestige vermittelte, um ein Mandat auf lokaler Ebene erringen zu können. In der Regel verbanden sich vor 1880 jedoch beide Strategien, wenn auch eher der Besitz ein politisches Amt nach sich zog, als daß das Amt zu einer Vermehrung von Eigentum und Familieneinfluß führte. Erst am Ende des 19. und im 20. Jahrhundert konnten sich dann Minister, Abgeordnete, Senatoren, Generalräte und Bürgermeister allmählich aus dieser Verankerung in einer wenig mobilen, auf örtliche Klientelbeziehungen gegründeten Notabelngesellschaft befreien. Für diese Entwicklung schuf die Einführung des allgemeinen, gleichen Wahlrechts im Jahre 1848 und die Wahl der Bürgermeister durch die Gesamtheit der männlichen Bürger im Jahre 1882 eine notwendige, aber keineswegs hinreichende Bedingung. Denn selbst nach der Ausdehnung des Wahlkörpers blieben sowohl auf nationaler als auch auf lokaler Ebene die Einflußmöglichkeiten der Honoratioren weitgehend gewahrt, und es begann ein Prozeß, in dem sie nur nach und nach an Bedeutung verloren.

Vor allem vor 1848 schrieben das Wahlrecht und die Struktur des Parteiensystems die Vorherrschaft der Notabeln fest. Bekanntlich war in der zensitären Monarchie (1814–1848) das Wahlrecht an die Zahlung eines bestimmten Steuersatzes (300 Francs zwischen 1814 und 1830, 200 Francs danach) gebunden, so daß allein Besitzende am Wahlakt teilnehmen konnten. Auch das passive Wahlrecht war entsprechend hoch angesetzt, so daß allenfalls Großgrundbesitzer hoffen konnten, die Wähler in der Kammer zu repräsentieren. Denn die Abgeordneten mußten in der Restaurationszeit mindestens 1000 Francs Steuer bezahlen, unter dem Bürgerkönigtum 500 Francs. Durch diese Veränderung stieg die Zahl der Wähler zwar von 89 000 vor 1830 auf 166 000 danach an und erhöhte sich aufgrund der Bereicherung in der Julimonarchie auf 241 000 am Vorabend der Februar-Revolution des Jahres 1848. Vor allem die Julimonarchie erweiterte den Kreis derjenigen, die auf der Ebene der Gemeinde und des Kantons am politischen Geschehen teilnehmen konnten. Zwischen 10 und 14% der Bevölkerung wurden zur Wahl der Gemeinderäte an die Urnen gerufen, d.h. rund eine Million Männer nahmen an diesem Wahlakt teil, während die Bürgermeister weiterhin ernannt wurden. In den Gemeinden reichte das Wahlrecht zwar über einen engen Kreis der größten Notabeln hinaus, war aber insgesamt noch auf eine Oligarchie begrenzt.

Aufgrund dieser Bedingungen ist davon auszugehen, daß die Wahlkollegien insgesamt klein, die Wähler seit längerer Zeit ortsansässig waren und einander kannten. Es war deshalb nicht erstaunlich, daß die Wahl zumeist auf in der Region bekannte Notabeln fiel. In der letzten Kammer des Bürgerkönigtums im Jahre 1846 hatten 70% aller Abgeordneten, in der Verfassungsgebenden Versammlung des Jahres 1848 sogar 90% mit dem sie wählenden Departement persönliche Beziehungen und waren in ihm verankert. Aufgrund dieser Vertrautheit konnten sie um so leichter als Mittler zwischen der Provinz und der Zentralregierung auftreten. Zu dieser lokalen und regionalen Rekrutierung der Deputierten trug auch der Honoratiorentypus der politischen Parteiungen bei, die vor 1880 und darüber hinaus keine starke nationale Führung besaßen, sondern sich auf örtlich bekannte Persönlichkeiten stützten. Lediglich einige Persönlichkeiten mit nationalem

Prestige, wie etwa Adolphe Thiers, konnten sich von dem Zwang befreien, in ihrem Wahlkreis Wurzeln zu fassen.

Nicht nur die Mitglieder der verschiedenen Kammern, sondern auch die Generalräte und Bürgermeister rekrutierten sich trotz des zunehmend weniger exklusiven Wahlrechts vor 1880 noch weithin aus den Kreisen der Notabeln. Als sich legitimistische Adlige etwa aus der Abgeordnetenkammer nach 1830 zurückzogen, um ihren Protest gegen Louis Philippe zu demonstrieren, konnten sie als Generalräte, Bürgermeister oder Stadträte weiterhin einen Einfluß ausüben, über den sie als Großgrundbesitzer ohnehin verfügten. Nicht nur Adlige, sondern auch Bürger suchten auf lokaler und regionaler Ebene Entscheidungen über Infrastrukturmaßnahmen wie Straßen- und Eisenbahnbau zu beeinflussen und mit der Schärpe des Bürgermeisters oder Generalrats ihre Macht symbolisch zu überhöhen. Notare im Departement Vosges, Eisenhüttenbesitzer wie Eugène Schneider im Departement Sâone-et-Loire, der Bankier Alfonse Périer im Departement Isère waren daher über längere Zeit Mitglieder des Generalrats.

In den Städten versammelte sich das Handelspatriziat in den Handelskammern, die Napoleon I. errichtet hatte. Da vor der Dritten Republik deren Mitglieder nicht gewählt, sondern unter den reichsten und geachtetsten Kaufleuten ernannt wurden, traf sich in den Kammern die Crème de la crème. Sie diskutierte über wirtschaftspolitische Fragen, interne Angelegenheiten des örtlichen Handels und trug ihre Sichtweise der jeweiligen Regierung vor. Für die Politik des Groß- und Kleinhandels einzelner Orte, aber auch für einzelne Handelsunternehmen war die Unterstützung der Patrizier in der Handelskammer unerläßlich. Vor allem die Handelsgerichte waren nach Balzac »das seltsamste Majorat, das eine Gesellschaft sich jemals erlaubt hat zu schaffen«. Wurden die Richter des durch Gesetz vom 16./24. April 1790 gegründeten Tribunals in der Revolution noch von allen Kaufleuten gewählt, übertrug Napoleon I. die Wahl einem Kollegium von Notabeln, die vom jeweiligen Präfekten unter den reichsten und bekanntesten Kaufleuten ausgewählt wurden. Erst 1883 wurde der Wahlkörper auf jene Kaufleute ausgeweitet, die zumindest fünf Jahre lang Gewerbesteuern gezahlt hatten. Zwar blieb der Wahlakt einer Minderheit von Kaufleuten vorbehalten. Ihre Zahl freilich wuchs aufgrund der Ausdehnung des Handels an. 1807 nahmen in der westfranzösischen Stadt Niort 25 Kaufleute an ihm teil, 1872 waren es bereits 362. Trotz dieser stärkeren Beteiligung weiterer Kreise beherrschte eine Oligarchie von Kaufleuten nicht nur das Gericht, sondern besetzte auch die städtischen Ehrenämter in der Stadt und ließ der Mehrheit der kleinen Kaufleute keine Mitwirkungschancen. Da das Gericht über Bankrotte befand und bis 1867 die legale Möglichkeit hatte, Schuldner im Schuldturm festzusetzen, war der Einfluß der Richter ebenso groß wie ihr lokales Prestige.

Die Notabelngesellschaft wurde mithin nicht vom Besitz der Produktionsmittel, sondern vom Landbesitz beherrscht. Dieser war in den ersten beiden Dritteln des 19. Jahrhunderts die dominante Anlage und verlieh soziales Prestige. Bis 1848, in einzelnen Kollegien darüber hinaus war er die Voraussetzung für das Wahlrecht und für politische Mitwirkungsmöglichkeiten. Er spielte auch in Familienstrategien eine zentrale Rolle. Nicht »Bildung« war das Leitmotiv der Gesellschaft, sondern der Erwerb von Grundbesitz. Gleichzeitig hatte der Prozeß der Individualisierung, der mit der Französischen Revolution begonnen hatte, zwar Fortschritte gemacht, aber noch nicht zur Zerstörung von familiären und kollektiven Formen der Produktion und des Lebens geführt. Die familiären Gruppen prägten weiterhin individuelle Karrieren, gesellschaftliche Werte und politische Vorstellungen. Auch die rechtliche Egalisierung der französischen Gesellschaft, die mit der Einführung der rechtlichen Gleichheit der männlichen Bevölkerung in der Französischen Revolution einen mächtigen Impuls erhielt, hatte sich noch nicht gegen die Reste von Patronage und politischen Reservatsrechten durchsetzen können. Damit stand die Notabelngesellschaft gleichsam in der Mitte zwischen den ständischen Strukturen des 18. und den sich entfaltenden Klassenbedingungen seit dem Ende des 19. Jahrhunderts.

2.2. Die Notabeln: Klassenunterschiede oder Elitebindung?

Für die soziale Physiognomie Frankreichs im 19. Jahrhundert entscheidend war die Form, in der sich diese allgemeinen Strukturen in gesellschaftliche Verhältnisse umsetzten. Führte das Monopol des Grundbesitzes, das sich auf dem Markt manifestierte und das nach Max Weber ein wesentliches Kriterium der Klassenbildung darstellt, zur Herausbildung einer breiten, die zuvor bestehenden Unterschiede zwischen Bürgern und Adligen einebnenden Grundbesitzergesellschaft, der englischen »gentry« vergleichbar? Oder aber zerfiel die breite Gruppe der großen Landbesitzer in zahlreiche einzelne soziale Untergruppen, die über den Grundbesitz hinaus nur wenig sozialen Kontakt hatten und gemeinsame Werte teilten? Mit dieser Frage ist bereits angedeutet, daß im folgenden über das grundlegende ökonomische Verhältnis der einzelnen sozialen Gruppen oder Klassen hinaus das Netz der sozialen Beziehungen, das sie einte oder trennte, einen wesentlichen Hinweis auf die Solidität und Intensität der Klassenbeziehungen abgeben soll. Auch die Karrieremuster, welche die einzelnen Mitglieder einer Klasse verfolgten und die sie ihren Kindern übertrugen, sollen als Indizien für Klassenbewußtsein gelten.

Die adligen Notabeln

Im Übergang vom Ancien Régime zum 19. Jahrhundert war der Adel seiner Privilegien beraubt worden. Im Juli 1790 verlor er seine Titel, Vorrechte und ständischen Institutionen, die auch Napoleon I., der einen ihm ergebenen Adel schuf, ebensowenig wiederherstellte wie die restaurierte Monarchie nach 1815. Denn diese erkannte zwar die Adelstitel der alten Monarchie und des Empires an und räumte auch dem König das Recht ein, Titel zu verleihen. Sie bestimmte indes zugleich, daß mit diesen weder Vorrechte noch Ausnahmen von Verpflichtungen verbunden seien. Damit richtete die Restauration einen Adel ohne Privilegien ein und stürzte diesen überdies in eine Krise seines Selbstverständnisses dadurch, daß zahlreiche Titel urkundlich nicht nachgewiesen waren, so daß eine Inflation der Bezeichnungen einsetzte. Durch die Verbreitung des schmückenden, zumindest adlige Ansprüche ausdrückenden »de« und die Erweiterung des Kreises der Adelstitel tragenden Personen durch Napoleon I. erfaßte ein »Narzißmus der kleinen Differenzen« (Freud) die alten Adligen. Sie entwickelten Exklusivitätsstrategien in ihren eigenen Kreisen: Dementsprechend erlebten Genealogie und Heraldik nach 1815 eine auffallenden Aufschwung.

Besitz und Einfluß. Der Adel war durch die revolutionären Wirren nicht unberührt geblieben. Denn 8,2% der Opfer der »Terreur«

trugen Adelstitel, und 17% Emigranten sollen ihm angehört haben. In einzelnen Departements wie dem bretonischen Côte-du-Nord konnte der adlige Anteil unter den Emigranten jedoch bis auf 72,5% steigen. Robert Forster schätzt, daß im Durchschnitt von vier adligen Familien eine das Land verlassen mußte. Trotz dieser Veränderungen prägte der Adel nach 1815 die Großgrundbesitzerklasse. Insgesamt soll er bald wieder über 10% des gesamten Landes verfügt haben, in einzelnen Regionen lag der Wert sogar deutlich höher: im Departement Calvados bei 17%, im Loir-et-Cher bei 22,7% und im Departement Manche sogar bei 23,3%. Sein Einfluß wird besonders deutlich, wenn die Aristokratie der Notabeln, die Gruppe der Höchstbesteuerten, betrachtet wird. Unter den zwölf Personen, die je Departement die höchsten Steuern zwischen 1836 und 1841 zahlten, waren immer noch 59% adlig. Von den 60 Wählern, die mehr als 1000 Francs Steuern in ganz Frankreich entrichteten, waren sogar 74% adliger Herkunft, unter ihnen der Herzog Talleyrand de Périgord. Aufgrund dieses Reichtums und seiner Präsenz in nahezu allen Gegenden Frankreichs spielte der Adel weiterhin eine wichtige Rolle vor allem südlich der Linie, die von St. Malo bis Genf zu ziehen ist. Allerdings waren nicht alle Adligen Notabeln. Eine interessierte, auf staatliche und vor allem königliche Unterstützung drängende Darstellung der armen Adligen hat freilich das Bild überzeichnet und mit dem Krautjunker versucht, eine massive Förderung des Adels vor allem durch die restaurierte Monarchie durchzusetzen. Dennoch entsprach diese miserabilistische Sicht einer sozialen Realität, denn im Departement Calvados gehörten 20% der Adligen zu denjenigen, die 1820 lediglich zwischen 300 und 500 Francs Steuern bezahlten. In der Julimonarchie soll in ganz Frankreich etwa die Hälfte aller Adligen nicht in den Genuß des Wahlrechts gekommen sein.

Nicht nur auf dem Lande, sondern auch in Versammlungen und Verwaltungen war der Adel präsent. In der Abgeordnetenkammer der Restaurationszeit stellte der Adel des Ancien Régimes mit der Ausnahme der Wahl des Jahres 1819 nie weniger als ein gutes Viertel, 1824 sogar mehr als die Hälfte der Abgeordneten. Trotz des Rückzuges zahlreicher Adliger aus dem öffentlichen Leben – um gegen den Bürgerkönig zu protestieren und der Verpflichtung zu entgehen, ihm Treue zu schwören – gehörte 1846 immer noch ein Drittel der Deputierten der »noblesse d'ancien régime« an. Selbst in der Revolution von 1848 rechneten sich ihm 15% der Abgeordneten zu. Auch nach 1869 schmückte ein Drittel der Volksvertreter ihren Namen mit einem »de«, und 1893 verwiesen noch 23% auf eine adlige Herkunft. Auch unter den Generalräten machten Adlige 17% aller Räte des Jahres 1840 aus, im Revolutionsjahr 1848 waren es 25% und am Ende des Zweiten Kaiserreiches 27,6%. Lokal – wie etwa in der Dordogne – verloren sie allerdings an Gewicht im »Conseil Général«. Dennoch blieben sie sowohl in der Abgeordnetenkammer als auch in den vor allem ländliche Interessen vertretenden Generalräten überrepräsentiert.

Die Adligen drängten darüber hinaus sowohl in mittlere als auch in höhere Verwaltungsposten. Vor allem in der Restaurationszeit schreckten Krautjunker nicht davor zurück, als Friedensrichter oder Steuereintreiber zu fungieren. Ihre begüterten Klassengenossen jedoch kontrollierten die Präfekturen und Ministerien. Unter den Präfekten der adelsfreundlichen Restaurationszeit stellten sie 1816 75,6%, 1828 immer noch 73,3%. Auf den niederen Ebenen der Verwaltungshierarchie sank allerdings ihr Einfluß. Unter den Unterpräfekten kamen sie nie über einen Anteil von 45,1% und unter den Leitern der präfektoralen Verwaltung nicht über 37,2% hinaus. Daß die Adligen die subalternen Chargen zugunsten von Bürgerlichen verließen, jedoch in höheren sehr wohl vertreten waren, zeigt auch das Beispiel der Armee. Unter den »Sous-Lieutenants« konnten 1825 24% auf eine bis ins Ancien Régime zurückreichende adlige Familientradition zurückblicken, 1865 waren es jedoch nur 7%. Aber 1876 trug noch ein Drittel der Brigadegeneräle einen Adelstitel. In hohen gesellschaftlichen Ämtern behielt der Adel über die ganze Epoche hinweg eine weit über sein numerisches Gewicht hinausreichende Position. Das galt auch für die katholischen Bischöfe. Freilich erreichte der Adel nicht mehr das Quasi-Monopol der Restaurationszeit, in der bei 98 Ernennungen 78 Adlige berücksichtigt wurden. Trotz der nach 1830 einsetzenden, deutlicher demokratischen Rekrutierung von Geistlichen waren unter den zwischen 1870 und 1883 eingesetzten Bischöfen 12,6% adliger Herkunft. Besonders in den höheren Funktionen von Staat und Kirche machte bis 1880 und darüber hinaus der Adel seinen Einfluß weiterhin geltend.

Wenn gemeinhin das Jahr 1830 als jene Wende angesehen wird, nach der die meisten Mitglieder des Adels die Stadt verließen und sich auf dem Land niederließen, behielten sie doch weiterhin in einigen Städten ihre Bastionen. Vor 1850 zählte dazu vor allem Toulouse, wo eine städtische Aristokratie, verbunden mit einer schmalen bürgerlichen Handels- und Verwaltungselite, über Einfluß und Macht verfügte. Aber auch im burgundischen Autun, in Nîmes und anderen südfranzösischen Städten gehörte der Adel zu den tonangebenden Kreisen, die das städtische Leben prägten. Wenn diese Beispiele auch keine allgemeinen Schlußfolgerungen zulassen, deuten sie doch darauf hin, daß die Landflucht des Adels nicht generalisierbar ist und die Praxis, den Sommer auf dem Lande, den Winter in der Stadt zu verbringen, fortdauerte.

Verbürgerlichung des Adels? In der These von Tudesq schwingt mit, daß der Adel zunehmend mit dem bürgerlichen Grundbesitz, dem reichen Bürgertum generell verschmolz und beide lediglich politische Unterschiede, Legitimismus hier, Orléanismus oder Republikanismus dort, trennten. Es ist vor allem Thomas Beck zu danken, daß auf der nationalen Ebene und bei Wahlen das spezifische Profil des Adels deutlicher wird. Er blieb in der Julimonarchie auch dann, wenn er von Deklassierung bedroht war, Handel und Industrie ebenso wie freien Berufen fern und suchte – in einer säkularen Tradition – sein Auskommen in der staatlichen Verwaltung. Freilich gingen auch landbesitzende Adlige wirtschaftlichen Aktivitäten nach. Schon 1789 hat Guy Richard 1019 adlige Geschäftsleute gefunden, unter denen sich auch 410 als Kaufleute und 435 als Hüttenbesitzer bezeichneten. Aber diese Zahl ging zurück, als innerhalb des Adels die Wiederherstellung des geschmälerten oder verlorenen Landbesitzes Priorität erhielt. So verkauften Adlige in großem Ausmaß ihre Eisenhütten, um sich zu entschulden, so daß Denis Woronoff für die Zeit vor 1815 sogar von einer Entindustrialisierung des Adels spricht. Gleichzeitig zahlten die adligen Wähler unter Louis Philippe vor allem Grundsteuern, die Gewerbesteuern lediglich für Agrarindustrien wie Mühlen. In ihre Selbstdarstellung nach außen bezogen sie überdies ihre wirtschaftlichen Tätigkeiten nicht ein, sondern verschwiegen sie schamhaft, als ob sie weiterhin einen Makel darstellten. Der Adel, der im Durchschnitt reicher, wenn auch weniger zahlreich als das Bürgertum war, unterschied sich als wählender Notabler nicht unwesentlich von diesem.

Er setzte sich auch, in regional unterschiedlichem Ausmaß, in seiner Heiratspolitik und Plazierung seiner Kinder von dem Bürgertum ab. In Burgund heiratete er bereits in 19 von 41 Fällen zwischen 1842 und 1846 in das Bürgertum ein, ohne daß sich jedoch seine Söhne und Schwiegersöhne hin zu wirtschaftlichen Berufen orientierten. In Nancy aber datierte die erste Heirat eines Adligen mit einer Bürgertochter aus dem Dezember 1841, während diese Praxis im Departement Loir-et-Cher verbreiteter war. Im normannischen Departement Manche nahm unter den adligen Nachkommen sogar die Bedeutung des Landbesitzes zu, die Attraktivität des Militärdienstes aber ab. Sie suchten ihre Frauen vornehmlich in den eigenen Kreisen und in der nächsten Umgebung, und lediglich 19 Adlige von 173 wählten eine Bürgertochter. Nicht unwesentliche Teile des Adels reagierten auf den Vormarsch des Bürgertums und bürgerlicher Strukturen mit Homogamie und Rückzug. Diese Überlebensstrategie ging nicht selten mit Überlegenheitsgefühlen einher, die ein Nachfahre des Adels folgendermaßen formulierte: »Außerhalb seiner eigenen Mitte sah dieser Adel, rein wie Quellwasser, niemanden. ›Wie wollen Sie‹, so sagten sie, ›daß wir all diese Bürger sehen, deren Väter den unseren die Teller gereicht haben.‹«

Freilich nicht alle Adligen teilten diese Sicht und engagierten sich für die Ultra-Royalisten der Restaurationszeit oder die Legitimisten nach 1830. Bekanntlich hatte sich 1789 eine Fraktion des Adels für die Veränderung der Staats- und Gesellschaftsordnung ausgesprochen und sich auf die Seite der Verteidiger einer konstitutionellen Monarchie gestellt. Aber der Adel tendierte doch deutlich stärker zu den Ultras der Restauration als zu den Liberalen. Wenn sowohl die Ultra-Royalisten als auch die Legitimisten teilweise eine populäre Basis besaßen und auch Bürger einbezogen, so blieben ihre Führung und Ausrichtung doch weitgehend adlig geprägt. Nach Robert Locke sollen 1871 noch 55% der legitimistischen Abgeordneten aus Familien des Adels des Ancien Régime gestammt haben.

Im Vergleich zu diesen dominanten Charakteristika blieb die Übernahme bürgerlicher Strategien und Werte im Adel ein Minderheitenphänomen. Zu nennen sind freilich die Musterhöfe, die etwa der Comte de Kergorlay in der Normandie einrichtete, auf denen er Stücklohn und neue Agrarmethoden einführte. Auch im bretonischen Departement Mayenne gaben einige adlige Großgrundbesitzer nach 1830 eine weithin passive wirtschaftliche Rolle auf und engagierten sich für neue Bebauungsmethoden oder für Viehzucht. Und dies nicht ohne Erfolg. Damit trugen sie auch der Tatsache Rechnung, daß in der Mitte des Jahrhunderts zunehmend der Agrarprofit, der aus der mit Lohnarbeitern und Maschinen betriebenen Landwirtschaft resultierte, gegenüber der Grundrente attraktiv wurde. Denn auf einigen Höfen verdoppelten oder verdreifachten sich zwischen dem Beginn der Julimonarchie und 1860 die Einkünfte. Adlige waren auch als Geldgeber an den Kanalbauten beteiligt, wie der Duc de Doudeauville, der 24% des Kapitals der unter Louis Philippe im Departement Côte d'Or errichteten Gesellschaften besaß. Sie gründeten Bergwerke und Gläsereien wie der Marquis de Solages in Carmaux, Hochöfen wie Champion de Nansonty oder engagierten sich wie der Comte d'Esterno in lokalen Banken. Vor allem aber der reiche Hochadel hatte im 19. Jahrhundert bald begriffen, daß ohne die Teilnahme an der industriellen und finanziellen Expansion seine Position gefährdet war, und zögerte nicht, sich an lukrativen Geschäften zu beteiligen. So waren unter den 166 Aktionären der Bank von Frankreich 1851 70 Adlige, und 1870 stellten sie 80 von 180 Aktionären.

Aus alledem folgt, daß sich in den ersten beiden Dritteln des 19. Jahrhunderts Adlige und Bürgerliche nicht symbiotisch verbanden. Die Verbürgerlichung des Adels, welche die Französische Revolution mit der Beseitigung der Privilegien eingeleitet hatte, blieb in den Anfängen stecken und führte weder zu einem massiven Engagement von Adligen in Industrie und Handel noch zu einer engen Verflechtung mit bürgerlichen Kreisen. Auch die Übernahme bürgerlich-liberaler Werte blieb auf eine kleine Gruppe beschränkt. Die Notabelngesellschaft dagegen prägte der häufig über umfangreichen Grundbesitz verfügende Adel mit. Weit über Frankreich verstreut konnte er seinen Besitz, sein traditionelles Prestige, seine Beziehungen in politische Macht umsetzen und eine populäre Klientel erwerben.

Dennoch gefährdeten mehrere Entwicklungen den Einfluß der Adligen. Durch die Ausweitung der zensitären Wahlkörper, vollends durch das allgemeine, gleiche und geheime Wahlrecht für Männer, das 1848 eingeführt wurde, verloren sie ihre formellen politischen Privilegien und mußten die Konkurrenz mit anderen gesellschaftlichen Schichten aufnehmen. Seit 1870 standen sie überdies vor dem Problem, daß im Zuge der Agrarkrise eine Umorientierung der landwirtschaftlichen Produktion auf der Tagesordnung stand, zu der sich nur wenige von ihnen entschließen konnten. Da sie überdies seit 1830 mit politischen Regimen konfrontiert waren, die ihren Dienst weniger würdigten als die Restaurationszeit, kann mit Roger Magraw für die Zeit zwischen 1815 und 1830 vom »Indian Summer« des Adels gesprochen werden.

Die bürgerlichen Notabeln

Wenn auch in unterschiedlicher Gewichtung, so tauchten Besitzer und Anwälte, Kaufleute und Industrielle, Beamte und Ärzte unter den nichtadligen Notabeln auf, die lokale Gesellschaften prägten und in Wahlkollegien oder in der Deputiertenkammer saßen. Zum Beispiel gingen unter den städtischen Notabeln des normannischen Departements Calvados 64,1% einer landwirtschaftlichen oder Rentiers-Tätigkeit nach, 11,4% waren in freien Berufen beschäftigt und 21,5% in Industrie und Handel. In Chartres hob sich gleichzeitig eine Gruppe von 90 Besitzern vom Rest der Bevölkerung ab. In der südfranzösischen, durch den regen Handel mit dem Hinterland begünstigten Stadt Nîmes jedoch nahmen 1846 lediglich 28% der Wähler aufgrund ihres Besitzes, 32% infolge ihrer wirtschaftlichen Tätigkeit das Wahlrecht wahr. Entsprechend dem kommerziellen Charakter der Stadt waren in Bordeaux 1848 60% der Notabeln Kaufleute, 30% Besitzer und 10% freiberuflich Tätige. All diese verstreuten Angaben belegen, daß verschiedene Berufsgruppen sich in der Welt der bürgerlichen Notabeln verbanden.

Dieses Nebeneinander resultierte unter anderem aus der fehlenden Spezialisierung einzelner Berufe und der Verbreitung vielfältiger Aktivitäten. Erst 1870 lösten sich die Kaufleute in Marseille etwa von den Bank- und Industriegeschäften, ja vom Schiffsbau, um sich auf den Handel mit Übersee zu konzentrieren. Auch die Verbindung von Bank- mit Handelsoperationen ging allmählich zu Ende, während die Verknüpfung von kommerziellen und industriellen Aktivitäten im Verlag der Textilindustrie und der Konfektion noch bis zum Jahrhundertende andauerte. Auch der Grundbesitz war in diese Verbindung einbezogen als Produktionsmittel bei den Hüttenbesitzern, aber auch als Kreditbasis bei anderen Unternehmen. Er blieb präsent als Realität und Ideal. So dominierte im Burgunder Bürgertum der Julimonarchie immer noch das Karrieremuster, daß man in der Jugend und im Mannesalter wirtschaftlichen oder freien Berufen nachging, um alsbald von dem in Grundbesitz oder Personalkredit angelegten Kapital sich der Muße des Alters hingeben zu können. Auch im Chartres der Restaurationszeit stellte Michel Vovelle einen »kaum wahrnehmbaren Übergang zwischen der Welt des Handels und dem inaktiven Bürgertum« fest. Schließlich wandten sich auch die Rouener Textilfabrikanten mit zunehmendem Alter dem Erwerb eines für die Rentiersexistenz notwendigen Landbesitzes zu. Selbst in der Hochburg des französischen Textilhandels und -kapitalismus, in Lille, stellten die Besitzer noch 1873 54% der 117 höchsten Erbschaften und tauchten in den Notariatsakten die drei reichsten Kaufleute mit der Bezeichnung »Ancien négociant en tissu-propriétaire« (Ehemaliger Tuchkaufmann und Besitzer) auf. Mobilien- und Immobilieninvestitionen gingen ineinander über, wie auch das Beispiel des 42jährigen Propriétaire zeigt, der aus Einkünften von Renten im Wert von über 400 000 Francs, Eisenbahnaktien oder -obligationen von 150 000 Francs und Grundbesitz im Wert von 450 000 Francs sorgenlos und komfortabel leben konnte.

Das soziale Modell, das in diesem Verhalten zum Ausdruck kam, stammte aus der Bourgeoisie des Ancien Régimes. »Otium cum dignitate« war die Devise jener Bürger, die nicht – wie die Mehrheit der Kaufleute – lebenslange Arbeit, sondern ein Alter in Muße anstrebten. Damit wandten sie sich in einer bestimmten Phase ihres Lebenszyklus von der Priorität des Gewinns ab und der Stabilität des Besitzes zu. Nicht nur in dieser Hinsicht, sondern auch in bezug auf die Geselligkeit lehnten sie sich an adlige Vorbilder an. Der Kauf von Schlössern, der oft als Beleg für die »Feudalisierung« des deutschen Bürgertums angeführt wurde, hatte in Frankreich durchaus seine Entsprechung. Die reichen Burgunder Bürger teilten ihr Leben zwischen der Sommer- und Winterresidenz, ihre Frauen besaßen einen »jour fixe«, und die »intérieurs« waren prächtig herausgeputzt. Dieser Lebensstil blieb nicht nur auf Burgund begrenzt, sondern fand sich auch in Marseille: Dort besaß ein Getreideimporteur einen Palast, geschmückt mit Teppichen aus dem Orient, kostbarem Silberbesteck und einem Weinkeller mit 2934 Flaschen; und der vierköpfige Haushalt wurde von zwei Dienern, einer Köchin und einem

Kutscher bedient. Im Bürgertum wirkte mithin nicht nur der Einfluß des adligen Vorbilds nach, sondern einzelne Bürger lebten – allerdings selten ihr Leben lang, sondern nur in einer Phase ihres Lebenszyklus – in adligem Stil.

Die verschiedenen bürgerlichen Berufe verknüpften Heiratsbeziehungen und berufliche Karrieren. Von den Söhnen jener mehr als 20000 Francs besitzenden großen Notabeln in Burgund führten 34 den Beruf des Vaters fort, elf waren als Beamte oder Freiberufliche tätig, 15 wählten jedoch den Besitz als Ruhekissen. Selbst unter den aus Handels- und Industriekreisen stammenden Jugendlichen und jungen Männern war offensichtlich die Neigung groß, sich entweder als Rentier auf den Grundbesitz zurückzuziehen oder aber eine Karriere zu ergreifen, die eine Ausbildung verlangte. In einem seiner Eigenständigkeit und wirtschaftlichen Rolle bewußteren Bürgertum, wie dem in Paris, heiratete zwischen 1815 und 1848 ein Fünftel der Kaufleute jedoch Bürger- oder Beamtentöchter, wechselte mithin aus dem wirtschaftlichen Milieu in das der Talente über. Unter den Töchtern der Kaufleute in Paris verband sich sogar ein Drittel mit Ehemännern, die freien juristischen Berufen nachgingen oder im Staatsdienst standen. All diese im folgenden zu spezifizierenden Hinweise deuten darauf hin, daß auch innerhalb der bürgerlichen Kreise die Attraktivität des Müßiggangs bestand, aber nicht die Gesamtheit des Bürgertums erfaßte. Gleichzeitig wird deutlich, daß in ihren Karrieremustern und Heiratskreisen die Schranken zwischen Bildungs-, Besitz-, Wirtschafts- und Funktionsbürgertum nicht unüberwindbar waren.

Folgt man den Angaben von Beck für die Wähler der Julimonarchie, spielten die einzelnen Teile des Bürgertums eine unterschiedlich große Rolle in der Notabelnschicht, die durch den Besitz des Wahlrechts ausgezeichnet war. Unter diesen waren 56% durch landwirtschaftliche Tätigkeiten oder Grundrente ausgewiesen, 10% arbeiteten in freien Berufen, 8% als Beamte, und 26% waren wirtschaftlich tätig. Allerdings fluktuierte die Zusammensetzung je nach politischer Konjunktur, denn zu Beginn der Julimonarchie rangierten die Juristen mit 23% vor den Besitzern (22%), den Beamten (18%), den wirtschaftlichen Berufen (17%) und dem Militär (14%). Diese Verteilung wandelte sich nicht maßgeblich im Jahre 1840. Auch innerhalb der Schicht der bürgerlichen Notabeln blieb der Grundbesitz tonangebend, sowohl als Einkommensquelle als auch als gesellschaftliches Modell. Es wird im folgenden zu zeigen sein, wie stark die einzelnen bürgerlichen Schichten in dieser Grundlage der Notabelngesellschaft wurzelten und inwiefern sie bereits in der Plazierung ihrer Kinder und ihrem Heiratsverhalten einen bürgerlichen Zusammenhang herstellten.

Das Stadtbürgertum. Der Einfluß der Besitzer resultierte nicht nur aus dem dominanten agrarischen Charakter der französischen Gesellschaft, sondern auch aus den Veränderungen, die in der Bourgeoisie des Ancien Régimes, dem Stadtbürgertum, stattgefunden haben. Im Unterschied zum deutschen Beispiel, wo das städtische Bürgertum bis weit in das 19. Jahrhundert rechtliche Privilegien besaß, beseitigte die Französische Revolution diese Vorrechte. Vor der Revolution war einer Minderheit der Bevölkerung – einem Fünfzigstel der Kopfsteuerzahler im Montpellier des Jahres 1788 – erlaubt, an der Wahl der Stadtbevölkerung und an der Verteidigung der Stadt teilzunehmen. Wie immer im Ancien Régime war mit diesem Recht auch ein symbolischer Platz bei Prozessionen und Zeremonien verbunden, der den gesellschaftlichen Rang verdeutlichte und befestigte. In der Provence waren die Bürger sowohl in Land- als auch in Stadtgemeinden präsent und bildeten einen eigenständigen Sozialtypus. Sie rangierten an der Spitze des Dritten Standes, wurden »Monsieur« oder »Mademoiselle« genannt, die Männer trugen Perücken, die Frauen Stadtkleidung, sie übten die Aufgaben eines Richters oder Notars aus, verbanden juristische Ämter mit städtischen Funktionen oder Landbesitz und waren des Lateinischen mächtig, das die Gebildeten auszeichnete.

Im Laufe der Revolution verloren die Bürger ihre städtischen Sonderrechte, die nunmehr allen Aktivbürgern zuteil wurden, und lösten sich als besondere Sozialgruppe so sehr auf, daß sogar ihre Selbst- und Fremdbezeichnung verschwand. Aus dem »Bourgeois« wurde zunehmend der »propriétaire«. So tauchten unter den 550 Höchstbesteuerten des Jahres IX im Departement Var 96 vormalige Bourgeois unter dem Begriff »propriétaire« auf, während 34 noch an ihrer früheren Benennung festhielten. Diese war aus einer Regel zur Ausnahme, aus der gängigen Bezeichnung zum Archaismus geworden, da die neue Zuordnung nach beruflichen und juristischen Kriterien die ständische abgelöst hatte. Sowohl die Veränderung als auch den Unterschied zu Deutschland erfaßt das *Dictionnaire de l'Académie*, das 1786 unter dem Schlagwort »bourgeois, -oise« vermerkte: »Citoyen d'une ville. Bourgeois de Paris« (Bürger einer Stadt. Bürger von Paris). Sechzehn Jahre später hieß es: »Habitant d'une ville ayant le droit de bourgeoisie. Bourgeois de Francfort« (Bewohner einer Stadt, der Bürgerrecht besitzt. Bürger von Frankfurt).

Wenn auch keine Studien über die Entwicklung des vormaligen Stadtbürgertums vorliegen, das als städtische Kategorie, nicht aber als soziale Gruppe verschwand, so spricht nicht nur die semantische Entwicklung dafür, in dieser einen Kern der Besitzer- und Rentiersklasse zu suchen, die sowohl über städtischen als auch über ländlichen Grundbesitz verfügte. Für die Provence hat Agulhon den Nachweis führen können, daß die Grund und Boden besitzende und Geld verleihende Bourgeoisie sich in der vorrevolutionären Tradition weiterhin kulturell durch das Latein von den Volks- und Mittelschichten absetzte und in kleinen Ortschaften Führungsrollen innehatte. Auch der mit Teilen des Grundbesitzes verbundene Wert der Muße, der zu den Charakteristika des nicht arbeitenden Bürgertums des Ancien Régimes gehört hatte, verweist auf die Verwandtschaft der Besitzerklasse mit dem Ideal des Stadtbürgertums. Aber das frühere Stadtbürgertum verlor seit 1789 seine Führungsrolle unter den Besitzern und Notabeln. Zum einen erweiterte der Nationalgüterverkauf maßgeblich die Schicht der Landbesitzer und erlaubte auch reichen Bauern den Aufstieg zu lokalen Führungspositionen. Überdies kauften sich – wie mehrfach erwähnt – im 19. Jahrhundert Kaufleute und Industrielle aus verschiedenen Gründen auf dem Land ein und brachten damit soziale Vielfalt in die Klasse. Diese war gleichsam zum Spiegelbild des gesamten Bürgertums geworden.

Die Revolution von 1789 hatte für das Stadtbürgertum nicht nur den Verlust des vormaligen Monopols auf städtische Ehrenämter nach sich gezogen, sondern auch eine Bedrohung ihrer lokalen Einflußmöglichkeiten. Wenn auch in der Anfangsphase der revolutionären Ereignisse die Kontinuität städtischer Führungsschichten noch weitgehend erhalten blieb, drängten in der Zeit der Jakobinerherrschaft kleinbürgerliche Schichten in die Führung der öffentlichen Geschäfte. Wie Lynn Hunt nachgewiesen hat, lösten sich bei jedem politischen Regimewechsel in den neunziger Jahren des 18. Jahrhunderts neue Schichten und Personen in der Führung der Städte ab, so daß die vormaligen Monopolgruppen zunehmend irrelevant wurden. Es wäre die Aufgabe von Kollektivbiographien zu überprüfen, ob und in welchem Ausmaß die vorrevolutionären städtischen Honoratioren in und nach dem Ersten Kaiserreich ihre Positionen wiederfanden oder welche Veränderungen im Patriziat um sich gegriffen hatten.

Das Wirtschaftsbürgertum. Sieht man vom Überseehandel ab, blieb die Welt des Handels noch eng mit dem agrarisch-provinziellen Charakter der Notabelngesellschaft verbunden. Zu Beginn der Französischen Revolution hatte ein Handelspatriziat in Marseille und Grasse, Sedan und Reims die Vorherrschaft inne. Dieses wandelte sich auch nicht grundsätzlich in der Revolution. Im Departement Var hatten etwa von den 109 Kaufleuten, die im Ersten Kaiserreich als Notabeln erfaßt wurden, 86 bereits vor 1789 ihre Funktion ausgeübt. Von allen 142 Notabeln, die im Ancien Régime Handel betrieben hatten, setzten 89 diesen gut zehn Jahre später fort, während sich 47 als Besitzer zurückzogen; sechs wurden Beamte. Das Milieu des Binnenhandels blieb zumindest in der Provinz relativ stabil, pflegte die berufliche Tradition oder orientierte sich am Modell der risikolosen Position eines Grundrentiers oder Beamten. Dies verdeutlichen auch die Erbschaften, die großbürgerliche Kaufleute in Toulouse hinterließen und unter denen in der Revolution die städtischen und ländlichen Besitztümer über 70% ausmachten. Sowohl zu Beginn des Jahrhunderts als auch in der Julimonarchie und im Zweiten Kaiserreich mehren sich die Beispiele, die Kaufleute auf der Suche nach einer auskömmlichen Altersposition zeigen und sie unter den Rentiers nennen. Sowohl in Macon wie in Lille herrschte dieses traditionelle Modell vor. Auch in Lyon konnte etwa 1848 Joseph Bergier von den Einkünften des verpachteten Landes leben, das sein Vater nach dem Verkauf seines Geschäfts erworben hatte. Binnen- stärker als Überseehandel, Getreide- mehr als Weinhandel beförderten offensichtlich die Integration in die Kreise der landbesitzenden Honoratioren, obwohl auch Großkaufleute in Bordeaux und Marseille wie Weinhändler der Champagne Großgrundbesitzer waren.

Auch dieses Milieu blieb offen für Aufsteiger. Unter den Kaufleuten und Fabrikanten, die im Zweiten Kaiserreich das Ehrenamt innehatten, in Paris die zur Diskontierung angebotenen Handelswechsel zu überprüfen, waren ein Drittel Erben väterlicher Positionen; davon hatten sich jedoch zwei Drittel als Self-Made-Men durch eigene Arbeit, familiäre Unterstützung und eine reiche Frau einen Platz in der Handelswelt oder in der Industrie erworben. Durch ihre Aktivitäten wälzten sie die Strukturen der Notabelngesellschaft nicht um, sondern erhielten sie, wie Alain Plessis für das Zweite Kaiserreich bestätigt: »All ihre Aktivität spielt sich abseits des anonymen Kapitalismus, sondern im Rahmen eines Kreises von Geschäften ab, die – als Privat- oder Familienunternehmen gegründet – Beziehungen zwischen den Kaufleuten herstellen, die sich kennen.«

Auch in der Industrie lebten die Eisenhüttenbesitzer zu Beginn des 19. Jahrhunderts noch in Symbiose mit der lokalen und agrarischen Gesellschaft. Die Newcomer in der Branche stammten im Ersten Kaiserreich weniger aus der Welt der Handwerker oder Vorarbeiter, die sich allenfalls in kleine Metallbetriebe einkaufen konnten, sondern waren entweder leitende Angestellte oder Direktoren, vor allem aber Eisenkaufleute, welche die Verbindung von Handel und Produktion suchten. Das Milieu praktizierte eine konsequente Heiratspolitik mit dem Ziel, Kapital zu vermehren und zu vereinigen, und suchte eine Erweiterung der Produktion durch Familienangehörige. Die großen Eisenhüttenbesitzer, für die Namen wie Dietrich im Elsaß oder Wendel in Lothringen stellvertretend stehen, waren aber auch örtliche Notabeln. Da die Hütten aufgrund der Transportschwierigkeiten in der Nähe von Wäldern oder Flüssen angelegt waren, der Besitzer zumeist neben den Werkstätten wohnte, lebte er auch das Leben eines Landadligen, vertrieb sich seine Freizeit mit Gelagen und Jagden und nahm aufgrund seines Reichtums in den lokalen Gesellschaften zwangsläufig eine Führungsposition ein. Wie in der eisenerzeugenden Industrie brachen auch die auf Verlagsbasis produzierenden Textilbetriebe noch nicht mit den Prinzipien der Notabelngesellschaft, sondern integrierten sich in diese. Die Bewegung des Profits zerstörte mithin noch nicht den gesellschaftlichen Zustand, sondern fand in bestehenden Formen und Kanälen statt. Das Industriebürgertum moderner Prägung entstand aus der traditionellen Notabelngesellschaft und rekrutierte sich bis auf einzelne aufsehenerregende Beispiele aus den Kreisen der Fabrikanten, Kaufleuten oder Finanziers. Der Industriekapitalismus mischte somit die Karten im Bürgertum nicht neu, sondern verteilte sie allenfalls etwas breiter.

Das Bildungsbürgertum Eine die Verbindung von Landbesitz, Sozialprestige und Funktion auflösende Wirkung hätte man von den Berufen erwarten können, deren Zugang an eine schulische oder universitäre Ausbildung oder das Talent gebunden war. Aber der Siegeszug der »capacités« begann kaum vor dem Beginn der Dritten Republik. Bildung blieb deutlich dem Besitz nachgeordnet und an diesen gebunden. Dadurch waren die Kreise derjenigen, die bis zum Abitur oder zum Studium gelangten, klein und auf die Mitglieder der Oberschichten begrenzt. 1820 erreichten 3068 Schüler das Abitur, 1909 waren es erst 7225. Angesichts der gleichzeitig steigenden Bevölkerungszahlen schlossen 1820 10 von 100000 Einwohnern ihre Schulzeit erfolgreich ab, zu Beginn des 20. Jahrhunderts taten dies bloß 18. Bezogen auf die Kohorte der 19jährigen Männer legten 1820 1%, 1909 erst 2,4% das Abitur ab.

Vor allem in der ersten Jahrhunderthälfte half ein am klassischen Bildungsideal ausgerichteter Kanon wie in Deutschland die soziale Exklusivität der Bildung zu erhalten. Im Limousin gingen die Eltern der Schüler der Lycées vor 1852 freien Berufen nach, lebten von Besitz und Grundrente oder leiteten die Verwaltung. Lediglich in Spezialkursen und dem im Zweiten Kaiserreich eingerichteten »Enseignement Primaire Supérieur« konnten die Kinder von reichen Landwirten, Kleinindustriellen, Handwerkern und Kaufleuten, ja einigen wenigen Arbeitern Kenntnisse erwerben, die ihnen die Tore zu den Wettbewerben der Betriebsingenieursschulen eröffneten. Das Abitur funktionierte mithin nicht nur als meritokratisches Alibi der Welt der Notabeln, sondern auch als Mittel zur Vereinheitlichung der juristischen und medizinischen Berufe. Deshalb forderten zahlreiche Publizisten und Moralisten in der Julimonarchie das Abitur als Voraussetzung für diejenigen, die sich um einen Platz in der »Ecole Polytechnique« bewarben, damit auch die Techniker die »Wahrheiten der Moral und Religion«, »die Schönheiten der Literatur und Kunst« und die »politischen Gesetze« kennenlernten.

Für das Paris der zensitären Monarchie unterscheidet Daumard eine obere Schicht der freien Berufe – Notare, Ärzte und Anwälte – von einer unteren, zu der etwa öffentliche Versteigerer gehörten. Herkunft, Berufsvererbung und Affinität der oberen Schicht deuten zumindest für Paris nicht darauf hin, daß sie – wie die oppositionelle Zeitung *Le National* im Jahre 1845 formulierte – »einen neuen Adel« ausbilden, nämlich »den Adel des

Abiturs, die Feudalität des Wissens«. Denn die Pariser Notare, Anwälte und Ärzte stammten zu je einem Drittel aus den Kreisen der freien Berufe, der wirtschaftlich Tätigen oder der Besitzer. Ihre Söhne setzten dann häufig die Karrieren ihrer Väter fort, zu 30% bei den Notaren, aber zu 55% bei den Ärzten, ohne aber in der Regel das Büro oder die Praxis des Vaters weiterzuführen. Auch Beamtenstellen, Kaufmannsberufe (zu 14,5%) oder Rentiersexistenz zogen die Nachkömmlinge der freiberuflich Tätigen vor 1848 an. Ihre Frauen suchten sie unter den Töchtern von Kaufleuten (14,2%), in den eigenen Kreisen (29,3%) und denen der Beamten (13,1%), aber auch unter Besitzern und Rentiers (23,0%).

Seit 1870 blieb die Demokratisierung der inzwischen auf 30000 Personen gesunkenen Gruppe der juristischen Berufe begrenzt. Lediglich 5,7% hatten Eltern, die als Arbeiter und Bauern tätig waren, 9,6% kamen aus Kaufmannsfamilien, aber 43,6% stammten von Besitzern und Industriellen ab, 19,9% von freiberuflich Tätigen. Im Unterschied zu den Malern und Schriftstellern hatten die Advokaten und Notare die Nabelschnur zur Notabelngesellschaft noch nicht durchgeschnitten.

Trotz dieser Interdependenz ist aber die geringe Neigung von Beamten oder Freiberuflichen zu wirtschaftlicher Aktivität nicht zu unterschlagen. Aufstieg bedeutete offensichtlich eher, aus wirtschaftlich ungewissen Verhältnissen in Beamtenstellen, freie Berufe oder Grundbesitz überzuwechseln als umgekehrt. Das bestätigte der burgundische Präfekt Chaper, als er 1835 schrieb: »Die Familien sehen für ihre Kinder eine Laufbahn als Anwalt, in der Magistratur, im Militär, in der Finanzverwaltung, nicht in der Industrie oder im Handel.«

Bei den freien Berufen hatte das Jurastudium einen weitaus besseren Ruf als das der Medizin; denn eine an der Universität abgelegte »Licence de Droit« öffnete die Tür zum Anwalts- und Notarsberuf, aber auch zur Magistratur. Die Revolution von 1789 hatte die korporative Struktur der juristischen Berufe beseitigt, die erst Napoleon I. wieder restaurierte. Da die traditionellen juristischen Berufe des Ancien Régimes die Revolution selten mitgemacht hatten, erneuerte sich die Profession nach 1789. Sie blieb in ihren höheren Schichten jedoch eng mit der Notabelngesellschaft verbunden. Entweder waren die freiberuflich Tätigen auf eine reiche Erbschaft angewiesen oder auf eine gute Heirat. In Paris war deshalb das Kapital, das die zukünftigen Ehefrauen in die Allianz mitbrachten, in der Regel höher als der Besitz der Ehemänner. Die Notariate, die in Städten oft astronomische Summen kosteten, waren daher nur für Besitzende offen. Allenfalls auf dem Umweg über ländliche, kleine oder heruntergewirtschaftete Notariatsstellen gelang es etwa in Rouen Söhnen von Krämern oder Meistern, in diesen bürgerlichen Arkanbereich vorzudringen.

Die durch Erbschaft oder Heirat geschaffene Rücklage war um so notwendiger, als regelmäßige Einkünfte aus der Erwerbsarbeit bei Anwälten und Ärzten selten ausreichten, um den Lebensunterhalt zu bestreiten und dem sozialen Status zu entsprechen. Im Vergleich zu ihren Bezügen aus Grundbesitz waren die durchschnittlichen Honorare der Anwälte sekundär, und auch die Provinzärzte hatten starkes Interesse daran, sich durch den Ertrag ihres Landes zu versorgen, da die Bezahlung ihrer Konsultationen unsicher und niedrig war. In dieser Situation, in der die Qualifikation ohne zusätzliche Sicherheiten nicht ausreichte, verlor etwa der Arztberuf an Attraktivität und Prestige.

Erst im Zuge der Medikalisierung der Gesellschaft, der zunehmenden Professionalisierung des Berufes – die Zahl der praktisch und nicht universitär ausgebildeten »Officiers de Santé« ging allmählich zurück: von 75% (1803) auf 40% (1850) – und der Entwicklung einer Honorarordnung nahmen die Ärzte in größerem Ausmaße Notabelnrollen wahr, während sie zuvor nur als »Halbnotabeln« (Léonard) bezeichnet werden können. Ärzte ohne derartige materielle Rückversicherung oder Anwälte ohne Klienten fanden sich häufig unter denjenigen, welche die bestehende Ordnung der Notabeln in Frage stellten.

Bereits unter den Notabeln des Ersten Kaiserreichs nahmen die unteren lokalen Verwaltungsbeamten mit 18,3%, die höheren Beamten in der Zivilverwaltung mit 13,1% einen wichtigen Platz ein. Letztere setzten freilich die Tradition der königlichen Verwaltungen in der Zeit vor 1789 fort, rekrutierten sich aber zu 43% aus Grundrentiers, die vor 1789 keine Wirkungsmöglichkeiten gefunden hatten, zu 13% aus den Kreisen von Offizieren, die aus dem Militärdienst in das Zivilleben hinüberwechselten, und aus kleinbürgerlichen Schichten, die die Früchte ihrer politischen Aktivität in der Revolutionszeit ernteten. Das Gewicht der Tradition hat auch Werner Giesselmann verdeutlicht, der in seiner Untersuchung von 498 hohen Würdenträgern des Konsulats für 83%

nachweisen kann, daß sie in einer der Versammlungen seit 1789 gesessen hatten und die »brumairianische Elite« über den Wechsel von Regierungen hinweg im Amt blieb. Im Paris der zensitären Monarchie schloß sich aber die Beamtenschaft stärker ab, rekrutierte sich vornehmlich aus den eigenen Reihen und aus denen der Grundrentiers und lediglich zu 8,5% bzw. zu 6% aus wirtschaftlichen oder freien Berufen. Da 70% der Kinder von Beamten wiederum den Staatsdienst wählten, nur 4% sich dem Handel und der Industrie, 16% Anwalts- oder Notariatsaktivitäten zuwandten und 12% als Rentiers lebten, bildeten sich unter den Pariser Beamten bereits Dynastien heraus, die ähnlich auch in Deutschland bestanden. Nicht nur ihre Positon und ihr Ansehen, sondern auch ihre Einkünfte sicherten ihnen einen Platz in der Notabelngesellschaft. Im Paris des Jahres 1820 stellten sie 50% derjenigen, die mehr als 2 Millionen Francs, und 20,7% von jenen, die zwischen 1 und 2 Millionen Francs vererbten. Lediglich die Grundbesitzer konnten in der Besitzoligarchie mit ihnen rivalisieren.

Auch die in der ersten Hälfte des 19. Jahrhunderts tätigen Mitglieder der Magistratur blieben mit dem Besitz verbunden. 27,9% ihrer Väter nannten sich »propriétaires« und demonstrierten damit, daß sie aus ihrem Eigentum genug Revenue ziehen konnten, um nicht arbeiten zu müssen. 35% gar suchten sich ihre Frauen im Milieu der Rentiers. In dieser Vorliebe kamen nicht nur gesellschaftliche Werte zum Ausdruck, sondern auch die prekäre Lage der Magistrate. Sicherlich sollte der persönliche Besitz auch öffentlich Qualitäten beweisen, wie in einer Umkehr der Mandevilleschen Fabel die Notabelngesellschaft postulierte: Private Tugenden zogen öffentliche Wohltaten nach sich. So hieß es in einem Empfehlungsschreiben bretonischer Abgeordneter: Der Kandidat »hat so viel Besitz, daß er als Generalstaatsanwalt würdig in Rennes amtieren kann«. Um trotz relativ geringer Bezüge standesgemäß leben, einflußreiche Posten ergattern und die Wechselfälle der Karriere aushalten zu können, war der Besitz die wichtigste Garantie des Erfolgs. Denn die Ernennungen erfolgten bis zur Einführung eines allgemeinen Wettbewerbs am 18. August 1906 aufgrund von Empfehlung, Beziehung und politischer Loyalität.

Weniger die Qualifikation von Individuen als der Einfluß einzelner Familien oder Regionen lag den Einstellungen zugrunde, die die jeweiligen Regierungen in einer Form des aufgeklärten Nepotismus vornahmen. Wegen dieses Verfahrens besaßen die Magistrate einerseits wenig formelle Kompetenz, die ihnen eine unabhängige Urteilsbildung erlaubte. Andererseits wußten sie, daß sie beim Regierungswechsel in ihrer Stellung gefährdet waren, da alle Regierungen des 19. Jahrhunderts einschließlich der der Dritten Republik nicht darauf verzichteten, ihnen mißliebige Stelleninhaber zu versetzen, abzuschieben, beruflicher Verfehlungen anzuklagen und abzusetzen. Der Besitz und eine gute Heirat boten unter diesen dem deutschen Beamtenmodell deutlich zuwiderlaufenden Bedingungen eine Sicherheitsgarantie.

Trotz aller Unsicherheit orientierten Richter und Beamte ihre Söhne auf die juristische Karriere. Weniger Anwalts- oder Notariatsstellen, sondern die Magistratur peilten sie an. Bei 27,9% aller Magistrate in der ersten Hälfte des 19. Jahrhunderts hatten die Väter bereits den gleichen Beruf ausgeübt. Auch bei ihrer Verheiratung suchten sie zu einem Fünftel die Töchter von Kollegen oder von hohen Beamten. Dahinter stand das Kalkül, wichtige Fürsprecher zu gewinnen oder gar die Nachfolge des Vaters oder Schwiegervaters antreten zu können. Wie verbreitet diese Tradition war, läßt sich aus dem Empfehlungsschreiben des Comte Portalis entnehmen, das dieser in der Julimonarchie der Bewerbung seines Sohnes als Rat am Königlichen Gerichtshof in Paris beifügte und in dem er ausführte: »Wenn andere mehr Titel haben als er, will es die Gerechtigkeit, daß ihm meine Dienste zugute gehalten werden.«

Stand die Magistratur mithin auch im regen Kontakt mit den Rentiers und dem Bildungsbürgertum, schloß sie sich ebenso von den wirtschaftlichen Berufen ab, wie diese sich von ihr entfernten. Nur 5% der Väter von Richtern und Anwälten waren einer ökonomischen Aktivität nachgegangen, und nur 6,9% der Amtsinhaber hatten sich unter Kaufmanns- und Fabrikantentöchtern eine Frau gesucht. Die Distanz kommt auch in gesellschaftlichen Umgangsformen zum Ausdruck. Das sich seiner Bedeutung und Rolle bewußte protestantische Geschäftsmilieu in Mülhausen ließ sich nicht einmal dazu herab, die Antrittsbesuche der Magistrate zu erwidern. Wenn diese Praxis auch nicht gängig war, drückte sie doch eine deutliche Fremdheit zwischen den Bereichen aus.

Nach alledem erlag das Bürgertum der ersten beiden Drittel des 19. Jahrhunderts weiterhin der Faszination des Landbesitzes, der Sicherheit in unsicheren Karrieren oder bei gewagten wirtschaftlichen Unternehmungen bedeutete. Er bot darüber hinaus auch die Möglichkeit, am politischen und gesellschaftlichen Leben teilzunehmen. In dieser Hinsicht bestanden zwischen Bürgern und Adligen deutliche Beziehungen. Auch das aristokratische Modell des Lebens übernahmen nicht nur alternde Kaufleute oder Juristen, sondern auch Erben von Geschäften oder Kanzleien. Wenn ihr Anteil auch insgesamt gering blieb, Aktivität mithin zum Charakteristikum des Bürgertums gehörte, zeigte sich in diesem mimetischen Verhalten doch die kulturelle Ausstrahlung des Adels. Trotz aller Verbindungsbestrebungen entwickelte das Bürgertum ein eigenständiges Sozialleben und in der Wahl des Berufs und der Ehefrau auch deutliche Prioritäten. Insgesamt fällt die klare Tendenz hin zu freien Berufen und Beamtenstellen auf, die auch unter Kaufleuten und Fabrikanten zu konstatieren ist. Umgekehrt scheint die Geschäftswelt noch nicht als Königsweg des Aufstiegs akzeptiert worden zu sein. Durch bürgerliche Herkunft und bürgerliche Heirat, aber auch durch Ausbildung und Besitz stellte sich trotz aller Verführungen der Adelsgesellschaft ein eigenständiges bürgerliches Sozialmilieu vor 1880 her. In diesem bildeten sich vor allem im Bereich der Magistratur, der höheren Beamtenschaft und der freien Berufe bereits erste Dynastien heraus, die in der Geschäftswelt ihre Entsprechung fanden. Klassenmäßige und ständische Elemente mischten sich innerhalb des Bürgertums.

Konsens und Konflikt unter den Notabeln

Obwohl der Besitz als Garantie politischen Verantwortungsgefühls, die Familie als gesellschaftlicher Schutz- und Aufstiegsraum und die Macht über Abhängige eine gemeinsame Basis bildeten, auf der sich die Notabelnherrschaft errichten konnte, war diese auch durch Auseinandersetzungen geprägt. In der Annahme und Ablehnung der Französischen Revolution, der Verteidigung oder der Infragestellung der gesellschaftlichen Rolle der katholischen Kirche wie auch des Tempos der industriellen Entwicklung trennten sich verschiedene Lager, die oft über das 19. Jahrhundert hinaus die politische Landschaft Frankreichs bestimmten. Die vielfältigen Bruchlinien nachzuzeichnen ist Aufgabe der politischen Geschichte. Unter sozialgeschichtlichen Gesichtspunkten interessant sind jedoch die Zusammenhänge zwischen den sozialen Klassen, politischen Optionen und Mentalitäten. Diese sind weder direkt noch umfassend. Zwischen die soziale Herkunft und das Engagement für politische Ziele schoben sich geographische, religiöse, ökonomische Faktoren, die den Faktor »Klasse« in seinen Wirkungen vielfältig brachen. Allenfalls grobe Korrelationen lassen sich – Lynn Hunt folgend – zwischen der Größe und der Lage der Städte und ihrer politischen Ausrichtung für die Französische Revolution herstellen oder in der Restauration zwischen der adligen Herkunft und dem Legitimismus behaupten. Verbreiteter und analytisch interessanter waren die Verwerfungen, die Brüche, die Labrousse in seiner berühmten Formel ansprach, daß die soziale Entwicklung hinter der ökonomischen und die mentale hinter der gesellschaftlichen hinterherhinke. Dabei gilt es abzurücken von der Gleichläufigkeit von Wirtschaftsgesinnung, Gesellschaftsbildern und politischen Vorstellungen und der Annahme, daß die agrarisch traditionellen Landwirte reaktionäre Vorstellungen und die Legitimisten notwendig archaische Wirtschaftsmodelle vertraten. Die Sozialgeschichte, die nach Labrousse »das Unreine liebt«, deckt derartige widersprüchliche Beziehungen auf.

Der Nexus zwischen Herkunft und Engagement ist überdies nicht umfassend. In der Analyse der Herstellung von Klassenbewußtsein ist sowohl für das Bürgertum als auch für die Arbeiterklasse oft zu stark von den Organisationen ausgegangen und sind oft zu wenig die Grenzen der Zusammenschlüsse betont worden. Das Bewußtsein, eine eigenständige, mit gewissen Werten und Organisationsformen versehene und überlokal geeinte Klasse zu bilden, setzte sich im französischen Bürgertum erst allmählich in der ersten Hälfte des 19. Jahrhunderts durch, in Paris sicher früher als in der Provinz. Unter französischen Arbeitern muß man den Beginn des 20. Jahrhunderts abwarten, bevor ihre Eigenständigkeit und die überlokalen Zusammenhänge sich manifestierten. Nach alledem wird es sinnvoll sein, von Einstellungen *in* sozialen Klassen oder Milieus zu sprechen.

Die Einheit der Notabeln. In einem trafen sich die Notabeln adliger und bürgerlicher Herkunft: in der Ablehnung von Massenaktionen. Die Furcht vor Volksaufständen, vor den »classes dangereuses« der großen Städte, bildete eine Konstante, die, Rainer Hudemann zufolge, bis in die Nationalversammlung der beginnenden Dritten Republik das Verhalten prägte. Obwohl je nach Konjunktur und politischer Gruppierung die Neigung mehr oder weniger groß war, das »peuple« am politischen Leben zu beteiligen, bildete sich bei Aufständen, Plünderungen oder Marktkrawallen schnell ein »Kartell der Angst« heraus. Jules Michelet karikierte es prägnant: »Wenn drei Leute auf der Straße über Löhne sprechen, wenn sie von dem durch ihre Arbeit bereicherten Unternehmer einen Groschen Erhöhung verlangen, erschrickt sich der Bürger, schreit er und ruft nach dem starken Mann.« In diesem Punkt waren sich sogar die Girondisten und Jakobiner im Konvent der Französischen Revolution einig. In ihm trafen sich auch Ultra-Royalisten und Liberale in der Restaurationszeit und der Julimonarchie. Je nach der Glaubwürdigkeit und Effektivität der Regierungen bei dem Unternehmen, eine neue Revolution zu vermeiden und den Bestand von Ruhe und Ordnung zu wahren, konnten sie der Unterstützung der Notabeln insgesamt gewiß sein. So genoß Ludwig XVIII. vor allem nach der Auflösung der »Chambre Introuvable« des Jahres 1816, in der eine ultra-royalistische Mehrheit soziale Reaktionsgelüste geäußert hatte, ebenso ein großes Prestige wie Napoleon III. vor und nach 1852. Im Languedoc schlossen sich ihm etwa die durch Landverteilungspläne beunruhigten Besitzer seit 1848 an. Und 1852 schrieb der Herzog von Doudeauville an den Kaiser, er möge doch die Zahl der staatlichen Stipendien reduzieren, um damit die Schicht derjenigen zu verringern, die Revolutionen begännen, um bessere Stellen zu ergattern. Aus diesem Konsensus resultierte auch die Zurückhaltung der Notabeln, ihre eigene populäre Basis zu mobilisieren.

In die Metaphern der politischen Sprache ging die Zauberlehrlingserfahrung der Französischen Revolution vielfältig ein. Die Hydra der Revolution, der man einen, aber nicht alle Köpfe abschlagen könne, wurde ebenso wie die Brandung revolutionärer Wellen beschworen, gegen die man dringend wirksame Dämme errichten müsse. Beeinflussung und Erziehung, Hilfe und Abhängigkeit, aber auch Ausschluß und Gewalteinsatz, all diese verschiedenen Strategien probierten die Notabeln aus, um den sozialen Frieden zu sichern. Auffallend ist jedoch außer der Angst der Optimismus, der bis 1848 von breiten Teilen dieser Gesellschaft geteilt wurde, ein Optimismus, der aber stärker auf die pazifizierende Wirkung bürgerlicher Werte als auf die Stabilität garantierenden traditionellen Herrschaftsmethoden gegründet war. Nicht nur erhoffte sich Guizot eine Ausweitung der bürgerlichen Gesellschaft durch diejenigen, die durch Reichtum und Ersparnisse sozialisiert waren, sondern auch Gefängnis- und Irrenhausreformen gingen von dem primären Ziel der Resozialisierung aus, dem Modelleinrichtungen dienen sollten.

Benjamin Constant formulierte das liberale Credo in der Pressedebatte der Abgeordnetenkammer am 13. Februar 1827: »Diese Zwischenklasse (›classe intermédiaire‹) ... ist unabhängig, weil ihr Reichtum in ihrer Arbeit beruht. Sie ist aufgeklärt, weil sie liest und nachdenkt. Sie liebt die Gerechtigkeit, weil sie keine Interessen hat, die der Gerechtigkeit zuwiderlaufen. Die Tyrannei kann sich mit Proletariern und großen Herren arrangieren. Die Zwischenklasse ist ihr fatal.«

Auch im Umgang mit Außenseitern der bürgerlichen Gesellschaft, an dem sich gültige Werte gut ablesen lassen, schlugen sich Grundüberzeugungen der Notabeln nieder. Sowohl für die Gefangenen als auch für die Geisteskranken wurde in der Julimonarchie die Reform des alten »hôpital« vorangetrieben, in dem bekanntlich zuvor Alte und Kranke, Irre und Verbrecher gemeinsam untergebracht waren. Respekt der individuellen Freiheit durch die Trennung der Geschlechter und Altersstufen in spezialisierten Institutionen einerseits, aber auch genauso Überwachung und damit Garantie der öffentlichen Sicherheit andererseits gingen als Leitlinien in die Reformbewegung ein. Dazu gesellte sich der Glaube an die wohltätige Wirkung der Arbeit, so daß in den Gefängnissen der Arbeitsprozeß der Fabriken vorweggenommen und Disziplin eingeübt wurde. Sowohl Haftanstalten und Irrenhäuser unterlagen weiterhin dem Gebot der Wirtschaftlichkeit, die Philanthropie verband sich mit dem Sparsamkeitsdenken. Dieses Modell erlaubte es leicht, die Wahrung der öffentlichen Sicherheit und die Einsparungen über den Schutz des Individuums zu stellen. Schon die verhafteten Aufständischen im Juni 1848 wurden nach Übersee geschickt, und das Gesetz vom 30. Mai 1854 sah die Deportation von Wiederholungstätern in überseeische Strafkolonien vor, die bis zum Zweiten Weltkrieg jene der Gesellschaft fernhalten sollten, die nicht verbesserungsfähig waren, sondern nach Aussagen eines Zeitgenossen als »Feinde« anzusehen seien, »die das Land dem schändlichen und tyrannischen Joch ihrer Laster unterwerfen wollen«. Aber auch diese Entwicklung verlief nicht linear, denn mit dem Beginn der Dritten Republik erfuhren die in Einzelzellen organisierten Gefängnisse im Inland für jene, die als resozialisierungsfähig angesehen wurden, einen neuen Aufschwung.

Obwohl die royalistischen Notabeln in Teilen Frankreichs über eine populäre Klientel verfügten, mobilisierten sie diese nicht für ihre Ziele. Die Zustimmung, die sie in Toulouse bis 1848 ernteten und die sie in Süd- oder Westfrankreich lange fanden, nutzten sie kaum aus, um gegen die Revolution des Jahres 1830 eine neue, von Bauern getragene Bürgerkriegsbewegung zu lancieren. Der Versuch der Herzogin von Berry im Jahre 1832, im Westen gegen den Bürgerkönig einen Aufstand zu provozieren, war so dilettantisch angelegt, daß er scheitern mußte. Er widersprach auch den Interessen der adligen Besitzer, die angesichts verbreiteter Wald- und Feldkonflikte mit Bauern wenig Neigung verspürten, diese zu bewaffnen. Aber auch unter den Liberalen der zensitären Monarchie blieb die Gruppe derjenigen, die sich positiv zu den Verschwörungen republikanischer Geheimzirkel zu Beginn der zwanziger Jahre des 19. Jahrhunderts äußerten, verschwindend klein, und die Abgeordneten und Publizisten, die mit dem Kult der revolutionären und imperialen Armee über den Kreis der Wähler hinaus eine populäre Basis suchten, waren in der Minderheit. Die nationalistische Opposition gegen die Frankreich bis 1818 besetzenden alliierten Truppen und der Vorwurf, die Bourbonen seien auf den Karren der ausländischen Truppen zurückgekehrt, klangen im Vergleich zu der nationalen Agitation Ende des 19. Jahrhunderts gemäßigt. Der liberale Nationalismus vor 1848 war nicht ein Ableger des jakobinischen, sondern ein Verfassungs- und Sammlungsnationalismus gegen die adlige Reaktion. Er richtete sich deswegen primär an das »Pays légal« der Wahlberechtigten und erst in zweiter Linie an die gesamte Bevölkerung.

Schließlich sollte auch Napoleon III. erfahren, daß eine Politik, die stärker auf die Unterstützung des »peuple« setzte als den Konsensus mit den Notabeln zu suchen, Widerstand unter diesen provozierte. Denn mit seinem Regime hatten zahlreichen Adlige und bürgerliche Honoratioren, u. a. die des westfranzösischen Departements Mayenne, die Hoffnung auf das Ende von Unruhen verbunden. Nach 1860 wechselte er jedoch seinen innenpolitischen Kurs, um der wachsenden Opposition aus kirchlichen Kreisen und Unternehmern zu begegnen, die den Freihandelsvertrag mit Großbritannien ablehnten. Er suchte seither sich durch die Legalisierung des Streikrechts und die Tolerierung von Versammlungen unter Handwerkern und Arbeitern eine plebiszitäre Basis zu schaffen. Als nach 1864 eine im 19. Jahrhundert an Umfang und

Intensität nicht mehr erreichte Streikbewegung Frankreich erfaßte, Organisationen, Versammlungen und Proteste von Arbeitern und Gesellen zunahmen, wuchs auch das Lager der Notabeln, die in Napoleon III. nicht mehr den Garanten der Stabilität sahen. Vor diesem Hintergrund ist der Aufschwung der liberalen Kritik in den sechziger Jahren zu verstehen.

Konflikte durch die Revolution von 1789. Die Französische Revolution als Realität und Mythos hat die Notabelngesellschaft gespalten. Schon am Vorabend der revolutionären Ereignisse nahmen die radikalen, liberalen, gemäßigten und konservativen Adligen überaus unterschiedliche Positionen in und zu den Generalständen ein. Auch im Bürgertum bezogen je nach der Teilnahme an der Privilegienstruktur des Ancien Régimes die einzelnen Berufsgruppen unterschiedliche Stellungen. Wenn auch die Verfassunggebende Versammlung das Ideal einer Adlige und Bürger umfassenden, aufgeklärten Besitzergesellschaft proklamierte, zerstörten doch die Dynamik der Revolution, Güterverteilung und Emigration, Volksaufstände und Kriegswirren, Zentralismus und Massenmobilisierung die gewünschte Einheit und ließen bestehende Divergenzen andauern, wenn sie diese nicht sogar neu schufen oder vertieften. So gehörten etwa die Föderalisten des Jahres 1793 selten zu jener – wie das Feindbild der Revolutionäre suggerierte – konservativen, antirepublikanischen Bourgeoisie, sondern sie waren sehr wohl Republikaner, die sich jedoch gegen die Ansprüche des jakobinischen Zentralismus auflehnten. Allerdings vertiefte die Repression die Gegensätzlichkeit der politischen Haltungen und festigte diese. Wie tiefgreifend die revolutionären Ereignisse die geographische Verteilung von Meinungen beeinflußt hatten, hat Paul Bois am Beispiel des westfranzösischen Departements Sarthe nachgewiesen. Dort hatten sich die Gegensätze zwischen einem für den Handel mit dem städtischen Bürgertum offenen und einem von Adel und Klerus beherrschten Teil nach 1789 derartig verschärft, daß sie im 19. Jahrhundert und bis in die Dritte Republik hinein im Wahlverhalten fortdauerten.

Die in der Revolution herausgebildeten Fronten hatten auch deshalb eine so große Lebenskraft, weil sie theoretisch überhöht wurden. Die schon im Zeitalter der Revolution beginnende Auseinandersetzung zwischen den Gegenrevolutionären und den Verteidigern von 1789 ging in die Spaltung der Honoratioren in die

»Weißen« und »Blauen« ein. Erstere, die in Joseph de Maistre und dem Vicomte de Bonald ihre Theoretiker fanden, sahen in den Ereignissen des Jahres 1789 einen Irrweg der französischen Geschichte, einen Bruch der gottgewollten Ordnung, der nur durch Buße und Umkehr restauriert werden könne. In diesem Sinne bestimmte der Bürgermeister L. J. de Boisjourdan am 9. Mai 1816 in der westfranzösischen Stadt Château Gontier die Ursachen der Revolution folgendermaßen: »Es ist das Vergessen von Prinzipien, die seit Jahrhunderten das Glück und den Ruhm unserer Väter bewirkt haben, es ist das Aufgeben von Pflichten, die sie als heilig ansahen; es ist der philosophische Geist des 18. Jahrhunderts, dessen Prestige uns dazu verleitet hat, unsere legitimsten Institutionen für Mißbrauch und unsere heiligsten Wahrheiten für Irrtümer zu halten. ... Wir müssen alle vor dem König unseren Irrtümern abschwören und unsere Fehler anerkennen.«

Auf der anderen Seite stellte François Guizot den Sieg des Bürgertums in einem jahrhundertelangen Kampf gegen den Adel und feierte den Triumph der »classes moyennes« als historische Notwendigkeit. Beide Lager waren aber nicht homogen. Zwischen dem Legitimismus, dem Konservativismus und dem Bonapartismus innerhalb der Rechten hat René Remond in seinem Standardwerk unterschieden, während er auf der Linken Doktrinäre, Liberale und Republikaner ansiedelte. Trotz dieser Ausdifferenzierung beherrschte der Gegensatz von Bewegungs- und Ordnungspartei weithin die politische Landschaft des 19. Jahrhunderts.

Seine Prägekraft ging auch auf Symbole und Mythen zurück; denn Revolution und Konterrevolution feierten andere Fahnen, Personen und Gedenktage. Während die republikanischen Ziele sich seit 1789 an die Trikolore knüpften, restaurierte Ludwig XVIII. 1814 das Lilienbanner, bevor 1830 erneut die drei Farben zu Ehren kamen. Aktualität erhielt der Flaggenstreit nicht nur 1848, als bereits die rote Fahne als Zeichen der Opposition aufgezogen wurde, sondern auch zu Beginn der Dritten Republik, als der zum Monarchen erkorene Comte de Chambord es ablehnte, unter einer anderen Fahne als dem Lilienbanner gekrönt zu werden. Die mit einer Jakobinermütze geschmückte Marianne symbolisierte die Republik, als üppige Frau ohne Mütze diente sie auch dem Bürgerkönigtum, während die Legitimisten die jeweilige Person des Königs oder in Anleihe bei der Kirche Kreuze oder

Marienbilder als Sammlungszeichen verehrten, bevor sie sich dann in der Dritten Republik auf Jeanne d'Arc einigten. Die Bonapartisten jedoch erkoren sich den martialischen Adler als Sinnbild, während seit 1830 neben die Marianne auch der gallische Hahn trat. All diese Symbole sollten nicht nur die nationalen Ansprüche der jeweiligen Regierungen demonstrieren, sondern diesen auch Legitimität verleihen. Auch an unterschiedlichen Daten brach der Konflikt zwischen zwei Lesarten der französischen Geschichte aus. Für die einen überschattete der 21. Januar, an dem 1793 Ludwig XVI. hingerichtet worden war, den 14. Juli, den Tag des Sturzes der Bastille, der 1880 zum nationalen Feiertag erklärt wurde. Für andere sollte der 4. Mai zu einem Gedenktag werden, da an diesem Tag die Generalstände eröffnet wurden und die neue Verfassunggebende Versammlung des Jahres 1848 zusammengetreten war. Bis zum Ende des 19. Jahrhunderts blieb der Bezug auf Phasen und Personen der Französischen Revolution ein probates Mittel, um politische Sensibilitäten und Präferenzen auszudrükken.

In dem Maße, in dem die revolutionären Ereignisse zurücklagen, die Überlieferung zwar durch Erinnerungswerke und umfangreiche Geschichten der Revolution dichter und besser wurde, in der mündlichen Überlieferung aber auch pauschalere Züge annahm, waren die revolutionären Erfahrungen zwischen 1789 und 1799 ein Arsenal für durchaus verschiedenartige politische Parolen und soziale Bewegungen geworden. Sie boten der konstitutionellen Monarchie eine historische Rechtfertigung, übermittelten mit den Clubs und Sektionen Ansatzpunkte für basisdemokratische Bewegungen in der 1848er Revolution, dienten der Pariser Commune als beständiger Bezugspunkt. Durch die Isolierung einer Begebenheit konnten sie sowohl für Kirche und Adel als auch gegen ihn eingesetzt werden. So hieß es in einem katholischen Schulbuch, das bis ins 20. Jahrhundert hinein verbreitet war: »... der Geist der Revolution ist ein verhängnisvoller Geist, der jeder Autorität entgegengesetzt ist, vor allen der Gottes. Die Revolution setzt elementare Triebe frei, die Gewaltsamkeit, Unordnung und Ruine vermehren. Sie macht Märtyrer.« Andererseits drohten in ländlichen Gegenden Frankreichs Republikaner den Wählern damit, daß die Stimmabgabe für einen Legitimisten die Restauration des Zehnten, der Feudalabgaben und der Frondienste näherbringe. Die Unversöhnlichkeit, in der sich seit 1789 das Lager der

Revolutionsgegner und -verteidiger gegenüberstanden, dauerte in der politischen Kultur Frankreichs im 19. Jahrhundert fort und spaltete die Welt der Notabeln.

Das aristokratische Modell. Nicht nur um politische Prinzipien, Symbole und Meinungen drehte sich die Debatte um die Französische Revolution, sondern auch um die Geltung des Modells adliger Lebensführung. Konnte der Adel den bürgerlichen Aufstieg im politischen, gesellschaftlichen und ökonomischen Leben in einen Pyrrhussieg dadurch verwandeln, daß er die Bürger »feudalisierte«, sie zur sozialen Mimikry verführte und damit eine Werbekraft entfaltete, die über die eigene Gruppe hinausreichte? Wie bereits erwähnt, hatte in der Notabelngesellschaft das aristokratische Prinzip, ohne eigene Arbeit würdevoll leben zu können, zweifellos Verbreitung gefunden. Auch der Lebensstil begüterter Adliger – in Schlössern außerhalb der Stadt einen Teil des Jahres zu verbringen, in den städtischen Palästen im Winter ein Salonleben zu organisieren – wurde zweifellos im Bürgertum imitiert. Die teilweise mißbräuchliche Benutzung von Adelstiteln belegt zudem die Attraktivität des aristokratischen Modells. Aber dieses scheint nicht das Bürgertum insgesamt erfaßt zu haben. Es wird im großen stärker als im mittleren Bürgertum Verbreitung gefunden haben, da der adlige Lebensstil Reichtum und Zeitsouveränität voraussetzte. Überdies grenzte sich von ihm ein verbreiteter Bürgerstolz ab. Der im Ersten Kaiserreich geadelte Baron Ternaux etwa verzichtete ostentativ auf seinen Titel, als er in den zwanziger Jahren die adligen Bemühungen um eine lange Genealogie sah. Und der bekannte Doktrinär Royer-Collard beglückwünschte zur gleichen Zeit den zum Herzog erhobenen Pasquier mit den Worten: »Sie sind ein zu bemerkenswerter Mann, als daß dies sie herabsetzen könnte.«

Insgesamt prägte der Adel die französische Gesellschaft des 19. Jahrhunderts weniger als die deutsche. Bereits die revolutionären Ereignisse von 1789 hatten die Selbstverständlichkeit des adligen Einflusses erschüttert. Trotz aller Restaurationsversuche und gelungener Wiederherstellung von Macht und Besitz lebte der Adel in einer Gesellschaft, die sich sehr wohl daran erinnerte, wie die Adligen enteignet und entmachtet worden waren. Diese Erinnerung, die – wie bereits erwähnt – in Konfliktzeiten immer wieder durch Mundpropaganda beschworen wurde, erschütterte nachhaltig die adlige Legitimität. Überdies hatten die politischen Ansprüche und Allianzen der sozialen Geltung des Adels geschadet. Sieht man einmal von Enklaven aristokratischer Kultur im auswärtigen Dienst, im Offizierskorps oder im Pariser Vorort St. Germain ab, so kennzeichnet – wie im Gegensatz zu Arno Mayer zu betonen ist – eher die Zurückdrängung des adligen Einflusses als ihre Ausdehnung die ersten beiden Drittel des 19. Jahrhunderts. Ein Zeichen waren die Abschaffung der Adelstitel in der Revolution von 1848 und das Verbot, sie zu tragen. Obwohl Napoleon III. diese Bestimmung aufhob und die Bestätigung und Überprüfung von adligen Titeln an eine Kommission des Justizministeriums überwies, unterstreicht diese wechselvolle Entwicklung doch, daß der adlige Einfluß keineswegs allgemein akzeptiert war und daß ein staatlicher Eingriff notwendig war, um das Prestige der Adelsträger zu bewahren.

In der Restaurationszeit hatten Regierung, Adel und Klerus versucht, ein adliges Ämtermonopol durchzusetzen, die Realteilung für den Adel zu begrenzen und jede Gotteslästerung strafrechtlich zu verfolgen. Diese Politik, durch Gesetzesakt die soziale Herrschaft des Adels zu restaurieren, provozierte die energische Gegenwehr, die in der Julirevolution des Jahres 1830 kulminierte. Denn sie kollidierte mit dem breiten Engagement für die juristische Gleichheit und die Gewissensfreiheit. Nachdem durch das Konkordat vom 15. Juli 1811 die Kirche auf ihren Besitz verzichtet, eine Reduzierung der Zahl der Bischöfe angenommen und im Gegenzug eine staatliche Besoldung der Geistlichen erhalten hatte, war die katholische Religion eine Religion im Staat, nicht aber Staatsreligion geworden. Erst in der Charte erhob die restaurierte Monarchie sie zur Staatsreligion und versuchte, durch eine Allianz von Thron und Altar eine moralische und soziale Erneuerung der Gesellschaft einzuleiten. Die Sonntagsruhe wurde eingeführt, die Arbeit der Missionen erleichtert und der katholische Einfluß im Erziehungssystem festgeschrieben. Damit lief diese enge Verbindung von Monarchie, Adel und Klerus einem im Bürgertum verbreiteten, durch Voltaire genährten Agnostizismus zuwider, der sich durchaus in einem heftigen Antiklerikalismus niederschlug. Eilig bildete sich nach der Julirevolution auch eine unterschiedliche Lesart des Katholizismus heraus, eine soziale durch Lamenais und eine liberale durch Lacordaire. Aber seit 1850 verband sich die katholische Kirche doch so eng mit der

Monarchie und dem Adel, daß sie nach 1877 und der endgültigen Errichtung der Republik auf der Seite der politisch Besiegten stand.

Freilich war die Bindung des Adels an die Kirche nicht blind oder total. Auch sein Engagement für die Monarchie, mit der er sich vor 1789 zahlreiche heftige Gefechte geliefert hatte, nahm erst unter dem Eindruck zunehmender Liberalisierung und Kommerzialisierung des Lebens mehr Kraft an. Aber wie die Kirche und die Monarchie gehörte auch der Adel zu den gesellschaftlichen Kräften, die sich in einer Art von Belagerungszustand befanden. Anstatt offensiv für eine Verbreitung ihrer Normen und Ideale einzutreten, wachten sie ängstlich darüber, entweder die Reinheit der Lehre oder die Traditionalität des Lebensstils zu erhalten. Deshalb forderten sie immer wieder die staatlichen Instanzen auf, Mauern zu ihrem Schutz zu errichten, Ausnahmeregelungen von den allgemein gültigen Prinzipien durchzusetzen und traditionelle Muster neu zu beleben. So lehnte etwa A. de Saint-Chamans 1815 mit folgenden Worten den Handel ab und gründete den Adel auf die Erfolge des Soldaten: »Der Handel verengt die Seele, gewöhnt sie daran, alles zu berechnen, und lenkt sie nur zum Gewinn. Die Waffen hingegen erheben die Herzen und lenken sie zu allem, was nach Ruhm aussieht. Möge der Adel der Preis des Ruhmes und schöner Taten sein, möge er sich über den Reichtum erheben, der nur die Folge des Zufalls oder kluger Rechnerei, häufig auch von bösen Handlungen ist.« Wenn diese Apologie auch nicht repräsentativ für die Einstellung des Adels insgesamt war, zeigte sie doch die Distanz zum 19. Jahrhundert und dessen Entwicklungen.

Saint Simon antizipierte allerdings mit seiner berühmten Parabel, nach der der Verlust von Grundrentiers, Militärs und Verwaltungsbeamten für die bürgerliche Gesellschaft zu verschmerzen, der von Bankiers und Baumwollfabrikanten, Reedern und Kaufleuten aber tödlich sei, 1817 einen Prozeß, der erst seit 1830 und vollends seit 1848 an Stärke gewann. Aber er leitete damit eine Neubestimmung von gesellschaftlichen Werten ebenso ein wie der Ökonom Jean-Baptiste Say, der sich von der physiokratischen These distanzierte, daß der Grundbesitz die Basis der Gesellschaft bilde. Geradezu symbolischen Charakter hatte in diesem Zusammenhang die Ernennung des Bankiers Casimir Périer zum ersten Regierungschef der Julimonarchie, die nicht mehr die Gleichberechtigung von Land- und Kapitalbesitz ausdrückte, sondern den

Führungsanspruch der produktiven Klasse. Die Debatte darüber, ob dem Land oder dem Kapital die Priorität zukomme, ob das Talent über den Besitz zu stellen sei, ob die agrarische Umgebung der städtischen vorzuziehen sei oder umgekehrt, war allerdings 1830 noch in vollem Gange. Ihre Existenz allein zeigt jedoch an, wie umstritten die aristokratische Werteordnung war. Allerdings harrt diese Diskussion noch einer eingehenden sozialgeschichtlichen Analyse.

Auch in seinem gesellschaftlichen Verhalten sonderte sich der Adel ab. Außer den bereits erwähnten endogenen Heiratsstrategien zogen sich etwa im Zweiten Kaiserreich die Adligen des Departement Mayenne, die Michel Denis beschrieben hat, erneut auf die Landwirtschaft zurück, widmeten sich der Meierei und pflegten den gesellschaftlichen Kontakt mit Gleichgestellten. Entgegen dem Eisenbahnfieber, der Börsenjobberei und der Industriehektik orientierten sie sich an dem traditionellen Lebensstil des Großgrundbesitzers. Diese in ihrer Repräsentativität freilich noch zu bestimmende Rückzugsbewegung aus der industriellen und urbanen Gesellschaft, die mit Fortschritts- und Wissenschaftskritik einherging, näherte die Adligen erneut der katholischen Kirche an, in der ultramontane Thesen und die Verurteilung der Modernität gängig waren.

Nachdem sich der Adel durch seinen Monopolanspruch in der Restaurationszeit und durch sein Festhalten an der älteren Linie des Hauses Bourbon nach 1830 politisch isoliert hatte und nur teilweise an der ökonomischen Entwicklung teilnahm, erlebte er nach dem Sturz der Pariser Commune eine Situation, in der die Restauration der Monarchie greifbar nahe zu sein schien. Aber auch dieses Unternehmen scheiterte an der Spaltung des monarchischen Lagers, wohl auch am Zustand eines Adels, der lediglich als Teil der Notabeln, nicht aber allein tonangebend war. Mit dem »Ende der Notabeln«, wie Daniel Halévy die Dritte Republik genannt hat, ging auch der politische Einfluß des Adels schrittweise zurück.

Die Phase der Notabelngesellschaft war dadurch charakterisiert, daß der Kampf zwischen Revolution und Gegenrevolution noch nicht endgültig entschieden war, sondern immer wieder von neuem entbrannte. In ihr mischten sich auch verschiedene kulturelle Modelle, das Modell des Bürgertums aus dem Ancien Régime mit dem des Adels, das des landbesitzenden Bürgertums mit dem der Industriekapitäne. Die Entscheidung über wichtige politische Fragen wie das Wahlrecht, nationale Symbole und die Form der politischen Regierung wurde immer wieder in Frage gestellt und konnte den Eindruck verbreiteter Instabilität vermitteln. Diese mußte um so größer sein, als die Herrschaft der Notabeln auf dem Ausschluß der Mehrheit der Bevölkerung beruhte. Nicht nur die kleinen Steuerzahler, sondern auch das Gros der arbeitenden Bevölkerung war aus einem System ausgeschlossen, in dem das Wahlrecht und die Macht an Besitz gebunden waren. Wie gezeigt, dauerten auch die dabei geschaffenen politischen Einflußmöglichkeiten in der Zeit des allgemeinen, gleichen Wahlrechts fort. Aber auch breite Teile des kleinen und mittleren Bürgertums hatten keinen Zugang zu der durch Reichtum und Beziehung, Heiratskontakte und Plazierungsmöglichkeiten abgesetzten Plutokratie. Aus ihren Kreisen stammten deshalb auch immer wieder die Wortführer der republikanischen oder der sozialistischen Bewegung, welche die Notabelngesellschaft kritisierten. Im 19. Jahrhundert war diese mithin bedroht.

2.3. Die bedrohte Festung der Notabeln

Die historische Untersuchung droht der Gefahr der Systemanalyse zu erliegen, wenn sie zu stark auf die Kohärenz und Kohäsion des Systems »Notabelngesellschaft« abhebt, nicht aber auch die ihr innewohnenden, sie verändernden Faktoren berücksichtigt. Die Stabilität einer auf Besitz, Familie und öffentliche Funktion gestützten Gesellschaft darf nicht darüber hinwegtäuschen, daß sie dynamische Elemente, Konfliktpotentiale und Keime künftiger Entwicklungen enthielt. Vor allem Bauern und Tagelöhner, Handwerker und Lohnarbeiter, aber auch Pächter, Industriekapitäne und Bildungsträger bedrohten die Notabeln. Diese standen aber auch – ohne daß diese Gefahr bereits zureichend sozialgeschichtlich fundiert werden könnte – unter dem Beschuß von Mitgliedern eines mittleren Bürgertums, das von den Geselligkeitsformen, Einflußmöglichkeiten und Besitztümern ausgeschlossen war, welche die Aura der Notabeln ausmachten.

Dörfer und Flecken Frankreichs vor 1880 könnten als Räume analysiert werden, die ihre Probleme selber regelten und ein inneres Gleichgewicht herstellten. Die Ungleichheit der Landverteilung, die fehlenden oder für das Überleben zu kleinen Besitz mit sich brachte, wurde durch die verbreiteten gewerblichen Aktivitäten der Bewohner des Landes kompensiert, die überdies aus fortbestehenden Gewohnheitsrechten zusätzliche Ressourcen beziehen konnten. Die enge Bindung an den lange Zeit bereits ortsansässigen, begüterten Notabeln zementierte die Einheit der ländlichen Gemeinschaft, die in Ideologien verschiedener Provenienz immer wieder der Stadt gegenübergestellt wurde. Auch die Autorität des Familienchefs und die Konsistenz der Familien trugen zum guten Funktionieren der ländlichen Gesellschaft bei. Trotz aller Migration blieben etwa in der mittelfranzösischen Stadt Vendôme vor 1830 Berufsvererbung und Endogamie verbreitet und die geographische Veränderung begrenzt: Zwei Drittel der Männer und 70% der Frauen wohnten bei ihrer Heirat nur zwölf Kilometer von ihrem Geburtsort entfernt. Im Limousin umgingen Väter weiterhin die Bestimmungen des Code civil, um ihren Besitz zu behaupten; sie hielten damit ihre Söhne lange in finanzieller Abhängigkeit, so daß diese erst spät heirateten und es erst nach 1880 wagten, einen Lohn für ihre häusliche Mitarbeit einzufordern. Nach diesen Angaben könnte es scheinen, als ruhe die ländliche Gesellschaft des 19. Jahrhunderts in sich.

Aber dieses Genrebild wird weder den Entwicklungen noch den Bewegungen auf dem Lande gerecht. Bereits vor 1850 suchten Saisonarbeiter außerhalb ihrer Heimat ein Zusatzeinkommen, bevor dann mit dem allmählichen Ruin der Textilindustrie auf dem Lande in den sechziger und siebziger Jahren ein weiterer Anstoß zur Binnenwanderung erfolgte. Zunehmend eröffneten sich überdies seit 1870 im gewerblichen Sektor Arbeitsmöglichkeiten, so daß die Zahl der Landarbeiter in den Dörfern abnahm und ihre Löhne stiegen. Interne und externe Veränderungen wirkten mithin auf die Agrargesellschaft Frankreichs ein.

Die Agrarkapitalisten. Vor allem seit 1850 lief der Agrarprofit der Rente ihren Rang ab. Freilich konnte im nationalen Durchschnitt die Rente zwischen 1821 und 1851 um 53%, von 1851 bis 1881 noch um 42% erhöht werden. Dieser Anstieg vollzog sich im Westen stärker als im Osten, vor 1830 und in den vierziger Jahren schneller als in den fünfziger Jahren. Aber nach 1850 verdoppelte sich der Profit der Pächter und Besitzer, die Lohnarbeiter beschäftigten und eine intensive Landwirtschaft betrieben. Damit zeichneten sich die Agrarkapitäne, die Hubscher für das nordfranzösische Departement Pas-de-Calais beschrieben hat, als Landwirte der Zukunft ab, die das Land nicht mehr als Sicherheit, sondern als Produktionsmittel ansahen. Sie übten überdies unterschiedliche prestigeträchtige Funktionen aus und boten sich als moderne Notabeln an.

Für das Artois hat Jessenne das Porträt dieser Pächter gemalt, die vom Ende des 18. Jahrhunderts bis in die Mitte des 19. Jahrhunderts wirtschaftliche Macht, soziales Ansehen und politischen Einfluß miteinander verbanden. Vor allem im östlichen Teil der Region errichteten sie kapitalistische Agrarbetriebe, in denen sie ihr Betriebskapital kaum für Landkäufe ausgaben. Vielmehr profitierten sie davon, daß sie aufgrund ihrer Nachfragemacht den Besitzern ungleich günstigere und langfristigere Pachtverträge entreißen konnten als die Kleinpächter. Sie konzentrierten sich frühzeitig auf Viehzucht, beschäftigten Landarbeiter und schlossen sich durch Berufsvererbung und Endogamie als Gruppe zusammen. Als Bürgermeister und Gemeinderäte kamen sie bei Wahlen in den Genuß der Stimmen von Arbeitskräften und Handwerkern, die sie beschäftigten. In dieser Gruppe der Pächter klafften jedoch die Lebensbedingungen zwischen den Groß- und Kleinpächtern auseinander. Während die kleineren in der ländlichen Gemeinde aufgingen, setzten sich die größeren als Notabeln durch, die als Bürgermeister über Generationen hinweg gewählt wurden, ihren angestammten und prominenten Platz in der Kirche besaßen und als Zeugen bei Eheschließungen von Dorfbewohnern erwünscht waren. Unter ihren Nachkommen war der Anteil derjenigen, welche die Behaglichkeit der Grundrentiers suchten, gering; vielmehr gründeten die nicht mehr die väterliche Pacht übernehmenden Söhne dörfliche Gewerbebetriebe wie Mühlen oder Brauereien oder gingen städtischen Aktivitäten nach. Sowohl in der beruflichen Orientierung der Kinder als auch in der Logik der Berufstätigkeit wiesen diese Pächter Nordfrankreichs, die allerdings eine verschwindend kleine Minderheit in der französischen Landbesitzerklasse blieben, über die Notabelngesellschaft hinaus.

Sie stellten auch durch ihre Konzentration auf den Profit ebenso wie die Kaufleute, die etwa im Roussillon aus ihrem in Land investierten Kapital hohe Gewinne erzielen wollten, jene Mischung von Abhängig- und Wohltätigkeit in Frage, welche die Stellung der Notabeln gefestigt hatte. Damit wurden die Grundlagen für neue soziale Auseinandersetzungen gelegt, in denen das Verhältnis von Grundbesitzer oder kapitalistischem Pächter einerseits, Halbpächter oder Landarbeiter andererseits ungeschminkter als in der Vergangenheit in seiner Gegensätzlichkeit hervortrat. Das war bereits 1848 der Fall. Denn in Teilen Westfrankreichs konnten Pächter und Meier die Mißernten der Jahre 1846 und 1847 und die folgende Zeit niedriger Preise einfach dadurch überstehen, daß die Grundbesitzer ihnen Vorschüsse gewährten. Die von Kaufleuten oder Grundrentiers abhängigen Kleinbesitzer Südfrankreichs jedoch, vor allem die Weinbauern, erfuhren die ganze Härte der wirtschaftlichen Krisen und wandten sich in ihrem Protest in der Revolution dem Republikanismus zu.

Die Agrarkonflikte. Vor allem die ungleiche Eigentumsverteilung und die darauf gegründete gesellschaftliche Hierarchie führten immer wieder zu Auseinandersetzungen. Alle Agrarstudien betonen die Ballung des Landbesitzes in den Händen weniger ebenso wie die Vergrößerung des Klein- und Kleinstbesitzes in der ersten Hälfte des 19. Jahrhunderts. Noch 1884 verfügten in ganz Frankreich 3% aller Besitzer über ebensoviel Land wie die restlichen 97%. Und die Zahl der zur Grundsteuer veranlagten Landstücke stieg von zehn Millionen (1826) auf 14 Millionen (1884) an. Eine »démocratie rurale« – wie Jean Jaurès meinte – bestand keineswegs. Vielmehr hob sich in der ländlichen Bevölkerung jenes Viertel der Besitzer ab, die im letzen Drittel des 19. Jahrhunderts zumindest so viel erwirtschafteten, daß sie einen – wenn auch begrenzten – Überschuß verkaufen konnten, während die übrigen drei Viertel selbst Getreide und Lebensmittel erwerben mußten und am Marktgeschehen nur als Konsumenten teilnahmen. Zwischen die landbesitzenden Bauern und die Landarbeiter schoben sich Pächter und Halbmeier, die je nach Gegend unter höchst unterschiedlichen Bedingungen arbeiteten. All jene, die zu wenig Land besaßen oder pachten konnten, mußten eine Zusatzbeschäftigung bei größeren Bauern oder in der ländlichen Heimindustrie suchen. Nur einer Minderheit von ihnen, nämlichen einem Drittel, gelang es, sich im Pas-de-Calais zwischen 1851 und 1911 als Kleinbauern zu behaupten, während 20% Landarbeiter wurden und der Rest das Land verließ. Auch unter den ländlichen Lohnarbeitern klafften zwischen den Verwaltern adliger oder bürgerlicher Güter und den Tagelöhnern, die im Winter deutlich schlechter als im Sommer bezahlt wurden, eine Kluft.

Die Erinnerung an die Agrarrevolution und ihre Realität vermittelten den Notabeln den Eindruck, auf einem Pulverfaß zu sitzen. Die als »fureurs paysannes« bezeichneten, seit Jahrhunderten aufflackernden Bauernaufstände, die in den Revolutionsjahren 1789 bis 1794 zu Fermenten der Radikalisierung geworden waren, gehörten zu den Erfahrungen, die diese sozialkonservativen Einstellungen prägten. Die Sorge um die soziale Ruhe auf dem Land war um so größer, als die prekäre Existenzbasis der meisten Landbewohner, die immer wieder zu Aufständen geführt hatte, auch im 19. Jahrhundert fortbestand. Kleinbauern, Pächter und Landarbeiter konnte sich oft nur durch Verletzungen der Rechts- und Eigentumsordnung behaupten. Für die Toulouser Gegend des 18. Jahrhunderts hat Nicole Castan zu Recht von einer »société criminogène« gesprochen, in der die verbreitete Armut der Abhängigen sich in Bettelei, Banditentum und Aufständen äußerte. Auch im 19. Jahrhundert hatte sich diese »Kultur der Armut« nicht maßgeblich verändert. Die Landarbeit selbst blieb harte körperliche Tätigkeit, in der Männer und Frauen häufig die Zugtiere ersetzen mußten, lange Wege zurücklegten und mit unzureichenden Arbeitsmitteln versehen waren. Die Wirtschaft war zumeist auf Autarkie ausgerichtet, die bei Mißernten, Krankheit oder Krieg zerstört wurde. Die tägliche Nahrung bestand wie im Ancien Régime vor allem aus Brot, das allenfalls in eine mit wenig Gemüse gekochte Suppe getaucht wurde; Milchprodukte oder Fleisch waren kaum vorgesehen. Auch von der Weinernte wurde nur das selbst getrunken, was nicht zu tauschen oder zu verkaufen war. Als ein Zeichen der Armut wird zu Recht der Verkauf von Frauenhaaren betrachtet, der in Mittel- und Westfrankreich bis 1880 auf dem Land verbreitet war und auf einem besonderen Markt in Limoges alljährlich stattfand.

Es wäre aber falsch, aus dieser kurzen Situationsbeschreibung den Schluß zu ziehen, die Bauernaufstände seien eine direkte Folge von Armut. Wenn auch zahlreiche Hungerrevolten aus ihr resultierten, gingen in andere Protestaktionen breite ländliche Interessen ein. Denn die Kleinbauern waren nicht, wie Marx mutmaßte, aufgrund dieser Produktionsweise voneinander isoliert, sondern in durchaus lebendige kollektive Zusammenhänge eingebunden. Ethnologen haben die Kraft von dörflichen Ritualen, Zusammenschlüssen und Formen der Geselligkeit beschrieben, die auch im 19. Jahrhundert andauerten. Nach der Französischen Revolution verloren aber die ländlichen Gemeinden als Struktur, die auf gemeinsamen Rechten und Traditionen beruhten, an Bedeutung, obwohl sie als Zielperspektive in Bauernaktionen immer wieder aufschienen. Es bestanden jedoch die abendlichen Versammlungen nach der Arbeit auf dem Lande fort, die in den Städten bereits durch die seit dem 17. Jahrhundert pilzartig aus dem Boden schießenden Gasthäuser abgelöst wurden. Die Einheit der dörflichen Gemeinde hielten schließlich auch die unverheirateten Jugendlichen aufrecht, welche die jährliche Kirmes vorbereiteten, aber auch für die Einhaltung von kommunitären Regeln sorgten. So stellten etwa im Revolutionsjahr 1791 die jugendlichen Bewohner von Essay die Autorität des Bürgermeisters in Frage, als dieser eine Katzenmusik verbot, welche die Dorfbewohner gegen eine Witwe veranstalteten, die einen jungen Mann der Gemeinde geheiratet hatte. Der Schutz der in der Regel sehr kleinen Heiratsmärkte auf dem Lande gehörte zu den vornehmsten Zielen des Jugendprotests. Während die abendlichen Treffen im Limousin etwa bis zum Ende des 19. Jahrhunderts fortdauerten und auch die jugendlichen Aktionen noch bis in die Jahrhundertmitte Verbreitung fanden, verloren die im Ancien Régime zahlreichen, kirchliche und weltliche Ziele vermischenden Feste an Bedeutung. Wie Vovelle am Beispiel der Provence zeigen konnte, bildete die Französische Revolution den Schlußstein in einer Reihe von Angriffen, die Kirche, Aufklärung und Monarchie gegen die Festtradition gerichtet hatten. Nach der Revolution wurde die Volkstradition verdrängt und an ihre Stelle ein sommerliches Fest gesetzt, das laizistischen und vor allem folkloristischen Charakter trug, von den Notabeln organisiert wurde und den Bürgern nur wenig Mitwirkungsmöglichkeiten bot. Dieser Rückgang der Festtradition wird wohl nicht in ganz Frankreich so früh eingesetzt haben; denn John Merriman berichtet aus Limoges, daß dort bis in die Mitte des 19. Jahrhunderts berufliche und populäre Festlichkeiten fortlebten.

Im 19. Jahrhundert dauerten einerseits die Notdelikte an, mit denen sich mittellose Dorfbewohner das Überleben sicherten, andererseits antistaatliche und politische Aktionen, in denen die dörfliche Gemeinde ihren Anspruch auf Autonomie manifestierte. In die erste Kategorie gehörten die Revolten gegen den Hunger, die in unterschiedlicher Intensität die verschiedenen Gegenden Frankreichs erfaßten. 1816/17 war vor allem Nordfrankreich, 1826 bis 1829 erneut der Norden, aber auch der Westen und das Zentrum des Landes, 1832 alle Landesteile bis auf den Südwesten, 1839/40 vor allem Mittel- und Westfrankreich und 1846/47 das gesamte Land betroffen. Mit Marktunruhen, Preisfestsetzungen oder Plünderungen von Transporten sorgte die Bevölkerung, unter der vor allem Frauen aktiv waren, für ihre Nahrung. Besonders bedrohliche Züge nahmen die vagabundierenden Bettlergruppen an, die schon das vorrevolutionäre Frankreich gekannt hatte: Sie zogen durch Dörfer und Gehöfte, um notfalls durch Drohungen Essen und Unterkunft zu erhalten. Vergeblich hatte das Kaiserreich zwischen 1806 und 1812 den Landstreichern mit Deportation gedroht. 1812 berichtete etwa der Präfekt des Departements Somme, 60000 Vagabunden zögen über das Land. Sie waren sicherlich auch für zahlreiche Brände in der Normandie verantwortlich, die im Umkreis der Revolution von 1830 die Bevölkerung beunruhigten. Denn die Drohung, Haus oder Scheunen anzustecken, gehörte zu den traditionellen Sanktionen gegen Bauern, die Bettler abwiesen. Noch 1847 ergriff die Regierung Maßnahmen gegen die »Banden«, die im westfranzösischen Departement Deux-Sèvres umherzogen.

Zu den Aktionen, die der Nahrungssicherung dienten, gehörten auch die Auseinandersetzungen um die Gewohnheitsrechte auf Feldern und in Wäldern. Vor der Schwierigkeit, in einem Agrargesetz sowohl dem Recht der Besitzer als auch den Bedürfnissen der landarmen oder -losen Bevölkerung Rechnung zu tragen, hatte bereits Napoleon I. kapituliert. Vor allem in Krisenzeiten nahmen die Proteste gegen Besitzer und Behörden heftige Formen an, die das Ährenlesen nach der Ernte verboten, die Allmende gekauft oder durch Zäune das Weiden von Vieh verhindert hatten. Die Aufstände fanden weniger in Nordfrankreich statt, wo die Gewohnheitsrechte und Allmende bereits reduziert waren, als vielmehr in Mittel- und Südfrankreich. Im April des Jahres 1848 wurden etwa die Zäune in Ignol (Departement Cher) eingerissen, die Gräben zugeschüttet und der Gebrauch der Harke und der

Sense verhindert, weil sie kaum Ähren und Halme auf den Feldern übrigließen. Auch in den Wäldern schränkte der »Code forestier« des Jahres 1827 bäuerliche Gewohnheitsrechte ein. Daraufhin lehnten sich in einem »Guerre des Demoiselles« seit 1829 zahlreiche Bergbauern gegen die staatlichen Autoritäten auf. Vermummte und schwarz geschminkte Gruppen leisteten in der Pyrenäen-Gegend und nach 1830 auch in anderen waldigen und gebirgigen Gegenden den Waldhütern und Soldaten Widerstand.

Versucht man diese Aktionen terminologisch zu fassen, charakterisiert sie eine Verbindung von antifeudalen und antikapitalistischen Motiven. Antifeudal waren sie, weil in ihnen weiterhin der 1789 begonnene »Kampf den Schlössern« fortgeführt und in den einzelnen Maßnahmen die Hand des allgewaltigen Adligen vermutet wurde. Bei den Agrarunruhen des Jahres 1848 war die Belagerung, seltener die Erstürmung von Schlössern ein Symbol, um die Unzufriedenheit mit den zu hohen Zinsen, den hohen Getreidepreisen und der Tatsache auszudrücken, daß die Großgrundbesitzer von den Mißernten der Jahre 1846 und 1847, in Burgund etwa, profitiert hatten. Antikapitalistischen Charakter besaßen die Unruhen dadurch, daß sie das Nahrungs- gegen das Marktprinzip durchsetzen wollten und gegen alle Rationalisierung der Agrarmethoden die Versorgungsinteressen der kleinen Landbesitzer und landlosen Bevölkerung stellten. Bewegungen von Landarbeitern, die ihren Lohn verteidigten oder bessere Arbeitsbedingungen forderten, blieben aber selten.

Der Verteidigung von bestimmten Wirtschaftsformen und politischen Zielen galten schließlich die Aufstände, die sich gegen die staatliche Autorität richteten. Sie wollten vor allem Steuererhöhungen verhindern. Schon im Direktorium war 1799 mit dem Stadtzoll eine Gebrauchssteuer restauriert worden, zu der sich 1804 die Getränkesteuer gesellte. Bereits 1813 und 1814 lehnten Teile der ländlichen Bevölkerung diese neuen Konsumsteuern ab und protestierten auch gegen die Entscheidung der Bourbonen, diese beizubehalten. Besonders in Weinanbaugebieten erhob sich vehementer Protest gegen die Getränkesteuer, der sogar dazu führte, daß 500 bis 600 Weinbauern in einer mittelfranzösischen Stadt im August 1830 auf dem Marktplatz die Unterlagen der Steuerverwaltung verbrannten. Erst 1832 wagten die Steuerbeamten im Côte de Beaune, erneut tätig zu werden, bevor dann eine Kopfsteuer in der Revolution des Jahres 1848 zu neuerlichen Protesten im Südwesten, Südosten und der Mitte Frankreichs führte. Steuerbeamte – abfällig »les rats« genannt – gehörten zu den bevorzugten Feinden der ländlichen Gemeinde des 19. Jahrhunderts. Aber die antifiskalischen Revolten hatten einen unterschiedlichen sozialen Inhalt. Während sich im Fall der Getränkesteuern die Notabeln und Handwerker, ja die Nationalgarde an der Verteidigung der wichtigsten lokalen Einnahmequelle beteiligten, drückte die Ablehnung der Kopfsteuer in der Revolution von 1848 die Unfähigkeit der Landbewohner aus, in der Wirtschaftskrise eine zusätzliche Belastung zu ertragen.

Das Zweite Kaiserreich markierte jedoch ein Ende der Unruhen auf dem Land. Mit den steigenden Weinpreisen ab 1854 verschwanden die fiskalischen Unruhen, und die sich angleichenden Getreidepreise machten die Hungerrevolte seit 1870 zu einer Ausnahme. Auch die Walddelikte nahmen deutlich ab: Zwischen 1852 und 1878 gingen in der Folge einer veränderten Gesetzgebung die Anzeigen wegen Waldfrevels insgesamt um zwei Drittel zurück. Am Ende des 19. Jahrhunderts waren sie lediglich eine Kuriosität. Nur Bettler und Vagabunden forderten weiterhin von jenen, die mehr als sie selbst besaßen, ihren Unterhalt ein. Bis zu Beginn des 20. Jahrhunderts klopften bei Teuerung und Arbeitslosigkeit im südfranzösischen Departement Aude Jugendliche, Alte und Kranke an den Türen, um Brot zu erbetteln, und manche Dörfer des bretonischen Cotentin konnten nur durch den Ertrag aus der Bettelei existieren. 1905 sollen noch 10% der Bevölkerung zu den Hungernden gehört haben, die nur durch die Caritas der Mitbewohner überleben konnten. Trotz verstärkter staatlicher Repression – die Inhaftierung wegen Landstreichereien und Bettelei erhöhte sich von 2500 (1830) auf 50000 (1899) – verschwand diese Folge der Armut erst, als sich die Wirtschaftskonjunktur besserte, oder aber sie nahm verschämtere Formen an. Nach Aussagen eines südfranzösischen Arztes trugen 1907 im Roussillon und Hérault die Bettler Masken, d. h. sie hatten ihren Anspruch an die Gesellschaft, versorgt zu werden, aufgegeben und schämten sich ihres Zustandes.

Das ländliche Handwerk. Besonders umstritten ist in der Forschung der Charakter der Bauernunruhen in der 1848er Revolution. Eugen Weber sieht in der Übernahme nationaler Parolen auf dem Lande vor allem die sichtbare Hand von Notabeln und

Vermittlern. Er setzt erst nach der Einführung der allgemeinen Wehrpflicht, der Ausdehnung der Presse und der verbesserten Verkehrsbedingungen den Zeitpunkt an, von dem ab eine Einbeziehung der ländlichen Bevölkerung in nationale Zusammenhänge anzunehmen ist. Dagegen hat Agulhon für die Provence schon auf die aus der ländlichen Folklore stammenden Zusammenschlüsse der »Chambrées« verwiesen, die sich bereits vor 1848 »den Neuigkeiten, der Bewegung und der Unabhängigkeit« öffneten. Auch Vigier interpretiert die ländlichen Aufstände, die gegen den Staatsstreich Louis Napoleons am 2. Dezember 1851 protestierten, als Ausdruck einer Politisierung. Merriman und vor allem Ted Margadant heben hervor, daß die Parole der demokratischen und sozialen Republik im Zuge der revolutionären Ereignisse sowohl in den städtischen als auch in der ländlichen Bevölkerung Verbreitung fand und diese sich an einem modernen Modell der Politik orientierte. Wahrscheinlich wird man zwischen den Gegenden unterscheiden müssen, in denen wie im Pariser Becken, dem Osten und Südosten Frankreichs politische Debatten aus der Hauptstadt bereits über verschiedene Kanäle ihren Weg auf das Land gefunden hatten, und jenen, die erst in der Revolution ihre politische Sozialisation begannen oder von den Ereignissen nur wenig berührt wurden. Außerdem wird man sorgfältig zwischen den Bezügen auf nationale Frontstellungen zu differenzieren haben, die lokale Konfliktfronten verschärften oder rechtfertigen halfen, und jenen, die aus einer guten Kenntnis des politischen Lebens der Nation resultierten. Nicht jede Erwähnung der nationalen Politik kann mithin mit Nationalisierung, nicht jede lokale Sorge um Gemeindeland oder Steuern mit Kirchturmspolitik identifiziert werden.

Beide Positionen stimmen jedoch darin überein, daß die Bauern häufig von bürgerlichen, vor allem aber kleinbürgerlichen Anführern geleitet wurden. Im Limousin gingen 1848 19 der 113 Mitglieder der »demokratischen Gesellschaft« von Pionnat im Departement Creuse ebenso handwerklicher Tätigkeit nach wie drei von elf Mitgliedern des »Comité Central et Populaire« des Arrondissements Brive. Zu den Kadern des Republikanismus, aber auch des Widerstands gegen den Staatsstreich gehörten die Handwerker der Dörfer, Flecken und Städte. Sie standen an der Spitze des Protestes in der Provence und machten 43,6% der nach 1852 im Limousin Verhafteten aus. Diese Präsenz resultierte nicht nur aus dem regen Austausch mit der ländlichen Bevölkerung, sondern auch aus identischen politischen Zielen. Sie verteidigten mit der Verfassung, die ein wortbrüchiger Präsident verletzte, auch die politischen Freiheiten, die sie auf örtlicher Ebene gewonnen hatten, die wahre, d.h. die soziale Republik und lokale Möglichkeiten des Zusammenschlusses. Besonders in der Provence dienten die Bürgermeistereien als Zentren des Aufstandes, so daß sich in ihnen die dörflichen Gemeinden gegen für sie feindliche, überregionale politische Entwicklungen wehrten. Dabei verbanden sich bereits die beiden Schichten, die der Dritten Republik ihre soziale Basis geben sollten, nämlich Bauern und Handwerker.

Über die politische Verwandtschaft hinaus manifestierte sich in der Reaktion auch die Integration der Handwerker in die dörfliche Gesellschaft. Wie im Ancien Régime durchsetzte eine Vielzahl von kleinen handwerklichen Betrieben die Dörfer und Flecken. In der großagrarischen Beauce gingen 15 bis 17% der Beschäftigten in der ersten Hälfte des 19. Jahrhunderts handwerklichen Berufen nach, während sich unter den Rekruten der Jahrhundertmitte im Departement Corrèze 7,4%, im Departement Creuse 7,7% und im Departement Haute Vienne 10,9% dem Handwerk zurechneten. Vor der großen Agrarkrise nahm der Anteil der Handwerker auf dem Land offensichtlich zu, denn in der nordfranzösischen Gemeinde Rosières entfiel im Jahre 1836 ein Dienstleistungen anbietender Handwerker auf 22 Bewohner, 1872 waren es jedoch nur 19 Einwohner. Der Realität der handwerklichen Arbeit auf dem Land werden diese Zahlen aber nicht gerecht, da Landwirte außerhalb der Saison ihrerseits gewerblicher Arbeit nachgingen. Die Textilindustrie beschäftigte in den vierziger Jahren 75 000 Handarbeiter im Departement Calvados, 25 000 um St. Quentin, doch auch Forst- und Metallarbeiten, ja sogar Tätigkeiten im Bergbau gingen Landbewohner außerhalb der Saat- und Erntezeit nach.

Vielfältige Beziehungen banden die Handwerker an das Land: zum einen der Naturaltausch, bei dem handwerkliche Arbeit etwa mit Getreide bezahlt wurde, zum andern der Landbesitz. Unter den 153 Dorfbewohnern um Chartres, die zwischen 1811 und 1820 Handwerker waren und ihren Besitz der Steuer anmeldeten, machten die Immobilien 74,8% aus. Nahezu alle besaßen ein kleines Landstück, eine Scheune oder Vieh. Sie heirateten auch in ländlichen Kreisen. In derselben Gegend suchten 35% eine Frau in Handwerkerkreisen, je 23% eine Landarbeiter- oder Landwirtsfrau, 14% die eines Weinbauern. Als Teil der ländlichen Gesellschaft siedelten sie sich jedoch auf unterschiedlichen Stufen derselben an. Nur wenigen gelang der Aufstieg zum Wähler in der zensitären Monarchie. Vor allem die Müller standen an der Spitze der handwerklichen Besitzhierarchie, die, wie etwa im Rousillon, oft gefolgt waren von Schmieden und Sattlern. Durch Heirat, Besitz und Lebensweise nahmen die Meister eine Mittelstellung auf dem Land ein, einerseits abgesetzt von den Landarbeitern, andererseits getrennt von großen Landbesitzern und Kaufleuten, obwohl sie mit beiden Verbindungen pflegten. Diese Mittelposition hatten sie auch bei ihrer Familienplanung inne. Im Unterschied zu den Landarbeitern, die in der Beauce durchschnittlich 3,54 Personen in ihren Haushalten beherbergten, und den Landwirten, die 6,19 Personen zählten, umfaßten Handwerkerhaushalte 4,23 Personen. Auch im Rousillon beschränkten sie die Zahl ihrer Kinder auf zwei oder drei und übernahmen mithin ein malthusianistisches Modell.

Seit 1850 wurde auch ein Milieu von Instabilität ergriffen, das zuvor eher durch Kontinuität geglänzt hatte. Denn zwischen 1811 und 1820 ging ein Drittel aller Handwerker um Chartres ihr Leben lang ihrem Beruf nach, während die Hälfte zu Besitzern und Rentiers aufsteigen konnten, lediglich 13% Landarbeiter wurden und 15% mittellos starben. 60% von ihnen stammten übrigens bereits aus handwerklichen Kreisen. Nach der Mitte des 19. Jahrhunderts verlor das Handwerk seinen goldenen Boden auf dem Lande. Im Departement Haute Loire ging ihr in Häusern angelegter Besitz fast um die Hälfte zurück, und in neun von 13 Kantonen nahm die Bedeutung des Handwerks ab. Besonders in Flecken scheint es besser als auf den Dörfern widerstanden zu haben. Im Weinanbaugebiet des Beaujolais jedoch erlebte es eine Blütezeit zwischen 1850 und 1880 und löste sich erst danach aus seiner ländlichen Umgebung.

Die Handwerksmeister übten jedoch einen politischen Einfluß aus, der aus ihrer Zahl allein nicht zu verstehen ist. Mehrere Faktoren können ihn erklären: die Funktion des Geldverleihens und der privilegierte Platz in der dörflichen Gemeinschaft, der hohe Grad der Ansässigkeit und der Alphabetisierung sowie der verbreitete Kontakt mit der Außenwelt und dem Marktgeschehen. Aber dieser Einfluß hing wohl auch von dem Gesamtcharakter der lokalen Gesellschaft ab. Gefördert wurde er dort, wo – wie in der Provence oder dem Limousin – große und mächtige Notabeln selten und eine Arbeiterbevölkerung nicht sehr stark und bedrohlich waren, behindert dort, wo Machtgruppen präsent waren, so daß der Handwerksmeister nicht als Wortführer der Gemeinde erscheinen konnte. Bei dem Wettbewerb um Bürgermeisterstellen z. B. konnte er sich im gesamten 19. Jahrhundert nur in 5% der Rathäuser durchsetzen. Offensichtlich war die Konkurrenz mächtiger Rivalen größer und machte sich die Bedeutung der Handwerker eher in informellen Formen geltend. Als Kader und Träger der »république au village« (Agulhon) gehörten sie in und nach der 1848er Revolution gleichwohl zu den Kräften, welche die Notabelngesellschaft in Frage stellten.

Mit der zunehmenden Stabilisierung der ländlichen Gesellschaft, in der seit 1860 der demographische Druck nachließ und der Hunger nach Land weitgehend gestillt schien, verloren auch die Manifestationen des bäuerlichen Protests an Sprengkraft. Da überdies das allgemeine gleiche Wahlrecht seit 1848 eine legale Äußerung von Unzufriedenheit ermöglichte, war dieser nicht mehr auf die gewaltsamen Formen angewiesen. Der Wahlzettel ersetzte den Dreschflegel, die Organisation die Bande, der Republikanismus die »Moralische Ökonomie«. Über die Notabelngesellschaft wiesen die 1850 einsetzenden Entwicklungen insofern hinaus, als sie neue politische Inhalte bestätigten und den Anspruch neuer Führungsgruppen anmeldeten. Allerdings blieben sie auf den Süden, Osten und Südwesten Frankreichs stärker als auf den Westen und die Mitte ausgedehnt, wo weiterhin konservative Führungsgruppen herrschten.

Talent und Unabhängigkeit in der Stadt

Das Vertrauen auf die sichere Rente, die Behaglichkeit des Status, die Stabilität der Situationen, welche die Notabelngesellschaft charakterisierten, konnte von zwei Seiten angegriffen werden: von bürgerlichen Berufen, die andere Werte und Strategien verfolgten, aber auch von Unterschichten, welche die Notabelngesellschaft in Frage stellten. Gegen das Besitzer- und Rentierstum konnten Industriekapitäne den Profit setzen, gegen den Status Journalisten und Lehrer das Talent geltend machen und gegen die Bewahrung Ingenieure die technische Innovation einführen. Aufgrund ihrer Konstitutionsprinzipien hätten diese Berufsgruppen an wichtigen Pfeilern der Macht der Notabeln sägen müssen. Stimmt aber diese entwicklungslogische Sicht der Beziehungen mit der Realität sozialen Verhaltens überein? Bildeten diese sozialen Gruppen eine ökonomische, soziale und ideologische Einheit?

Der Industrielle als Eroberer. In dieser Charles Morazé entlehnten und abgewandelten Formulierung wird die Dynamik bürgerlicher Industrieller betont, die auf der Suche nach Profit alte gesellschaftliche Modelle zerbrachen, neue Strukturen aufbauten und auch die Wertordnung veränderten. Ein Beleg für diese Annahme könnten die Mülhausener Textilfabrikanten vor 1870 bieten. Dieses Milieu blieb sehr homogen und lehnte den Müßiggang ab. Von den Nachkommen und Verwandten der Familie Koechlin gingen zwischen 1800 und 1866 über 70% wirtschaftlichen Tätigkeiten nach, aber nur 0,8% verzehrten unproduktiv ihr Einkommen. Nicht nur im sozialen Verhalten, sondern auch in den Werten erfuhr das »otium cum dignitate« der Notabeln eine deutliche Absage. Die Koechlins lenkten ihre zahlreichen Nachkommen frühzeitig auf naturwissenschaftliche Studien, die das Verständnis der Produktionstechniken vergrößerten, und erzogen sie in der »protestantischen Ethik«, die Arbeit, Anstrengung und Studium verherrlichte und – nach den Worten von Michel Hau – mit der industriellen Entwicklung die Vorstellung des Fortschritts verband. Obwohl die Koechlins in Mühlhausen sehr wohl zu den Notabeln gehörten, die umfangreiche Sozialeinrichtungen finanzierten, bewegten sie sich außerhalb einer Gesellschaft, in der Grund und Boden mit den damit verbundenen Sicherheiten das Fundament blieben.

In Nordfrankreich war der Bruch jedoch weniger deutlich. Den Kern der Unternehmerschaft in den Städten Lille, Roubaix und Tourcoing bildeten die Kaufleute, die in der Textilindustrie eine protoindustrielle Tradition fortsetzten und die – wie übrigens auch in Lyon – unter den Gründern von neuen Gesellschaften im 19. Jahrhundert die größte Gruppe stellten. Allerdings charakterisierte die nordfranzösischen Unternehmer eine enge Verbindung dieser weiterhin dominierenden Kaufleute mit Industriellen, Grundrentiers und höheren Angestellten. Dabei blieben die Familien der großen Textilunternehmer offen für Mitglieder aus anderen Schichten, die dann auch in das Geschäft übernommen wurden. Aber sie versäumten, eine Dynamik der Ansiedlung von Betrieben der Investitionsgüterindustrie in Nordfrankreich zu fördern, Innovationen zu begünstigen und moderne Formen der

Zusammenschlüsse zu benutzen. Erst 1891 entstand praktisch die erste Aktiengesellschaft der regionalen Textilkapitalisten. Mithin speiste sich das Unternehmermilieu personell noch stark aus den Kreisen der Notabeln und brach nur teilweise mit deren Gewohnheiten. Denn die Verfügung über internationale Rohstoff- und Absatzmärkte wie auch die durch lokale Banken gewährleistete Versorgung mit Kredit konnten ökonomisch sehr wohl über den Horizont der Notabelngesellschaft hinausweisen.

Der normannische Pol der Textilindustrie schließlich war einerseits eng mit der Welt der Grundrentiers verquickt, öffnete sich andererseits sozial. So führte die Angst vor den konjunkturellen Wechselfällen immer wieder Besitzer von Baumwollspinnereien und Webereien zum schnellen Verkauf ihrer Fabriken, nachdem sie Gewinn gemacht hatten. Diesen investierten sie dann in Grundstücks- und Immobilienkäufen. Durch die Anziehungskraft, welche die Stellung des Notabeln ausübte, veränderte sich das Milieu sehr schnell. Aufgrund begrenzter Investitionen versuchten Bauern, die sehr lange Zeit im Verlagssystem beschäftigt waren, ebenso wie Arbeiter den Sprung in die Selbständigkeit. Erst seit 1860 kapselten sich die Unternehmer gegen Neukömmlinge ab und bildeten Dynastien aus, die aber unter den Stoffdruckern weitaus zahlreicher als in der Baumwollindustrie waren. Aus dieser Geschäftspraxis resultierten eine kurzlebige Perspektive und die Flucht in Sachwerte, die in der zweiten Hälfte des 19. Jahrhunderts zunehmend durch Börsenpapiere abgelöst wurden. Jean Pierre Chaline spricht deshalb zu Recht von einer »vorindustriellen Wirtschaftsmentalität«.

Diese drei Beispiele erfassen keineswegs die Gesamtheit der französischen Unternehmerschaft. In der Metallindustrie etwa boten die Schneiders und de Wendels durchaus auch Beispiele für eine dynamische Sicht der Gesellschaft. Auch in den seit 1850 entstehenden Kaufhäusern gelang Angestellten ein aufsehenerregender Aufstieg und eine profitträchtige Erneuerung der Verkaufsmethoden. Da das Textilgewerbe aber die verbreitetste Form industrieller Produktion vor 1880 blieb, das Elsaß, Nordfrankreich und die Normandie als ihre Zentren anzusehen sind, können die drei Beispiele doch die Bandbreite unternehmerischen Sozialverhaltens verdeutlichen.

Das Milieu der Unternehmer erscheint danach zwar in einigen Branchen und Orten als geschlossen, aber insgesamt bemerkenswert offen. 1855 waren etwa 58% der Eisenhüttenbesitzer Lothringens ebenso wie 75% der normannischen Baumwollspinner Newcomer. Unter ihnen hatten auch Mitglieder der Unterschichten wie Kleinbürger ihren Platz. Denn unter den Gründern von Handelsgesellschaften in Lille und Lyon im Jahre 1866 waren Handwerksmeister, Werkmeister und Arbeiter mit 10,2 bzw. 25,9% vertreten. Wie erwähnt blieb der Kauf oder die Pachtung von Textilbetrieben in Rouen auch für Arbeiter und Bauern offen. Die Dynastie der Pouyer-Quertier z. B. nahm so ihren Anfang. Den besten Humusboden für Unternehmen bildete jedoch die Kaufmanns-, Bankiers- oder Fabrikantentätigkeit, aus der sich die meisten Industriellen rekrutierten. Sofern die Anfangsturbulenzen von Betrieben überwunden waren und die Unternehmen Konsistenz erwarben, schlossen sie sich jedoch stärker gegen »homines novi« ab, es sei denn, diese fügten sich in die Familienstrategie ein und beugten sich deren Werten. So protestierte etwa der Liller Fabrikant Scrive Cabbe im Jahre 1838: »Wir sind ernsthafte Fabrikanten. ... Wir wollen einen Namen, der schon unter Industriellen anerkannt ist, nicht besudeln.«

Wie Beispiele aus Bordeaux zeigen, nahm die gesellschaftliche Exklusivität seit der Jahrhundertmitte zu, was freilich einzelne soziale Promotionen in neue Industriezweige nicht ausschloß. Gewinn- und Rentenlogik hatten sich noch nicht deutlich getrennt. Fabrikanten, Kaufleute und Finanziers gaben teilweise ihre Firmen auf, um als Besitzer arbeitsfrei leben zu können, oder gründeten ihren Lebensabend auf den Besitz von Immobilien. Es scheint, als habe der Protestantismus vor allem im Elsaß, aber auch in der Normandie die Herausbildung einer modernen, Unternehmensgeist fördernden Mentalität begünstigt. Die Eroberung der französischen Industriekapitäne durch den Geist des Kapitalismus stand vor 1870 jedoch noch in ihren Anfängen.

Die Revolte des Talents? Die Existenz einer Qualifikation, die nicht den ihr entsprechenden sozialen Platz gefunden hat, gehörte zu den Alpträumen von Regierungen und Bürgern. Vor 1880 waren besonders die Anwälte ohne Klienten, die Ärzte ohne Patienten und die Journalisten ohne Publikationsmöglichkeiten als Wortführer einer oppositionellen, ja revolutionären Politik gefürchtet. Als »Bohème«, die am Rande der Gesellschaft vegetiere, aus Neid auf Umsturz sinne, hielten diese Gruppen Einzug in zeitgenössische Diagnosen. In der Tat konnten die Publizisten und Journalisten den Primat der Fähigkeit gegen den des Besitzes, den der Qualifikation gegen den des Status stellen. Es ist bekannt, daß in der Julimonarchie aus den Kreisen dieser »Capacités« die Opposition gegen das Zensuswahlrecht besonders lebhaft war.

Stützt man sich auf die Analyse der Lebenswege bekannter, d.h. von zeitgenössischen Nachschlagewerken berücksichtigter Journalisten, die Marc Martin vorgenommen hat, fällt in der Tat auf, daß der Journalismus als ein Weg des sozialen Aufstiegs gesucht wurde. Ein hoher Anteil von Söhnen aus Offiziers- und Soldatenfamilien vertauschte den Degen mit der Feder, um zu Ruhm und sozialem Ansehen zu gelangen. Provinzbewohner strömten nach Paris, um Erfolg zu erringen, und zwei Drittel der späteren Pariser Journalisten gaben die Arbeit in Schulklassen, Bibliotheken und Kanzleien auf, um von dem Ertrag ihrer Feder zu leben. Sowohl die Einbindung des Berufes in das Bildungsbürgertum als auch die Demonstration von sozialem Veränderungswillen fällt auf. Aber die Gruppe fand vor 1870 noch nicht ihre Einheit, sondern spaltete sich in eine Vielzahl schlecht bezahlter, selten fest angestellter Individuen auf, die mit bekannten Schriftstellern zu konkurrieren suchten und in eine strenge Zeitungshierarchie eingebunden waren. Aufgrund dieser Bedingungen konnten einzelne sich immer wieder auf die Seite der politischen Opposition schlagen, stellten aber die Notabelngesellschaft insgesamt keineswegs in Frage. Dadurch, daß sie sich stärker an der Literatur als an der Praxis gesellschaftlicher Enquêten orientierten, wandten sie sich an ein gebildetes Publikum und zerstreuten damit die Bedenken der Honoratioren, sie könnten ihre Rolle als Meinungsführer in einem diesen gefährlichen Sinn benutzen. Als Wortführer eines anderen Wertsystems spielten sie nur als Individuen, nicht aber als Berufsgruppe eine Rolle.

Der Ingenieur – Ein neuer König? In dem Roman *Mémoires de Joseph Proudhommes* aus dem Jahre 1856 schilderte Henry Mounier das Gespräch zwischen einem Vater und seinem Sohn über die Berufskarriere. Nachdem die Annahme, die Stellung eines Advokaten werde nur ein müdes Lächeln des Vaters hervorrufen, nicht dementiert wurde, fuhr der Sohn fort: »Aber sofern ein junger Ingenieur der Pont de Chaussées, wenn es sich auch nur um einen einfachen Ingenieur handelte, sich vorstellen würde, so würden

Sie sofort vermuten, daß er Kanäle und Eisenbahnen gebaut und daß er eine Menge Aktien dabei erhalten habe. Sie wären nicht böse, wenn er dauernd ihre Tochter zum Tanz einlüde, und Sie würden ihm ein sehr wohlwollendes Lächeln schenken, jedes Mal, wenn er sich mit ihnen unterhielte. Das läßt sich gut verstehen, Papa, in einer Maschinenzeit wie der unsrigen ist der Ingenieur König.« Mit den Fortschritten der Industrialisierung gewann in der Tat die technische Kompetenz ihren Adelstitel. Mit dem Aufbau prestigereicher, dem militärisch-aristokratischen Modell angelehnter Schulen trugen die staatlichen Instanzen zum Prestige der Absolventen bei. Mit der 1794 errichteten, auf die Vermittlung von mathematischen und physikalischen Kenntnissen spezialisierten »Ecole Polytechnique« und dem 1806 gegründeten Corps der »Ingénieurs des Ponts et Chaussées«, dem die Crème der »Polytechniciens« angehörten, schufen sich die verschiedenen Regierungen Ausbildungsstätten für die im Staatsdienst tätigen Ingenieure. Kaserniert und militärisch organisiert, einer strengen Disziplin und einem adligen Verhaltenskodex unterworfen, sollten die Absolventen technische Fertigkeiten mit einem hohen Korpsgeist verbinden. Für die Ausbildung der zivilen Ingenieure sorgte die »Ecole Centrale«, die 1829 in Paris gegründet wurde und alsbald mit den staatlichen Institutionen auf dem Markt rivalisierte.

Von wenigen Ausnahmen abgesehen, zu denen die Talabots gehörten, ordneten sich die Ingenieure eher in die Notabelngesellschaft ein, als daß sie diese in Frage stellten. Zumeist stammten sie aus ihr. Die Studenten der »Ecole Polytechnique« gehörten zwischen 1815 und 1848 zu 62% Familien an, die durch ihren Beruf, ihre Funktion und ihren Besitz zu den Privilegierten der zensitären Monarchie zählten. Lediglich 18,2% von ihnen hatten Väter, die als Angestellte oder niedere Offiziere ihren Lebensunterhalt verdienten. Auch in der privat betriebenen »Ecole Centrale« sorgten das umfangreiche jährliche Schulgeld und die Notwendigkeit, außerhalb der Schule in Pension zu leben, dafür, daß der Zugang auf Sprößlinge von Kaufmanns- und Bankiers-, Beamten- und Besitzer-, Notars- und Fabrikantenfamilien begrenzt blieb. In der Regel erwarben Söhne von ohnehin privilegierten Schichten in den Ingenieursschulen ein zusätzliches Kapital, das sie dem produktiven beiordneten. So waren 1864 41,5% der »Centraliens« als Leiter von Unternehmen tätig, die ihnen zumindest zu einem Teil gehörten, während ein gutes Viertel sich als Ingenieure, ein gutes Fünftel als Direktoren bezeichneten. Besonders in traditionellen und familienbetrieblich organisierten Bereichen wie der Textilindustrie besaßen Unternehmer auch eine Ausbildung als Ingenieure.

Zugleich boten sich vor allem in der 1803 gegründeten »Ecole des Arts et Métiers« Ingenieurberufe auch als Aufstiegsmöglichkeiten für Mitglieder der Mittel-, weniger allerdings der Unterschichten an. Als Betriebsingenieure besaßen diese ein bestimmtes Sozialprestige, das außerdem durch die Industrieapologie der Saint-Simonisten gefördert wurde. Der Ingenieur als Erfinder von Maschinen trat aber nach der Jahrhundertmitte hinter dem Organisator und Überwacher zurück, verlor mithin seinen prometheischen Charakter. Offen muß bleiben, wie stark die technisch kompetenten Spezialisten für die Verbreitung von Innovationen und eine veränderte Produktionstechnik gesorgt haben, ob sie alternative Entwürfe zur Struktur der Notabelngesellschaft präsentierten oder ob sie – wie Manfred Späth meint – »Fortschritt symbolisiert(en), ohne die herrschende Ordnung zu gefährden«. Zwei Indizien sprechen für die Rolle der Ingenieure im bestehenden System. Zum einen fanden sie kaum den Weg zum Sozialismus, sondern waren durch ihr Verhältnis zur Technik, Effizienz und zahlreiche innere Differenzierungen ihres Milieus wie auch durch den gepflegten Korpsgeist an die bestehende bürgerliche Ordnung gebunden. Zum anderen weist das Engagement von Emile Cheysson – eines Absolventen der prestigereichen »Ecole Polytechnique« und Mitglieds der Verwaltung der »Ponts et Chaussées« – auf der Seite von Frédéric Le Play für den »sozialen Frieden« und ein seiner gesellschaftlichen Rolle bewußtes Unternehmertum weit über das seiner Kollegen hinaus. Es zielte aber nicht auf eine Umwälzung der bestehenden Ordnung, sondern lediglich auf ihre Reform.

Sowohl unternehmerische Initiative als auch schulische Qualifikationen zerbrachen nicht die Gültigkeit von Strukturen, die der Notabelngesellschaft zugrunde lagen. Freilich schoben sich seit der Jahrhundertmitte über die traditionellen Werte eines Lebens in Muße und durch Besitz zunehmend neue Prinzipien. Der individuelle Erfolg, der Wagemut der Kapitalisten und die Meriten der Ausbildung nahmen immer mehr die Konkurrenz mit den Beharrungskräften der auf Besitz gegründeten Notabelngesellschaft auf.

In ihren sozialen Praktiken, Verankerungen und Normen sprengten jedoch Unternehmer, Ingenieure und Journalisten nicht den Rahmen, den Besitz, Familie und informelle Machtpositionen abgesteckt hatten.

Die Welt der Arbeit

Außer den Bauern und Landarbeitern gehörten Handwerksmeister und -gesellen, Fabrik- und Heimarbeiter, Dienstboten und Angestellte, Männer, Frauen und Kinder, die vom Ertrag zumeist körperlicher Arbeit lebten, zu jenen sozialen Gruppen, die aus der Besitzergesellschaft ausgeschlossen waren. In den Städten des 19. Jahrhunderts stellten sie die Mehrheit der Bevölkerung. Dies wird ebenso im Toulouse der Revolutionszeit sichtbar wie in der sich entwickelnden Industriegemeinde St. Etienne. Diese zählte zu Beginn des Jahrhunderts unter den 25 000 Einwohnern 12 500, die in der Bandwirkerei tätig waren, während mehrere Tausende überdies in Waffen-, Metallbetrieben oder dem Bergbau beschäftigt waren.

Das städtische Kleinbürgertum. Von den Handarbeitern setzten sich die Handwerksmeister und Kleinhändler ab, da sie die persönliche Mitarbeit mit einem wie auch immer begrenzten Kapitalbesitz verbanden. 1789 versorgten in Orléans 2000 Handwerksmeister zusammen mit 867 Kleinhändlern 40 000 Einwohner, in anderen Kleinstädten konnten sie zusammen bis zu 30% der Gesamtbevölkerung ausmachen. Die Zahl der Gewerbesteuerzahlenden, die zwischen 1815 und 1847 von 900 000 auf 1 342 000 anstieg, verdeutlicht die Expansion, die noch eindrucksvoller ausgefallen wäre, wenn nicht die Steuerreform von 1844 über 100 000 Stückarbeiter von der Steuerpflicht ausgenommen hätte. Allein im Einzelhandel waren nach der Volkszählung des Jahres 1872 486 091 Männer und 119 649 Frauen als Selbständige tätig. Zum Erscheinungsbild der französischen Städte gehörten unverzichtbar der Bäcker und Schlachter, der Krämer und Textilhändler, die jedoch erst seit 1880 ihren Einzug in den Dörfern hielten.

Handwerk und Kleinhandel waren seit dem Gesetz Allard und Le Chapelier des Jahres 1791 von der zünftlerischen Organisation zur Gewerbefreiheit übergegangen. Teilweise besiegelten die revolutionären Gesetze nur den Zustand, daß die Korporation in zahlreichen Berufen nicht mehr handlungsfähig war. Teilweise setzten sie – wie in Dijon etwa – einem noch lebensfähigen System ein Ende. Wie im einzelnen der Wandel stattgefunden hat, ist bislang wenig untersucht worden. Viel deutet aber darauf hin, daß die Meister sich im allgemeinen nicht auf die Forderung nach Restauration der Zünfte konzentrierten, sondern um einen Platz in der neuen Ordnung kämpften. Dabei kam ihnen offensichtlich zugute, daß sie in der Revolution im politischen System den Einfluß gewinnen konnten, den sie durch die Beseitigung der Zünfte im wirtschaftlichen Bereich verloren hatten. Auf alle Fälle blieben die Forderungen nach Restauration der Zünfte, die einzelne Handwerkergruppen in einer diesem Ziel günstigen Konjunktur, nämlich zu Beginn der Restaurationszeit, stellten, überaus selten. Vielmehr gehörte die Beseitigung der zunftähnlichen Beschränkungen, welche die Regierung Napoleons I. Bäckern und Schlachtern auferlegt hatte, um die Versorgung großer Städte besser garantieren zu können, zu den Standardthemen liberaler und republikanischer Publizisten. Im Unterschied zu Deutschland fanden in Kleinhandel und Handwerk im 19. Jahrhundert zünftlerische Forderungen und Begriffe weniger Verbreitung als unter Handwerksgesellen. Ein Indiz dafür ist der bereits 1848 sichtbare Rückgang der Lehre im Handwerk, die durch einen schriftlichen Lehrvertrag abgeschlossen, Arbeitszeiten und gegenseitige Verpflichtungen regelte. Unter den 120 000 jugendlichen Arbeitern zu Beginn des Zweiten Kaiserreichs wurde die Zahl der Lehrlinge auf 20 000 geschätzt, von denen nur ein Viertel schriftliche Lehrverträge hatte.

Ohne Marktreservate, korporative Rechte und eine Zwangsorganisation, erlebten die Handwerksmeister in der ersten Hälfte des 19. Jahrhunderts mit voller Macht die Konkurrenz, die zunehmend seit den dreißiger Jahren auch vom Verlagskapital ausging. Sowohl im Textilbereich als auch in der Möbelindustrie und unter Schuhmachern, mithin in den sog. Massenhandwerken drängten Kleidermagazine, Kaufleute und Möbelhäuser vor, die die Handwerksmeister gegen Stücklohn beschäftigten, sie aber vom Rohstoffmarkt und von dem Markt für Kleider, Schuhe oder Möbel abschnitten. Besonders in den großen Städten schritt diese Enteignung der Meister fort, so daß Alain Cottereau für das Paris der Jahrhundertmitte annimmt, daß lediglich rund 5% aller Handwerksmeister sich noch selbst mit Rohstoffen versorgten und unter mehreren, ihre Produkte abnehmenden Kaufleuten wählen konnten. Zumindest in der Hauptstadt war mithin das unabhängige Handwerk in der Minderheit gegenüber einem finanziell und kommerziell abhängigen, das in den Massenberufen konzentriert war. Damit verschwammen auch die Grenzen zwischen den gewerblichen Klein- und den handwerklichen Betrieben in Frankreich deutlich, und bis ins 20. Jahrhundert gehörte der abhängige, einen handwerklichen Betrieb leitende Meister zu den gesellschaftlichen Gruppen, die sich nur schwer eine gewisse Unabhängigkeit erobern konnten.

In dem kleinbürgerlichen Bereich hielt sich die Familienwirtschaft sehr lange. Frauen und Kinder arbeiteten neben familienfremden Arbeitskräften in der Bandwirkerei in St. Etienne oder der Lyoner Seidenindustrie ebenso mit wie in den Läden, bevor eine schlechte Auftragslage etwa in Lyon den Rückgang der Produktion in der Kleinfamilie nach sich ziehen konnte. Diese Familien nahmen teilweise auch die protoindustrielle Strategie auf, durch eine große Anzahl Kinder zusätzliche Arbeitskräfte zu erwerben, während jedoch gleichzeitig Pariser Kleinhändler in der Jahrhundertmitte erfuhren, daß die Erfolgsaussichten ihrer Läden mit steigenden Kinderzahlen sanken. Unter ihnen verbreitete sich deshalb die Geburtenkontrolle. Wie groß auch im einzelnen die Familie war, die Arbeit in ihr gehörte zu den zentralen Werten und Bestandteilen der handwerklichen Produktion.

Wenn auch der Besitz der Produktionsmittel die Klasse kennzeichnete, waren deren einzelne Teile in überaus heterogene Lebens- und Arbeitsbedingungen eingebunden. Zum einen starben in den großen Städten zahlreiche Meister und Krämer, ohne etwas zu hinterlassen, und im Laufe des 19. Jahrhunderts ging in Paris, Lyon und Lille ihr Anteil am Gesamtvermögen zurück, während es in Bordeaux und Toulouse anstieg. Eine kleine Gruppe vor allem aus dem Lebensmittelhandwerk setzte sich jedoch von dem Gros der Meister und Ladeninhaber ab und konnte auf eine durchaus beträchtliche Erbschaft verweisen. Alle Zeugnisse betonen die Heterogenität der Klasse, die sich auch in den in Paris bezahlten Preisen für Betriebe ausdrückte: Um die Jahrhundertmitte kostete dort eine Bäckerei 19200 Francs, ein Tischlerladen 6250 Francs, eine Kneipe jedoch nur 1000 Francs. Diese breit gefächerte Skala der Einkommen und des Besitzes, mit denen unterschiedliche Lebenssituationen und Verhaltensformen verbunden waren, hatte eine wichtige soziale Funktion.

Zum einen konnte das Kleinbürgertum einen breiten gesellschaftlichen Raum besetzen, der von der Arbeiterklasse bis hin zu Ausläufern des Bürgertums reichte. Es umfaßte unterschiedliche Positionen und Strategien und blieb deshalb auch in ständiger Bewegung. Die Lebensdauer von Kleinstbetrieben oder -läden überschritt teilweise kaum wenige Monate oder ein bis zwei Jahre, wie etwa das Beispiel jenes selbständigen Gipsers in Marseille zeigt, der 1849 auch als Arbeiter tätig war. Zum anderen ermöglichte die Spannbreite der im Kleinbürgertum existierenden gesellschaftlichen Stufen eine soziale Veränderung, welche die Struktur der Gesamtgesellschaft nicht in Frage stellte. Aufstiegswillen und Ehrgeiz konnten hier ihren Ausdruck finden, ohne daß die Vorherrschaft von Notabeln bürgerlicher oder adliger Herkunft beeinträchtigt wurde. In St. Etienne etwa waren die Handwerker seit dem Zweiten Kaiserreich häufig Lohnarbeiter im Bergbau, bei der Eisenbahn oder in der Metallindustrie. Aber diese Lohnabhängigkeit war nicht dauerhaft, sondern ihre technische Qualifikation und ihr Hausbesitz ermöglichten es ihnen, sich unter günstigen konjunkturellen Bedingungen wieder selbständig zu machen. Während einer Krise arbeiteten sie erneut als Lohnabhängige oder Heimarbeiter, die Zulieferer für Großbetriebe waren.

Das Kleinbürgertum hatte noch weitere soziale Funktionen: Es erlaubte je nach Familienzyklus die Mitarbeit der Frauen, ohne daß diese sich den familienfeindlichen Arbeitszeiten der Betriebe unterwerfen mußten. Besonders im Kleinhandel führten Arbeiterfrauen Läden, die einen Teil der Wohnung in Anspruch nahmen, während der Ehemann weiterhin Bergarbeiter oder Eisenbahner blieb. Im St. Etienner Viertel Le Soleil machte der Anteil dieser Arbeiterläden zwischen 20 und 25% aller Geschäfte von 1850 bis 1914 aus. In diesen meistens als Kneipe, häufig aber auch als Kram- oder Gemischtwarenladen betriebenen Verkaufsstellen konnten die Frauen das zum Familienunterhalt notwendige Einkommen erwerben, ohne die häusliche Arbeit zu vernachlässigen. Auch im Alter und als Ausweg in ökonomischen Krisenzeiten diente der Laden oder der Kleinstbetrieb als Weg zu einem bescheidenen Einkommen. Witwen und unverheiratete Frauen suchten in ihm ihr Auskommen, aber auch Fabrikarbeiter, die selten eine Rente bezogen und in der ersten Jahrhunderthälfte mit 40 Jahren als Puddler und mit 45 als Weber oder Schneider ihren Beruf aufgeben mußten. In Paris erlaubte die Verwaltung im letzten Drittel des 19. Jahrhunderts vor allem älteren Frauen und Männern, einen ambulanten Gemüse- und Obsthandel zu betreiben, damit diese nicht der städtischen Armenverwaltung zur Last fielen.

In der französischen Gesellschaft, in der seit 1850 die vertikale Mobilität abnahm und das Bürgertum der Städte sich stärker nach unten abschottete, fungierte das Kleinbürgertum als Raum sozialer Bewegungen. Bevor diese Funktion zu Beginn des 20. Jahrhunderts von Verbandsvertretern ideologisch verbrämt wurde, trafen sich in den Kreisen der Kleinbürger bereits unterschiedliche Strategien und kulturelle Erfahrungen und vermischten sich. Alterssicherung und weibliche Zuarbeit, Aufstiegswillen von Arbeitenden, aber auch Veränderungssuche der Handwerker, die im Kleinhandel in Paris etwa eine Aufstiegsposition erblickten, kreuzten sich mit den Bemühungen, inmitten der instabilen Welt der Läden und Werkstätten über eine Generation hinaus zu überleben oder gar den Kindern eine Beschäftigung als Angestellte oder kleine Beamte zu verschaffen. Rückzug und Verbesserung, Zusatz und Aufstieg, all diese Motive mischten sich unter denjenigen, die vor 1880 und darüber hinaus das Kleinbürgertum bildeten. Außerdem transportierten die Kleinbürgerfamilien verschiedene kulturelle Traditionen. Von den zwischen 1870 und 1890 tätigen Kleinhändlern, die Jean Le Yaoung untersucht hat, blickten 30% auf eine familiäre Herkunft aus Arbeiterkreisen, 17% aus bäuerlicher Umgebung zurück. Innerhalb der Welt von Läden und Kleinbetrieben blieben die Tore zu den umliegenden unteren Klassen weit geöffnet, bevor dann seit der Mitte des Jahrhunderts auch die Türen zu den Angestellten und kleinen Beamten aufgestoßen wurden. Das Kleinbürgertum bildete einen Mikrokosmos in der Notabelngesellschaft, die diese durch die in ihr wirkenden Aufstiegschancen legitimierte und stabilisierte. Die im Aufstieg nach oben seit 1850 blockierte Gesellschaft bot gleichsam als Ersatz die Veränderung in das Kleinbürgertum und in ihm an.

Vor allem in seinen stabilen Teilen wuchs aber auch die Opposition gegen ein System, das sie vom öffentlichen Leben ausschloß. Schon vor 1789 hatten verschiedene handwerkliche Berufe gegen die oligarchisch verwalteten Stadtverwaltungen protestiert. In Orléans forderten etwa vier Berufsgruppen, »daß die zweite Klasse des dritten Standes zur Stadtverwaltung und zu anderen öffentlichen Ämtern zugelassen sei, von denen sie bislang ausgeschlossen war, obwohl sie allein die Steuern trug«. In Lyon profitierten die 5000 bis 7000 »Seidenfabrikanten«, die von Kaufleuten abhängig waren, davon, daß die Revolution ihnen den Zugang zur politischen Macht ebnete. Am 26. Februar 1789 setzten sie sich bereits gegen die Kaufleute bei der Wahl der Delegierten für die Generalstände durch. Auch in der Revolution spielten sie als »new political class« (Hunt) eine zentrale politische Rolle. Im Zuge einer breiten Demokratisierung nicht der nationalen Vertreter, aber in den Stadtverwaltungen stellten sie in Amiens 22% der Stadtverordneten, in Nancy 24%, in Aix 31% und in Arles 33%. Sogar in der bretonischen Kleinstadt Pont-L'Abbé, die 1885 Einwohner zählte, teilten sich zwei Schlachter und Einzelhändler mit einem Schuster und Händler die Leitung der Stadt. Besonders in der Phase der Jakobinerherrschaft nahm mit dem Rückzug erschreckter Bürger der Vormarsch der kleinen Leute zu. Die zuvor vom politischen Leben ausgeschlossene Gruppe ergriff die politischen Karrieren, die sich ihnen eröffneten. Wenn auch das Direktorium, vollends Napoleon I. und die zensitäre Monarchie diesen Prozeß stoppten, Handwerksmeister und Detaillisten vom politischen Leben weitgehend ausschlossen oder sie allenfalls durch den Nachweis umfassenden Besitzes zuließen, bestand doch seit der Französischen Revolution ein politisches Potential, das ungleich größer als in Deutschland war und sich bei politischen Krisen manifestierte. Diese Gruppe bevölkerte die »Gesellschaft für Menschenrechte«, die nach der 1830er Revolution republikanische Gedanken vertrat, und gehörte auch 1848 und danach im Languedoc zu den »dauerhaft aktivsten und endschiedensten Teilen des republikanischen Milieus« (Raymond Huard).

Dieses politische Engagement war um so kontinuierlicher, als in der ersten Hälfte des 19. Jahrhunderts zahlreiche handwerkliche und kommerzielle Berufe bedroht waren. Schuhmacher-, Schneider- und Tischlermeister der großen Städte sahen ihre Unabhängigkeit in Frage gestellt durch das Fabrik- oder das Verlagssystem, während die Kleinhändler immer wieder unter der Konkurrenz der fliegenden Händler stöhnten. Überdies zeigte sich in der Wirtschaftskrise von 1848, daß die Kleinbetriebe sehr viel anfälliger als große waren. Ausschluß vom politischen Leben und Bedrohung der wirtschaftlichen Existenz verbanden sich in den Forderungen der handwerklichen Protestbewegungen. Dabei muß offenbleiben, ob der berufliche Stolz, die Qualifikation und die Kohäsion der Korporation die Widerstandskraft erhöhten oder ob – wie Jacques Rancière vermutet – gerade die Distanz zu verpflichtenden Berufsbildern die Öffnung für außerhalb der Gruppe verbreitete Bedeutungsmuster erhöhte. Auf alle Fälle richtete sich die egalitäre Rhetorik der Meister auch gegen die Notabeln.

Die Arbeiterklasse: Lebensform, Organisation, Aktion. Die Zahl der Arbeiter und Arbeiterinnen nahm im 19. Jahrhundert zu. Während 1789 400 000 in größeren Betrieben arbeiteten, waren es zu Beginn der Julimonarchie bereits 1,2 Millionen und 1866 2,8 Millionen. Vor allem seit 1848 erlebte der gewerbliche Bereich eine deutliche Ausweitung. Noch immer dominierte die Textilindustrie. Im Ersten Kaiserreich sollen 60% aller gewerblich Tätigen mit Spinnen, Weben oder Färben ihr Geld verdient haben, lediglich 15 bis 20% durch Arbeit in Bergwerken oder in der Eisenindustrie. In den vierziger Jahren und im Zweiten Kaiserreich hielt sich diese Vorherrschaft der Textilarbeit, während Bausektor und Metallindustrie mit deutlichem Abstand folgten. Wie bereits erwähnt, besetzten die Frauen ein Drittel der Arbeitsplätze, und auch Kinderarbeit war weit verbreitet. 1850 waren 20% der Bergleute in Carmaux noch nicht erwachsen, und in Toulouse waren von den 1415 in den 18 größten Betrieben Beschäftigten je 16% Frauen und Kinder unter 16 Jahren. Zur Heterogenität der gewerblichen Arbeiterschaft trug schließlich auch der seit der Jahrhundertmitte wachsende Anteil von Ausländern bei: In Roubaix waren am Ende des Zweiten Kaiserreichs bereits 55% der Bevölkerung belgischer Herkunft.

Die Klassenlinie, welche die Arbeiter von anderen gesellschaftlichen Schichten trennte, war im gesamten Zeitraum aber noch nicht endgültig gezogen. Die Lohnarbeit bildete nur einen Teil einer auf Sicherung der Subsistenz ausgerichteten Erwerbstätigkeit. Neben dem Arbeiter-Bauern stand der Arbeiter-Handwerker. Bei beiden konnte die Grenze zwischen Selbständigkeit und Abhängigkeit nur schwer bestimmt werden, da sie zwischen proletarischer und unabhängiger Arbeit je nach Lebenszyklus und Konjunktur wechselten. So schrieb der Präfekt des mittelfranzösischen Departements Haute-Loire am 3. Juli 1858 über die Arbeiter in der Gegend von Saint-Didier: »Wenn die Posamenter und Bandweber im allgemeinen die Landarbeit wenig mögen ..., so greifen sie auf diese Arbeit in Zeiten industrieller Krisen doch zurück.« Daneben ist bekannt, wie schnell sich ein Arbeiter als Kleinunternehmer niederlassen konnte, ohne damit jene effektive Unabhängigkeit zu erreichen, die auch unter Handwerksmeistern sehr selten war. Aus Marseille berichtete in der Mitte des 19. Jahrhunderts die Polizei über einen Gipser: »Er ist so lange selbständig, wie er Arbeit hat, und geht als einfacher Arbeiter in andere Werkstätten, wenn seine Privatkundschaft nicht mehr ausreicht.«

Die gewerbliche Arbeit konnte für den Arbeiter-Bauern und Arbeiter-Handwerker sowohl zu Hause als auch in Fabriken stattfinden. Sie besaß aber eine unterschiedliche Perspektive. Für den ersten stellte sie als Heimarbeit oder saisonale Industriearbeit bis in die sechziger Jahre und darüber hinaus noch nicht eine definitive Situation dar, obwohl die Übergänge zwischen dem Bauern, der gewerblich arbeitete, und dem Arbeiter, der auch agrarisch tätig war, verflossen. In der Porzellanindustrie in und um Limoges betrieb um die Jahrhundertmitte ein Drittel der Beschäftigten die gewerbliche Arbeit in Heimindustrie. Vor allem seit 1840 setzte jedoch ein Prozeß ein, in dem vor allem die von städtischen Kaufleuten vermittelte Arbeit und damit auch die gewerbliche Nebentätigkeit auf dem Land zurückgingen. Den Anfang bildete die Stagnation der Baumwollarbeit in der Normandie, in der Revolution von 1848 folgte die Weberei in und um Roubaix und Tourcoing, im Zweiten Kaiserreich waren die Seidenindustrie in Lothringen und das Leinengewebe in Nancy betroffen, bevor dann in den siebziger Jahren die Textilbetriebe der Dauphiné und die kleinen Metallunternehmen in St. Etienne heimgesucht wurden. Damit ging die ländliche Heimindustrie, aber auch die saisonale Fabrikarbeit von Bauern ihrem Ende entgegen. Denn auch die Unternehmen bemühten sich, wie etwa die Bergwerksgesellschaft in Carmaux, die Arbeiter ansässig zu machen und sie von ihren agrarischen Ressourcen abzuschneiden. Aus den nebenberuflich Tätigen sollten Proletarier werden, die nur ihre Arbeitskraft zu verkaufen hatten. Aber dieses Abschneiden von ländlichen Verbindungen geschah nicht abrupt oder konfliktlos. Vielmehr dauerte es bis zum Beginn des 20. Jahrhunderts an und stieß auf den Widerstand der Arbeitenden.

Während die gewerbliche Tätigkeit von Landbewohnern oft unqualifizierte, zeitlich begrenzte Arbeit blieb und sie deshalb auch in Städten »journalier«, d. h. Tagearbeiter, genannt wurden, richteten sich Gesellen oder Facharbeiter auf eine dauerhafte Existenz ein. Nach Schätzungen von Perrot dominierten aber die Unqualifizierten, zu denen sie für die siebziger Jahre die Hälfte aller Beschäftigten zählte, denen gegenüber das Fünftel der Handarbeiter und ein Drittel der Qualifizierten abfiel. Diese besaßen weniger durch eine formalisierte Ausbildung als durch Erfahrung ein technisches Know-how, das sie zu begehrten Arbeitskräften machte. Geplante Wanderungen halfen ihnen, ihren Horizont zu erweitern. Die Mehrzahl von ihnen war weiterhin in kleinen Betrieben beschäftigt. Freilich bildeten sich sowohl auf dem Land als auch in den Städten große Industriebetriebe heraus, in die in den vierziger Jahren Frauen und Kinder, in Roubaix etwa, strömten oder die, wie Le Creusot mit seinen 12000 Arbeitern, das Erstaunen der Zeitgenossen erregten. Besonders in den Bergwerken, der Metallindustrie und einigen staatlichen Manufakturen setzten sich diese großbetrieblichen Strukturen durch.

Aber sie waren die Ausnahme von der Regel, Inseln im Meer der ländlich betriebenen gewerblichen Tätigkeit oder der handwerklichen Kleinbetriebe. In diesen hielten sich die oft durch die Familien tradierten Fertigkeiten, die sich in der Figur des »Sublime« und seines »Eigensinns« ausdrückten. Hier wurden auch die besseren Löhne gezahlt und sogar ein Exklusivitätsdenken gepflegt, dessen Spuren Perrot bis in die achtziger Jahre aufgefunden hat. Neben die unterschiedliche Qualifikation und Dauer der gewerblichen Arbeit trat als differenzierender Faktor auch die Physiognomie der Berufe. Zwischen Schmieden und Hauern, Schustern und Eisenbahnern, Droschkenkutschern und Buchdruckern klafften Welten. Das Pariser Schneiderhandwerk war bereits in den vierziger Jahren von Konfektionshäusern und dem Verlagssystem bedroht, das vormals unabhängige Schneider zu abhängig Beschäftigten oder Lohnschneidern machte. Auch die Schuster und Tischler erlebten diese Dequalifizierung ihrer Arbeiten. Dagegen nahm die Bedeutung der Dreher etwa mit der Mechanisierung der Textilindustrie zu, da sie Maschinen einstellen und überwachen mußten. Als »Wilder Westen« der Arbeiterklasse galten die Bergwerke, die dauernd unter Arbeitskräftemangel und einem hohen »turn over« litten. Zu den wenigen Arbeitern, die bereits in einem Statut ihren Lohn, Arbeitszeit, medizinische Versorgung garantiert fanden, gehörten die Eisenbahner, die durch diese Privilegierung an die Kompagnien gebunden werden sollten. Die Kutscher in Paris schließlich, die teilweise selbst Droschkenbesitzer waren, teilweise für fremde Eigentümer fuhren, siedelten sich in dem Zwischenraum zwischen fremdbestimmter Lohnarbeit und selbstbestimmter Tätigkeit an. Bezieht man überdies das unterschiedlich große Ausmaß der geographischen Mobilität, der Berufsvererbung und der Frauenarbeit ein, ersteht das Bild der Arbeiterklasse vor 1880 in seiner ganzen Buntheit.

Einend wirkte weder der Lohn noch die Fabrik. Denn zwischen jenen, deren Subsistenz ausschließlich vom Lohn abhing, und denen, die ihn als Zusatz benutzten, bestanden ebenso viele Unterschiede wie zwischen denjenigen, die im Stücklohn, und denen, die im Zeitlohn beschäftigt waren. Bis 1880 war in der Lyoner Gegend der Leistungslohn weithin unbestritten, wenn auch der »tarif«, d.h. der Preis für einzelne Arbeitsvorgänge, jeweils umkämpft war. Da überdies Arbeiter, die im Kontraktsystem beschäftigt waren, lediglich einen Teil eines pauschal bezahlten Arbeitsvorganges vom Vorarbeiter erhielten, differierten die Lohnformen und -höhen erheblich. Im Paris des Jahres 1807 standen etwa Goldschmiede und Sattler vor Tischlern, Messerschmieden und Uhrmachern an der Spitze der Lohnhierarchie, während sich die Schuster, Weber und Schneider an ihrem Ende befanden. In Toulon setzte sich in der Jahrhundertmitte eine Elite der Eisenarbeiter von der Masse der Maurer, Bäckergesellen und Tischler ab, die ihrerseits deutlich über den Schustern und Schneidern standen.

Auch die wenigen Fabriken prägten noch nicht durch ihren Zwangscharakter die Arbeiterklasse. Vor dem Jahrhundertende entstanden sie eher durch eine Ansammlung verschiedener Gebäude und Technologien als durch eine kalkulierte Raumplanung. Sie schlossen sich noch nicht durch Mauern von der Umwelt ab, so daß sie den Arbeitenden Bewegungsmöglichkeiten boten, Familienmitgliedern den Zugang zu dem arbeitenden Vater oder der Mutter erlaubten und – wie in Lothringen – Landstreichern als Wärmehallen dienten. Die Organisation des Produktionsraums unter Effektivitäts- und Disziplinierungsgesichtspunkten stammt erst aus dem Ende des Jahrhunderts.

Geeint wurden zumindest die besser qualifizierten Teile der Arbeiter durch Berufsvererbung und Heiratspolitik, alle Arbeitenden durch das proletarische Lebensschicksal. In seiner Untersuchung von Marseille hat William Sewell zwischen offenen und geschlossenen Berufen unterschieden. Den zweiten gelang es, in einer Praxis des »closed shop« die Einstellung zu kontrollieren. Vor allem die Schiffsbauer, Tonnenmacher, Gerber, Maurer und Packer gehörten zu ihnen. Gleichzeitig entsprach dieser Gestaltungskraft eine besondere Sozialstruktur; denn unter ihnen war der Anteil der in Marseille geborenen Arbeiter größer, die Fortsetzung des Berufs des Vaters verbreiteter und der Anteil der aus ländlichen Bereichen stammenden geringer als unter den offenen Berufen der Tischler, Bau- und Metallarbeiter. Unter den handwerklichen Berufen und den unqualifizierten Arbeitern in Marseille blieb in der Tat die Berufsvererbung groß. 1821/22 waren 81% der Söhne der als Handwerker ausgewiesenen Meister und Gesellen in demselben Beruf wie ihre Väter tätig, 1869 waren es noch 63%. Von den nicht über eine Qualifikation verfügenden waren 1821/22 wiederum 45% der Söhne als Arbeiter, 42% jedoch als Handwerker tätig. Diese Tendenz zur Differenzierung und Qualifizierung unter den Arbeitern setzte sich 1869 fort, als 42% der Söhne als handwerklich Qualifizierte, 36% jedoch als Ungelernte arbeiteten. Der Heiratsmarkt war freilich etwas weniger exklusiv, blieb aber doch mehrheitlich auf die Töchter aus dem populären Milieu beschränkt. Da die Angaben von Lequin für die Arbeiterklasse der Lyoner Gegend nicht zu grundsätzlich anderen Ergebnissen gelangen, kann mithin von einer starken sozialen Kohäsion des proletarischen Milieus ausgegangen werden, das sowohl handwerklich Qualifizierte als auch Handarbeiter umfaßte.

Diese Geschlossenheit wurde noch dadurch verstärkt, daß die Möglichkeiten, dem Milieu zu entgehen, gering blieben. Die Kreise der Unternehmer öffneten sich zwar kurz für Arbeiter mit technischem Verständnis, und einigen gelang auch der Sprung in eine länger andauernde Selbständigkeit. Aber bezogen auf die Gesamtheit der sozialen Klassen blieben dies Ausnahmen, die nicht dauerhaft den gesellschaftlichen Horizont ausweiteten. Ihnen widersprachen z. B. die Perspektiven der Lyoner Seidenarbeiter, sich selbständig zu machen. Diese waren in den dreißiger Jahren deutlich schlechter als am Ende des 18. Jahrhunderts. Allein auf dem Umweg über die Eröffnung eines Ladens, einer kleinen Werkstatt oder den Erwerb von schulischem Kapital konnte an eine Veränderung des sozialen Standorts gedacht werden. Diese war nur über mehrere Generationen hinweg möglich. Mithin war die Annahme realistisch, daß man als Arbeiter geboren wurde und in denselben Kreisen starb. Jene Bergarbeiter im Monceau-Les-Mines, die ihre Söhne nach der Schulzeit den Bergbau-Ingenieuren zur Einstellung vorführten, trugen den geringen Veränderungsmöglichkeiten Rechnung und legten den Grundstein für Bergarbeiter-Dynastien.

Über diese Perspektive hinaus verband der nahezu ständige Umgang mit Hunger, Krankheit und schlechten Wohnungsverhältnissen die Arbeiter. Die Nominallöhne, die natürlich stark zwischen den Berufen variierten, stiegen durchschnittlich langsam bis zum Beginn des Zweiten Kaiserreichs, dann schneller bis in die Mitte der achtziger Jahre. Der Reallohn verbesserte sich aber nur ganz allmählich. Daher erstaunt es nicht, daß in der ersten Hälfte des 19. Jahrhunderts zwischen 52 und 75% aller Verstorbenen der großen Städte Frankreichs nichts hinterließen und daß Anfang des 20. Jahrhunderts ihr Anteil immer noch 62 bis 72% betrug. Der stark fluktuierende Stücklohn, aber auch das Ausmaß der Arbeitslosigkeit vergrößerten die Unsicherheit. Die frühkapitalistische Fabrik charakterisierte die Abfolge von Phasen intensiver Arbeit mit Flauten, in denen die Löhne sanken und die Zahl der Beschäftigten zurückging. Selten arbeitete man in Le Mans mehr als 260 Tage im Jahr, in der Julimonarchie und der Krise der Jahrhundertmitte deutlich weniger. Zu Beginn der dreißiger Jahre sollen 40% aller Arbeiter ein Jahr lang stellenlos gewesen sein, 1846/47 waren 60% der Textilarbeiter arbeitslos. Im Zweiten Kaiserreich und zu Beginn der Dritten Republik stabilisierte sich aber die Beschäftigungslage.

Aufgrund dieser Unsicherheit und der daraus resultierenden niedrigen Einkommen reichten diese gerade für ein auf die Sicherung des Nahrungsspielraums konzentriertes Leben. Das Brot blieb der Hauptbestandteil der Menüs, in Suppe oder Saucen getaucht sollte es den nötigsten Hunger stillen. Lediglich zwischen 10 und 20% des Einkommens blieben für Kleidung und Wohnung übrig. Da bereits Kinder und Jugendliche zur Arbeit herangezogen wurden, die Arbeitstage lang und die hygienischen Bedingungen am Arbeitsplatz oft katastrophal waren, prägte sich bis in die Physiognomie das Arbeiterschicksal aus. Die Hand- und Industriearbeiter waren im Durchschnitt in der Mitte des 19. Jahrhunderts kleiner als Advokaten und Rentiers. Sie litten häufiger unter körperlichen Gebrechen, aufgrund derer sie vom Wehrdienst freigestellt wurden. Unter ihnen wüteten Seuchen insgesamt öfter, starben die Kinder jünger und hatten Krankheiten schneller tödliche Folgen. Vor dem Hintergrund dieses Überlebenskampfes wird die Bedeutung des Diebstahls verständlich, der vornehmlich in urbanisierten Departements geballt auftrat und häufig ein Notdelikt war. Auch in der Prostitution suchten junge Mädchen und Frauen oft einen Zusatz zum unzureichenden Lohn.

Zu all diesen Faktoren kam die Ballung in einzelnen Stadtvierteln, die zunehmend das Nebeneinander verschiedener Klassen in großen Mietshäusern der Stadtzentren ablöste. Die Elendsbeschreibungen von La Guillotière in Lyon oder des Viertels Saint-Sauveur in Lille übertrieben kaum. Auch in Paris lebten die Neuankömmlinge in sog. »Garnies«, in denen sie zu mehreren kleine Zimmer teilten. Krankheiten wie Tuberkulose oder Cholera konnten sich unter diesen Wohnumständen schnell verbreiten, und sie dezimierten periodisch die Arbeiterbevölkerung. In den gewerbereichsten Teilen von Lille starben in der Jahrhundertmitte 70% aller Personen vor dem 40. Geburtstag, und die Kinder unter fünf Jahren stellten die Hälfte aller Toten. Ein Leben geprägt von Hunger und Tod, Entbehrung und Krankheit, Erschöpfung und Unsicherheit führte das Gros der französischen Arbeiter und Arbeiterinnen.

Dagegen bildeten sie selber Zusammenschlüsse, die das Existenzminimum sichern und auch den Widerstand organisieren sollten. Die älteste Organisationsform war die Bruderschaft, die bis in das 18. Jahrhundert zurückreichte. Durch der Freimaurerschaft ähnliche Riten geeint, beschränkten sie sich auf eine handwerkliche Elite, die sich vor allem im Bausektor und der Holzindustrie, seit 1832 aber auch in Metallbetrieben konstituierte. Sie organisierten die Wanderschaft der Gesellen, boten in zahlreichen Städten Herbergen an, in denen der Zuwanderer eine Unterkunft, Geselligkeit, Information und Hilfe bei der Wahl des Arbeitsplatzes fand. Diese Form stellte die Wahrung der Qualität und des Stolzes des Berufes in den Mittelpunkt, verwickelte sich auch in der ersten Jahrhunderthälfte häufig in handgreifliche Auseinandersetzungen mit rivalisierenden Verbänden und ging von einem berufsständischen Bewußtsein aus. Sie führten aber auch zu Auseinandersetzungen mit den Meistern, denen sie – sofern sie die Regeln der Zusammenarbeit durchbrachen – Arbeitskräfte entzogen. Seit 1848 verloren diese Organisationen kontinuierlich an Bedeutung.

Im Unterschied zu diesen nationalen Zusammenschlüssen waren die Hilfskassen berufliche und lokale Organisationen, deren Mitglieder sich gegen eine monatliche Zahlung gegen Krankheit, Arbeitsunfälle und Arbeitslosigkeit versicherten. Aufgrund der Gegenseitigkeit waren die Karenzzeiten häufig lang und die Leistungen niedrig, die Anforderungen an ein geordnetes Leben der Mitglieder der traditionellen Moral entsprechend. Diese Koalitionen, die sich manchmal auch zu Widerstandszentren veränderten, setzten teilweise mit der »confrérie« eine katholische Tradition fort und schlossen bisweilen auch den Unternehmer nicht aus. Sie entwickelten sich aber im Zweiten Kaiserreich auch zu Widerstandskassen, die bei Auseinandersetzungen der Arbeiter eingriffen. Mit der Zunahme der »Chambres Syndicales« in der zweiten Hälfte der sechziger Jahre verloren sie aber ihren Charakter als Kampforganisationen. Diese Aufgabe wurde von den Gewerkschaften übernommen, die sich teilweise auch Hilfskassen anschlossen, während die Bewegung der »Sociétés de Secours Mutuels« seit den siebziger Jahren in das republikanische Fahrwasser überging.

Außer den Kassen gewannen die Produktivgenossenschaften, die auf der Grundlage der Selbsthilfe die soziale Frage lösen sollten, in den vierziger Jahren an Bedeutung. Nach Bernard Moss gründeten 50000 Arbeiter aus 120 Berufen 300 Assoziationen. Diese umfaßten freilich außer Lohnarbeitern auch kleine Meister, die vor allem in Zeiten ökonomischer Unsicherheit zu den Genossenschaften stießen. Teilweise mit staatlicher, liberaler oder republikanischer Unterstützung lebten diese Formen im Zweiten Kaiserreich fort und wurden nach 1880 von Republikanern als Therapie gegen die Soziale Frage gepriesen. Die Gewerkschaften nahmen all die zuvor entwickelten Ansätze auf, integrierten sie in ihre Arbeit, bildeten gleichwohl eigenständige Formen, die trotz der Verfolgung der Arbeiterbewegung in den siebziger Jahren eine große Widerstandskraft bewiesen. 1880 wurden 478 Gewerkschaften mit 65 000 Mitgliedern gezählt, die sich vor allem aus den Arbeitern der Möbel-, Bekleidungs- und Bauindustrie rekrutierten. All diese Organisationen blieben in der Regel auf den Beruf und den Ort konzentriert. Selten waren Solidaraktionen, die mehrere Berufsgruppen aus verschiedenen Ortschaften verbanden, wenn diese sich auch in Limoges am Ende des Zweiten Kaiserreichs ebenso wie in der Provinz Dauphiné zeigten. Keineswegs alle Arbeiter wurden erfaßt, sondern lediglich eine Minderheit. Die einzelnen Zusammenschlüsse brachen überdies häufig schnell zusammen.

Vor 1879 bildeten die Arbeiter kaum eigenständige politische Organisationen aus. Vor allem in »Cercles« schlossen sie sich jedoch mit Kleinbürgern und Bürgern zusammen, um in den vierziger Jahren über politische Fragen zu diskutieren. Mit dem Verbot der Vereinigung im Jahre 1834 mußten die politischen Zusammenschlüsse ins Halbdunkel der Illegalität ausweichen. Für die Julimonarchie hat Sewell in einer ideengeschichtlichen Studie den Übergang von einem berufs- zu einem klassenbewußten Denken unter Arbeiterschriftstellern ausgemacht und von der Entstehung eines Klassenbewußtseins gesprochen. In dieses gingen ständische Prinzipien ein, die aber in den Dienst einer offensiven Strategie gestellt wurden. Über diese Tendenz darf nicht das Schwanken der Terminologie vergessen werden, das sich etwa in den Schriften von Etienne Cabet zeigt, in denen die gesellschaftlichen Gegensätze von Reichen und Armen, Aristokraten und Volk verbreiteter waren als die Hinweise auf den Gegensatz von Ausbeutern und Ausgebeuteten. Die Betonung der Eigenständigkeit des politischen Kampfes der Arbeiter blieb eher minoritär gegenüber ihrer Integration in die Aktionen der Republikaner.

Den Organisationen entsprechend fanden auch die Streiks innerhalb von Berufsgruppen und weithin auf einzelne Orte begrenzt statt. Neben dem bruderschaftlichen Kampfmittel der »Verurteilung« von Meistern oder Städten tauchte der Arbeitskampf bereits 1817 unter Lyoner Hutmachern auf. Erst 1864 erhielt er eine legale Existenz; zuvor rangierte er unter den verbotenen und verfolgten Koalitionen. Nach Edmond Shorter und Charles Tilly waren diese vor der Dritten Republik, von kurzzeitigen Schüben abgesehen, gleichmäßig über die Jahre verteilt. Zwischen 1830 und 1847 blieben sie mehrheitlich auf Paris begrenzt. Die Hauptstadt lag als Unruheherd deutlich vor Lyon, Marseille, Le Mans und Rouen. Dem Charakter der städtischen Arbeiterschaft entsprechend bildeten vor allem handwerkliche Berufe und der Bausektor die Arena der Arbeitskämpfe, während die Textilindustrie weniger, die Schwerindustrie und der Bergbau kaum betroffen waren. Schneider waren an 30, Zimmerleute an 24 und Maurer an 17 Aktionen beteiligt. Diese Lohnstreiks, die eher eine Organisation induzierende Wirkung hatten, als daß ihnen Zusammenschlüsse vorangingen, machten auch nach der Legalisierung des Streikrechts nach 1864 die Mehrheit der Arbeitskämpfe aus. Weiterhin standen Textil- und Konfektionsgewerbe an der Spitze, gefolgt vom Bau-, Holz- und Metallsektor.

Mit dem Fortschritt der Industrialisierung nahm auch die Bedeutung der Großbetriebe zu. Zwischen 1871 und 1890 standen sich in einem Viertel aller Kämpfe Arbeiter und Unternehmer in Kleinbetrieben (mit bis zu 20 Arbeitern) gegenüber, aber auch zu dem gleichen Prozentsatz in Großbetrieben (mit 100 bis 250 Arbeitskräften). Die meiste Unzufriedenheit artikulierten die ungelernten Arbeiter, die 59% der Streikenden stellten und 60% aller verlorenen Arbeitstage verursachten. Wenn sich in diesen Angaben auch eine allmähliche Veränderung des Streiks hin zum modernen Arbeitskampf abzeichnet, blieben dessen Formen doch durch eine Arbeiterklasse geprägt, die im handwerklichen und kleinbetrieblichen Bereich verankert war. Maschinenstürmerei überhaupt ging im Jahre 1867 in Roubaix freilich mit den beiden zerbrochenen Webstühlen zu Ende. Dennoch bestand das Mißtrauen gegenüber der Mechanisierung, die häufig eine Dequalifizierung der Arbeitskräfte mit sich brachte, fort. Aber der Streik war – wie Perrot überzeugend dargestellt hat – noch nicht die am ausschließlichen Ziel der Lohnerhöhung oder der Arbeitszeitverkürzung orientierte Aktion, sondern ein globaler Ausbruch von Unzufriedenheit, eine spontane Befreiung von den Zwängen des Arbeitsalltages, ein »Fest«.

Die Einheit des »peuple«. Da sich die Lohnarbeiter noch nicht deutlich aus der Masse der handwerklichen oder agrarischen Kleinbesitzer herausgelöst hatten, bestanden zahlreiche Verbindungen zwischen den verschiedenen Fraktionen der Unterschichten. So suchten in der Revolution von 1848 die streikenden Arbeiter in manchen Berufen den Kontakt zu den Kleinunternehmern, Zwischenmeistern und Meistern. Selbst in der Pariser Commune bemühten sich die Verantwortlichen, den Interessen der kleinen Leute, der Vermieter, Gläubiger und Kleinbetriebe weitgehend Rechnung zu tragen, um sie für ihren Kampf zu gewinnen. Auch in lokalen Organisationen oder Aktionen trafen sich die verschiedenen Volksklassen. In der Julimonarchie umfaßte der »Cercle des Ouvriers« im burgundischen Ort Nuits außer einer Mehrheit von Handwerkern und Weinbauern einen Arzt, einen Tierarzt und einen Dorfschullehrer. In den siebziger Jahren verbanden sich die durch unternehmenseigene Verkaufsstellen bedrohten Kleinhändler des Bergarbeiterdorfes Decaceville mit streikenden Arbeitern und beeinflußten die Stadtverwaltung.

Dabei kam ihnen zugute, daß zahlreiche Geselligkeitsformen bereits Brücken zwischen einzelnen Berufen und Schichten geschlagen hatten. In Cafés versammelten sich kleine Meister, Gesellen, Arbeiter, um ihren elenden Wohnbedingungen zu entfliehen und Neuigkeiten auszutauschen. Norbert Truquien schrieb in seinen Memoiren, daß vor allem die Heimarbeiter ihre Isolation gegen die Kneipe vertauschten, um Stücklöhne und Arbeitsbedingungen zu erfahren, gleichzeitig aber auch eine Flasche zu trinken und mit den Anwesenden zu singen. Die Cafés, die bereits in der vorrevolutionären Zeit bestanden und im 19. Jahrhundert ihre goldenen Jahre erlebten – in Limoges kam 1864 auf 86 Einwohner eine Kneipe –, gehörten zu der Infrastruktur der Stadtviertel ebenso wie die Märkte oder die Brunnen, an denen sich die Frauen trafen. Die Enge der Straßen, die Nähe von Läden, das Kirchspiel, all diese Faktoren trugen dazu bei, außer der beruflichen und geographischen Solidarität auch die innerhalb von Stadtvierteln zu entwickeln, die sich – wie Merriman für Perpignan gezeigt hat – gegen andere Viertel, aber auch gegen die Agenten der Staatsmacht zusammenschlossen. Geradezu zum historischen Akteur erhoben wurden die Außenviertel von Paris durch Jacques Rougerie, der in der Pariser Commune unter anderem eine Eroberung der Innenstadt durch den »Roten Ring« der Vororte erblickte. Weniger aufsehenerregend waren die vielfältigen sozialen Beziehungen, die sich etwa darin zeigten, daß ein Metallarbeiter der mittelfranzösischen Stadt Saint Chamond als Trauzeugen einen Notar, einen Ofensetzer und einen Schneider wählte. Die soziale Gemengelage der Stadtviertel erlaubte den einzelnen Berufen eine Öffnung nach außen, ja erzwang diese gar, wenn sie nicht isoliert bleiben wollten. Freilich durchzogen auch Konflikte diese Gemeinschaften, die sich in Lärmen, Handgreiflichkeiten und Prozessen vor den Friedensrichtern ausdrückten, wie Gérard Jacquemet für Belleville gezeigt hat.

Auch in Festlichkeiten fanden sich verschiedene gesellschaftliche Klassen zusammen. Das Prinzip des Karnevals – bevor er in der zweiten Jahrhunderthälfte kommerzialisiert wurde – bestand gerade darin, in einer kurzzeitigen Umkehrung der gesellschaftlichen Hierarchie den Reichen für einen Tag zum Bettler, den Bettler zum Edelmann zu machen und damit als Ventil für Unzufriedenheit zu dienen. Neben die Bälle, die alljährlich einzelne Berufsgruppen einten und in Paris nach François Gasnault als Heiratsmarkt dienten, traten in Lyon etwa die »Vogues«, auf denen sich ein Querschnitt durch die Gesellschaft vergnügte, bevor dann in der Hauptstadt seit der Jahrhundertmitte die Tanzvergnügungen deutlich weniger die unterschiedlichen Schichten der arbeitenden Bevölkerung zusammenführten.

Nach alledem war die Klassenlinie zwischen Arbeitern und Meistern, Ladenbesitzern und Gesellen noch nicht endgültig gezogen. Gemeinsame Erfahrungen, leichte Übergänge und ein ähnliches Engagement einten die verschiedenen Teile des »peuple«. Dieser agierte dementsprechend auch in den revolutionären Aufständen seit 1789. Die städtischen Massen, die bis 1795 die Hauptstadt in Atem hielten und ihre Konsumenteninteressen verteidigten, rekrutierten sich nach den Studien von Lefèbvre und Rudé vor allem aus Handwerkern, Krämern und Gesellen der Arbeiterviertel von Paris. Unter den Parisern Sansculotten des Jahres 1792 bildeten nach Albert Soboul Handwerker, Kleinhändler und Kaufleute, Gesellen und Tagelöhner zusammen mit einer bürgerlichen Minderheit eine Koalition, die sich gegen die Ansprüche des Adels wehrte. An diesem Bild hat vor allem Richard Cobb wichtige Korrekturen angebracht. Nach seinen Forschungen stammten die politisch Aktiven der Revolution aus unterschiedlichen sozialen Milieus, waren Handwerker oder städtische Lohnarbeiter, häufig aber auch Bürger. Insgesamt bildeten sie durch einen hohen Alphabetisierungsgrad und mittlere Einkommen die Eliten der Stadtviertel. Dies hat auch Andrews für das Pariser Stadtviertel St. Antoine nachgewiesen. Ihr Protest richtete sich gegen die Privilegiengesellschaft und unmäßige Mieten.

In dem Juniaufstand des Jahres 1848, in dem Teile der Pariser Bevölkerung sich für die Schließung der Nationalwerkstätten aussprachen, die ihnen Arbeit und Brot verschafften, standen handwerklich qualifizierte Arbeiter, Ungelernte, aber auch kleine und große Bürger nebeneinander auf den Barrikaden. 62,7% aller Verhafteten hatten einen Beruf gelernt; Bauhandwerker (14,8%), Metallarbeiter (11,2%), Schneider und Schuster (10,5%) bildeten mehr als die Hälfte von ihnen. Die Ungelernten waren mit 17,5% deutlich schlechter repräsentiert, während 10,6% kleinbürgerlichen oder bürgerlichen Berufen nachgingen. In diesem Kampf, in dem es primär um Arbeitsplätze, aber auch um die Rechte von Mietern ging, vereinigte sich der »peuple« von Paris. Auch 1871 engagierten sich die gleichen Berufsgruppen in der Pariser Commune und fanden sich nach dem 28. Mai im Gefängnis wieder. Die Eisenarbeiter, Tagelöhner, Steinarbeiter waren am häufigsten vertreten, Handelsberufe, Holzarbeiter und Angestellte folgten ihnen. Jacques Rougerie hat die Veränderungen zwischen 1848 und 1871 als einen Übergang von den traditionellen Pariser Handwerksberufen zu den Berufen einer stärker durch Bausektor und Metallbetriebe geprägten Hauptstadt erfassen wollen. Bei diesem Wandlungsprozeß blieben die Berufsgruppen aber nahezu unverändert. Überdies beschäftigten 1860 62% aller Pariser Werkstätten weniger als zwei Arbeiter, 31% weniger als zehn und lediglich 7% mehr als zehn. Der Erfahrungshorizont des Gros der Aufständischen blieb der kleine Betrieb ebenso wie das Leben in einem sozial gemischten Milieu.

Die Arbeit von Meistern und Gesellen in der Werkstatt führte freilich nicht dazu, daß die Gesellen notwendigerweise die Sichtweise der Meister übernahmen. Gegen diese simple Einflußthese hat Michael Sonnenscher für die Revolution von 1789 darauf hingewiesen, daß die Arbeitserfahrungen zwar in den öffentlichen Raum eingingen, sich aber vor allem als Anspruch der Gesellen manifestierten, die Meister sollten innerberufliche Regeln respektieren und die Gesellen als Personen und qualifizierte Arbeiter anerkennen. Die Auffassung, ihr »gutes Recht« gegen die Unternehmer verteidigen zu müssen und zu können, teilten Gesellenverbände nach 1860 und durchzog die Gesetzesauslegung der Fabrikgerichte im 19. Jahrhundert. Darüber hinaus verbanden sich Meister und Gesellen in dem Engagement für eine lokale Demokratie, für den Abbau der Macht des Verlagskapitals und von Monopolen jeder Art, das sich sowohl in der Forderung nach der Verallgemeinerung des Kleinbesitzes als auch in dem Programm einer umfassenden direkten Steuer äußern konnte. Die Emphase für die Kleinen und die Ablehnung der Großen, das egalitäre Pathos, das keineswegs mit Enteignung einherging, bildete den Grundstock einer sozialen Utopie, die unter Kleinmeistern, Krämern und Lohnarbeitern bis zum Ende des 19. Jahrhunderts in Frankreich verbreitet blieb.

Vor allem für 1848 läßt sich jedoch belegen, daß die Klasse der

Arbeitenden sich keineswegs politisch einheitlich engagierte. Denn Pierre Caspard hat nachweisen können, daß die Soldaten der Mobilgarde, die die Aufständischen im Juni bekämpften, aus ähnlichen Schichten wie diese kamen. 49% von ihnen hatten als gelernte Arbeiter in handwerklichen Betrieben in Arbeit und Brot gestanden, 18,7% gehörten sogar zu der Elite der Drucker, Goldschmiede und Beschäftigten in der Pariser Luxusindustrie, 5,4% hatten einen Laden geführt, 13,1% schließlich waren als Angestellte tätig gewesen. Sie hatten sich auf die Seite der Republik gegen die sozialistischen Forderungen der Junikämpfer geschlagen, so daß der Kampf nicht zwischen Arbeiterklasse hier, Bourgeoisie und ihren Schergen dort wogte, sondern zwei Fraktionen der Arbeiter miteinander konfrontierte. Nach Caspard rekrutierte sich die Mobilgarde vor allem aus Jugendlichen, qualifizierten Arbeitern, die erst seit kurzer Zeit in Paris ansässig waren und nur über wenig Berufserfahrung verfügten.

Trotz aller Unruhen, Aufstände und Revolutionen blieb die Notabelngesellschaft jedoch bemerkenswert stabil. Die Erschütterungen der gesellschaftlichen Strukturen und Werte führten selten zu einem Erdrutsch, sondern wurden alsbald aufgefangen. Es scheint, als habe die Erfahrung der Französischen Revolution den Reichen und Einflußreichen die Gefahren ihrer Spaltung und Konkurrenz vor Augen geführt, die den Volksbewegungen zugute kommen könnten. Sowohl 1830 als auch 1848 reagierten die Notabeln schnell und herrschaftsstabilisierend, um den mobilisierten Massen ihre Grenzen zu zeigen. 1871 fand sich schließlich die überwiegende Mehrheit des Bürgertums auf der Seite der Commune-Gegner, wenn auch ein Teil eine Politik des Kompromisses vertrat. Die Angst vor Preisfestsetzungen, Enteignungsgelüsten und Daueragitation, welche die revolutionären Ereignisse am Ende des 18. Jahrhunderts verbreitet hatte, ging als Kitt in ein ansonsten vielfältig gespaltenes Bürgertum und die Schicht der Notabeln ein. Die durch den Ausbau eines Repressionsapparates effektivierte Aufstandsbekämpfung sorgte schließlich dafür, daß eine Neuauflage der Jakobinerherrschaft vereitelt werden konnte. Sobald sich jedoch die bestehenden Regierungen nicht in der Lage sahen, den Volksbewegungen Schranken zu setzen, erscholl der Ruf nach einem starken Mann, der sowohl die Einheit der Besitzenden artikulieren als auch deren Ruhebedürfnis entsprechen sollte. Napoleon I. und sein Neffe wirkten in diesem Sinne.

Andererseits blieben die Koalitionen der Gegner der Notabeln konjunkturell begrenzt, und die Mannigfaltigkeit ihrer Interessen durchbrach immer wieder einen Zusammenschluß. So dauerte es nach den Revolutionstagen des Juli 1830 nicht lange, bis die Hoffnungen von Meistern und Gesellen auf staatliche Regulierung und Absicherung von Arbeitsbeziehungen mit der Maxime der Unternehmensfreiheit zusammenstießen und die verschiedenen Regierungen der Julimonarchie die Demonstrationen blutig zusammenschlugen. Auch 1848 trennten sich nach einem Brüderlichkeit und Gemeinsamkeit demonstrierenden Beginn der Revolution alsbald die einzelnen gesellschaftlichen Gruppen, als es um das Wahldatum, das Recht auf Arbeit und die Form der Republik ging. Die heterogene Koalition aus republikanischen Bürgern, Kleinbürgern, Gesellen und Arbeitern besaß offensichtlich einen gemeinsamen Nenner in der Ablehnung des Bürgerkönigtums, aber keinen gemeinsamen Gestaltungswillen. Zugleich war keine der Klassen stark genug, um durch Organisation und Aktion ihren Willen allein durchsetzen zu können.

Schließlich sind die vielfältigen Verbindungen nicht zu vergessen, die zwischen der Gesellschaft der Notabeln und den Volksschichten bestanden. Neben den politischen und ideologischen Einflüssen spielte die Verbreitung von Landbesitz eine stabilisierende Rolle. Die Suche nach einem Stückchen Land, die in Industriestädten am Ende des Jahrhunderts auch in der Zunahme von Schrebergärten zum Ausdruck kam, wie auch deren Besitz stellten eine Vielzahl von sichtbaren und unsichtbaren Verbindungen zwischen dem dominanten Anlagetypus der Notabeln und einem großen Teil der Bevölkerung her. Wenn auch eine andere Verteilung gefordert wurde, war das Prinzip des Landbesitzes nicht angetastet. Er fungierte gleichsam als Rettungsring der französischen Gesellschaft, der ihr auch in Krisenzeiten Stabilität und Auftrieb gab.

Besitz, Familienbindung und Macht begründeten nicht nur die hervorragende Stellung der Notabeln, sondern setzten sich schließlich als gesellschaftliche Modelle auch über diese Schicht hinaus durch und prägten die Verhaltensweisen und Sehnsüchte von Angestellten und Bauern, Advokaten und Pächtern. Die Suche nach einem das »Patrimoine« bildenden Besitz und dessen alle Klassen der französischen Gesellschaft ergreifenden Macht hat Jacques Capdeville jüngst geschildert. Sie lag nicht nur dem bäuerlichen Hunger nach Land, sondern auch dem Streben von Arbeitern zugrunde, sich selbständig zu machen und Mobilien oder Immobilien zu erwerben. Vielleicht ist in diesen klassenübergreifenden Bestrebungen, die bereits im 19. Jahrhundert einsetzten, eine der Ursachen für die Stabilität der gesellschaftlichen Verhältnisse zu finden, die trotz aller Revolutionen und Veränderungen erstaunt. Denn die Träger des Besitzindividualismus mochten wechseln, die Ideologie jedoch blieb verbreitet. Sowohl die Familie als Lebens- und Arbeitsform, aber auch als Wert verbreitete ihre werbende Kraft weit über die Kreise der Notabeln hinaus. Ihre intensive Propagierung durch bürgerliche Autoren und Assoziationen, sowie durch die katholische Kirche trug ebenso zu ihrem Siegeszug unter der arbeitenden Bevölkerung bei wie die Notwendigkeit, die eigene Subsistenz durch die Mitarbeit mehrerer Personen gegen Krankheit, Unfälle oder Siechtum abzusichern. Schließlich lösten sich die sozial exklusiven Kreise, aus denen sich die Minister und Abgeordneten, Gemeinde- und Stadträte, Bürgermeister und Stadtverordneten rekrutierten, in der zweiten Hälfte des 19. Jahrhunderts auf, und Mitglieder des Kleinbürgertums zogen zunehmend in Parlament und Rathäuser ein, bevor dann auch die ersten Arbeiter ihre Ansprüche geltend machten. Im Zuge dieser Entwicklung, die bereits 1848 zaghaft einsetzte, aber erst seit 1880 an Breite gewann, trat zumindest teilweise an die Stelle der vertikalen Abhängigkeit, welche die Macht der Notabeln begründet hatte, zunehmend die horizontale Solidarität gleichberechtigter Bürger als Organisationsprinzip.

Hohe Beamte und Absolventen von Ingenieurschulen, Unternehmer und freie Berufe, aber auch Facharbeiter sorgten mit Homo- und Endogamie dafür, daß ihre soziale Position nicht angetastet wurde. Wenn auch vor 1850 die soziale Durchlässigkeit insgesamt relativ verbreitet war und Kleinbürgern und Arbeitern zugute kam, begann alsbald eine Abkapselung der oberen Gesellschaftsschichten. Teure Ausbildung und niedere Einkünfte setzten bei Beamten und freien Berufen Besitztümer voraus, während die Anlage von Kapital eine Schranke für diejenigen bildete, die sich als Unternehmer selbständig machen wollten. Corpsgeist und die Pflege eines spezifischen Habitus zementierten die Trennungen, die allenfalls zwischen dem Wirtschafts-, Bildungs- und Funktionsbürgertum der jeweiligen Besitz- und Einflußstufe aufgehoben schienen oder sich im Kleinbürgertum verwischten, das der gesellschaftliche Mobilitätsbereich par excellence war. Standortveränderungen konnten mithin jenseits der durch Besitz und Bildung gezogenen Grenze im Bürgertum oder aber zwischen Facharbeitern, Kleinbürgern, Angestellten und kleinen Beamten stattfinden. Innerhalb der Arbeiterklasse sorgte die innere Hierarchie dafür, daß Veränderungswillen nicht zum Verlassen der Lohnarbeiterexistenz führte.

Obwohl die Korporationen und Stände als Rechtsformen seit der Französischen Revolution beseitigt waren, lebten sie als Einstellung fort. Im Dünkel der Adligen konnten sie ebenso aufgefunden werden wie in der gesellschaftlichen Plazierung von Familienangehörigen im Bürgertum oder im Elitebewußtsein der Absolventen von »Grandes Ecoles«. Allein im Kleinbürgertum fanden sie – im Unterschied zu Deutschland – kaum Verbreitung.

II.
Die französische Klassengesellschaft seit 1880

1. Verallgemeinerte Marktbeziehungen

Der Übergang von einer durch Landbesitz, familiäre Herkunft und Funktionen charakterisierten Notabeln- zu einer Klassengesellschaft war begleitet von der Verallgemeinerung von Marktbedingungen. Eisenbahn und Postverkehr verknüpften seit dem dritten Viertel des 19. Jahrhunderts immer dichter das Netz der Austauschbeziehungen. Der nationale Markt für Industrie- und Agrarprodukte wurde immer mehr zur Realität. Ein sichtbares Zeichen dafür setzte die Einführung einer national gültigen Zeit im Jahre 1896. Selbst auf dem Lande fand seit etwa 1890 die städtische Konfektion über Kataloge von Versandhäusern Verbreitung, und seit 1870 trat an die Stelle von Trachten die auf Märkten gekaufte städtische Kleidung. Deutlichstes Signal für diesen Wandel waren die Dessous, mit denen sich junge Bäuerinnen schmückten. Über die Zeitungen und ihre Reklame drangen am Ende des 19. Jahrhunderts zunehmend städtische Lebensmodelle auf dem Lande vor. Im Elsaß, in dem die Unterordnung des Landes unter den städtischen Einfluß allerdings traditionell groß war, priesen etwa 1890 Zahnärzte, Fahrradhändler und Fotografen ihre Dienste an, bevor 20 Jahre später das fließende Wasser, der Kachelofen und die Tapeten der ländlichen Bevölkerung angedient wurden. Die Distanz zwischen dem Lebensstil auf den Dörfern und in den Städten scheint sich mit der Ausdehnung des städtischen Konsummodells zu verringern. Dazu trug auch seit 1870 die Ansiedlung von Bäckereien, Schlachtereien und Cafés auf dem Lande bei, wodurch die bisherige Selbstversorgung abgelöst und differenzierten Nahrungs- und Geselligkeitsbedürfnissen Rechnung getragen wurde.

Mit dieser Kommerzialisierung bisher semiautarker oder autarker Regionen ging die Ausdehnung des Geldverkehrs einher. Sein Umfang nahm zu, und seine Struktur veränderte sich. Ende 1913 waren 23,4 Milliarden Francs im Umlauf, während am 31. Dezember 1929 bereits 153 Milliarden und zehn Jahre später 242 Milliarden gezählt wurden. Zwischen 1913 und 1929 hatte die Inflation die Geldmenge anschwellen lassen. Bereits vor dem Ersten Weltkrieg wurden Geldstücke immer weniger als Zahlungsmittel benutzt, auch wenn sie 1910 noch ein Drittel der Geldmasse ausmachten. Noch wurden sie nicht durch die Banknoten ersetzt, sondern durch den bargeldlosen Zahlungsverkehr, mit dem 1910 44% aller Geschäfte bestritten wurden. Nach dem Ersten Weltkrieg veränderte sich indes die Situation grundlegend. Das Hartgeld ging schlagartig zurück und diente nicht einmal mehr zur Schatzbildung. Hingegen weitete sich der Gebrauch der Banknote auf Kosten des Schecks aus. 1939 bestand die Geldmenge zu 54,3% aus Noten, lediglich zu 43,4% aus Schecks. Verantwortlich für diese Durchsetzung des Geldscheins war die seit 1914 verbreitete Praxis, auf Kosten des Geldwertes die Zahl der Banknoten zu erhöhen, um die Kriegsausgaben finanzieren zu können. In dieser Entwicklung drückte sich zum einen ein verändertes Sparverhalten aus, da nicht mehr der Geldschein oder das Hartgeld, sondern der Goldbarren als krisenfeste Rücklage angesehen wurde, zum anderen ein Rückgang der Interventionskraft der Banken, die erst Mitte der fünfziger Jahre ihr Niveau von 1913 wiederfanden.

Parallel zu diesem Wandel verlief eine Einbeziehung breiter Bevölkerungskreise in den Geldverkehr. Dazu trug außer der Reorganisation des »Crédit Populaire« im Mai 1917 die Entwicklung des Postschecks bei. 1919 waren 41 800 Konten bei den Postämtern eröffnet, 1938 wurden bereits 804 000 gezählt, und dieser Anstieg setzte sich nach 1945 fort. Für die Kreditbelange von Bauern sowie kleinen und mittleren Betrieben sollten neue Banken sorgen. Sowohl die »Crédit Agricole« als auch die »Banques Populaires« hatten die Aufgabe, diesen Schichten zu günstigen Bedingungen Kredit zu verschaffen und ihre Spargelder anzuziehen. Bis 1939 blieb ihr Einfluß aber gering. Bereits über die Alters- und Invalidenversicherung des Jahres 1910 oder die Rente, die die Hinterbliebenen von 1,4 Millionen gestorbenen Soldaten nach 1918 erhielten, drang Geld in die Poren der französischen Gesellschaft ein. Der Sold der Eingezogenen erhöhte in Savoyen etwa nach dem August 1914 die Kaufkraft von Bäuerinnen, die – zum Erstaunen von Reisenden – Fahrräder kauften, die sie nicht benutzen konnten und am Straßenrande liegen ließen. Wenn in der Zwischenkriegszeit auch die Banken ihr ökonomisches Gewicht aus der Zeit vor 1914 nicht wiederfanden, dehnten sie doch ihre Klientel aus. Alle Indizien sprechen für eine zunehmende Einbeziehung verschiedener sozialer Schichten in das System von Anlagen, Zinsen und Kredit, die auch die Rolle traditioneller Geldvermittler entweder überflüssig machten oder sie – wie im »Crédit Agricole« –

mit neuen Kreditformen verbanden. Aber dieser Prozeß verlief keineswegs konfliktlos. Mißtrauen gegenüber modernen Zahlungsmitteln einerseits, Verschuldung andererseits deuten auf soziale Problemlagen hin, die in der Weltwirtschaftskrise auftraten, darüber hinaus aber noch zu untersuchen sind.

Auch der Arbeitsmarkt ging seiner lokalen und regionalen Schranken verlustig. Die Städte weiteten ihre Rekrutierungsbasis beständig aus. Das Zentralmassiv und die Bretagne versorgten um 1900 Paris mit Arbeitskräften, und in Lyon suchten die Bewohner des Departements Ardèche Arbeitsplätze. Vor allem seit dem Ende des 19. Jahrhunderts verloren traditionelle Pole von Wanderungen an Bedeutung, gingen diese über längere Entfernungen und verzichteten auch auf die Zwischenstation von Flecken oder naheliegenden Kleinstädten. Der Übergang aus der ländlichen Tätigkeit in die städtische und gewerbliche wurde direkter und die damit verbundene existentielle Erfahrung tiefer. Nach Maurice Halbwachs wurde dabei »die Identifizierung des Menschen mit seiner lokalen Gruppe zerbrochen, indem er individualisiert wurde«. Die »Große Depression« seit 1873 und die Umstrukturierung der französischen Wirtschaft entgrenzten traditionelle Wanderungsmuster, die Arbeitskräfte verloren häufig jene vielfältige Aktivität, die ihnen erlaubt hatte, eine differenzierte Strategie der Subsistenzsicherung aufrechtzuerhalten. Sie wurden immer mehr zu Lohnarbeitern, die nur ihre Qualifikation und Arbeitskraft verkaufen konnten. Da überdies der Zustrom von ausländischen Arbeitern und Arbeiterinnen im Ersten Weltkrieg und danach zunahm, ihre Zahl von einer Million (1914) auf 2,4 Millionen (1935) anstieg, verloren sich die »geographischen Solidaritäten« (Lequin) der Arbeitskräfte zunehmend. Einen Teil der Erfahrungen dieser mobilen Lohnarbeiter artikulierte nach 1920 die Kommunistische Partei Frankreichs (KPF).

Die kulturelle Durchdringung des Landes setzte sich ihrerseits nach 1880 fort. Der Dialekt ging zugunsten des Französischen zurück, die Schulpflicht wurde von 13 Jahren (1882) auf 14 Jahre (1936) erhöht, die Massenkommunikationsmittel drangen vor. Freilich lebte auch im 20. Jahrhundert etwa das Okzitanische als Umgangssprache fort, und die Soldaten verständigten sich in den Schützengräben des Ersten Weltkriegs im heimischen Idiom. Aber zunehmend lernten die Bretonen oder Basken auch das Französische, das ihnen einen direkten Kontakt mit der Um- und Außenwelt ermöglichte. Die allgemeine Schulpflicht erfaßte indes keineswegs alle Kinder in gleichem Ausmaß. Auf dem Lande etwa, aber auch in städtischen Heimgewerben blieb in Zeiten der Ernte oder dringender Aufträge die Quote der Fehlenden hoch. Außerdem nahm erst seit 1880 in signifikantem Ausmaß die Zahl der Mädchen in öffentlichen Schulen zu und trug die Gesetzgebung von Jules Ferry zu ihrer formalen Gleichstellung bei. Schließlich schlossen gegenüber einer verallgemeinerten Elementarbildung die Gymnasien weitgehend ihre Türen für Kinder aus dem Volk, und die Zahl der in ihnen unterrichteten Schüler stagnierte. Aber mit der Alphabetisierung und der auch teilweise rudimentären Schulbildung eröffnete sich der Markt für Massenblätter wie das *Petit Journal*, das zu Beginn des 20. Jahrhunderts eine Million Exemplare verbreitete, aber auch für regionale Zeitungen wie die *Depêche de Toulouse* oder den *Progrès* in Lyon. Auch auf dem Lande drangen diese Blätter neben den Fachzeitschriften vor, die Daniel Halévy 1912 bei seinem Besuch bei Bauern des Zentralmassivs vorfand.

Selbst wenn in allen Bereichen die Entwicklung noch nicht zum Abschluß gekommen war, hatte die Verknüpfung der Landesteile und die Einbeziehung der verschiedenen Bevölkerungsschichten in Markt- und nationale Zusammenhänge seit 1880 doch so deutliche Fortschritte gemacht, daß die Angebots- und Verkaufsbedingungen von Waren sich einander annäherten. Damit erhielt auch die Klassenbildung einen über lokale, regionale und sektorielle Bedingungen hinausreichenden Zuschnitt. Die nationale Dimension von politischen Entscheidungen und Aktionen gewann ebenfalls an Bedeutung; die sozialen Bedingungen des dörflichen Lebens, des Geldverkehrs, der Erziehung und der Arbeitsmigrationen änderten sich. Im folgenden Kapitel soll danach gefragt werden, in welchem Ausmaß, in welcher Form und mit welchen Folgen Elemente der Notabelngesellschaft nach 1880 überlebten. Anschließend sind die Fronten zwischen den beiden Hauptklassen der Bürger und Arbeiter zu ziehen, ihre Bedingungen und Auseinandersetzungen zu umreißen, ohne daß interne Differenzen der jeweiligen Klasse unterschlagen würden. Schließlich soll nach dem Verhältnis von klassenbildenden und -übergreifenden Faktoren anhand der Analyse der Lebensbedingungen und Aktionen von Bauern, Kleinbürgern und der Sozialpolitik des Staates gefragt werden.

2. Das Ende der Notabeln?

Je nach der Neigung der Autoren ist der Beginn der Dritten Republik, d.h. das Jahr 1875, oder die Durchsetzung der republikanischen Regierungsform in den Jahren 1879 bis 1882 auch als Schlußpunkt einer lang währenden Herrschaft von Notabeln angesehen worden. In der Veränderung der ökonomischen Grundlagen der Gesellschaft in der »Großen Depression« seit 1873, der politischen Neuorientierung unter der Herrschaft der Republikaner, aber auch in der Herstellung einer neuen Sozialordnung, die Léon Gambetta mit dem Aufstieg der »Couches Novelles« ankündigte, schien der Bruch mit der Vergangenheit besiegelt. Der Besitz werde durch das Talent, die Exklusivität durch die Öffnung, das Reservat durch die Konkurrenz ersetzt. Die sozialgeschichtliche Analyse nährt jedoch Skepsis gegenüber harten Zäsuren, die zumeist der politischen Geschichte entlehnt sind, und ruft dazu auf, Übergänge, ihre Etappen und ihr Tempo zu untersuchen. Sie bewertet auch alle jene mehr oder minder anspruchsvollen Zeitdiagnosen, die jeweils das Ende der Ideologien, der Arbeiterbewegung oder der Notabeln proklamiert, eher als Indizien eines Bewußtseins in bestimmten Milieus denn als zureichende Untersuchung. Deshalb soll im ersten Teil der Prozeß nachgezeichnet werden, in dem sich wichtige Strukturen der Notabelngesellschaft erhielten bzw. veränderten und die Grundlagen einer Klassengesellschaft gelegt wurden.

2.1. Der Landbesitz auf dem Rückzug

Mit der Agrarkrise, die seit 1880 zuerst den Weinbau, dann aber auch den Getreideanbau und sogar die Viehzucht erfaßte, verlor auch das Land als Anlage eines Rentier-Bürgertums an Attraktivität. Wie in Deutschland begleiteten sinkende Agrarerträge und -einkommen die Krise. Die bereits 1863 im südfranzösischen Departement Gard entdeckte Reblaus erfaßte seit dem Ende der siebziger Jahre den Süden Frankreichs, verbreitete sich aber auch im Osten. Da die wirksamste Bekämpfung darin bestand, das Land unter Wasser zu setzen und die befallenen Weinstöcke auszureißen, sank in den folgenden Jahren sowohl der Umfang der Weinberge als auch der Ertrag. Von 1873 bis 1885 ging er auf die Hälfte zurück. Aber auch die neue Bepflanzung mit widerstandsfähigen Weinstöcken verbesserte das Schicksal des Weinbaus nicht. Diese erhöhten auf einer geringeren Fläche den Ertrag, so daß seit 1900 Überproduktion und Absatzschwierigkeiten den Winzern neue Sorgen bereiteten. Dementsprechend rapide sanken die Preise je Hektoliter Wein im Languedoc von 18 Francs (1880) auf 5 Francs 20 Jahre später. Schafzüchter und Getreideproduzenten ihrerseits wurden vor allem von der ausländischen Konkurrenz getroffen. Da die Wolle nicht mehr oder nur noch schwerlich absetzbar war, ging der Viehbestand zurück, und in den Getreideanbaugebieten war man mit einem Rückgang des durchschnittlichen Preises pro Hektoliter Getreide von 22 Francs (1882) auf 15 Francs (1896) konfrontiert.

In der Folge dieser veränderten Preis- und Produktionsbedingungen fiel das Agrareinkommen und verlor das Land an Tauschwert. Nach glaubhaften Schätzungen ging dieser zwischen 1881 und 1913 um ein Drittel zurück, in den Weinbergen um Uzès sogar um 60%. Deshalb suchten in den letzten Jahrzehnten des 19. Jahrhunderts städtische und ländliche Rentiers mit möglichst geringen Verlusten ihren Grund und Boden abzustoßen. Um Toulouse boten Grundrentiers, die nur mehr 3% Zinsen im Jahr aus ihrem auf dem Land angelegten Kapital bezogen, ihr Land ebenso zum Verkauf an wie in der Gascogne, in der sich das Bürgertum sogar ganz vom Land löste. Aber auch in der Normandie und in Nordfrankreich verlor seit dem Ende des 19. Jahrhunderts der Landbesitz an Attraktivität. Denn Adel, Stadtbewohner und dörfliche Bürger flohen den Landbesitz. 1913 ironisierte der Doktor E. Labet diese Praxis: »Es ist unmöglich, mit einem Bürger zu reden, ohne daß dieser sich beklagt und einem sagt: ›Ach, wenn ich doch nur verkaufen könnte.‹«

Auch in den Vermögen, die in einzelnen Städten hinterlassen wurden, war der Grund und Boden auf dem Rückzug. In Paris waren 1820 noch 52% aller Erbschaften in Immobilien angelegt, 1911 jedoch nur noch 31%. Auch in Lille verlor er an Bedeutung, ging von 56% (1821) auf 30% (1908) zurück, in Bordeaux von 44,5% (1824) ebenso auf 30% (1911). Allein in der in provinzieller Ruhe dahinlebenden, kaum industrialisierten Stadt Toulouse vergrößerte sich der Immobilienanteil von 51% (1820) auf 53%

(1911), nachdem er 1856 jedoch bereits 62% erreicht hatte. Da unter Immobilien auch der städtische Grundbesitz gezählt wurde, der in den Zeiten der Stadterweiterung und -erneuerung an Wert gewann, fiel dieser Rückgang in den Städten nicht so deutlich aus. Gleichzeitig nahm der Mobilienbesitz in den großen Städten zu. Rente, Obligationen und Aktien rückten neben dem bebauten oder unbebauten Landbesitz bereits vor 1914 als Anlagesphäre in den Blickpunkt. Bereits 12,4% der Pariser Vermögen hatten die Form der Aktien angenommen, 16,9% der Lyoner, jedoch nur 2,8% der Bordeauxer Erbschaften bewiesen zu Beginn des 20. Jahrhunderts, daß die Angst vor der Spekulation und den Wechselfällen des kapitalistischen Wirtschaftslebens abgenommen hatte und daß immer breitere Kreise an dessen Erträgen teilnahmen.

Aber die großen Städte waren nicht repräsentativ für ganz Frankreich. Insgesamt blieb unter der Gesamtheit aller Erbschaften der Immobilienbesitz bis in die Zwischenkriegszeit verbreitet. 18,1% aller Hinterlassenschaften des Jahres 1908 waren Gebäude oder Land, das landwirtschaftlichen Zwecken diente, 21,7% städtische Immobilien. 1934 stieg der Anteil der beiden Anlagen sogar auf 42,2%. Zwar mag vor allem in der Folge der Weltwirtschaftskrise das Land als krisensichere Anlage an Bedeutung gewonnen haben, aber der konjunkturelle Einfluß konnte nicht die Tatsache verdecken, daß der Wert der Vermögen, die Familienväter bei ihrem Tode hinterließen, zu gut einem Drittel aus Land- und Grundstückseinkünften stammten. Der Grundbesitz hatte indes eine andere Funktion als vor 1880. An ihn knüpften sich nicht mehr Sozialprestige und politische Rechte, sondern er war der Zielpunkt einer breiten Flucht in die Sachwerte, die im und nach dem Zweiten Weltkrieg anhielt.

Entsprechend dieser veränderten Bedeutung wechselte auch die Stellung der Grundrentiers. Vor 1914 lebte eine halbe Million Personen in Frankreich, die, obwohl sie im erwerbsfähigen Alter waren, freiwillig keinen Beruf ausübten. Sie bezogen entweder jährlich ihre Einkünfte aus Landbesitz oder aus den Staatspapieren, welche die jeweilige Regierung garantierte. Inmitten einer Gesellschaft, in der die Arbeit und das Talent zum zentralen Wert erhoben wurden, wirkten diese – wie Lenin ironisierend bemerkte – couponschneidenden Rentiers wie Relikte der Vergangenheit. Sie hatten sich aber frühzeitig dem Trend der Zeit angepaßt und sich den Grundstucksspekulationen und dem Hausbau zugewandt, der seit 1850 mit der Ausweitung der großen Städte gewinnträchtig wurde. Bereits zu Beginn des 20. Jahrhunderts brachten die Mieten, die sich seit 1850 verdreifacht hatten, mehr ein als die Verpachtung von Land. Im Paris des Jahres 1880 gehörten deshalb 80% der Häuser Rentiers, die von den infolge steigender Bevölkerungszahlen anwachsenden Mieten ebenso profitierten wie von dem Gewinn, den sie durch Spekulationen einheimsten. Gingen in der Zwischenkriegszeit auch die Mieteinnahmen zurück, so gehörten die Immobilien vor allem nach den Erschütterungen anderer Anlagen zu den sicheren Einkommen. Denn durch die bolschewistische Revolution hatten all diejenigen ihre Ersparnisse verloren, die russische Staatspapiere gekauft hatten; diese waren noch Ende des 19. Jahrhunderts mit Laufzeiten von 99 Jahren angeboten und gezeichnet worden. Durch die Inflation verloren die Besitzer von Obligationen Geld, so daß der Rückzug auf die Immobilie auch Resignation in einer Zeit ausdrücken konnte, in der das bisherige Sparverhalten ins Wanken geriet. Als soziale Schicht lebten die Rentiers freilich bis 1945 fort, sofern sie ihr Kapital auf verschiedene Anlagefelder verteilt hatten.

Was im Vergleich zu bürgerlichen Gewinnaussichten als Rückzug erschien, war für kleinbürgerliche und populäre Schichten eine Promotion, zumindest ein wichtiges Element in einer Strategie von Existenzsicherung und Aufstieg. In den großen Städten wie Paris und Lille, Bordeaux und Lyon kauften zu Beginn des 20. Jahrhunderts Kleinhändler, aber auch Seidenhandwerker oder Schlachter Immobilien, die auch mittlere Beamte oder einige Angestellte anzogen. Das Beispiel von Lille deutet auf eine gegenläufige Entwicklung hin. Während das Bürgertum zunehmend die Immobilien zugunsten lukrativerer Anlagen vernachlässigte, übten diese für die Mittel- und Unterklassen wachsende Anziehungskraft aus. 1908 machten sie nur noch 27% der Vermögen der Ober-, jedoch 66% von denen der Mittel- und 64% von denen der Unterklassen aus. Es gehörte zu den Absicherungsmethoden erfolgreicher Ladeninhaber oder Meister, daß sie – wie Lyoner Schlachter am Ende des 19. Jahrhunderts – ihr Erspartes in den Kauf von Land oder von Häusern anlegten, deren Wohnungen sie vermieteten. Außer dem Zusatzeinkommen bot dieser Besitz auch eine Sicherheit bei Kreditaufnahmen. Aber auch das städtische und ländliche Bürgertum profitierte oft vom Rückzug der Rentiers vom Land. Die zum Verkauf angebotenen Grundstücke fielen teilweise in die Hände von Landwirten, teilweise aber – wie im Beaujolais – kauften sich Kaufleute und Industrielle aus Villefranche ein, legten Wälder an oder bebauten die Grundstücke. In Südfrankreich schließlich gehörten auch kleine Beamte, Handwerker und Kleinhändler zu den Besitzern von Weinbergen, in denen sie ihre Ersparnisse investiert hatten oder die ihnen in der Folge einer Erbschaft zugefallen waren.

Obwohl der Grund- und Immobilienbesitz gesamtgesellschaftlich seine Leitfunktion abgegeben hatte, wurde die Nabelschnur zwischen städtischem Bürger- und Kleinbürgertum und dem Land nicht durchtrennt. Als krisensichere Anlage in Zeiten der Not, aber auch als Bereicherungsmöglichkeit gingen das Land und der Immobilienbesitz in die Lebens- und Aufstiegsplanung von kleinen und großen Bürgern, aber auch von Arbeitern ein. Auf diesem Wege blieb der ländliche Hintergrund auch in Städten präsent und gewann die Besitzergesellschaft als Garant der Stabilität auch eine kleinbürgerliche oder ansatzweise gar proletarische Basis.

2.2. Die neuen sozialen Schichten

In seiner berühmten Rede vom September 1871 bemerkte Léon Gambetta: »Hat man nicht in der gesamten Breite des Landes ein neues politisches Wahlpersonal, ein neues Personal des allgemeinen, gleichen Wahlrechts erscheinen sehen. Ich kündige das Kommen und die Präsenz einer neuen sozialen Schicht in der Politik an.« Die Wahlen des Februar 1871 gaben ihm jedoch keineswegs Recht, denn in ihnen wurde eine mehrheitlich aus Adligen und Oberklassenmitgliedern zusammengesetzte Kammer gewählt. Aber mehrere lokale Beispiele bestätigen die Richtigkeit der Prognose. Bereits am Ende des Zweiten Kaiserreichs befreiten sich Bauern im Departement Yonne von den Notabeln, die sie wenig geachtet hatten, und auch im zuvor kaisertreuen Departement Loir-et-Cher konnte sich 1869 Tassin, der Sohn eines Weinbauern, bei den Wahlen durchsetzen, da er die Sorgen der Winzer direkt aussprach. Selbst im bretonischen Departement Ille-et-Vilaine, das bis 1880 konservativ votiert hatte, zeichnete sich danach eine

Protestbewegung gegen die nicht präsenten Honoratioren ab. Ein Austausch der politischen Eliten stand offensichtlich auf der Tagesordnung.

Langfristig änderten diese auch ihre Physiognomie. Zwischen 1878 und 1940 verloren die Adligen und Großbürger unter den Abgeordneten an Einfluß, während die Deputierten aus dem mittleren und kleinen Bürgertum und aus der Arbeiterklasse immer häufiger auf den Bänken des Palais Bourbon saßen. Besonders schnell nahm der Einfluß jener Berufsgruppe ab, welche die Notabelngesellschaft verkörpert hatte. In einer zwischen 1871 und 1936 von 727 auf 626 Abgeordnete reduzierten Kammer hatten Grundrentiers und Besitzer zu Beginn 104, später nur noch 24 Sitze inne. Aber auch juristische Berufe, hohe Beamte und Industrielle zogen immer seltener in die Vertretung der Nation ein, die bekanntlich bis 1945 ausschließlich von Männern gewählt wurde. Dagegen drängten Volksschul- und Oberschullehrer, Ärzte und Kaufleute auf die politische Szenerie und setzten ihren lokalen Einfluß und ihre Qualifikation für ihre Karrieren ein. Mit dem Wachstum der sozialistischen und kommunistischen Gruppierungen und der radikalsozialistischen Partei gelang es in den neunziger Jahren auch Angestellten und Arbeitern immer häufiger, erfolgreich zu kandidieren.

Auch unter den Bürgermeistern, die seit 1882 bis auf Paris von der männlichen Bevölkerung gewählt wurden, zeichnete sich eine ähnlich deutliche, wenn auch nicht völlig gleichlaufende Entwicklung ab. Auf dem Lande sah die Dritte Republik den Siegeszug der Landwirte, die zunehmend die Grundrentiers aus den Ratshäusern verdrängten und die bis 1954 ihre Zahl kontinuierlich erhöhen konnten, obwohl ihr Anteil an der Gesamtbevölkerung sank. In dieser Machteroberung drückte sich nicht nur ein gewachsenes Selbstbewußtsein, sondern auch eine bessere Ausbildung und Information von Bauern aus. Politisch blieben die aus den Kreisen der Landwirte stammenden Bürgermeister indes gespalten. Sowohl 1882 als auch 1936 orientierte sich die Hälfte von ihnen nach links, die andere nach rechts, konnte die eine die Fortschritte des Republikanismus, die andere das Festhalten an spezifisch agrarischen Werten gegenüber der Modernisierung ausdrücken. Auch in den ländlichen Rathäusern verloren die Grundrentiers und freien Berufe ihre Bastionen, die sie bis ins Zweite Kaiserreich hinein innegehabt hatten, zugunsten der Landwirte, aber auch der Unternehmer aus Handel und Industrie, deren Gruppe sowohl die Handwerker, ländliche Kaufleute und ortsansässige Industrielle umfaßte.

In den 50 größten Städten Frankreichs verlief die Entwicklung jedoch etwas anders. In ihnen wurde seit 1897 auch kein Grundrentier mehr gewählt, deren Zahl bereits von 13 (1824) auf einen (1897) gesunken war. Auch der militärische Ruhm, der 1824 noch 15 Offizieren die Tore der Ratshäuser geöffnet hatte, verblaßte. Letztmalig 1913 schmückte sich ein Militär mit der Schärpe des Bürgermeisters. Dagegen stammten im 19. Jahrhundert immer mehr städtische Mandatsträger aus juristischen und medizinischen Berufen, obwohl deren Bedeutung im 20. Jahrhundert ebenso zurückging wie die der Kaufleute und Unternehmer. Seit 1897 dagegen fanden sich Lehrer und Handwerker, Kleinhändler, Ingenieure und Arbeiter immer häufiger unter den Gewählten. Zu dieser stärker demokratischen Rekrutierung der lokalen Würdenträger trug nicht nur der Verzicht des Industrie- und Handelsbürgertums auf öffentliche Ämter bei, die zunehmend von ihren hohen Angestellten oder Ingenieure übernommen wurden, sondern auch der von Sozialisten und Kommunisten geführte Kampf um die Rathäuser. Man hat deshalb für das Ende des 19. Jahrhunderts zu Recht von einem »socialisme municipal« gesprochen. In der Tat hatten die Abwahl eines Unternehmers und die Wahl eines Arbeiters oder Sozialisten in Industrieorten wie Limoges, Roubaix oder Mülhausen symbolische und politische Bedeutung.

Im Vergleich zu diesen langfristigen Strukturveränderungen blieben kurzfristige selten. In der innenpolitischen Krisenzeit des Jahres 1871 schickten die durch Niederlage, Besetzung der nördlichen Landesteile und Wirren in der Hauptstadt verunsicherten Wähler sogar 225 adlige Abgeordnete in die Kammer. Lediglich 20 Departements verweigerten sich dem diskreten Charme des Adels, während in 18 anderen die Mehrheit der Deputierten adliger Herkunft waren. Vor allem im Westen, dem Südwesten und dem südlichen Rand des Zentralmassivs konnte sich der adlige Einfluß halten, den aber der Erste Weltkrieg nachhaltig schmälerte. 1919 stammte noch einer von zehn Abgeordneten aus dem Adel, 1936 lediglich einer von 20. Auch die republikanische »Revolution der Rathäuser« im Jahre 1882 brachte keine neue Klasse an die Macht, sondern verschob allenfalls die Gewichte. Auf dem Land nahm der Anteil der Landwirte und Beamten wie derjenige der Arbeiter, Handwerker und Industriellen etwas zu, während die freien Berufe, Grundrentiers und Kaufleute an Bedeutung verloren. Auch in 18 von 42 Städten wechselten die Positionen in derselben Berufsgruppe, lediglich in 14 folgte ein Unternehmer einem Bildungsbürger, während in zehn Orten – wie z. B. in Bordeaux – ein Rentier von einem Unternehmer oder Kaufmann abgelöst wurde. Die Erneuerung des politischen Personals auf nationaler und lokaler Ebene verlief weitaus langsamer, als Gambetta vermutet hatte. Auffallend war aber, daß die Besitzer und Grundrentiers als Männer der Vergangenheit häufig abgewählt wurden, während der Einfluß der Adligen zumindest in der Abgeordnetenkammer bis zum Ersten Weltkrieg zwar kontinuierlich geringer wurde, sie aber doch präsent blieben.

Nicht Umbruch, sondern Veränderung, nicht neue Schichten, sondern eine Mischung aus alten und neuen prägte das Personal des politischen Systems seit 1880. Dieses erhob diese Mixtur geradezu zum Konstitutionsprinzip. Es setzte neben die gewählten Abgeordneten den indirekt gewählten Senat, in dem vor allem die ländlichen und konservativen Interessen zum Tragen kamen. Abgeordnete, General- und Arrondissementsräte, aber auch Delegierte einer jeden Gemeinde nahmen an der Wahl der Senatoren teil, von denen bis 1884 sogar ein Viertel vom Senat kooptiert und zu lebenslangen Mitgliedern ernannt werden konnte. Da das Wahlgesetz die Städte benachteiligte, konnten sich im Senat die traditionellen Honoratioren des ländlichen Frankreichs wiederfinden. Aber auch in der Abgeordnetenkammer triumphierte die Stabilität. Abgesehen von jenen Deputierten, die nur eine Legislaturperiode im Palais Bourbon saßen, überlebte die verbleibende Hälfte mehrere Wahlen und blieb in der Regel auch den sie wählenden Departements treu. In einem komplexen Wechselspiel zwischen nationalem Mandat und lokalem Einfluß sicherten sie ihre Position. Zweifellos verlieh das Abgeordnetenamt Prestige und Macht, die sich in Subventionen für lokale Schulen, Interventionen für Bürger des Wahlkreises in Paris oder dem Bau von Eisenbahnlinien ausdrücken konnten. Aber die Wahl zum Abgeordneten war auch ein deutliches Zeichen für eine lokale Verankerung, die entweder seit alters her bestand oder aber aufgebaut wurde. So konnte sich ein Finanzbeamter, der in eine französische Mittelstadt geschickt wurde, dank der Heirat mit der Tochter des örtlichen Präsidenten der Handelskammer den Zugang zu einflußreichen lokalen

Kreisen eröffnen, die seiner Kandidatur als Abgeordneter zugute kam. Im Unterschied zu der ersten Hälfte des 19. Jahrhunderts gründeten sich die politischen Karrieren aber immer weniger auf die informellen Strukturen, sondern der Weg führte öfter über die Institutionen. Beisitzer, Bürgermeister, Generalrat und schließlich Abgeordneter, dieser »cursus honorum« schloß keineswegs aus, daß der Deputierte weiterhin lokale Funktionen ausübte. So war der Radikalsozialist Edouard Herriot in der Zwischenkriegszeit sowohl Bürgermeister von Lyon als auch Präsident der Abgeordnetenkammer.

Die Pflege der lokalen Basis, die der der Notabeln nicht nachstand, war auch deshalb notwendig, weil von ihr die Wiederwahl abhing. Denn die im Parlament bereits seit 1871 als Parteien mit Statuten und Programmen in Erscheinung tretenden politischen Fraktionen mußten ihren Abgeordneten um so größere Entscheidungsfreiheit lassen, als sie aufgrund begrenzter Mittel nur wenig Sanktionsmöglichkeiten hatten. Da die Wahlkämpfe lokal geführt und weitgehend finanziert wurden, mußte die Parlamentsarbeit dem einzelnen Abgeordneten einen breiten Handlungsspielraum zugestehen, damit er in ökonomischen Fragen etwa die spezifischen Interessen seiner Klientel zum Tragen bringen konnte. Es war deshalb nicht erstaunlich, daß gerade bei wirtschaftlichen Problemen die Parlamentsfraktionen divergierende Auffassungen vertraten. Mit diesem Gewicht der Klientelbeziehungen ging die Schwäche der Parteibürokratien einher. Selbst in der Sozialistischen Partei, die den Typus der zentralisierten Massenparteien 1905 in Frankreich einführte, blieb der vom Parteiapparat abhängige Politiker selten. Kaum jemand ließ sich weniger in das Schema eines Parteibeamten pressen als z. B. Léon Blum.

In der Dritten Republik wurde auch die Politik zum Beruf. Die Zweite Republik hatte Diäten für Abgeordnete bewilligt, um diese von Privatbesitz unabhängig zu machen, und damit eine 1795 begonnene Praxis fortgesetzt, die im Kaiserreich und der zensitären Monarchie unterbrochen worden war. Diese Zahlungen stellte Napoleon III. ein, während die Republikaner sie fortsetzten und 1906 sogar die Diäten auf 15 000 Francs pro Jahr erhöhten. Trotz aller sozialen und Bildungsunterschiede formierte sich eine Gruppe der lang und länger dienenden Abgeordneten zu einem spezifischen sozialen Milieu. Da nach 1876 ein Mandat durchschnittlich zehn Jahre dauerte, 13% aller Abgeordneten fünfmal,

7% sogar sechsmal wiedergewählt wurden, hatte ein Fünftel der Deputierten 20 Jahre und mehr Parlamentsarbeit hinter sich, in denen sie zusammengearbeitet hatten. Es war deshalb nicht erstaunlich, daß über die politischen Grenzen hinweg das Duzen verbreitet war und persönliche Beziehungen über die Parteizugehörigkeit hinaus eine Rolle spielten.

Mit Halévy das »Ende der Notabeln« zu proklamieren heißt, zum einen die Beharrungskraft der traditionellen Notabelnwelt zu vergessen, die bis 1914 zumindest lokal fortbestand, und zum andern, einen Wandlungsprozeß überzubetonen, in dem die Besitz- durch die Funktionshonoratioren abgelöst wurden. Freilich ging tendenziell der Einfluß der Besitzer und Grundrentiers im politischen Personal zurück, und an ihre Stelle rückten auf lokaler Ebene die neuen Notabeln aus dem Kreis der wirtschaftlich Aktiven. Aber dennoch knüpfte weiterhin der Besitz von Land oder Fabriken ein Netz von Abhängigkeiten oder Verpflichtungen, auf das sich eine Karriere in der lokalen oder nationalen Politik gründen konnte.

Symptomatisch für die Einflußkraft verschiedener Notabeln war die Verbreitung der Ideologie des Agrarismus auf dem Lande. Sie entfaltete sich im letzten Drittel des 19. Jahrhunderts, als zwischen 1850 und 1906 der Anteil der Bauern an der Gesamtbevölkerung von 75% auf 57,5% zurückging, und setzte der industriellen Welt die des Landes entgegen. Dieses sei nicht nur als Grundlage für die Ernährung unersetzlich, sondern auch als Stätte hehrer moralischer Werte. Während eine rechte Lesart in der Tradition des katholischen Paternalismus eine organische, auf dem Einfluß der althergebrachten Notabeln gegründete Gesellschaft predigte, engagierten sich Anwälte, Ärzte und Tierärzte dagegen für eine Republikanisierung des Landes, für eine egalitäre, auf Arbeit und Sparsamkeit gegründete Landgesellschaft. Durch Kooperativen und Gewerkschaften versuchten beide Gruppen, sich der Zustimmung der Bauern zu dieser Fremdbestimmung und einer soziale Unterschiede einebnenden Sichtweise zu versichern. Gegen diese Vereinnahmung wehrten sich verschiedene Gruppen. Ausgehend von einzelnen Geistlichen, entstanden zu Beginn der zwanziger Jahre in Westfrankreich Bewegungen, die autonome Organisations- und Aktionsformen anstrebten. Vor allem in der »Défense Paysanne«, die der Anwalt Dorgères leitete, artikulierten sich in den dreißiger Jahren der Protest und die Erbitterung der in ihrer

Unabhängigkeit bedrohten Kleinbauern, die sich in der Orientierung der von traditionellen Notabeln weithin beeinflußten »Union Nationale des Syndicats Agricoles« nicht wiederfanden. In einer Mischung aus populistischen und autoritären Themen, Anleihen bei den faschistischen Bewegungen und Agrarindividualismus mobilisierte diese Bewegung eine große Zahl von kleinen Bauern, die ihren Protest in gewaltsamen Aktionen kundtaten.

Sozialgeschichtlich bedeutsam war nach 1880 der wachsende Einfluß von Vermittlerberufen unter den Notabeln der kleinen Städte und des Landes. Zu ihnen gehörten nicht nur die Volksschullehrer, sondern auch die Leiter der ländlichen Sparkassen. Mit der Entscheidung der Dritten Republik, eine obligatorische und laizistische Schule aufzubauen, wurde der Kirche in jedem Ort ein Gebäude entgegengesetzt und mit dem Lehrer eine neue Autoritätsperson geschaffen. Zuvor war dieser oft vom Geistlichen abhängig, der ihn zum Orgelspiel und zu Küsterdiensten heranzog. Seit 1880 lehnte z. B. im bretonischen Plozevet der Lehrer derartige Dienstleistungen ab. Zumeist allein in den zahlreichen ländlichen Gemeinden, kritisch beäugt von einer katholisch gesinnten Bevölkerung oder aber schnell mobilisiert von den Republikanern, war er einerseits in die lokale Gemeinde integriert, stand aber andererseits neben ihr. Integriert war er durch die zahllosen Verwaltungstätigkeiten und Dienstleistungen. Vom abendlichen Lichtbildervortrag für Erwachsene über das Leiten von Chören und Vereinen, die Informierung über agronomische Neuerungen bis zum Schreiben von Briefen oder offiziellen Eingaben reichte die Spannbreite der Aktivität. Da er neben den katholischen Schulen das Erziehungsmonopol innehatte und oft auch die Funktion des Gemeindesekretärs ausübte, repräsentierte der Lehrer die Schriftlichkeit in einer agrarischen Welt, in der sie erst allmählich Fortschritte machte. Gleichzeitig isolierte ihn seine Situation als Fremder und als Beamter, der anders und zu anderen Zeiten arbeitete als die Bauern, unterschiedlichen Zwängen ausgesetzt und durch die Inspektoren gehalten war, auf Distanz zu der Bevölkerung zu achten. In manchen Orten freilich kam er fast übergangslos in den Genuß freiwilliger Abgaben bei großen Familienfesten und reihte sich in eine Reihe mit den geistlichen und adligen Autoritäten ein. Aber auch die ländliche Bevölkerung markierte die soziale Distanz. So schrieb eine Lehrerin aus dem burgundischen Charolais: »Wir wurden zu allen Hochzeiten eingeladen, bei allen Trauerfeiern herangezogen, und man bat uns um Rat bei allen Fragen. Wir waren ›die Dame‹, ›der Herr‹ und ›das Fräulein‹.« Diese Bezeichnungen, die im 18. und 19. Jahrhundert den Grundherren vorbehalten waren, drückten die Hochachtung aus, die Lehrern entgegengebracht wurde.

Trotzdem blieben sie in einer hybriden Stellung. Von den lokalen Ärzten, Apothekern, Friedensrichtern oder Grundbesitzern nicht als einer der ihren betrachtet, von der ländlichen Gesellschaft getrennt, lebten sie häufig ohne gleichrangige soziale Kontaktmöglichkeiten. Von Charles Péguy »die schwarzen Husaren der Republik« genannt, blieb ihr von einem Fortschrittspathos inspiriertes Selbstverständnis vor 1914 noch eklektizistisch und konnte sowohl patriotisches Engagement als auch pazifistische Gedanken umfassen. Obwohl ihre Stellung auf dem Siegeszug des Laizismus beruhte, lehnten sie die kirchliche Trauung keineswegs rundum ab. Erst nach 1918 und unter dem Einfluß der rührigen Gewerkschaft »Syndicat National des Instituteurs« wich diese Heterogenität einem allgemein geteilten Eintreten für Frieden, Fortschritt und Laizismus, das teilweise im Sozialismus seinen Ausdruck fand, die Lehrer aber in der politisch gespaltenen Gesellschaft der Zwischenkriegszeit nur noch stärker isolierte.

Dieser Aufstieg der Lehrer in die Gruppe der Notabeln verdrängte vor 1945 jedoch noch nicht endgültig den Einfluß, den Geistliche, freie oder wirtschaftliche Berufe oder Kleinadlige ausübten. Diese gründeten weiterhin auf ihre Klientelbeziehungen eine lokale Machtposition, die zwar nicht mehr auf vorindustriellen Quellen beruhte, aber über das Prestige von Funktionen hinausging. Auch die katholischen Geistlichen blieben präsent als Wortführer im ländlichen Frankreich, zumal sie sich vor 1914 und danach teilweise für agronomische Neuerungen einsetzten und in der »Jeunesse Agricole Catholique« (1929) eine Organisation schufen, die sich sowohl gegen die Hinnahme bestehender Abhängigkeiten auflehnte als auch durch Weiterbildungskurse an dem Aufbau einer qualifizierten katholischen Elite innovativer Landwirte arbeitete.

2.3. Das Band der Familie

Auch am Ende des 19. und in der ersten Hälfte des 20. Jahrhunderts war der familiäre Bereich teilweise noch Produktionsraum, Ort wichtiger lebensgeschichtlicher Entscheidungen und der Sozialisation der Kinder. Auf dem Lande arbeiteten alle Familienangehörigen weiterhin gemeinsam bei der Bestellung der Äcker oder in der Viehzucht. Allerdings riß die Landflucht bereits Lücken in die Reihe ihrer Mitglieder. Auch im gewerblichen Bereich sollen 1901 rund 80% aller Betriebe mit familieneigenen Arbeitskräften produziert haben. Noch 1936 stand den 1049700 Betrieben, die mit Lohnarbeitern funktionierten, eine mehr als doppelt so große Anzahl gegenüber, die entweder keine Arbeitskräfte oder Heimarbeiter beschäftigten. Bis zum Vorabend des Zweiten Weltkrieges führte die Unternehmertätigkeit nicht notwendig zu einer Ausweitung des Betriebes über die Familie hinaus. Die familiären Kleinbetriebe des Landes und der Stadt prägten weiterhin die französische Gesellschaft. Auch unter Großunternehmern lebten auf die Wahrung der familiären Macht gegründete Strategien im 20. Jahrhundert fort. Am Beispiel der Firma Pont-à-Mousson läßt sich etwa nachweisen, wie der Übergang in eine Aktiengesellschaft und die Ausgabe von Aktien bis in die siebziger Jahre unseres Jahrhunderts nicht dazu führten, daß die Familie des Unternehmensgründers die wirtschaftliche Macht und Kontrolle verlor.

Die Familie hatte auch als legitime Form des Zusammenlebens ihren Siegeszug fortgesetzt. Sie stieß aber immer noch unter Arbeitern auf Schwierigkeiten. Denn 1901 waren 39% der männlichen, 25% der weiblichen Arbeitskräfte in der Industrie nicht verheiratet. Instabilität der Lebensbedingungen und bürokratische Hürden waren für diese – allerdings in einer Momentaufnahme eingefangenen – Prozentsätze verantwortlich, die über Jahre und Jahrzehnte hinweg gesehen sehr wohl zurückgehen konnten. Vor allem unter den Dienstboten traf die Ehe auf Probleme. Im Jahre 1901 waren lediglich 31% aller Dienstmädchen in Paris verheiratet, und die Schilderung des Lebens von Jean und Yvonne, die beide als Dienstboten beschäftigt waren, verdeutlicht ihre Schwierigkeiten bei dem Versuch, ein Familienleben zu führen.

Die erneute Einführung der Scheidung im Jahre 1884 tat der Wirkung des Modells keinen Abbruch. Denn das Gesetz erlaubte die Trennung nur, wenn schwerwiegende Verfehlungen eines der Partner zu ahnden waren, und sie blieb überdies selten. Anfang des 20. Jahrhunderts wurden jährlich im Durchschnitt 15 000 Scheidungen ausgesprochen; bis 1940 erhöhte sich die Zahl auf jährlich 30 000. Trotzdem zeigte die Familie bereits erste Risse. Bei außergewöhnlichen Belastungen etwa, wie sie die lange Trennung während des Ersten Weltkrieges mit sich brachte, zerbrachen Ehen. Zwischen 1920 und 1922 trennten sich jährlich 90 000 Paare. Auch in der ländlichen Gesellschaft hatte die Familie nicht mehr die bindende Kraft, die sie über große Strecken des 19. Jahrhunderts gehabt hat. Im Departement Pas-de-Calais und dem Departement Vaucluse lehnten es etwa 60% der Bauernsöhne ab, auf das elterliche Erbe zu warten, und machten sich in diesen Gegenden der kommerziellen und industriellen Landwirtschaft frühzeitig selbständig. Damit deutete sich bereits eine Lockerung der Familienbindung an, die sich in traditionellen Agrargegenden wie dem Bourbonnais weiterhin darin ausdrückte, daß der Vater bis zu seinem Tode unbestritten den Ton auf den Höfen angab und seine Söhne oder Schwiegersöhne seinen Entscheidungen unterworfen waren. Unbestritten war jedoch die familiäre Autorität in bezug auf Ausbildung und Orientierung der Kinder. Die Berufswahl oblag sowohl bei Bürgern als auch bei Arbeitern den Eltern. In zahlreichen Interviews mit Arbeitern und Arbeiterinnen kommen noch immer die Verletzungen zum Ausdruck, die durch autoritäre elterliche Entscheidungen bewirkt wurden. So blieben in St. Etienne noch zu Beginn des 20. Jahrhunderts Beschäftigungen in dem als unsicher geltenden Stadtzentrum jungen Mädchen verboten, sie mußten sich eine Anstellung im jeweiligen Wohnviertel suchen. Auch die Abgabe des Lohns der bei den Eltern wohnenden Jugendlichen gehört bis nach dem Zweiten Weltkrieg zu den Selbstverständlichkeiten. Der Entstehung einer eigenständigen Jugendkultur waren damit eindeutige Grenzen gesetzt.

In der Familie behielt bis in die sechziger Jahre hinein der Mann juristisch die Oberhand. Bis dahin benötigte z. B. die Frau seine schriftliche Einwilligung, um ein Bankkonto zu eröffnen. Die Realität des Familienlebens sah aber in der Gesellschaft, in der den Frauen bis nach dem Zweiten Weltkrieg das Wahlrecht verweigert wurde, häufig anders aus. Durch ihre Rolle in der Produktion führten die Frauen St. Etienner Bandwirker vor 1930 etwa den männlichen Diskurs über die Schwierigkeit der Arbeit ad absurdum. Auch in der bäuerlichen Familie behielt die Frau oft die Finanzen in ihrer Hand und kompensierte ihre begrenzte öffentliche Rolle durch Machtpositionen im familiären Binnenraum.

Zwischen 1880 und 1945 schrumpfte der Umfang der Familie. Vor dem Zweiten Weltkrieg hatte sich jedoch die Ein-Kind-Familie noch nicht verallgemeinert. 1906 hatten zum Zeitpunkt der Befragung 22% aller Familien noch kein Kind, aber lediglich 8% aller Kinder waren ohne Geschwister. Noch stellte die Familie, die zwei oder drei Kinder großzog, den gesellschaftlichen Durchschnitt dar. In der Familienplanung bestand weder zwischen den Bauern und Industriellen, Kaufleuten und Bankiers noch zwischen Land- und Industriearbeitern ein grundlegender Unterschied. Jedoch setzten sich durch niedrige Kinderzahlen die freien Berufe und vor allem die Angestellten ab. Über 45% von ihnen hatten bereits 1911 keinen oder nur einen Nachkommen. Wie in Deutschland erprobten auch in Frankreich Bank- und Versicherungsangestellte, Handlungsgehilfen und im öffentlichen Dienst Beschäftigte das Modell einer Ein-Kind-Familie, in der sie der Erziehung des einzigen Kindes besondere Aufmerksamkeit widmeten. In der Zwischenkriegszeit breitete sich dieses Modell zunehmend in der Stadt im Bürgertum und unter Arbeitern aus, ohne aber bereits dominant zu werden.

Neue Strukturen prägten auch das Heiratsverhalten. Immer weniger Eheleute schlossen den Bund für das Leben an ihrem Geburtsort, sondern an einem von diesem verschiedenen Wohnort. Lediglich 50% aller Arbeiter heirateten zwischen 1920 und 1959 in dem Arrondissement, in dem sie geboren waren, während dieser Anteil auf 40% für die Angestellten und 35% für die höheren Angestellten sank. Ihre Ehefrau lernten sie aber in der Nähe ihres Wohnorts kennen. 57% aller Eheleute wohnten in derselben Stadt oder demselben Dorf, 81% in demselben Arrondissement. Das durchschnittliche Heiratsalter, das Pierre Guillaume für Bordeaux ermittelt hat, ähnelte 1938 noch dem des Jahres 1883. Die Männer traten im Durchschnitt mit 28 Jahren und vier Monaten, die Frauen mit 25 Jahren und neun Monaten in den Stand der Ehe. Vor allem in den begüterten Schichten heirateten die Männer, nicht jedoch die Frauen später. Offensichtlich stand dahinter ihr Bemühen, vor der Verehelichung eine sichere Stellung zu erwerben. Vor dem Zweiten Weltkrieg blieb sie in Bordeaux im Handel in jungen Jahren selten, vor allem in Unterklassen aber verbreitet. In und nach dem Zweiten Weltkrieg bahnte sich aber eine Veränderung insofern an, als die Ehen auch im Bürgertum nicht mehr unbedingt mit einer abgeschlossenen Berufsausbildung verknüpft wurden. 1948 waren in ganz Frankreich bereits 12% aller Studenten verheiratet.

Weiterhin hatte die Heirat eine unterschiedliche Funktion in Süd- und Nordfrankreich, wenn man von der Häufigkeit der Heiratsverträge ausgeht. Vor 1914 wurden 32% der Ehen südlich der Loire, jedoch nur 18% nördlich davon mit einem notariellen Vertrag besiegelt, in dem Besitzrechte und -abtretungen genauestens fixiert wurden. In diesem Verhalten drückten sich die Sorge um die Überlieferung des Besitzes über das einzelne Ehepaar hinaus sowie vor allem der Wille aus, Land in der Familie zu bewahren. Wie Todd unterstreicht, hatte diese Gewohnheit Folgen für das generative Verhalten, da sie häufig mit einer malthusianistischen Familienplanung einherging.

Aus alledem resultiert, daß grundlegende Strukturen, auf die sich die Notabelngesellschaft stützte, nach 1880 keineswegs schlagartig beseitigt waren. Wie in der Debatte über die Frage, ob die Französische Revolution einen Bruch darstelle oder in eine Kontinuität eingebunden sei, wird man auch für das Ende der Notabelngesellschaft dieses als einen länger dauernden Prozeß verstehen müssen, in dem ältere Strukturen an Prägekraft verloren und sich neuere über sie schoben. Gesteinslagerungen gleich, kennzeichneten eher Verschiebungen und Ablagerungen als Brüche die Veränderungsprozesse in der französischen Gesellschaft.

2.4. Faktoren der Stabilität zwischen 1880 und 1945

Dieses gemächliche Entwicklungstempo, die Koexistenz unterschiedlicher Organisationsprinzipien und Personenkreise sowie die Beharrungskraft von familiären Strukturen und des Grundbesitzes sind auf vielfältige ökonomische, soziale, politische und mentale Faktoren zurückzuführen. Aus diesen sollen hier drei wesentliche herausgegriffen werden, die sozialgeschichtlich besonders prägend waren: das Tempo und die Form der »zweiten« Industrialisierung, die demographische Stagnation und die Stabilität der republikanischen Regierung.

In ihrem Wachstum durchlief die französische Industrie seit

1880 drei unterschiedliche Phasen: eine Abschwungphase, die am Ende des 19. Jahrhunderts der Belle Epoque wich; sie leitete einen Aufschwung bis 1930 ein, bevor auch die Weltwirtschaftskrise auf Frankreich übergriff. Hatte sich die Industrieproduktion zwischen 1870 und 1896 lediglich im Durchschnitt um 1,6% pro Jahr erhöht, schnellte sie bis 1913 auf 2,4% hoch. Auch die Agrarproduktion, die zwischen 1860 und 1890 mit durchschnittlich 0,1% pro Jahr dahinsiechte, erlangte mit 0,9% vor dem Ersten Weltkrieg neuen Elan. Zwischen 1913 und 1929 setzte sich diese Prosperität fort, da nach Edmond Malinvaud die Industrieproduktion um 2,6% pro Jahr zunahm, bevor sie in den folgenden zehn Jahren um 1,1% sank. Abgesehen von den achtziger Jahren des 19. Jahrhunderts, den dreißiger Jahren und den Jahren der Vichy-Regierung konnte sich die französische Industrie in einer fast vier Jahrzehnte umfassenden Aufschwungphase verändern.

Zu dem Eindruck der Stabilität der Gesamtperiode trug zweifellos bei, daß der Einschnitt der Inflation und der Weltwirtschaftskrise weitaus weniger tiefgreifend als in Deutschland war. In der Folge der staatlichen Ausgabenpolitik im Ersten Weltkrieg ging auch in Frankreich der Wert des Franc, der nach 1918 nicht mehr in Gold konvertiert werden konnte, zurück. Wurden vor dem Krieg 5,18 Francs für einen Dollar bezahlt, erhöhte sich der jährliche Durchschnittskurs auf 14,3 Francs 1920 und 25,42 Francs vor der Franc-Abwertung des Jahres 1928. Die gemessen am deutschen Beispiel begrenzte inflationäre Entwicklung hatte freilich die Einkommen von Beziehern fester Bezüge gemindert, sofern diese nicht mit der Preisentwicklung gekoppelt waren. Sie traf mit den Rentiers auch eine Gruppe, die ohnehin durch den Verlust der in russischen Staatspapieren angelegten Ersparnisse gelitten hatte. Da aber unter ihnen möglichst diversifizierte Anlagen zu den Vorsichtsmaßnahmen gehörten, konnten sie ihre Verluste zumeist ausgleichen. Vom »Tod des Rentiers« zu sprechen gehört eher zu den innenpolitischen Schlagworten als zu einer realistischen Lagebeschreibung. Andererseits hatte die Inflation zur Entschuldung beigetragen, was Gläubigern generell, den Unternehmern und dem Staat im besonderen zugute kam, die Profite der Betriebe hochgetrieben und den Konsum erhöht hatte. Die französische Industrie und Gesellschaft schichtete der inflationäre Prozeß ebenso wie in Deutschland jedoch nicht um.

Die Weltwirtschaftskrise, die erst 1931 auf Frankreich übergriff, dauerte länger als in Deutschland, war jedoch weniger tiefgreifend. Die Industrieproduktion, die 1930 stagniert hatte, sank 1931 und 1932 deutlich. Auf der Basis von 1938 = 100 ging sie insgesamt von 121 auf 90 zwischen 1929 und 1932 zurück; besonders rapide war die Metall- und metallverarbeitende Industrie betroffen. Seit Frühjahr 1932 erhöhte sie sich, und der Auftrieb hielt ein Jahr an, bevor er erneut bis April 1935 zusammenbrach, insgesamt aber nicht mehr unter den Tiefpunkt des Jahres 1932 fiel. Seit 1928 ergriff die Krise bereits die traditionellen Industrien, 1930 auch die Konsumgüterbereiche und 1931 die der Investitionsgüter. In ihrer Folge ging mit den Preisen auch das Einkommen zurück. Das der Landwirte sank zwischen 1930 und 1932 um 16% und erneut um 17% in den folgenden beiden Jahren. Die Einkommen der Industrie- und Handelsunternehmen gingen zwischen 1930 und 1932 um 23% zurück, um sich danach auf diesem Niveau zu halten. Die Löhne widerstanden diesen Tendenzen insgesamt relativ gut, und auch die Arbeitslosenzahlen waren mit 426000 Unterstützungsempfängern im Jahre 1935 begrenzt, wenn auch diese Zahlen nicht das ganze Ausmaß der Arbeitslosigkeit ausdrücken. Durch ihre deflationäre Politik garantierten die verschiedenen Regierungen freilich die Bezüge der Renten und festen Einkommen, verhinderten aber eine umfangreiche Investitionspolitik, welche die Volksfrontregierung dann durch eine Ankurbelung der Nachfrage mittels Lohnerhöhungen einerseits, eine Abwertung des Franc andererseits befördern wollte. Die französische Industrieproduktion erholte sich jedoch erst seit dem März 1938 wieder.

Im Vergleich mit den plötzlichen und tiefgreifenden Wirkungen der »Großen Krise« in Deutschland, die sehr schnell von der ökonomischen auf die soziale und politische Ebene übergriff, waren diese in Frankreich über mehrere Jahre und je nach Phase auf verschiedene soziale Gruppen verteilt. Blieb die Realität der Krise auch hinter der deutschen zurück, führte ihre Rezeption doch zur Infragestellung des Status quo. In der französischen Gesellschaft der dreißiger Jahre wurde sie als Versagen der bestehenden politischen und gesellschaftlichen Ordnung erfahren, gegen das die einen mit einer Wendung hin zu der von Sozialisten und Radikalsozialisten getragenen und von den Kommunisten tolerierten Volksfrontregierung, die anderen mit einer Anlehnung an faschistische Vorbilder ein Heilmittel finden wollten.

Zwischen 1880 und 1945 verlor der landwirtschaftliche Sektor gegenüber dem industriellen an Bedeutung. 1906 hatte die Landwirtschaft noch 43,2% aller Beschäftigten Arbeit und Brot gegeben, 1931 waren es jedoch nur noch 36,4%. Der Anteil der in der Industrie Angestellten stieg in diesem Zeitraum von 29 auf 33,1%. Im tertiären Sektor schließlich wirkten 1906 26,1% Angestellte und Arbeiter, 25 Jahre später 29,6%. Unter den industriellen Beschäftigten fanden zwischen 1913 und 1930 immer mehr in Metall- und metallverarbeitenden Betrieben sowie in der chemischen und Elektroindustrie Arbeit, während die traditionelle Textilindustrie und der Bausektor zunehmend weniger das Schicksal der Arbeiter bestimmten. Außerdem entfalteten sich seit der Jahrhundertwende neue Wachstumssektoren in der Automobil-, Elektro- und chemischen Industrie, die das Wachstum der französischen Wirtschaft vorantrieben. Auch die Konzentration der Arbeitskräfte in wenigen Großbetrieben schritt voran. 1912 vereinigten 5% der größten Unternehmen 31% aller Arbeitenden auf sich, 1936 waren es bereits 40%. Parallel dazu verlor der Kleinbetrieb mit weniger als zehn Beschäftigten als Erfahrungsraum für Arbeiter an Bedeutung: hier arbeiteten 1931 lediglich 19,7%, während es 1906 noch 32,2% gewesen waren.

All diese Indizien, die gegenüber einer pessimistischen Sicht der französischen Wirtschaftsentwicklung zu Recht stärker deren Ressourcen und Innovationen als die Hindernisse und Traditionalismen betonen, bündelten sich aber nicht zu einem großen Sprung nach vorn, der die Strukturen der französischen Wirtschaft umgewälzt hätte. Sie setzten Zeichen und verschoben Gewichte, ohne die Gesamtphysiognomie zu verändern. Denn das wirtschaftliche Wachstum, die Entfaltung der Großbetriebe und die Verbreitung neuer Industriezweige fanden in einem Kontext statt, in dem die Textilindustrie weiterhin wichtig blieb und der Kleinbetrieb widerstand. Noch 1938 arbeiteten mehr als die Hälfte aller französischen Arbeitskräfte in Textil-, Konfektions- oder Lederbetrieben, dem Bausektor oder der Nahrungsmittelindustrie. Diese Bereiche blieben stärker an einer auf Qualität achtenden Produktion geringer Quantität als an Massenfertigung interessiert. Neben den auf neue Methoden der Herstellung und Vermarktung ausgerichteten Betrieben der Metall-, Automobil- und chemischen Industrie blieben diese Zweige weiterhin deutlich präsent. Neben dem Fortschritt der Großbetriebe prägten weiterhin zahlreiche kleine Unternehmen die französische Industrielandschaft. Noch 1936 wurden neben 1049700 mit Lohnarbeitern produzierenden Unternehmen 440200 gezählt, die nur familieneigene Arbeitskräfte benutzten, und 1930900 Betriebe, die als Alleinmeister verzeichnet waren. Verloren diese »Klitschen« auch an Bedeutung, trugen sie doch unbestreitbar zu dem Bild Frankreichs als klassischem Land der Kleinbetriebe bei.

Wie im 19. ging auch im 20. Jahrhundert von der Bevölkerung wenig Dynamik aus. Aufgrund niedriger Geburten- und Fruchtbarkeitsraten resultierte das langsame Wachstum der französischen Bevölkerung von 39,2 Millionen (1921) auf 41,8 Millionen (1931) vor allem aus der Immigration. Der Vormarsch der Kleinfamilien oder der kinderlosen Ehe unter freien Berufen, Kaufleuten und Angestellten trug ebenso wie das aus den hohen Kriegsverlusten folgende Geburtenloch zu der Stagnation der Bevölkerung bei. Auch der Frauenüberschuß, der zum Anstieg der Zahl der Witwen und Unverheirateten führte, wirkte sich negativ auf die Heirats- und Geburtenraten aus, die überdies in der Weltwirtschaftskrise sanken. Veränderungen in der Physiognomie der Bevölkerung waren eher auf die Urbanisierung als auf eine demographische Expansion zurückzuführen.

Zwischen der Mitte des 19. Jahrhunderts und den dreißiger Jahren des 20. Jahrhunderts nahm die Zahl der Franzosen, die in den Städten wohnten, kontinuierlich zu: von 8,65 Millionen im Jahre 1846 auf 22 Millionen vor dem Zweiten Weltkrieg. Erstmals überwog 1931 der Anteil der Städter den der Landbewohner mit 51,2%, sofern man eine Zahl von 3000 Einwohnern als Grenze zwischen Stadt und Land akzeptiert. Legt man jedoch (mit Georges Dupeux) 5000 Einwohner zugrunde, lebten 1936 erst 46,8% der Gesamtbevölkerung in Städten. Im Unterschied zur Notabelngesellschaft konzentrierte sich die Bevölkerungszunahme auf jene Gebiete, in denen auch die Industrialisierung fortschritt. Vor dem Ersten Weltkrieg gehörten die acht Departements, in denen der Verstädterungsprozeß am schnellsten vorangeschritten war, auch zu jenen, die im Prozeß des wirtschaftlichen Wachstums am deutlichsten engagiert waren: Lothringen, Nordfrankreich, der Rhônegraben und das Pariser Becken gehörten dazu. Auch Clermont-Ferrand erlebte mit der Ausweitung der Reifenfirma Michelin eine deutliche Ausdehnung ebenso wie Toulouse, wo sich seit 1918 die Luftfahrtindustrie niederließ. Dagegen führte der Rückgang der Leder- oder Textilindustrie in Annonay oder Roubaix zu Bevölkerungsverlusten. Der Erste Weltkrieg beschleunigte die Konzentration der französischen Bevölkerung in Paris und in anderen großen Städten. Denn Bauern gehörten überproportional häufig zu den Toten des Krieges; überdies kehrten Soldaten oder in der Kriegsindustrie beschäftigte Bauerntöchter häufiger nicht in ihre Heimat zurück. Der Bruch zwischen dem größten Teil des französischen Territoriums, das nur schwach besiedelt war, und der Ballung von Menschen in einigen Departements und großen Städten richtete alsbald die Aufmerksamkeit auf »die französische Wüste«. Im Unterschied zu dieser demographischen, ökonomischen und auch kulturellen Verödung von Landesteilen bildeten sich in den Städten Experimentierfelder für berufliche Strategien und neue Verhaltensweisen heraus.

Diese Entwicklung stellte die städtischen Verwaltungen vor Probleme. Es galt, für die Zuwanderer geeignete Wohnungen, Sozialeinrichtungen, Schulen und Arbeitsplätze zu schaffen. Diese Aufgaben wurden aber nur unzureichend gelöst, wie sich etwa am Beispiel des Wohnungsbaus ablesen läßt. 1894 wohnten nämlich 20% der Bevölkerung von St. Etienne, 19% der von Nantes oder 16% der von Lyon oder Lille in einem Zimmer, das sich mehrere Personen teilen mußten. 1906 lebten weiterhin in den Städten über 5000 Einwohnern 26% aller Mieter mit mehr als zwei Personen in einer Einzimmerwohnung. In der Zwischenkriegszeit und trotz staatlicher Förderung wurden wegen der niedrigen Mieten nur zwei Millionen neue Wohnungen gebaut, so daß bis in die fünfziger Jahre das Problem der Unterbringung von Arbeiterfamilien nicht gelöst werden konnte.

Stabilität schließlich strahlte auch die Dritte Republik aus, die trotz ihrer Geburtswehen die Regierungsform des 19. und 20. Jahrhunderts war, die am längsten Bestand hatte: von 1875 bis 1940. Zurückgeführt wird diese Langlebigkeit auf die Flexibilität einer Verfassung, die wenig festlegte, vor allem aber auf einen breiten Konsensus. »Die republikanische Synthese«, die – nach Stanley Hoffmann – vom Groß- und Kleinbürgertum unter Ausschluß der sozialen Revolution und Reaktion seit den achtziger Jahren gebildet wurde, habe die widerstreitenden gesellschaftlichen Kräfte der Dritten Republik zusammengehalten. Durch ihre Kraft seien sowohl die Bedrohung durch General Boulanger (1888/1889) bewältigt als auch die Versuche vereitelt worden, durch die Dreyfus-Affäre das Lager der Gegner der Republik zu stärken. Sie habe in einem breiten »Solidarprotektionismus« (Hans Rosenberg) ihren Zement gefunden und in einer »blockierten Gesellschaft« ihre Mitglieder in der Ablehnung einer starken Exekutive, der Option für eine schwache staatliche Autorität und für eine Gesellschaft ohne funktionierende Zwischengewalten geeint. Erst in den dreißiger Jahren sei sowohl die »republikanische Synthese« als auch die »blockierte Gesellschaft« bedroht und zunehmend zerstört worden.

Diese These, die den Vorteil der Kohärenz besitzt, geht jedoch zu stark von einer amerikanischen Modellannahme aus und unterschätzt sowohl die Divergenz im bürgerlichen Lager als auch die Stärke des Vereinslebens. Sie hebt aber richtig auf den republikanischen Minimalkonsensus ab, der sich gegen Boulangers Vorschläge für ein plebiszitäres System ebenso behaupten konnte wie gegen die Restauration der Monarchie, die Charles Maurras vorschlug. Sie beschreibt auch zutreffend die Geschicklichkeit der verschiedenen Regierungen, unterschiedliche Klientelen zu befriedigen. Über diesen Zweckcharakter hinaus besaß die Dritte Republik unbestreitbar jedoch auch eine emotionale Ausstrahlungskraft. Der 14. Juli, der 1880 zum nationalen Feiertag erhoben wurde, ebenso wie die Trikolore tauchten die Dritte in das Licht der Ersten Republik und gaben ihr historische Weihe. Auch die Erinnerung an den Ersten Weltkrieg, die am 11. November vor den Kriegerdenkmälern organisiert wurde, speiste sich in der Zwischenkriegszeit häufig aus dem Vokabular und der Symbolik der Republikaner. Ja, selbst die Sozialisten lehnten die politische Republik keineswegs ab, sondern wollten sie – Jaures' Vorstellungen folgend – um eine soziale erweitern und vervollständigen. Sogar die KPF der Zwischenkriegszeit schloß ihren Frieden mit der nationalen und republikanischen Symbolik, feierte am Vorabend der Volksfront und am 14. Juli 1935 gemeinsam mit Sozialisten und Radikalsozialisten den nationalen Feiertag, während unter faschistischen Organisationen, aber auch unter manchen konservativen, die Republik zunehmend unter Beschuß geriet. Trotz aller Kritik hielt die republikanische Regierungsform den Angriffen stand und wich erst der in der Folge des Einmarschs deutscher Truppen installierten Regierung des Marschalls Pétain.

Sowohl der Charakter und das Tempo der französischen Industrialisierung als auch die fortdauernde Bedeutung des Agrar- und kleinbetrieblichen Sektors, schließlich auch das langsame Wachstum der Bevölkerung und die Beharrungskraft der republikanischen Regierung – all diese Faktoren trugen dazu bei, daß die Herausforderung der französischen Gesellschaft sich über einen längeren Zeitraum erstreckte, Krisen immer wieder abgepuffert wurden und selten jene Explosivkraft erreicht wurde, die gemeinhin für Modernisierungskrisen angenommen wird. Denn die soziale Frage stellte sich selbst auf dem Höhepunkt von Streikbewegungen immer in einer Staatsform, die nicht prinzipiell in Frage stand. Überdies war der Nationalstaat jeder Diskussion enthoben. Strukturell gesehen hielten die Faktoren der Stabilisierung denen der Instabilität offensichtlich die Waage.

3. Bürger gegen Arbeiter

Wie vor 1880 war auch danach das Vermögen in der französischen Gesellschaft ungleich verteilt. 1911 waren 30% aller vererbten Güter in den Händen von lediglich 0,4% aller Pariser Einwohner, während in Bordeaux 2% und in Toulouse 2,5% der Besitzoligarchie angehörten. Dagegen konnten 70% aller Verstorbenen in Bordeaux, 71% in Paris, 68,7% in Lille und 60% in Toulouse ihren Kindern nichts hinterlassen. Berücksichtigt man überdies, daß in einem Drittel aller Erbschaften nur sehr geringe Beträge und Hinterlassenschaften auf die Nachkommen übergingen, so ist die Struktur der Ungleichheit des Besitzes deutlich illustriert. Diese setzte sich auch in der Zwischenkriegszeit fort. In ganz Frankreich verfügten 1929 80% aller Erben lediglich über 18% der Erbmasse, womit sie gegenüber den 11% des Jahres 1911 ihren Anteil etwas verbessert hatten. Aber weiterhin vereinigte 1% aller Nachkommen die Hälfte aller Güter auf sich. Zwischen einer verschwindend kleinen Minderheit von Großbürgern und einer Mehrheit der Besitzlosen oder Kleinbesitzer klaffte auch nach 1918 eine Kluft. Zwischen diesen Extremen entwickelten sich aber wie bereits im 19. Jahrhundert auch Zwischenstufen, auf denen das Vermögen ein auskömmliches Leben erlaubte. Gerade in der Zwischenkriegszeit soll das Gewicht der mittleren Vermögensgruppen jedoch zurückgegangen sein.

Die Klasse der Bürger konstituierte sich zum einen um den Privatbesitz der Produktionsmittel, an dem sie entweder partizipierte oder deren Verwaltung sie übernahm, zum andern um die Verfügung über Bildungskapital. Dessen Bedeutung hatte die Dritte Republik mit folgender Devise auf ihre Fahnen geschrieben: »Der Stipendiat soll den Erben ersetzen.« Oder in der Terminologie der Saint-Simonisten: »Die Ordnung nach den Fähigkeiten soll die Ordnung nach der Geburt ersetzen. Jedem nach seinem Verdienst, jeder Fähigkeit nach ihren Leistungen.« Beide Prinzipien gewannen in dem Maße an Gestaltungskraft, als die Zahl der Großbetriebe und Kapitalgesellschaften nach 1880 wuchs und die Nachfrage nach Qualifikation zunahm. Allein zwischen 1906 und 1931 erhöhte sich die Zahl der Industriegiganten mit mehr als 1000 Beschäftigten von 215 auf 395, von denen 126 Metall verarbeiteten, 84 im Textilbereich tätig waren und 49 Eisen verhütteten. Da außerdem zwischen 1919 und 1928 jährlich durchschnittlich 2500 Aktiengesellschaften gegründet wurden, bestanden zahlreiche Gelegenheiten, bei denen das Bürgertum sich als Kapitalbesitzer betätigen und bestätigen konnte. Gleichzeitig wuchs in der zweiten Hälfte des 19. und der ersten Hälfte des 20. Jahrhunderts der Beamtenapparat deutlich an und damit auch die Gelegenheit für Absolventen von Schulen und Universitäten, ihre Qualifikationen auf einem sich erweiternden Arbeitsmarkt zu verkaufen. Außer dem Staatsdienst boten sich Ingenieurstellen in der Industrie oder freie Berufe als Beschäftigungsfelder an. Bekanntlich explodierte das französische Universitätssystem förmlich zwischen 1875 und 1908: Die Zahl der Studenten vervierfachte sich von 9963 auf 39890. Trotz dieser Expansion funktionierte das Sekundarschulsystem als eine wirksame Schleuse, die den Zugang zum Bürgertum begrenzte.

Durch die Länge der Schulzeit, in der die Kinder als Arbeitskräfte ausfielen, und durch das Schulgeld errichtete es bereits Barrieren für Kinder aus Arbeiterkreisen oder aus dem Kleinbürgertum, die auch das viel gepriesene Stipendiensystem nur selten überwinden konnte. 1911 belohnte es in 51% der Fälle Beamtenkinder, während lediglich 20% an Söhne oder Töchtern von Bauern, Handwerkern oder Arbeitern gingen. Aufgrund dieser Zugangsbeschränkungen, die erst die 1931 beschlossene Schulgeldfreiheit etwas abbaute, blieb die Zahl der Gymnasiasten klein und zwischen 1880 und 1930 nahezu konstant. Da überdies innerhalb der »Lycées« die Priorität dem Latein gegeben und rhetorische Fähigkeiten favorisiert wurden, setzte die Schule Fertigkeiten voraus, die die Schüler vor allem in bürgerlichen Familien erwerben konnten. Aufgrund des klassischen Inhalts der Erziehung und der Betonung äußerlicher Formen begünstigte das Schulsystem eindeutig die Erben gegenüber den Aufsteigern.

Besitz- und Bildungsbürgertum blieben eine Minderheit in der französischen Gesellschaft. Im Orléans des Jahres 1911 kam die Gesamtheit der Besitzer und Anwälte, hohen Beamten und Kaufleute nicht über einen Anteil von 4,3% an der Gesamtbevölkerung hinaus. François Bédarida rechnet für die dreißiger Jahre dem Groß- und Mittelbürgertum zwei von 41 Millionen Franzosen zu, während er dem Kleinbürgertum zwölf Millionen, der Industriearbeiterschaft 13 und der Landwirtschaft 14 Millionen zuteilt.

3.1. Das Besitzbürgertum

Während das Industriebürgertum in der Notabelngesellschaft eher eine periphere Rolle gespielt hatte und bei Heiratsbeziehungen und Beziehungsstrategien häufig gemieden wurde, verdrängte es in der zweiten Hälfte des 19. Jahrhunderts zunehmend die Grundrentiers und Kaufleute und entwickelte eine Dynamik, die es zum Prototyp des Bürgers schlechthin machte. Denn – wie der Sozialist Jean Jaurès um 1900 formulierte – das Bürgertum war eine »Klasse, die arbeitet«. Zu dieser Standortverschiebung trugen auch ökonomische und ideologische Faktoren bei. Der Fortschritt der Industrialisierung, die Vereinheitlichung des Marktes und die Konzentration der Betriebe stärkten die Stellung von Industriellen, die nicht mehr auf so tönernen Füßen standen wie in der Frühindustrialisierung. Die ab einer bestimmten Größenordnung relativ sicheren Gewinnaussichten und eine Belle Epoque massiver Profite zwischen 1890 und 1914 machten die Großbetriebe sogar zu begehrten Geschäftspartnern und sicheren Anlageorten. Überdies waren die Propaganda der Saint-Simonisten und das beständige Bemühen von Welt- und Industrieausstellungen, das Ideal der industriellen Neuerung in die französische Gesellschaft einzubringen, nicht folgenlos geblieben. Auguste Detœuf und Ernest Mercier gehörten unter anderem in der Zwischenkriegszeit zu den eifrigen Verfechtern der neuen industriellen Arbeitsorganisation, die auch in den USA ihre Vorbilder suchten.

Wie bereits seit der Mitte des 19. Jahrhunderts schotteten sich vor allem die Kreise der Großunternehmer deutlich nach unten ab. Legt man die Angaben zugrunde, die Levy-Leboyer zu 588 Präsidenten, Vizepräsidenten und Aufsichtsratsmitgliedern zusammengetragen hat, stammten seit dem Anfang des 20. Jahrhunderts 45% von ihnen aus Familien, die in der Großindustrie, dem Banksektor oder dem Großgrundbesitz ihr Vermögen erworben hatten. 9,9% hatten Väter, die als höhere Beamte im Staatsdienst gedient hatten, während 20,5% auf ihre Herkunft aus freien Berufen verweisen konnten. An diesen Angaben wird deutlich, wie attraktiv das Unternehmen für Bürgersöhne geworden war und wie die Durchlässigkeit zwischen Besitz- und Bildungsbürgertum zunahm. Auch im Laufe der Zwischenkriegszeit öffnete sich dieses enge Herkunftsmilieu kaum. Denn es gelang mittleren Unternehmern immer seltener, an die Spitze eines Industriegiganten zu gelangen. Stellten sie 1912 noch 11,9% des Samples, waren es 1939 nur noch 4,9%. Auch die ohnehin geringen Chancen von Handwerkern, Technikern und Arbeitern verringerten sich zusätzlich nach 1918. Der atemberaubende Aufstieg eines Marius Berliet, der sich in Lyon vom Sohn eines kleinen Satinfabrikanten zum Autohersteller emporarbeitete, blieb eine Ausnahme von der Regel. Die Mehrzahl der großen Unternehmer konnte bereits auf eine lange bürgerliche Familientradition zurückblicken und stand überdies selten in der Gefahr, ihren sozialen Rang zu verlieren. Denn vor 1939 sank in Bordeaux lediglich ein Unternehmersohn in einen Arbeiterberuf ab. Der 1934 von Edouard Daladier auf dem Kongreß der Radikalen Partei erhobene Vorwurf, 200 Familien beherrschten Frankreich, war in seiner Konkretion sicherlich falsch, erfaßte aber doch richtig die Kohäsion einer kleinen gesellschaftlichen Führungsgruppe.

Diese setzte sich immer noch stärker aus Erben als aus Stipendiaten zusammen. Zwischen 1919 und 1939 waren 17,6% aller Unternehmensleiter Söhne von Unternehmern, und 1920 hatten 47,1% ihre Stellung aufgrund des Einflusses ihrer Familie erreicht. Freilich hatten auch die Erben schulisches Kapital erworben. Aber dieses bildete bis 1930 eher einen Zusatz als Ersatz des familiären Anfangskapitals. Allerdings war der Aufstieg in unternehmerische Führungspositionen um so leichter, je mehr die Söhne eine Ausbildung in Ingenieurschulen oder der Universität genossen hatten. Indes setzte sich von den Erben bereits eine kleine Gruppe ab, die, ohne aus Paris zu stammen und ohne Familienunterstützung, in die Führung von Unternehmen vordrang und aus dem Kreise der freien Berufe und mittleren Angestellten stammte. Vor dem Zweiten Weltkrieg gehörten bereits 26,1% der Unternehmensleiter zu ihnen. Aber die Ablösung des Besitzes durch das Talent war vor 1939 keineswegs vollendet. Denn die Schulabschlüsse, die in den großen Schulen erworben wurden, eröffneten zwar Karrieren, konnten aber in deren Verlauf das Handikap nicht überwinden, daß sie nicht wie die Erben über familiäre Beziehungen und den Kontakt zum Besitz verfügten.

Freilich setzte sich die Meritokratie in der Provinz etwas stärker durch als in Paris, in modernen Industrien leichter als in den traditionellen Betrieben der Textil- oder Metallindustrie. Sie trug auch dazu bei, daß Bewegung im französischen Großunternehmertum stattfand, öffnete dieses aber nur begrenzt gegenüber dem Mittelbürgertum und den hohen Beamten. Sie deutet schließlich auch auf die historische Tendenz hin, daß zunehmend die Besitzer gegenüber den Leitern, das Kapital gegenüber der Betriebsführung zurücktreten mußte. Vor 1939 konnte diese sich freilich nicht gesamtgesellschaftlich behaupten. Die Manager-Revolution der französischen Großindustrie gehörte der Epoche nach dem Zweiten Weltkrieg an.

Außer dieser Abschließung, die auf eine Phase größerer Durchlässigkeit folgte, kennzeichneten eine gewandelte Unternehmenspolitik und eine stärkere Organisation das Industriebürgertum. Bis zum Ende des 19. Jahrhunderts hatten paternalistische Ideale aus der Schule Le Plays und La Tour du Pins dazu beigetragen, daß die Unternehmer alle Bereiche der Arbeiterexistenz zu organisieren trachteten. Nach dem Vorbild der Familie Schneider in Le Creusot wurden einerseits soziale Einrichtungen wie Hilfskassen, Krankenhäuser oder Kinderkrippen errichtet, andererseits deren Genuß an das Wohlverhalten am Arbeitsplatz gebunden. Mit diesem an vorindustriellen Leitbildern orientierten Paternalismus, der seit Ende des Zweiten Kaiserreiches Verbreitung fand, stießen die Unternehmer schnell auf den Widerstand von Arbeitern, die in Bergwerksstädten wie Carmaux eine autonome Verwaltung von Kassen forderten, oder auf eine breite Koalition von Kleinbürgern und Bergleuten, die sich in Decazeville dem Monopol der Bergwerksgesellschaften widersetzten. Andernorts gelang es den Unternehmern jedoch, ihren Einfluß auf Städte wie Firminy oder St. Chamond auszudehnen. Eine besonders extreme Form der Bevormundung bildeten die »Usines-Internats«, die zwischen 1885 und 1890 im Südwesten Frankreichs und der Lyoner Gegend vor allem in der Textilindustrie entstanden. Arbeits- und Lebensraum fielen für die Arbeiterinnen zusammen. Denn sie lebten und arbeiteten in der Fabrik. Zumeist Nonnen wachten über die Disziplin und Arbeitsmoral der vom Lande stammenden jungen Mädchen, die sich in diesen Einrichtungen ihre Aussteuer verdienen wollten. Unter dem Einfluß antiklerikaler republikanischer Kampagnen und der staatlichen Sozialpolitik gingen am Jahrhundertende diese Einrichtungen zurück, während Sozialisten wie Jaurès die Stadt Carmaux dem politischen Einfluß des Industriellen Marquis de Solages entzogen.

Mit diesen vorindustriellen Versuchen ging auch eine Phase zu Ende, in der die Disziplin in den Fabriken – dem militärischen

Vorbild gleich – von Industrie-Unteroffizieren gewährleistet werden sollte. Vor allem seit 1880 unter dem Eindruck der Wirtschaftskrise wachten die Unternehmer argwöhnisch über den Rohstoffverbrauch, die Einhaltung der Arbeitszeit und die Produktivität. Sie ersetzten häufiger Arbeiterkollektive durch Vorarbeiter, die aber noch das Einstellungsmonopol besaßen und für die Produktion verantwortlich waren. Da diese die Ziele der Unternehmensleitung gegenüber den Arbeitenden durchsetzen mußten, wurden sie häufig zur Zielscheibe von Arbeiterprotest und zu den bestgehaßten Personen in den Unternehmen.

Seit der Jahrhundertwende führte die Automobilindustrie mit zunehmender Mechanisierung, Arbeitsteilung und Zeitmessung eine neue Form der Arbeitsorganisation ein, die im Ersten Weltkrieg und darüber hinaus Verbreitung fand. Primär suchte sie eine erhöhte Produktivität, erst in zweiter Linie eine bessere Gängelung der Arbeiter. In der selektiven Aufnahme von Vorschlägen, die Frederick W. Taylor gemacht hatte, wurden in französischen Unternehmen der Elektro- und Elektrizitätsindustrie, der Automobil- und Reifenindustrie, aber auch in traditionellen Industriesektoren die Zeitmessung, der Prämienlohn und eine Abteilung für Arbeitsorganisation eingeführt. Diese Effektivierung der Industriearbeit wurde begleitet von einer auf Senkung der Fluktuation der Belegschaft gerichteten paternalistischen Sozialpolitik. Im Ersten Weltkrieg setzte sich diese Koppelung von Fließbandarbeit und sozialpolitischer Initiative fort, bevor in den zwanziger Jahren die Rationalisierung zum Leitspruch eines Teils der französischen Großunternehmer wurde.

Seit dem Ende des 19. Jahrhunderts organisierten sich die Unternehmer auch zunehmend häufiger und straffer. Bereits seit Anfang des Jahrhunderts hatten die Handelskammern für eine Vertretung von Kaufleuten und Fabrikanten gesorgt und seit 1899 mit der Versammlung der Präsidenten der Kammern einen nationalen Zusammenschluß gefunden. Seit der Legalisierung von Gewerkschaften im Jahre 1884 erlebten anfangs die Zusammenschlüsse der Unternehmer eine größere Ausdehnung als die der Arbeiter. Ihre Zahl wuchs bis in die Zeit vor dem Ersten Weltkrieg von 101 auf 5063 mit 421 566 Mitgliedern. Unter ihnen nahm das »Comité des Forges«, die 1901 gegründete Berufsorganisation der Hüttenbesitzer (»Union des Industries Métallurgiques et Miniers«) aufgrund ihrer Kohäsion und Macht eine Sonderstellung ein. Von 1920 bis

1930 erhöhte sich die Zahl der Berufsverbände auf 7615 mit 604589 Mitgliedern.

Aber dieser Aufschwung verdeckt branchenmäßige Differenzen. In der Textilindustrie blieb die Syndikalisierung ebenso gering wie in der Bekleidungsindustrie, während sie in den Chemieunternehmen oder unter Zechenbesitzern hoch war. Vor allem die Schwerindustrie stand an der Spitze der französischen Unternehmensorganisationen. Aufgrund der schlechten Zahlungsmoral und des fehlenden Engagements der Mitglieder lebten zahlreiche Verbände lediglich als Notabelnorganisationen fort, die bei bestimmten Anlässen zusammentraten. Handelsminister Clementel drängte 1919 auf berufsübergreifende Zusammenschlüsse, so daß 21 Wirtschaftsgruppen zusammenkamen, die sich in der »Confédération Générale de la Production Française« (CGPF) vereinigten. Anfang 1936 sollen zwischen 2500 und 4000 Berufsverbände der CGPF angehört haben, in der aber die schwerindustriellen Interessen dominierten. Parallel zu den Zusammenschlüssen der Arbeiter suchten mithin auch die Unternehmer anfangs branchenmäßige und lokale, nach 1900 aber auch nationale und berufsübergreifende Formen der Kooperation.

3.2. Das Bildungsbürgertum

Nach dem Modell der Klassenanalyse müßte die Qualifikation alle diese auf dem Markt anbietenden Schichten vereinheitlichen und alte Unterschiede gegenüber anderen sozialen Differenzierungsfaktoren zurücktreten lassen. Da die Ausweitung des Bildungssystems vor allem im Bereich der Elementarausbildung stattfand, blieb indes wie das Unternehmertum auch das Bildungsbürgertum von großen Erschütterungen verschont. Es war in verschiedene Gruppen geteilt und durch die familiäre Herkunft geprägt. Freilich erhöhte sich im Zuge der Verrechtlichung und Medikalisierung der Gesellschaft das Sozialprestige der Anwälte und Ärzte. Das kontinuierliche Anwachsen ihrer Zahl und die Professionalisierung der Berufe führten dazu, daß sie nicht nur ihre durchweg bürgerliche Herkunft und einen dementsprechenden Lebensstil beibehalten konnten, sondern in der lokalen Gesellschaft auch Honoratiorenpositionen einnahmen. Unter ihnen stammte lediglich eine Minderheit aus den Unterschichten oder dem Kleinbürgertum.

Auch in der zahlenmäßig expandierenden Beamtenschaft blieben die führenden Positionen dem bürgerlichen Milieu vorbehalten. Unter den »Inspecteurs des Finances«, die in der Dritten Republik das Prestige des Rechnungshofes und des Staatsrates in den Schatten stellten und zu polyvalenten Beamten wurden, nahm im 19. Jahrhundert der Anteil der Söhne hoher Beamter, von Angehörigen juristischer und intellektueller Berufe kontinuierlich zu und übertraf die des traditionellen Bürgertums oder kleinbürgerlicher Gruppen. Unter den Kandidaten, die sich 1913 zur Eingangsprüfung stellten, hatten 72,3% bereits durch ihre Familien eine enge Bindung an den Staat, durch den sie ihre Position verbessern wollten. Familiär vermitteltes, »kulturelles Kapital« (Bourdieu) gab für den Karriereerfolg den Ausschlag. Denn diejenigen Prüfungskandidaten, die bereits aus hohen Beamtenfamilien stammten, hatten viel bessere Chancen, die Prüfung zu bestehen, als Söhne von kleinen Beamten oder Industriellen. Da auch in der Zwischenkriegszeit die Söhne von Kleinbürgern oder Arbeitern nur selten in diesen Beamtenareopag vordrangen, blieb er eine bürgerliche Domäne mit einem hohen Anteil an Selbstrekrutierung.

Schließlich öffneten sich auch die Ingenieurslaufbahnen nur begrenzt für soziale Aufsteiger. Zwischen der Vor- und Nachkriegszeit ging der Anteil der Söhne aus den führenden gesellschaftlichen Schichten und aus den Kreisen hoher Beamter in der »Ecole Centrale« von 62,4% auf 48%, in der »Ecole Polytechnique« von 53,9% auf 38,1% zurück. Aber der Ausgangspunkt für bedeutende Karrieren blieb weiterhin eine der Höheren Schulen, in die lediglich bürgerliche Familien ihre Kinder schicken konnten. Der zitierte Rückgang der Oberschichten war überdies vor allem auf den Bedeutungsverlust zurückzuführen, den Besitzer und Rentiers in diesen Eliteschulen erlitten.

Je nach der sozialen Öffnung sind im Bildungsbürgertum zwei Teile zu unterscheiden. Der erste schottete sich ab, zementierte seine Einheit durch einen spezifischen Corpsgeist und reservierte de facto die erfolgreichen Karrieren den Erben aus besitz- und bildungsbürgerlichen Familien. Der zweite, der die mittleren Beamten, Gymnasiallehrer und Intellektuellen umfaßte, bot Söhnen, teilweise auch Töchtern aus Unter- und Mittelschichten einen begrenzten Aufstieg und war durch eine in sich widersprüchliche soziale Lage gekennzeichnet. Unterhalb der Ebene von Ärzten und Anwälten drängten sich Apotheker und Advokaten zweiter

Klasse, die sich noch mit nachgeordneten Positionen begnügen mußten, wie auch unter den Beamten eine breite Schicht mittlerer und kleiner Beamte vom Aufstieg träumte. Beide Gruppen sind aber sozialgeschichtlich noch nicht zureichend untersucht. Dank der Arbeiten von Gérard Vincent ist über die Gymnasiallehrer der Belle Epoque mehr bekannt.

Mit einem Universitätsdiplom oder der »Agrégation«, dem nach einem staatlich organisierten Wettbewerb erreichten Titel, versehen, gehörten sie zu jenen Bürgern, die auch aufgrund ihres Talents einen Platz in der Gesellschaft beanspruchten. Ihre Zahl stieg von 7396 (1876) auf 9269 (1926) nur allmählich an und entwickelte sich in etwa parallel zu der der Anwälte und Ärzte. Sie stammten zumeist aus bäuerlichen und kleinbäuerlichen Kreisen, während die Unternehmer, freien Berufe und Besitzer den familiären Hintergrund von 17,6% von ihnen ausmachten. Auch die Selbstrekrutierung war mit 6,3% überaus gering, während 14,9% von ihnen als Kinder von Volksschullehrern einen Aufstieg im Gymnasium suchten. Die Söhne von Gymnasiallehrern indes sahen in der »Ecole Normale Supérieure« eine Chance, den Zugang zu der Universität zu erlangen. Zwischen 1871 und 1914 machten sie mit 31% aller Studenten die größte Gruppe in der geisteswissenschaftlichen Abteilung aus, stellten jedoch unter den Naturwissenschaftlern mit 15% nur die zweitgrößte Gruppe nach der der Söhne von Vätern mit wirtschaftlichen Berufen. Unter den Gymnasiallehrerinnen war jedoch der Anteil aus dem Mittel- und Großbürgertum höher als unter den Lehrern, da die Töchter aus gehobenen Kreisen offensichtlich eine standesgemäße Versorgung bei plötzlichem Besitzverlust oder Tod des Ernährers suchten. Öffnete sich das Lehrerkollegium auch stärker als andere bildungsbürgerliche Berufe nach unten, blieb der Aufstieg im Beruf doch den Kindern aus besitzenden und gebildeten Schichten vorbehalten. Zwischen der Zugangs- und Karrieremobilität bestand ein deutlicher Bruch.

Aber der Gymnasiallehrer, der weniger als ähnlich qualifizierte Ärzte oder Anwälte verdiente, blieb wie der Volksschullehrer am Rande der örtlichen Gesellschaft, in der er sich sehr wohl, z. B. in Vereinen, engagierte. Antoine Prost hat seine Stellung folgendermaßen beschrieben: »Vom Bürgertum besitzt er die Kultur und das Einkommen; aber es fehlt ihm der Besitz und die Macht. Es fehlt ihm besonders an Beziehungen, denn er ist nicht im Bürgertum geboren.« Nicht alle hatten das Glück von Edouard Herriot, Enkel eines Korporals und einer Wäscherin, der sich mit Ärzten anfreundete und die Tochter eines Arztes heiratete. Jaurès etwa erfuhr vielmehr in der Ablehnung seines Heiratsantrages seine untergeordnete soziale Stellung im Bürgertum. Diese Außenseiterrolle kompensierten die Lehrer häufig durch die Betonung der klassischen Kultur, die sie Kindern des etablierten Bürgertums beibrachten, durch eine Verteidigung des Individuellen gegenüber der familiären oder kollektiven Zugehörigkeit und humanitärer Werte gegenüber sozialen Zuschreibungen. Aufgrund dieses Wertehorizonts gehörten die Gymnasiallehrer zu den Verteidigern des zu Unrecht verurteilten Hauptmanns Dreyfus, sie bevölkerten Freimaurerlogen, Freidenkervereine oder die Liga für Menschenrechte. Nach Albert Thibaudet hatte sich am Ende des 19. Jahrhunderts »der Gymnasiallehrer zum Rivalen oder Konkurrenten des Advokaten aufgebaut«.

Das Ende des 19. Jahrhunderts sah auch die Bildung einer Gruppe von Meinungsführern und -trägern: der Intellektuellen. Im strengen Sinn des Wortes waren sie keine soziale Schicht, sondern ein Konglomerat von Berufen, die sich öffentlich äußerten und engagierten. Maler und Schriftsteller, Universitätsprofessoren und Lehrer, Studenten und Journalisten gehörten zu ihm. Teilweise hatten sie aber die Notwendigkeit gemeinsam, vom geschriebenen Wort oder der Kunst im allgemeinen ihren Lebensunterhalt bestreiten zu müssen. Nach Christophe Charle haben sich zwischen 1876 und 1906 die Zahlen der Gelehrten und Publizisten von 3826 auf 9148 fast verdoppelt, während die der Künstler sich nur allmählich erhöhte. Den Gymnasiallehrern vergleichbar war ihre soziale Herkunft. Unter den Malern stammte über die Hälfte aus dem Handwerk, während die Schriftsteller aus Kleinhandelsläden oder Anwaltsberufen kamen. Wie der Lehrerberuf war auch die künstlerische Tätigkeit eine Aufstiegskarriere für Kinder aus unteren Schichten. Diese mündete aber selten in ein Leben mit bürgerlichem Komfort, sondern führte häufig zu einem Leben in prekären materiellen Situationen.

Der Begriff des Intellektuellen selbst, nicht die Realität der sozialen Gruppe, verbreitete sich während der Dreyfus-Affäre. In der Antwort auf das Engagement von Emile Zola und anderen Schriftstellern, Professoren und Künstlern zugunsten von Alfred Dreyfus publizierte Maurice Barrès in der vielgelesenen Tageszeitung *Le Journal* einen Artikel mit dem Titel »La protestation des intellectuels«. Dort fixierte er bereits das konservative Zerrbild der Intellektuellen, indem er die Gruppe auf Juden und Protestanten, Ausländer und eine Minderheit guter Franzosen reduzierte. In einer Reaktion des Stolzes benutzten die derartig Abgekanzelten dieses Schimpfwort zur Selbstbezeichnung. Vor 1914 dominierten freilich in der intellektuellen Szenerie der Zeitschriften und Zeitungen, der literarischen Produktion und Rezeption stärker konservativ-nationalistische Positionen als republikanische oder sozialistische. Dieser Gegensatz nahm in und nach dem Krieg unterschiedliche Formen und Funktionen an, welche die Geistes- und Intellektuellengeschichte zu untersuchen hat, blieb aber bestehen. Die Haltung zu Kommunismus, Pazifismus und Faschismus bewirkte und vertiefte in der Zwischenkriegszeit immer wieder Zäsuren, die stärker als in Deutschland von einzelnen hervorragenden Intellektuellen personifiziert wurden. Sozialgeschichtlich interessant wäre einerseits, die Professionalisierung im Verlags- und Pressewesen zu untersuchen, die mit der statuarischen Unabhängigkeit ein Merkmal des Intellektuellen einschränkte, zum anderen die soziale Rekrutierung der Intellektuellenzirkel im 20. Jahrhundert.

Das Bildungsbürgertum, das sich jenseits des »Cordon Sanitaire« der Sekundarausbildung ansiedelte und in der Vermarktung von Qualifikationen ein gemeinsames Merkmal aufwies, zerfiel gleichwohl in unterschiedliche Gruppen. Hohe Beamte und freie Berufe, Universitätsprofessoren und Ingenieure, welche die Eliteschulen absolviert hatten, setzten sich durch ihren Status und ihre Autonomie ebenso wie durch eine enge Rekrutierungsbasis von den Aufstiegsberufen der Gymnasiallehrer, Betriebsingenieure und Intellektuellen ab. Während die ersten wirtschaftlichen Erfolg, sozialen Einfluß und politische Macht häufig verbanden und damit auch Honoratiorenpositionen einnehmen konnten, blieben die zweiten häufig unter dieser Schwelle. Die Meritokratie hatte noch nicht das Bollwerk der familiären und sozialen Herkunft zerstört, sondern es häufig nur verstärkt.

3.3. Eliten und Elitenzirkulation

Wie vor 1880 bildete sich jedoch in einer durch das freie Spiel der wirtschaftlichen und intellektuellen Kräfte strukturierten Gesellschaft wieder eine Elite heraus, die sich durch ihre engen sozialen Beziehungen, verwandten Karrieremuster und ähnlichen Besitztitel von den anderen sozialen Teilen des Bürgertums absetzte. In ihr nahm vor allem die Besitzoligarchie eine führende Rolle ein, die sich unter anderem in der zunehmenden Tendenz von hohen Beamten ausdrückte, aus ihrer Funktion in die Privatwirtschaft hinüberzuwechseln. Charle, der anhand zeitgenössischer Nachschlagewerke die Konturen und Mechanismen dieser Elite bestimmt hat, konnte ermitteln, daß 32,7% aller von ihm erfaßten hohen Beamten vor 1914 in den Dienst von Unternehmern überwechselten. Es scheint, als habe in einem Rotationsmodell die Elite um 1900 eine relative Kohäsion gefunden, da neben dem »Pantouflage« hoher Beamter auch Anwälte mit dem hohen Staatsdienst kokettierten.

Allein die Universitätswelt hielt sich dieser Zirkulation fern. Wenn die Studie von Charle auch die Gefahr birgt, in einem Zirkelschluß die von ihm berücksichtigten Individuen zur Elite zu erheben und die nach bestimmten Kriterien einbezogenen Personen als Mitglieder der Elite eben aufgrund dieser Kriterien zu erklären, spricht die Bedeutung des Wechsels von Positionen doch dafür, von einem Bereich verwandter und verschwägerter sozialer Positionen an der Gesellschaftsspitze auszugehen, in der sich Wirtschaftsführer und führende Politiker, hohe Beamte und Universitätsprofessoren wiederfanden.

Unter den Absolventen der »Ecole Polytechnique« sollen im Jahre 1900 nach Abschluß der Ausbildung oder später 37,3% den Staatsdienst verlassen und sich der Privatindustrie zugewandt haben, zwischen 1914 und 1919 waren es sogar 78,8%. Auch unter den »Inspecteurs des Finances« wechselten zwischen 1910 und 1918 36%, zwischen 1931 und 1939 31% in den privaten Sektor über. Selbst der Staatsrat, der bis 1910 kaum von dem Gewinnstreben erfaßt wurde, sah 1930 die Zahl der Wechsel auf 29% seiner Mitglieder hochschnellen. Aus Präfektur und Rechnungshof führten jedoch nur wenige Brücken in die Industrie und auf ihre Kommandohöhen hinüber, während die Generäle erst in der Zwischenkriegszeit der Anziehungskraft der kapitalistischen Unternehmer unterlagen, die Diplomaten jedoch seit dem 19. Jahrhundert eine Karriere in international orientierten Betrieben bereits kannten. Aufgrund dieser Bewegung nahm natürlich auch der Anteil der ehemaligen hohen Beamten unter Geschäftsleuten zu. Für 1924 errechnete Levy-Leboyer, daß 19,2% der Unternehmer und Aufsichtsratsmitglieder bereits eine zweite Laufbahn, nunmehr im privaten Sektor, begonnen hatten. Da die historische Erfassung der Industriellen und Finanziers schwieriger war als die der hohen Beamten, übertreibt diese Schätzung wahrscheinlich den Umfang der Berufswechsler.

Ob sich in diesen nun der Wunsch nach besserer Bezahlung und schnellerem Aufstieg ausdrückte oder ob sich in ihm familiäre Verbindungen niedergeschlagen haben – fest steht auf alle Fälle, daß ihr Umfang die französische Elite bis in die Gegenwart kennzeichnet. Sie näherte zweifellos die politisch-administrativen Funktionen und die wirtschaftlich Führenden einander an, nicht so sehr freilich bei Beginn der Karriere wie an ihrem Ende. Diese Zirkulation wurde durch Eheschließungen verstärkt. Im Unterschied zu der Notabelngesellschaft suchten sich hohe Beamte ihre Frauen im Besitzbürgertum, und die Geschäftsleute, von denen mehr als die Hälfte sich in ihren Kreisen verheirateten, wandten sich zu einem Drittel auch hohen Beamten-, Politiker- oder Juristentöchtern zu. Die »splendid isolation« der Welt des Geschäfts und des Profits war offensichtlich beendet.

Zu einer zunehmenden Vereinheitlichung der Eliten trugen auch die verschiedenen Geselligkeitsformen bei. Die Clubs, in denen sich vor 1914 je nach Alter des Besitzers, aristokratischer Herkunft und Vermögen nur Fraktionen der Eliten trafen, scheinen sich in der Zwischenkriegszeit breiter geöffnet zu haben. In Lyon etwa verschwand die Vielzahl von rivalisierenden Zusammenschlüssen und machte lediglich zwei großen Geselligkeit pflegenden Clubs Platz, dem »Cercle du Commerce« und dem »Grand Cercle«, die untereinander durchaus engen Kontakt hatten. Die vormals deutliche Spaltung in die Mitglieder des aristokratischen Jockey-Clubs und des modernen Automobil-Clubs war mithin überwunden.

In der Welt der Eliten fand auch die Spitze des alten Adels ihren Platz. Durch die Diversifizierung seiner Einkommensquellen und frühzeitige Finanz- und Industrietransaktionen war er in zahlreichen Industrieunternehmen bereits präsent. Teilweise suchten sich auch die Mitglieder der Finanzaristokratie Adlige für Repräsentationsrollen. Überdies konnten die Adligen aus ihren vielfältigen Familien- und Geselligkeitsbeziehungen Kapital schlagen. Da sie in den verschiedensten gesellschaftlichen Sphären präsent waren, brachten sie in ihre Karrieren ein umfangreiches soziales Kapital ein. In der Provinz, vor allem aber in Paris besaßen die häufig von Adligen geführten Salons weiterhin Ausstrahlungskraft; in ihnen wurde nicht nur die Kunst, sondern auch das Gespräch gepflegt. Selbst der Sozialist Jaurès konnte sich der Anziehungskraft des Salons der republikanischen Marquise Arconati-Visconti nicht entziehen, in den er – selbst als er zweimal vor die Tür gesetzt wurde – immer wieder zurückkehrte.

Insgesamt lösten sich vor dem Ersten Weltkrieg die Mitglieder des Hochadels noch nicht aus den Strukturen der Notabelngesellschaft, während sie sich im Departement Mayenne jedoch zunehmend in die ländliche Besitzeroligarchie einfügten. Denn die Söhne der gesellschaftlich exponierten Adligen wandten sich nur zu einem Drittel dem Geschäftsleben zu, während ein weiteres Drittel das Leben von der Grundrente vorzog und der Rest schließlich im Staatsdienst sein Auskommen suchte. Auch unter den Schwiegersöhnen dominierten die Rentiers und Besitzer adliger Herkunft, da bis in die Zwischenkriegszeit hinein die Töchter des Adels sich mit einer wenig brillanten Heirat begnügen mußten, wenn die Ehemänner nur adliger Herkunft waren.

Vor 1914 entwickelten sich der alte und der napoleonische Adel jedoch auseinander. Von den Söhnen des alten Adels lebten 35,6% von Renteneinkommen, jedoch nur 4,3% von Finanz- oder Industrietätigkeit. Von den Söhnen der von Napoleon I. geadelten Familien zogen sich 17,5% auf ihre Güter zurück, während 45,1% im modernen Geschäftsleben Stellungen besetzten. In einzelnen Adelsgeschäften wurde die wirtschaftliche Tätigkeit sogar zugunsten des Müßiggangs aufgegeben. Das war der Fall in der bekannten Familie D'Arenberg. Obwohl der Vater als Präsident der Gesellschaft des Suez-Kanals tätig war, nahmen die Nachkommen das ländliche und arbeitsfreie Leben wieder auf. Wie das Beispiel von Pierre, Herzog von Brissac, zeigte, war diese Haltung aber nicht für den gesamten Adel typisch, denn dieser Sprößling heiratete nach 1918 eine der Töchter des bekannten Hüttenbesitzers Schneider und leitete ein Industrieunternehmen. Genauere prosopographische Untersuchungen müßten klären, in welchem Ausmaß sich die einzelnen Adelsfamilien zu Beginn des 20. Jahrhunderts weiterhin einem überholten Rentiersleben auf dem Lande zuwandten oder in welchem Maße sie sich in die moderne Geschäftswelt integrierten.

Obwohl die Bildung als neuer Mechanismus der Zuteilung und Rechtfertigung von sozialen Positionen nach 1880 weitgehend akzeptiert war, führte sie zu keiner gesellschaftlichen Revolution. Vielmehr öffnete sie die Zugangschancen zu Karrieren, während die soziale Herkunft deren Verlauf lenkte und begrenzte. Überdies verfügten zahlreiche Bildungsbürger über Besitz, der ihnen Karrieren im Staatsdienst überhaupt erlaubte, oder aber sie strebten danach. Die Trennung zwischen staatlichen Laufbahnen, freiberuflicher Tätigkeit und Geschäftsleben, die bei Beginn des Berufslebens offensichtlich bestand, verengte sich in deren Verlauf, indem die Zirkulation zwischen den Bereichen und die sozialen Beziehungen zunahmen. In Clubs und Zirkeln fanden sich jene zusammen, die über Geld, Macht und Beziehungen verfügten. Gegenüber der Herkunft und dem vererbten Besitz konnte das Talent sich noch nicht durchsetzen. Bei dem Verkauf der Qualifikation auf dem Arbeitsmarkt intervenierten immer wieder dem Marktgeschehen vorgelagerte oder dieses beeinflussende Faktoren. Ja, der Selektionsmechanismus selbst wurde – wie Pierre Bourdieu und Jean Claude Passeron überzeugend nachgewiesen haben – dadurch pervertiert, daß er eine bestimmte, bürgerliche Version der Bildung zugrunde legt. Damit schloß sich der Zirkel. Um die Herrschaft des Bürgertums meritokratisch zu rechtfertigen, wurde der Akzent auf die Bildung gelegt, die jedoch nicht nur an Besitz gebunden war, sondern auch so definiert wurde, daß sie vor allem Mitgliedern aus dem Bürgertum selbst, wenn nicht den ausschließlichen Zugang zu Karrieren, so doch das leichteste Fortkommen in ihnen reservierte.

3.4. Einheit und Mannigfaltigkeit der Arbeiterklasse

Die Arbeiterschaft als Klasse, die sich auf den Verkauf der Arbeitskraft gründete, löste sich seit 1880 zunehmend aus der Integration in die ländliche und handwerkliche Ökonomie. Durch die Krise der Landwirtschaft, den zunehmenden Ruin der Nebengewerbe auf dem Lande und die Binnenwanderung verringerte sich die Zahl der Arbeiterbauern deutlich. Offensichtlich trug die Krise, die den Nahrungsspielraum und die Beschäftigungsmöglichkeiten auf dem Land – wenn auch in lokal und regional unterschiedlichem Ausmaß – dramatisch einschränkte, zu dem Zwang bei, die Heimat zu verlassen. So waren die in einer Kabelfabrik der Pariser Gegend zuwandernden Arbeiter und Arbeiterinnen, die vor allem aus der Bretagne oder Flandern stammten, zu einem Drittel Landwirte, zu einem weiteren Drittel Landarbeiter und zu einem knappen Viertel Heimarbeiter gewesen. Sie wanderten nicht mehr kurzzeitig für einige Jahre oder eine Saison zu, sondern nahmen eine dauerhafte Erwerbstätigkeit in der Stadt oder in dem Industrieort auf. Seit den neunziger Jahren wurden auch die zuvor höchst mobilen Bergleute in Carmaux seßhaft.

Aber diese Trennung war nicht allgemein. Denn zahlreiche Betriebe der Schwer- oder Automobilindustrie flohen geradezu die als Unruheherde bekannten städtischen Zentren und siedelten sich – wie das Peugeot-Werk in Sochaux – in ländlichen Gegenden an. Hier konnten die Unternehmer leichter ein paternalistisches System ausbauen, die Arbeitskräfte an sich binden und die Löhne senken, da die Arbeiter noch zusätzliche Erwerbsmöglichkeiten besaßen. Im Zeichen des Arbeitskräftemangels rekrutierten die Betriebe auch wieder auf dem Lande wohnende Arbeiter, die täglich mit der Eisenbahn in die Fabriken gelangten. In der nordfranzösischen Eisenfabrik von Denain kamen 1912 lediglich 47,7% aus einem Umkreis von fünf Kilometern, die anderen reisten von weither an. Vor allem während der Weltwirtschaftskrise orientierten sich wieder zahlreiche Industriearbeiter auf das Land, um dort Beschäftigung zu finden oder auch nur in eigenen Gärten die notwendigen Ergänzungen zu der Arbeitslosenunterstützung zu finden, die nicht mehr als die Hälfte der vormaligen Einkünfte betragen durfte. Das Loblied auf die Komplementarität von Land- und Industriearbeit, das seit den siebziger Jahren des 19. Jahrhunderts Konservative anstimmten, beschwor mithin durchaus eine bestehende gesellschaftliche Praxis. Allerdings wurde aus dem Bauern, der auch gewerblich arbeitete, der Arbeiter, der ebenso landwirtschaftlichen Aktivitäten nachging.

Auch die Verknüpfung mit dem Handwerk löste sich nur allmählich. Bereits seit 1880 folgten die Arbeitsmigranten nicht mehr den Spuren, die Handwerksgesellen und handwerklich qualifizierte Arbeiter vorgezeichnet hatten. Vielmehr galten ihre Wanderungen nun dem Arbeitsmarkt der Großbetriebe, die sich in den großen Städten oder Industriedörfern befanden. Die Glasbläser und Puddler verloren am Ende des 19. Jahrhunderts auch durch die Mechanisierung ihr Qualifikationsmonopol und damit viel an Autonomie. In den Eisenhütten Lothringens hatte bis etwa 1905 der Facharbeiter sich die Arbeit einteilen können, da er im Stücklohn bezahlt wurde und keine festen Arbeitszeiten hatte. Er feierte weiterhin den »blauen Montag« und konnte bei der Arbeit schlafen, bevor seit Anfang des 20. Jahrhunderts die Maschinisierung für eine regelmäßige Produktion und ein Prämiensystem für die Intensivierung der Arbeit sorgten. Der un- und angelernte Arbeiter strebte selbst in metallverarbeitende Betriebe, in denen das technische Know-how zuvor unersetzlich gewesen war, und verdrängte den handwerklich ausgebildeten Arbeiter. So beschäftigten die Renault-Werke in Boulogne-Billancourt 1925 46,3% Arbeiter als Facharbeiter, 1939 waren es jedoch nur noch 32,3%. Aber der Bruch war auch hier keineswegs total. Noch immer diente der Kleinbetrieb als gesuchte Ausbildungsstätte und als Rückzugsmöglichkeit für entlassene oder politisch mißliebige Arbeiter. Überdies waren selbst die ungelernten Arbeiter auf eine Vielzahl von Fertigkeiten angewiesen, ohne die sie den Arbeitsalltag und die von ihnen erwarteten Leistungen gar nicht bewältigen konnten. Die Dequalifizierung traditioneller Fertigkeiten führte nicht zum Verlust von Qualifikation überhaupt, sondern erneuerte diese. Überdies war sie begleitet von der Entwicklung arbeitsvorbereitender und -überwachender Funktionen, d. h. von neuen Qualifikationen.

Im Vergleich mit dem Ende des 19. Jahrhunderts verloren auch die kollektiven Formen der Arbeitsvermittlung und -organisation an Bedeutung. Die Rechte des Vorarbeiters, einzelne Arbeiter oder Arbeitskollektive einstellen zu können, wurden deutlich beschnitten und die Betriebe zunehmend durch eine interne Bürokratie und Hierarchie geleitet. Die Autonomie der Werkmeister bei der Einstellung verschwand ebenso seit 1900 wie auch der Handlungsspielraum von Arbeitergruppen. Denn immer weniger gelang es Arbeitergruppen, wie zuvor den Glasbläsern in Lyon, sich im Sinne einer »closed shop«-Politik das Monopol der Arbeitsorganisation und Einstellung von Arbeitskräften vorzubehalten. Mit der Zeitmessung und systematischen Arbeitsorganisation wurde der Arbeitsprozeß lückenloser organisiert und konsequenter überwacht. Gleichwohl blieb auch nach dieser Veränderung der Vorarbeiter oder Werkmeister weiterhin abhängig von der Arbeitsleistung des von ihm geleiteten oder überwachten Kollektivs, an der er gemessen wurde. Auch das Ziel der Selbstbestimmung war nicht ausgeräumt. So kämpften die Bergarbeiter Nordfrankreichs in den dreißiger Jahren darum, ihre Arbeit selbst leiten und bestimmen zu können, um der Rationalisierung zu widerstehen.

Die Lohnarbeit löste sich nicht schlagartig, sondern allmählich als wesentliche Ressource der Arbeiter aus kollektiven Arbeitsformen und anderen Einkünften heraus. Überdies trug vor allem die Fabrik zur Vereinheitlichung der Arbeiterklasse bei. Noch 1906 war die Hälfte aller Arbeitenden in Betrieben mit weniger als fünf Beschäftigten angestellt, und nur 10% waren in Unternehmen mit mehr als 500 Arbeitern tätig. 1931 hatten die Industriegiganten 41,5% aller neuen Arbeitskräfte aufgesogen und beschäftigten 25% aller Arbeiter. Blieb mit der Textilindustrie auch ein traditioneller Bereich der verbreitetste Arbeitsplatz, wuchs ihre Zahl vor allem in Metall-, Automobil- und Elektrizitätsbetrieben an. Nicht mehr der Seidenarbeiter oder Handwerker, sondern der Bergarbeiter und Metallarbeiter symbolisierten die französische Arbeiterschaft. In den Fabriken selbst bildeten sich Untergruppen heraus. Aber der Raum der Fabrik prägte durch seinen Lärm, seine Disziplin und den ununterbrochenen Arbeitszwang das Leben der Beschäftigten. Seit 1906 umgaben sich die Hütten in Denain mit Mauern, und in Lothringen wurden die Zeituhr und das Stempeln eingeführt, in der Fabrik selber die Kontrolle der Bewegungen von Arbeitern. Vor allem in Krisenzeiten und unter dem Druck, eine erhöhte Produktion zu erreichen, nahm das Überwachungspersonal zu. Zwischen 1930 und 1934 wuchs der Disziplinierungsapparat der Ingenieure und Aufseher in den nordfranzösischen Bergwerken um etwa 18,5%. Simone Weil, die in den dreißiger Jahren aus humanitären und christlichen Überlegungen den Alltag von Arbeitern teilte, hat diese die gesamte Produktion prägende Zwangssituation beschrieben. »Man muß, wenn man sich vor seine Maschine setzt, seine Seele für acht Stunden pro Tag töten, all seine Gedanken, seine Gefühle, alles ...«

Neben den zunehmend funktionell organisierten Raum der Fabrik trat der Raum der Industrieorte und -vorstädte. Als Folge der Stadtsanierung zogen die Arbeiter und Arbeiterinnen aus den

Zentren in die Vororte, in denen sich – wie in Belleville oder Bobigny – die aus unterschiedlichen Gegenden und Berufen stammenden Arbeiter mischten. Zu unterscheiden ist dabei zwischen den Gemeinden, die mehrere Arbeitergruppen beherbergten, wie Bezon, sowie den Vororten größerer Städte und denjenigen Ortschaften, welche die Stahl- oder Bergbaugesellschaften selber anlegten, um ihre Arbeitskräfte zu fixieren und zu kontrollieren. Sofern die Unternehmer vor Ort wohnten, konnte diese Kontrolle der Arbeiter den Wunsch ausdrücken, die gesamte Arbeiterexistenz zu beherrschen. Für die Aktiengesellschaften jedoch hatten der Wohnungsbau und die Entwicklung von Gemeinschaftseinrichtungen eine weniger totale soziale Zielsetzung. Die Bergbaugesellschaft von Anzin brachte um 1870 ca. 40% ihrer Arbeiter in Werkswohnungen unter; in Gegenden, in denen sie mit der Stahlindustrie um Arbeitskräfte konkurrierte, waren es sogar 70 bis 80%. Insgesamt soll am Jahrhundertende im nordfranzösischen Departement Pas-de-Calais von zwei Kumpeln einer in einer Werkswohnung gewohnt haben. Paradoxerweise trug jedoch die paternalistische Politik – wie Joel Michel nachweist – zur Homogenisierung der Wohnbevölkerung bei, so daß diese in den Einrichtungen der Zechen nicht so sehr eine Wohltat sahen als vielmehr eine zusätzliche Gemeinsamkeit fanden. In diesen Dörfern, in denen eine über Handel oder Arbeit eng mit der Zeche verbundene Bevölkerung wohnte, bildeten sich vor 1914 häufig unter der Führung der Hauer oder der Gewerkschaftler stehende Kollektive heraus, die widerstands- und durchsetzungsfähig waren. Nur auf der Basis derartig funktionierender lokaler Solidarität wird verständlich, daß Streiks vor dem Ersten Weltkrieg oft über mehrere Monate hinweg fortgeführt werden konnten.

In dem in der Gegend von Paris liegenden Ort Bezon, den Berlanstein untersucht hat, blieben die Zuwanderer der ersten Generation vor allem unter sich, behielten die in der Bretagne lebendigen katholischen Rituale bei und praktizierten Endogamie. Die zweite Generation öffnete sich jedoch bereits anderen Arbeitergruppen und paßte sich den kulturellen Standards der Region an. Überhaupt öffneten sich zwischen 1920 und 1959 die Arbeiterkreise stärker als in der Vergangenheit. Wenn auch nur wenig darüber bekannt ist, ob und wie sich die von Lequin für die Lyoner Gegend festgestellte hohe Rate der Berufsvererbung im 20. Jahrhundert veränderte, hat Alain Girard doch ermittelt, daß die

Heiratsbeziehungen innerhalb der Arbeiterkreise zwar dominant waren, aber nicht mehr eine Mehrheit erfaßten. 44% aller Arbeiter, jedoch 60% der Arbeitertöchter verheirateten sich in ihrem Milieu. Während sich 27% der Männer mit Töchtern von Bauern oder Landarbeitern verbanden, suchten sich 25% im Angestellten- und Handwerkermilieu ihre Frauen.

Im St. Etienner Stadtviertel Le Soleil sank jedoch die Berufsvererbung. Zwischen 1875 und 1895 übten 56,2% aller Arbeiter denselben Beruf wie ihre Väter aus, im Zeitraum von 1910 bis 1930 waren es nur noch 38,6%. Deutlich ging im 20. Jahrhundert die Tradition unter Bergleuten, aber auch unter Metallarbeitern zurück, eine Angestelltenposition anzustreben. Je nach Epoche bildete sich die Arbeiterklasse mithin um, verschoben sich die Wunschberufe, die Arbeitsschwerpunkte. Durch zahlreiche berufliche und soziale Beziehungen blieben sie jedoch geeint, und Veränderungen fanden vor allem im Rahmen der Klasse selbst statt, so daß der soziale Abstand und die Ungleichheit in der Gesamtgesellschaft nicht abnahmen.

Trotz aller Differenzen trug schließlich auch die Lebensweise zur Geschlossenheit dieser Klasse bei. Denn der Lebensstandard verbesserte sich kontinuierlich; das Fleisch wurde häufiger Bestandteil der Mahlzeiten; die Kleidung paßte sich den herrschenden Standards an; Arbeiterfrauen begannen, das Interieur ihrer Wohnungen auszuschmücken. Trotz dieser deutlichen Hinweise auf einen verbesserten Lebensstandard bedrohten weiterhin Krankheiten und ihre Folgen den Alltag von Arbeitern, der durch eine ebenso harte wie ermüdende Arbeit und die Wechselfälle der Konjunktur überschattet war. Aus den Lebensberichten, die Françoise Cribier für Paris gesammelt hat, geht die zentrale Bedeutung der Erwerbstätigkeit hervor, welche die Befragten vor den zwanziger Jahren sechs Tage pro Woche, zwischen 45 und 60 Stunden und 52 Wochen pro Jahr an den Betrieb fesselte. Da es den Unternehmen seit 1880 erst allmählich gelang, die Produktion kontinuierlich über das Jahr zu verteilen, gehörte ebenso saisonale Arbeitslosigkeit, die auch noch in der Automobilbranche verbreitet war, wie Kurzarbeit zu den nahezu kontinuierlichen Erfahrungen. Vor allem die großen Krisen der achtziger und später der dreißiger Jahre prägten die Arbeiterexistenz. Zwischen 1882 und 1886 waren in der Pariser Gegend etwa 200 000 Arbeitskräfte ohne Anstellung, in der großen Krise ging die Zahl der Industriearbeiter zwischen 1931 und 1936 sogar um 16,7% zurück. Vor allem die Grundstoffindustrien waren von diesem Verlust betroffen, während die dynamischen Branchen wie etwa der Automobilbau weiterhin Arbeitskräfte einstellten.

Unsicherheit und finanzielle Engpässe, Schwierigkeiten und Mühen kennzeichneten das Leben der meisten Arbeiterfamilien. Aus diesem führten wenige Wege heraus. Mit sozialem Aufstieg war manchmal der Übergang aus der Lohnabhängigkeit in die Selbständigkeit verbunden, besonders wenn die Frauen einen Laden führten und die Männer weiterhin abhängig arbeiteten. Aufstieg bedeutete auch, aus der Position des Facharbeiters in die des Werkmeisters oder vom Techniker zum Angestellten aufzurücken. Die meisten Firmen boten im 20. Jahrhundert eine Vielzahl von Positionen und Aufgaben an, die eine Veränderung im Unternehmen selbst ermöglichten. Diese Suche nach besser bezahlten, weniger schmutzigen oder lauten Arbeitsplätzen wich im Alter dem Imperativ, möglichst sitzend arbeiten zu können. Das Engagement in Vereinen, Gewerkschaften oder Parteien bot überdies die Chance, soziale Anerkennung und Beziehungen zu erwerben und damit die eigene Position zu verändern. Insgesamt blieb die Situation des Arbeiters indes in einem spezifischen Milieu fixiert, von der des Bürgers durch Meilen getrennt.

Trotz aller Homogenisierungstendenzen klafften weiterhin deutliche Unterschiede in der Arbeiterklasse, die eine Übereinstimmung über Ziele und Organisation erschwerte. Löhne, Arbeitsplatzsicherheit, Qualifikation, Geschlecht und Nationalität trennten die Arbeiter voneinander. Vor dem Ersten Weltkrieg näherten sich zwar die Löhne der Arbeiter und Angestellten an. Aber die Bankangestellten hatten durch ihre Pensionsregelung einen deutlichen Vorsprung vor dem durchschnittlichen Arbeiter. Auf der anderen Seite der Hierarchie schlugen sich die Kellner durch, die täglich entlassen werden konnten, ein niedriges Fixum erhielten, überdies für zerbrochenes Geschirr und die Reinigung der Lokale aufkommen mußten. Nach einer Enquête der Jahre 1893/1897 waren die durchschnittlichen Einkünfte der bestbezahlten Industriearbeiter zwölfmal so hoch wie die der schlechtestbezahlten, Facharbeiter verdienten deutlich mehr als Angelernte, Männer mehr als Frauen. Auch in der Zwischenkriegszeit konnte der Metallarbeiter, der als Dreher oder Schlosser über eine Berufsausbildung meist informeller Art verfügte, zwischen verschiedenen Arbeitsplätzen auswählen, sich in mehreren Betrieben umsehen und sich sogar Hoffnung auf eine Niederlassung als Selbständiger machen. So bestanden nach 1918 in der St. Etienner Fahrradindustrie neben Großbetrieben wie Manufrance zahlreiche Kleinbetriebe, die Rahmen oder Einzelteile herstellten. Die Kleinstunternehmer stammten in der Regel aus den Reihen der lohnabhängigen Facharbeiter, die sich während einer günstigen Konjunktur selbständig gemacht hatten. Auch unter Maurern war die Zirkulation zwischen Selbständigkeit, Engagement bei einem Kleinunternehmer oder Arbeit im Bergwerk verbreitet. Eine andere Lebenswelt eröffnet sich bei den Lokführern, die zu den qualifiziertesten Eisenbahnarbeitern gehörten. Unter den 270874 im Jahre 1900 von den verschiedenen Eisenbahngesellschaften Beschäftigten waren 7 bis 8% Lokführer oder Heizer, die sich meist aus den Metallarbeitern rekrutierten. Sie führten eine selbständige Arbeit durch, die sich auch auf die Instandsetzung der Maschinen bezog, waren jedoch einer rigiden Verwaltungshierarchie unterworfen, die ihre Tätigkeit kontrollierte. Ihr Lohn war mit Prämien verbunden, sie genossen eine Quasi-Garantie ihres Arbeitsplatzes und erhielten eine Pension. All diese Hinweise verdeutlichen, wie heterogen Arbeitsbedingungen, Arbeitsplatzsicherheit und Lohnverhältnisse in der französischen Arbeiterklasse vor 1945 verteilt waren.

Vor allem drei Arbeitergruppen hoben sich deutlich von den anderen ab: die Frauen, die ausländischen Arbeiter und die Angestellten. Frankreich gehört traditionell zu den Ländern mit einer hohen weiblichen Erwerbstätigkeit. 1906 stellten Frauen 37% aller Beschäftigten in der Textilindustrie, im gesamten Textilsektor jedoch 52%, in der Chemieindustrie 30%. 1921 war das Gros der Frauen in der Landwirtschaft (46%) beschäftigt, 28,5% waren in der Industrie, 11,5% im Handel und 14% in der Verwaltung angestellt. Im Zuge der Weltwirtschaftskrise nahm ihr Anteil in Handel und Verwaltung zu, ging in den produktiven Sektoren jedoch zurück. Sie richteten sich in der Regel in jenen oft in Heimarbeit ausgeführten Tätigkeitsfeldern ein, die wie die Bandwirkerei in St. Etienne von Männern verlassen wurden, oder sie wurden – wie in der Fahrradindustrie – zur Dequalifizierung männlicher Facharbeit und zur Lohndrückerei eingesetzt. Für gesellschaftlich geachtete Frauenkarrieren boten sich vor allem das Büro, die Schule oder die Tätigkeit als Hebamme an. In Versicherungen, Banken und

Personalverwaltungen zogen auch zunehmend Frauen ein. 1939 besetzten sie 45,4% der Angestelltenpositionen im Handel, 57,6% in der Post und 56,4% in Anwaltskanzleien oder in den Ärztepraxen. Nur selten konnten sie dabei jedoch führende Positionen erringen, es sei denn, sie waren bereit, ihren Erfolg mit Ehe- oder Kinderlosigkeit zu bezahlen. Bezeichnenderweise waren zwei Drittel der Vorsteherinnen von Postämtern und mehr als die Hälfte der Gymnasiallehrerinnen in der Zwischenkriegszeit ledig.

Zu den gesellschaftlich anerkannten weiblichen Berufen gehörten die Volksschullehrerinnen, die über eine Ausbildung verfügten. Sie standen jedoch vor dem Problem, in einer weiblicher Selbständigkeit eher zurückhaltend begegnenden Gesellschaft und unter den kritischen Augen einer Gemeinde ein Leben ohne große Kontakte führen zu müssen. Eine Zeitlang galt die Ehe mit einem Kollegen als Ausweg aus dieser Isolation der Dorfschullehrerinnen. Die Hebamme gehörte zu den weiblichen Aufstiegsberufen, weil sie seit Anfang des 20. Jahrhunderts in der Geburtshilfe tätig war, die erst allmählich von der medizinischen Zunft entdeckt wurde. Als Beraterin, Helferin und teilweise auch Wortführerin ihrer Patientinnen übte sie auf Honorarbasis einen der freien Berufe aus, in die sie sonst nicht eindringen konnte. Angesichts der seit 1920 zunehmend natalistischen Propaganda und der staatlichen Sozialpolitik gewann sie ebenso wie die Sozialarbeiterin zusätzliches Prestige. Aber auch sie mußte ihren Aufstieg mit einer Tag und Nacht umfassenden Disponibilität erkaufen; Michelle Perrot spricht zu Recht von »etwas Religiösem, das in diese Erwartung an die Hingabe der Frauen für ihre Arbeit« einging.

Glaubt man offiziellen Zählungen, machten die ausländischen Arbeiter bereits vor 1911 2,7% der Gesamtbevölkerung aus. Dieser Anteil ist zweifellos noch höher, wenn man die Naturalisierung und Franzisierung berücksichtigt. In der Vorkriegsgesellschaft fielen sie trotz heftiger Konflikte mit lokalen Arbeitern weniger auf als danach, weil sie sich in der Mehrzahl aus Anliegerstaaten (Belgien, Italien, Spanien) rekrutierten und in wenigen Gegenden Frankreichs konzentriert waren. Bereits im Ersten Weltkrieg nahmen aber in Bergbau, Industrie und Landwirtschaft 140 000 Nordafrikaner und 90 000 Vietnamesen zeitweilig die Arbeitsplätze von eingezogenen Franzosen ein. Vor allem die zwanziger Jahre sahen einen Boom der Einwanderung. Zwischen 1921 und 1926 kamen jährlich im Durchschnitt 200 000 Ausländer in Frankreich an. 1931 waren von 41835000 Einwohnern 2890000 nichtfranzösischer Herkunft, zu denen jene 315060 zu zählen sind, die zwischen 1926 und 1930 naturalisiert wurden. Nordfrankreich, die Pariser Gegend, der Südosten und generell Südfrankreich beherbergten die Zuwanderer, die nur in einzelnen Gegenden mehr als 10% der ortsansässigen Bevölkerung ausmachten.

Mehrheitlich Männer unter 39 Jahren zogen in der ersten Einwandererwelle nach Frankreich, bevor sich in den dreißiger Jahren das Verhältnis der Geschlechter anglich. Vor allem auf die Metallbetriebe, die Zechen und die Landwirtschaft konzentrierte sich das Gros der Migranten, die 1926 bereits zu 16% aus Polen und der Sowjetunion, zu 5% aus Afrika stammten. Der Anteil der Belgier und Italiener ging allmählich zurück. Diese Zuwanderung hatte unter den Arbeitern eine Verschiebung der Arbeitsbelastung zur Folge, bot Einheimischen deutliche Aufstiegsmöglichkeiten, provozierte in anderen Fällen aber auch xenophobe Reaktionen.

In Lothringen hatte die Anwerbung von ausländischen Arbeitern in den zwanziger Jahren für die Einheimischen positive Folgen. Je mehr die Produktion zunahm, desto größer war ihre Chance, in einer anwachsenden Bevölkerung als Kaufleute oder Beamte tätig zu werden oder in den Unternehmen zu Vorarbeitern, Angestellten oder Werkmeistern aufzusteigen. Da die unqualifizierten Arbeiten nunmehr von ausländischen Migranten verrichtet wurden, erhöhte sich die Chance der Einheimischen, Führungspositionen zu erobern. Erst mit der Weltwirtschaftskrise, in der zur Aufrechterhaltung der »nationalen Arbeit« in industrialisierten Departements bis zu einem Drittel der ausländischen Arbeiter entlassen und in ihre Heimat geschickt wurden, ging diese Spaltung der Belegschaft zurück. Paradoxerweise trug die Krise dazu bei, den Anteil jugendlicher, weiblicher und ausländischer Arbeitskräfte in Frankreich zurückzudrängen und den »turn over«, der zuvor immer hoch war, extrem zu senken. Gérard Noiriel spricht von einer Stabilisierung und Homogenisierung der französischen Arbeiterklasse in der und durch die Weltwirtschaftskrise, die sich nach seiner These bis in die fünfziger Jahre erstreckte.

Über die Arbeitsplatzproblematik hinaus warfen die Ausländer aber auch Integrations- oder, wie es die Zeitgenossen formulierten, Assimilationsprobleme auf. Vor allem die Polen nahmen in der Zwischenkriegszeit den Platz der Algerier im heutigen Frankreich ein. Zumeist kamen sie mit ihren Familien und in ihrem Selbstverständnis nur für eine kurze Zeit über die Grenze, widersetzten sich durch einen mystischen Katholizismus und den Gebrauch ihrer Muttersprache, eigene Organisationen und Schulen dem Anspruch der französischen Kultur. Im Unterschied zu rund der Hälfte der Ausländer, die sich in der Zwischenkriegszeit französische Frauen suchten, blieben die Polen weithin unter sich. Gegenüber dieser sich auf ihre Traditionen zurückziehenden Gemeinschaft entwickelte sich ein deutlicher Polenhaß, der mit der offiziellen Propaganda und den guten diplomatischen Beziehungen Frankreichs mit Polen kontrastierte. Für die Franzosen, die an den universellen Anspruch ihrer Kultur glaubten, fielen die Polen als Fremdlinge aus dem Rahmen. Für die französischen Bergarbeiter, die sich in der Konkurrenz mit polnischen Kumpeln befanden, wurden diese häufig als Bedrohung ihrer Arbeitsorganisation und -praxis wahrgenommen. In den Zechenstädten Nordfrankreichs, aber auch Mittelfrankreichs wurden die Polen zum Sündenbock für reale Probleme, und ihre Ausweisung 1934/1935 rief in Frankreich keine Proteste hervor. Von heute auf morgen wurden sie zu Zehntausenden aufgefordert, sich mit maximal 30 Kilogramm Gepäck pro Person nach Polen zurückzubegeben.

Mit der Entwicklung des tertiären Sektors nahm auch die Zahl der Angestellten zu. Sie übten in Betrieben und Bergwerken Verwaltungsfunktionen aus, waren im Handel, dem Bankwesen oder Versicherungen tätig oder aber vom Staat beschäftigt. Im 20. Jahrhundert schnellte die Zahl der Angestellten hoch. 10,7% aller Beschäftigten des Jahres 1921, 12,3% zehn Jahre später und 12,5% im Jahre 1936 zeugen von dem Trend, den auch die Weltwirtschaftskrise nicht nachhaltig gebrochen hatte. Unter ihnen drangen die Frauen seit Beginn des 20. Jahrhunderts vor. Besetzten sie 1906 bereits ein Viertel der Arbeitsplätze, erreichten sie in den zwanziger Jahren die Parität. Von den Arbeitern unterschieden sich die Angestellten eher durch die Form als durch die Höhe ihres Lohns. In der Regel wurden sie vierzehntäglich oder monatlich entlohnt. Überdies bestand ihre Bezahlung, etwa in Kaufhäusern oder bei den Reisenden, zu einem Teil aus einer Gewinnbeteiligung bzw. erfolgte im Kleinhandel auch durch die Gewährung von Kost und Logis. Allerdings erhielten sie häufig auch einen höheren Lohn; sie verfügten z. B. in dem St. Etienner Viertel Le Soleil über einen dem Durchschnitt überlegenen Wohnkomfort und kauften mehr Fahrräder oder Nähmaschinen als die Arbeiter. Die Bandbreite ihrer Tätigkeiten reichte vom Verkauf über die Überwachung zu Verwaltungsarbeiten, die alle unterschiedlich bezahlt und angesehen waren. Gemeinhin gehörten die Bankangestellten und Buchhalter zu den Berufen mit hohem Sozialprestige. Im Unterschied zu Industriearbeitern blieb die Arbeitszeit im tertiären Bereich flexibler und eröffnete dem Angestellten einen größeren Handlungsspielraum. Männliche und weibliche Beschäftigte besaßen jedoch unterschiedliche Berufsperspektiven. Am Ende des 19. Jahrhunderts etwa reservierte die Post männlichen Angestellten nicht nur schnellere Karrieren und höhere Posten, sondern bezahlte sie im Durchschnitt auch besser. Diese Ungleichheit erfuhren z. B. auch die weiblichen Angestellten im Mutterhaus der Handelskette Casino in St. Etienne.

Im Unterschied zu Deutschland einte kein gemeinsames Bewußtsein die unterschiedlichen Angestelltenpositionen. Der Bezug auf das Privatbeamtentum fehlte ebenso wie die Integration in den »Mittelstand«. Weder versuchten vor der Volksfront bürgerliche Kreise die Angestellten den Arbeitern zu entfremden, noch konstituierten staatliche Gesetze sie als eigenständige soziale Kategorie. Ja, der Begriff »employés« war gängig zur Bezeichnung der Gesamtheit einer Belegschaft und weniger, um einen Status zu erfassen. Da überdies die berufsständischen, katholischen oder freigewerkschaftlichen Organisationen nicht prinzipiell das Mittel des Streiks ablehnten, war die Distanz zu den Arbeitern nicht unüberbrückbar.

Nach alledem ließen sich zusätzlich zu den unterschiedlichen Berufen, die weiterhin die Vielfalt der französischen Arbeiterklasse ausmachten, deutlich einzelne Positionen unterscheiden, die je nach Status, Geschlecht, Herkunft und Bezahlung Eigenständigkeit begründeten und ausdrückten. Die Erfahrung der Gesamtgesellschaft erfolgte mithin durch das Prisma dieser differierenden Situationen. Die Lohnarbeit wurde dadurch gebrochen und zerfiel in unterschiedliche Teile. Zweifellos verbanden das Viertel, der Austausch in Cafés, in Vereinen oder am Brunnen das Milieu erneut, ebenso wie die untereinander bestehenbleibenden Heiratsbeziehungen enge Kontakte schufen. Aber Organisationen, Aktionen und Symbole waren notwendig, um über die Zersplitterung die Geschlossenheit wiederzufinden, die indes keineswegs alle Mitglieder der Klasse umfaßte.

Seit 1880 organisierten Gewerkschaften und Parteien immer mehr Arbeiter und Arbeiterinnen. Zu Beginn der Epoche wurden 478 gewerkschaftliche Organisationen mit 65 000 Mitgliedern gezählt. In ihnen schlossen sich vor allem städtische Berufe der Tischler, Schneider und Bauhandwerker zusammen, bevor auch erste Erfolge im Textilsektor verzeichnet werden konnten. In den achtziger Jahren des 19. Jahrhunderts setzten die Gewerkschaften ihren Vormarsch unter Glas- und Metallarbeitern, aber auch unter Kumpeln fort. Ende 1891 sollen 9% aller Industriearbeiter Mitglied einer Gewerkschaft gewesen sein. Von ca. 300 000 stieg die Zahl auf 957 000 (1907) und schließlich auf über eine Million vor dem Ersten Weltkrieg. Parallel dazu entfaltete sich die Bewegung der »Arbeiterbörsen«, deren Sekretär und Sprecher Fernand Pelloutier war; sie diente als Fortbildungsstätte und Arbeitsvermittlung, gab aber auch dem Arbeiterwiderstand Hilfestellungen. 1891 existierten 14 Börsen, 1908 bereits 157. Vor allem in Nordfrankreich gewannen auch die Konsumgenossenschaften und Hilfskassen große Verbreitung und führten zur Herausbildung einer Gegenkultur. Alle diese Initiativen blieben jedoch lokal, regional und beruflich weitgehend autonom. Erst seit 1895 versuchte die CGT (»Confédération générale du travail«) den überregionalen Zusammenhang zu stärken, Informationen auszutauschen, Schulung anzuleiten und Solidaritätsaktionen zu entwikkeln. Vor allem seit 1900 gelang ihr das in größerem Ausmaß.

Typisch für Frankreich war der revolutionäre Syndikalismus, der von einem Generalstreik das Ende der kapitalistischen und bürgerlichen Gesellschaft erwartete und sich für einen revolutionären Aktionismus engagierte. Er drängte auf die Trennung vom Reformismus der sozialistischen Partei, die 1906 in der Charta von Amiens vollzogen wurde. Seitdem gehörte ein programmatischer Apolitismus zum Selbstverständnis der französischen Gewerkschaften, der freilich politische Allianzen nicht ausschloß. Wie Lequin für die Lyoner Gegend gezeigt hat, war die Agitation aber wenig erfolgreich, die Erfolge blieben begrenzt, und das Scheitern war unausweichlich. Der Burgfrieden zu Beginn des Ersten Weltkriegs besiegelte das Schicksal dieser Tradition, die allenfalls in Minderheiten der Arbeiterbewegung nach 1918 noch fortlebte.

Nach dem Ersten Weltkrieg mußte die französische Gewerkschaftsbewegung jedoch eine Durststrecke zurücklegen. Zwischen den Jahren 1919/1920 und 1934/1938, in denen die Zahl der

Mitglieder schlagartig zunahm, stagnierte die Bewegung oder ging zurück. Noch 1918 stießen freilich die Postbeamten und Volksschullehrer zur CGT, aber in der Folge des Beitritts der KPF zur Dritten Internationale spaltete sich die Bewegung im Jahre 1921 in die CGT und die minoritäre, der KPF nahestehenden CGTU (»Confédération générale du travail unitaire«) und schwächte sich damit selbst. Die Bewegung basierte in den zwanziger Jahren vor allem auf dem öffentlichen Sektor, den die 1920 gegründete, vom sozialen Katholizismus inspirierte Gewerkschaft CFTC (»Confédération française des travailleurs chrétiens«) umwarb. Dagegen wurde die Gewerkschaftsbewegung vor 1936 kaum in den dynamischen Sektoren der französischen Wirtschaft heimisch, denn zwischen 1920 und 1930 waren nur 5% der Metallarbeiter organisiert. Die große Wirtschaftskrise, die Bedrohung durch den Faschismus und die der Volksfront vorangegangene Streikwelle trugen ebenso wie die Vereinheitlichung der getrennten Fraktionen der CGT zu dem Anwachsen auf 5,5 Millionen Mitglieder bei, während die CFTC 1937 eine halbe Million zählte. Gemessen an den zwölf Millionen Lohnabhängigen zur Zeit der Volksfrontregierung war der Organisationsgrad in einem Land wie Frankreich, in dem er traditionell niedrig war, erstaunlich hoch.

Auch die Arbeiterparteien trugen zur Kommunikation unter den verschiedenen Berufsgruppen, zum Zusammenschluß und zur Aktion bei. Bekanntlich vereinigten sich die diversen sozialistischen Gruppierungen in Frankreich erst 30 Jahre nach der SPD zu einer einheitlichen sozialistischen Partei, die 1905 unter dem Namen SFIO (»Section Française de l'Internationale ouvrière«) gegründet wurde. Vor 1914 verdreifachte die Partei ihre Mitgliederschaft von 34700 (1905) auf 91000, gewann jedoch bei der letzten Wahl vor Kriegsausbruch bereits 1400000 Wähler. Wie in Deutschland spaltete sich nach 1918 die Partei in einen sozialistischen Flügel, der den Beitritt zur Dritten Internationale ablehnte, und eine Mehrheit der Partei, die sich für das Modell der Russischen Revolution aussprach. Obwohl die KPF im Jahre 1920 die Mehrheit der Parteimitglieder organisiert hatte, verlor sie in der Folge der Bolschewisierungspolitik unter der Taktik »Klasse gegen Klasse« immer mehr Mitglieder und Wähler. 1932 hatte sie nur noch 40000 Mitglieder und mobilisierte 738000 Wähler. Dagegen verbesserte die Sozialistische Partei seit 1920 zunehmend ihren Mitgliederstand und überflügelte deutlich die Kommunistische

Partei bei Wahlen. 1932 erhielt sie über zwei Millionen Stimmen.

Charakteristisch für die Entwicklung der sozialistischen Parteien in Frankreich war ihre lange Verbindung mit der bürgerlichen Demokratie. Sowohl vor 1914 als auch in der Zwischenkriegszeit riß die Verbindung zwischen der Radikalsozialistischen Partei und den Sozialisten nie ab, wenn auch die Sozialisten aus strategischen Überlegungen lange zögerten, in eine von Radikalsozialisten geleitete Regierung einzutreten. In diesem Engagement für die bürgerliche Demokratie, das in innenpolitischen Krisenzeiten immer wieder den Ausschlag für sozialistische Entscheidungen gab, verbanden sich zahlreiche sozialistisch wählende Arbeiter mit der bestehenden Staatsform und verringerten die Gefahr, daß über den sozialen Konflikten und politischen Auseinandersetzungen die Staats- und Gesellschaftsordnung selbst zerbrach.

Vor allem in Streiks erfuhren die Arbeiter ihre Kollektivität und ihren Zusammenhalt und drückten ihre Opposition gegen die Unternehmer aus. Die Tradition der Arbeitskämpfe ging deshalb in die berufliche und lokale Mythologie ein, und es war z. B. noch in den sechziger Jahren unseres Jahrhunderts den Arbeitern von Carmaux nur schlecht beizubringen, daß die Pariser Commune mit einer Niederlage geendet habe. Außer der Revolution von 1789 bildete sie nämlich vor 1917, teilweise auch danach, einen zentralen Orientierungspunkt für Arbeiter und ihre Organisationen. Aber auch Plätze oder Gebäude vermittelten die Erinnerungen an Aktionen, in denen die Zersplitterung überwunden und Gemeinsamkeit erlebt wurde. In diesen nahmen die gewaltsamen Handlungen gegen Unternehmer immer mehr ab, obwohl die Drohung mit Gewalt weiterhin in Diskussionen auftauchte, taktisch eingesetzt wurde oder gegen Vorarbeiter, Ausländer und vermutliche Verräter realiter benutzt wurde.

Vor allem 1906, 1919 und 1936 erreichte die Streikbewegung ihren Höhepunkt und gewann teilweise auch politischen Charakter. 1906 drückten 474 000 Streikende in 1354 Arbeitskämpfen ihr Engagement für den Acht-Stunden-Tag aus. 1919 protestierten in 2047 Arbeitsniederlegungen 1 319 000 Beschäftigte gegen ihre durch den Krieg verschlechterte Situation. 1936 machten 2 423 000 Streikende in 16 907 Aktionen ihrem Unmut über die Abwälzung der Krisenfolgen auf die Arbeiter Luft. Aber der Streik war nichts Außergewöhnliches. Denn in den Jahren zwischen 1915 und 1935 brachen im jährlichen Durchschnitt 761 Streiks aus, zwischen 1930 und 1934 jedoch signifikant weniger. Er blieb mehrheitlich ein Kampfmittel, das die Arbeiter mit Erfolg einsetzten. Sein Gebrauch dehnte sich von den alten städtischen Berufen über die Großindustrie auch auf den Öffentlichen Dienst aus, der 1936 aber auffallend passiv blieb. Lohnforderungen rückten immer stärker in den Vordergrund von Aktionen, die sich im Frühjahr konzentrierten und häufig an Zahltagen ihren Anfang nahmen.

Von der Härte, mit der Arbeiterforderungen und Unternehmerinteressen aufeinanderprallten, zeugt die zunehmende Dauer der Kämpfe. Von 9,6 Tagen (1871) verlängerten sie sich auf 20,5 Tage zwischen 1931 und 1935. Auch die 1919 durch ein Gesetz ins Leben gerufenen Tarifverträge konnten sich in Frankreich nicht durchsetzen, so daß in den meisten Unternehmen das jeweils bestehende Kräfteverhältnis den Ausschlag gab. Hierin lag eine wichtige Basis für den gewerkschaftlichen Lokalismus. Damit bestimmte weniger die Konsenssuche als die Konfrontation, ein Ringen um Sieg und Niederlage und weniger der Ausgleich von Interessen die Szenerie. Dementsprechend erfuhren die Unternehmer die Volksfrontregierung und ihre Sozialreformen als Waterloo, eine Scharte, die sie ihrerseits 1938 mit einer »zweiten Marneschlacht« auswetzen wollten. Die Arbeiter nahmen die Unternehmer seit 1880 deutlich negativ wahr. Diese wurden aufgrund ihres Despotismus, ihrer Muße und Faulheit, aber auch wegen ihrer Ausbeutung angeklagt. Den Widerspruch zwischen realer Abhängigkeit und erhoffter Auflehnung drückte ein Arbeiter im Jahr 1886 eindeutig aus: »Ich schätze meinen Arbeitgeber, aber ich möchte ihn gern aufgehängt sehen.« Mit der Jahrhundertwende verschwand die Unternehmerperson aus dem Visier der Angriffe, und an ihre Stelle trat das System des Kapitalismus, das auf wagemutige Unternehmer baue, in Frankreich aber aufgrund der Zaghaftigkeit der Unternehmerklasse unentwickelt sei. Dem Negativbild der Arbeiter entsprach das der Unternehmer, die sich seit der Mitte des 19. Jahrhunderts für eine moralische Besserung einer Bevölkerung einsetzten, die sie oft als dem Trunk hingegeben, faul und renitent darstellten. Diese Politik der »Verbürgerlichung« hatte aber nur begrenzt Erfolg, da sie sich immer wieder an der Realität des Arbeiteralltags stieß. Gegenseitige Ablehnung bildete einen fruchtbaren Boden für massive Zusammenstöße. Die Militanz der einen Seite provozierte die der anderen, und die Unternehmer warfen vor allem auch in den zwanziger Jahren und zu Beginn der Weltwirtschaftskrise das Gewicht ihrer strukturellen Überlegenheit in die Waagschale, um ihre Ziele durchzusetzen.

Freilich waren weder alle Unternehmer noch alle Arbeiter organisiert. Überdies bestanden in paternalistisch geführten Unternehmen oder unter Angestellten auch Bereiche, in denen die Unterordnung unter die Leitungsautorität akzeptiert war. Aber immer wieder, geradezu periodisch verdichteten sich Arbeitskämpfe zu Streikwellen, die auf die Befriedigung materieller Interessen ausgerichtet waren, gleichzeitig aber auch die Form der Unternehmensführung in Frage stellten. Die Besetzung von Fabriken im Mai und Juni des Jahres 1936 drückte etwa die symbolische Aneignung des Raumes der Produktion durch die Produzenten aus, die damit ihren Autonomieanspruch demonstrierten. Auch in der Folge gestalteten sich die Konflikte in den Automobilbetrieben oder Bergwerken zu einer dauerhaften Guerilla, in denen es um Arbeitsorganisation, -ansprüche und -autonomie ging. Da überdies diese Konflikte nur unvollkommen einen politischen Ausdruck fanden, stand Konfrontation auf der Tagesordnung.

4. Die Kräfte der gesellschaftlichen Synthese

Trotz aller Konflikte und der Unversöhnlichkeit der Interessen trieb der Gegensatz der Klassen nicht auf eine globale Konfrontation zu, sondern wurde immer wieder aufgefangen und abgepuffert. Zu dieser Bestanderhaltung trugen nicht nur die Interventionsmaßnahmen des Staates bei, sondern auch jene gesellschaftlichen Bereiche, die weniger klassenmäßig strukturiert waren als Bürgertum und Arbeiterklasse, in denen Veränderungen möglich waren oder Ausweichmöglichkeiten angeboten wurden. Zu ihnen zählten die ländliche Gesellschaft und das Kleinbürgertum. Der Klassengegensatz bestimmte auch nicht – im Sinne einer kruden Agententheorie – die Politik der staatlichen Instanzen, deren Aufgabe gerade darin bestand, die Weiterexistenz der sozialen und politischen Ordnung zu erhalten.

Die Darstellung gewinnt zweifellos an Klarheit, wenn sie den Abstand zwischen dem Idealtypus der Klassengesellschaft und der historischen Realität mißt. In dieser Perspektive fallen sowohl die Staatstätigkeit als auch die Situation der Landwirte und der Kleinbürger aus dem Raster heraus. Sie muß darüber hinaus aber auch fragen, ob und in welchem Maße jene gesellschaftlichen Bereiche, die nicht gemäß dem Modell organisiert waren, dazu beitrugen, das Konfliktpotential und die Klassenfronten im gewerblichen Bereich abzuschwächen.

4.1. Veränderungen der ländlichen Welt

Auf dem Lande hatten die Gewohnheitsrechte und kommunalen Lebensformen, die Mischformen zwischen Besitz und Lohnarbeit und die Tendenz zur »Ruralisierung« bereits im 19. Jahrhundert die Prägekraft der Klassentrennung begrenzt. In der Verwaltung der Allmende, dem abendlichen Treffen und einer Fülle von Ritualen hatte die dörfliche Gemeinde eine relative Geschlossenheit gefunden, die soziale und ökonomische Gegensätze in den Hintergrund rücken ließ. Nach 1880 erlebten die Dörfer aber nicht nur zwei Agrarkrisen, sondern auch eine Transformation, die sie zunehmend, freilich nicht überall gleichmäßig, ihrer klassenverbindenden Strukturen beraubte.

Die Gewohnheitsrechte verloren mit den perfektionierten Agrarmaschinen an Bedeutung. Das Gemeindeland spielte seit dem Jahrhundertende kaum mehr eine Rolle. Ökonomisch, aber auch gesellschaftlich löste sich die dörfliche Gemeinschaft auf. Die Traditionen widerstanden nur schwer dem Vordringen des städtischen Konsum- und Lebensmodells, in Kleidung und Ansprüchen glichen sich Stadt und Land einander an. Das Brauchtum selbst verkam vor allem nach 1918 zu Relikten der Vergangenheit, denen sich die Bauernverbände und seit 1938 das »Musée National des Arts et Traditions Populaires« widmete. Im Dorf selbst nahmen die Gemeinschaftsabende, die der Arbeit aber auch der Selbstverständigung dienten, mit dem Vordringen des Cafés und den verbesserten Verkehrs- und Transportbedingungen an Bedeutung ab. Religiöse oder weltliche Feste vereinigten weniger als zuvor die gesamte Gemeinde, sondern nur noch Teile derselben. Selbst in katholischen Gegenden spielte der Kirchgang nicht mehr die Bedeutung, die er früher gehabt hatte. Seit 1939 schlossen auch immer mehr Schmieden, die Lucien Febvre das Waschhaus der Männer genannt hat, und damit ging neben den Mühlen ein weiterer Versammlungs- und Diskussionsort verloren. Alle diese verschiedenen, in ihrer Wirkung überaus unterschiedlichen Entwicklungen zusammenfassend, schrieb ein so hellsichtiger Beobachter wie der Soziologe Maurice Halbwachs: »Jeder denkt nur noch an sich oder an die seinen ... Man bemüht sich, den Landbesitz abzurunden. Aber man kümmert sich nicht um die anderen. Selbst unter den Bewohnern desselben Dorfes, derselben Gegend gibt es keine natürliche Tendenz, sich zur Verfolgung gemeinsamer Interessen zusammenzuschließen.«

Der Wandel ging zweifellos auch auf die demographische Veränderung der Dörfer selbst zurück. Vor allem die ländliche Bevölkerung hatte bekanntlich gut drei Viertel der 1914 Einberufenen gestellt. Sie trug mit 700000 Toten und 500000 Verletzten gut die Hälfte der menschlichen Kosten des Ersten Weltkrieges. Die Kriegerdenkmäler selbst der kleinsten Dörfer zeugen noch heute von dem Umfang der Verluste. Gekoppelt mit einer bereits seit 1880 beginnenden Wanderungsbewegung, die nicht nur die Flucht vor Not, sondern, wie z. B. im Departement Eure-et-Loir, auch die Suche nach Aufstieg bedeuten konnte, leerten sich nach 1918 die Dörfer. Zwischen 1911 und 1921 hatten sich die Gemeinden mit weniger als 50 Einwohnern verdoppelt, und in der Zwischenkriegszeit zählte die Hälfte aller Dörfer nicht mehr als 400 Einwohner. Aufgrund der geringen Einwohnerzahl schrumpften auch die jeweiligen Altersgruppen; der lokale Heiratsmarkt verengte sich so beträchtlich, daß sich vor allem junge Frauen, aber auch Männer außerhalb der Dörfer Ehepartner suchen mußten, mithin oft den Heimatort verließen. Die erzwungene Ehelosigkeit vor allem der Bauern, der Bourdieu einen profunden Aufsatz gewidmet hat, nahm ebenso zu wie die Überalterung. In der Champagne stellten die über Sechzigjährigen 1861 8,6% der Bevölkerung, 1921 waren es bereits 18%, und dieser Anstieg war nicht allein aus der sinkenden Sterblichkeit zu erklären.

Aber die Auflösung gemeinschaftlicher Strukturen, die Klassengegensätze abmildern konnte, schritt weder gleichmäßig noch unaufhaltsam fort. Bis 1945 und danach bestanden vor allem in gebirgigen und abgelegenen Gegenden diese Gemeinschaftsformen noch fort. Überdies darf über dem Verlust alter Lebensformen die Entwicklung neuer nicht vergessen werden. Um Militärdienst, Schulen und Kneipen entwickelten sich mancherorts neue Formen dörflichen Soziallebens, die den traditionellen an Intensität nicht nachstanden und in denen vorhandene Traditionen verändert, aber nicht verworfen wurden.

Bis 1945 existierten auch zahlreiche Mischformen weiter. Denn der an der Maximierung des Agrarprofits interessierte Pächter oder Besitzer und der für ihn arbeitende Landarbeiter hatten sich als Säulen der ländlichen Klassengesellschaft noch nicht herausgeschält. Der Kleinbauer, der nebenher handwerklich tätig war, oder der Handwerker, der agrarische Interessen verfolgte, verlor freilich an Bedeutung. Im Departement Isère soll in den von Pierre Barral untersuchten Dörfern die Zahl der Handwerker von 1931 (1896) auf 1147 (1936) zurückgegangen sein, während in einem Dorf des Vivarais auf 31 Haushalte des Jahres 1941 ein Handwerker kam, 1911 waren auf 117 Haushalte jedoch noch 14 entfallen. Aber dieser Rückgang war nicht allgemein, sondern erfaßte vor allem die ländliche Heim- und Nebenindustrie, weniger jene handwerklichen Betriebe, die, wie die Sattler, dem agrarischen Bedarf zuarbeiteten. Gleichwohl verlor das gewerbliche Zusatzeinkommen im Budget der Bauern nach 1918 an Bedeutung.

Auch zwischen Lohnarbeitern und Besitzern war die Grenze noch nicht scharf gezogen. Die Halbpächter, zu denen 1892 6% aller Bauern zu zählen waren, teilten den Ertrag der Ernte weiterhin mit dem Besitzer, ebenso wie die für die Bestellung des Landes notwendigen Investitionen. Diese tradierte Form verdeckte das Abhängigkeitsverhältnis durch das gemeinsame Interesse an dem Umfang der Ernte und an den Agrarpreisen. Unter den 1,2 Millionen Tagelöhnern, die die Statistik für das Jahr 1892 erfaßte, besaß die Hälfte etwas Land, benutzte mithin die Lohnarbeit als Teil einer Versorgungsstrategie, in der auch die Bestellung des eigenen Landes eine Rolle spielte. In dem Weinbauerndorf Cruzy im Languedoc verloren sie aber im Zuge der Krise der neunziger Jahre zunehmend ihr Eigentum und verkauften lediglich ihre Arbeitskraft. Auch im Roussillon ging der Anteil der Parzellenbesitzer, zu denen die Landarbeiter zählten, zwischen 1892 und 1929 um ein Drittel zurück. Es ist mithin anzunehmen, daß sich die Lohnarbeit aus der Verbindung mit dem Besitz löste. In der Zwischenkriegszeit wurde sie aber häufig auch von ausländischen Arbeitskräften verrichtet, während zahlreiche Knechte und Mägde unter Bedingungen lebten und arbeiteten, die teilweise noch traditionelle Formen hausrechtlicher Abhängigkeit trugen.

Angesichts dieser Situation ist es nicht erstaunlich, daß Organisationen und Aktionen von Landarbeitern auch im 20. Jahrhundert selten blieben. Die 1903 in Béziers gegründete »Fédération Générale des Travailleurs Agricoles et Parties Similiaires de la Région du Midi«, die 15 000 Mitglieder unter Losungen des revolutionären Syndikalismus versammelte, konnte kurzlebig ihre Interessen an hohem Lohn und kurzen Arbeitstagen durchsetzen, zerbrach dann aber unter dem massiven Widerstand der Grundbesitzer. Da auch 1919 und 1920, ebenso 1936 Landarbeiter in Streiks ihre Forderungen formulierten, kann die Zwischenkriegszeit als Phase einer zunehmenden politischen Selbständigkeit verstanden werden, die aber nicht zu dauerhaften Organisationen führte. Aufgrund der vorhandenen ausländischen Arbeitskräfte und der seit 1930 einsetzenden Arbeitslosigkeit verfügten die Großgrundbesitzer immer über eine Reservearmee, die sie gegen die aufsässigen Landarbeiter einsetzen konnten.

Schließlich prägten sich die Gegensätze je nach Region und Konjunktur unterschiedlich aus. Vor 1914 unterscheidet Barral zwischen relativ egalitären Dorfstrukturen, traditionellen Abhängigkeiten und modernen Konfrontationen. In den ersten, die in fast der Hälfte aller französischen Dörfer verbreitet waren, dominierten die mittleren Besitzer, die in einer zwar auch durch Ungleichheit charakterisierten Eigentumsordnung numerisch doch so stark waren, daß sie den Gemeinden ihren Stempel aufdrücken konnten. In West-, Süd-, Ostfrankreich und den gebirgigen Regionen fanden sich diese Verhältnisse. In einem Drittel des Landes jedoch – vor allem in West-, Süd- und Mittelfrankreich – dominierten die Großgrundbesitzer weiterhin über Bauern, Landarbeiter und Dienstboten, die im Centre weiterhin kleine Abgaben und Dienste schuldeten. Das von Laurence Wylie untersuchte Dorf Chanzeaux im Anjou ist ein guter Beleg für diese Abhängigkeit. Gleichzeitig stellte in Nordfrankreich und im Pariser Becken der Gegensatz von Großgrundbesitz und Lohnarbeitern alle Zwischenexistenzen in den Schatten, wenn diese nicht – wie in Teilen der Beauce – durch eine hohe Kohäsion der Mittelbauern der Polarisierung Einhalt gebieten konnten. Bezeichnend für die ausgebildeten Klassenverhältnisse in diesen Gegenden war unter anderem die Tatsache, daß der kapitalistische Pächter »Patron« genannt wurde. In der Zwischenkriegszeit gerieten diese Strukturen jedoch in Bewegung. Großgrundbesitz wie auch Kleinstbesitz verloren offensichtlich an Gewicht. Sowohl Claude Mesliand als auch Ronald Hubscher haben für unterschiedliche Gegenden die Stärkung eines bäuerlichen kleinen und mittleren Besitzes hervorgehoben, der den Landwirten erlaubte zu sparen, zu investieren und Innovationen einzuführen. Er konnte sich auch in den zwanziger Jahren konsolidieren, in denen die Schulden infolge der Inflation dahinschmolzen und die Landbesitzer nach Käufern suchten. Der Hunger nach Land hatte mit fallender Grundrente und unsicheren Agrarpreisen deutlich nachgelassen und damit auch die Konkurrenz reduziert, die zuvor den Preis für Grund und Boden hochgetrieben hatte. Vor allem in der Weltwirtschaftskrise brach jedoch die Kaufkraft der Bauern ein, und der Tauschwert des Landes fiel dramatisch: von ca. 240 Millionen Francs im Jahre 1929 auf 160 Millionen sechs Jahre später.

Trotz aller Veränderungen hatten sich auf dem Lande die sozialen Beziehungen noch nicht entlang der Klassenlinie geklärt. Auch die Abhängigkeit, in die die Bauern von Düngerlieferanten, Kreditinstitutionen und Kaufleuten gerieten, wurde selten als Gegensatz von Kapital- und Landwirtschaftsinteresse wahrgenommen, eher als Opposition von Stadt und Land. Unter Dienstboten und Landarbeitern mancher Gegenden blieben die Beziehungen zum Agrarunternehmer noch paternalistisch gefärbt, während die

Halbpächter sich sogar mit den Besitzern häufig solidarisch fühlten. Streiks blieben dementsprechend selten. Die Sozialstruktur bot geradezu einen idealen Nährboden für populistische Bewegungen, den die Grünhemden von Dorgère in den dreißiger Jahren ausnützten. Das ländliche Frankreich widerstand nicht nur dem Siegeszug des Klassenmechanismus, sondern bot sich selber an, seine Auswirkungen abzuschwächen. Der Rückzug von Arbeitslosen, Armen und Alten aus der Stadt auf das Land machte das Dorf zu einem wirksamen Korrektiv gegenüber städtischen Fehlentwicklungen. Die Ideologie des Agrarismus versprach sogar, den Problemen der Städte die Wohltaten des Landes entgegenzusetzen und diese zu lösen. Einfachheit, Natürlichkeit und Stabilität sollten als Heilmittel für Komplexität, Künstlichkeit und Mobilität dienen.

4.2. Das Kleinbürgertum als Schmelztiegel

Geradezu eine Spagatposition nahm zwischen Bürgertum und Arbeiterklasse das Kleinbürgertum ein, das erst seit dem Anfang des 20. Jahrhunderts in Frankreich als Teil der Mittelklassen begriffen wurde. Da es sowohl Kapital besaß als auch persönlich mitarbeitete, konnte es eine gesellschaftliche Vermittlerrolle einnehmen. In Frankreich war diese Klasse numerisch stärker als in Deutschland. Sie soll nach Serge Berstein, der aber einen umfassenden Mittelklassenbegriff benutzt, im 20. Jahrhundert die Hälfte der Beschäftigten, nach Bédarida immerhin noch zwölf von 41 Millionen Franzosen im Jahre 1931 umfaßt haben. Rechnet man ihnen die Händler und Kaufleute, Handwerker und qualifizierten Arbeiter zu, gehörten ihm in Orléans 1912 17,9%, 1931 immer noch 16,9% der männlichen Wähler an.

Das Kleinbürgertum untergliederte sich jedoch nicht in Unternehmer und Beschäftigte, sondern in jene, die lediglich familieneigene Arbeitskräfte beschäftigten, und jene, die auf den Arbeitsmarkt zurückgreifen mußten. Sowohl zu Beginn des 20. Jahrhunderts als auch vor dem Zweiten Weltkrieg blieben die Werkstätten der Handwerker und Läden, die gegen Lohn Arbeiter oder Arbeiterinnen angestellt hatten, in der Minderheit. Nach Nonna Mayer hatten 1906 69,3% aller Handelsgeschäfte und 72% aller Industriebetriebe keine Arbeitskräfte beschäftigt. 1936 stieg der

Anteil im Handel auf 70,9%, sank jedoch in der Industrie auf 67%. Diese Angaben decken sich in etwa mit den Berechnungen von Alain Faure, nach denen 1901 rund 80% aller Unternehmen von Alleinmeistern, Heimarbeitern oder Betrieben gestellt wurden, die lediglich mit Familienmitgliedern funktionierten. Auch in der Zwischenkriegszeit waren in Industrie und Handel der Handwerksbetrieb und die Boutique die Regel. Sie blieben überdies schlecht ausgerüstet: 1931 wurden 69% der Betriebe ohne Elektrizität betrieben, 73% kamen ohne jede mechanische Antriebskraft aus. Abgeschnitten vom Arbeitsmarkt, siedelte sich das Gros des Kleinbürgertums außerhalb des Klassengegensatzes und am Rande der Mechanismen des modernen Industriekapitalismus an.

Es suchte zudem soziale Grenzen zu überschreiten und sich in dem Zwischenraum zwischen Arbeiter- und Mittelklassen niederzulassen. Zu ihm gehörten jene bescheidenen Läden, die Kolonial- oder Kurzwaren verkauften und die im St. Etienner Viertel Le Soleil 40 bis 45% aller Geschäfte ausmachten und zumeist von Frauen geleitet wurden. Da diese Läden häufig mit wenig Kapital, geringem Umsatz und hohen Schulden betrieben wurden, erstaunt ihre strukturelle Schwäche nicht. Nach 1900 wechselte einer von fünf Krämerläden in Paris alle paar Jahre den Besitzer. Dauerhafte Gründungen fanden eher unter den Weinhändlern, Schlachtern und Bäckern statt. Bereits die Anfangsinvestitionen waren in diesen Bereichen höher, die Vorbildung war umfassender, und die Gewinnaussichten waren günstiger, so daß sich etwa in Lyon eine Reihe von Schlachterdynastien seit der Mitte der achtziger Jahre vom Gros des Berufes absetzte. Da in Frankreich das Handwerk weniger durch den Meister als durch den verlegten Handwerker repräsentiert wurde – vor 1914 verschwand der Meistertitel sogar als Selbstbezeichnung aus den Lyoner Wahllisten –, der Kleinhandel in großen Teilen einen häufig kurzzeitigen Zusatz für Arbeiterfrauen, Ausweichbeschäftigung bei Krankheit, Alter oder Arbeitslosigkeit bildete, entzogen sich wichtige Funktionen des Kleinbürgertums der Prägung durch den Klassengegensatz.

Sofern jedoch Handwerker oder Händler Lohnarbeiter beschäftigten, waren sie in die Klassenauseinandersetzung einbezogen. Das bestätigt bereits ein Blick auf die Streikstatistik. So fanden im Bereich des Lebensmittelhandels und -handwerks 1903 19 Arbeitskämpfe, 1913 sogar 36 statt, die aber nur 4941 Streikende betrafen und häufig scheiterten. Glaubt man zeitgenössischen Berichten der Arbeitsinspektoren, waren gerade in diesen Bereichen die hygienischen Bedingungen schlecht, die Arbeitszeiten lang und die Arbeitsbedingungen miserabel. Sozialgesetze wurden häufig umgangen oder übertreten. Vor allem in jenen Branchen, in denen die kleinen Unternehmer sich der Konkurrenz der großen erwehren mußten, nahm die Ausbeutung zu. In den neunziger Jahren beklagte sich deshalb der Sozialforscher Pierre de Maroussem über das Aufleben von sozialen Konflikten im kleinbetrieblichen Bereich, durch die zuvor bestehende Solidaritäten zerstört würden. In diesem Zusammenhang wandelte sich auch der Begriff des Kapitalisten, der zuvor in der Arbeiterbewegung vor allem mit dem Finanzkapital verbunden wurde, jetzt aber auch auf die Kleinunternehmer ausgedehnt wurde. Allerdings blieben offen ausbrechende Arbeitskämpfe selten, da die Unternehmer durchweg besser als die Arbeitskräfte organisiert waren. Auch Prozesse vor dem Arbeitsgericht, das seine Kompetenz seit 1907 auch auf Angestellte und den Handelsbereich ausweitete, waren – wie das Lyoner Beispiel zeigt – eine Rarität. Offensichtlich diente vor allem die geographische und betriebliche Mobilität dazu, allzu autoritären Kleinmeistern zu entgehen und bessere Arbeitsbedingungen zu suchen.

Aber Kleinbetriebe provozierten nicht nur soziale Konflikte, sondern pufferten diese auch ab. Es ist bekannt, daß die kleinen Metallbetriebe der Franche Comté in der Zwischenkriegszeit von den Peugeot-Werken entlassenen, politisch aktiven Arbeitern Chancen zum »Überwintern« gaben, bevor diese dann wieder an ihren früheren Arbeitsplatz zurückkehren konnten. Auch in Arbeitskämpfen erlaubte der Konsumkredit, den Krämer und Händler den Arbeiterfamilien einräumten, den Lohnausfall zu verkraften, der durch gewerkschaftliche Sammlungen nur unzureichend ersetzt werden konnte. Sowohl 1899 in Le Creusot als auch 1905 in Longwy unterstützten Kleinhändler lange Streiks.

Vor allem jedoch durch die Fluidität des kleinbürgerlichen Milieus und durch die Tatsache, daß es Veränderungs- und Aufstiegswillen Raum gab, konnte es die Härten und Kanten der Klassengesellschaft abschwächen und in einer im wesentlichen »blockierten Gesellschaft« die Erfahrung von Mobilität vermitteln. In Handwerk und Kleinhandel konnten Arbeiter kurzlebig eine andere Beschäftigung finden, einen Hauch von Selbständigkeit erahnen, der aber selten über eine Generation hinausreichte oder den Grundstein für eine gesellschaftliche Standortverschiebung bot. Obwohl in der Zwischenkriegszeit die goldenen Jahre der Läden anbrach, die auch schon zuvor von der Urbanisierung und dem Anwachsen der Massenkaufkraft profitiert hatten, gelang es allenfalls im Konfektionshandel, weniger in Krämerläden, einigen wenigen, eine dauerhafte Stellung zu erwerben. Lediglich Schlachter und Bäcker gehörten vor dem Ersten Weltkrieg zu den Berufen, die ihren Nachkommen eine umfangreiche Erbschaft hinterlassen konnten. Eine deutliche Statusverbesserung waren die Laden- oder Gaststätteneröffnungen allerdings für Polen, Italiener oder Spanier, die der Arbeit als Bergleute oder Maurer entgehen konnten. In einer ersten Phase freilich führten zuerst die Frauen das Geschäft, bis es genügend einbrachte, so daß auch der Mann die Arbeit unter Tage oder auf dem Bau aufgeben konnte.

Die Grenzen des Aufstiegs blieben gleichwohl eng gesteckt. In Orléans verkehrten 1911 die Kleinbürger vor allem mit Angestellten- und Eisenbahnerfamilien, während die Elite der Lyoner Schlachter gezielt für Berufsvererbung und Homogamie sorgte. Auch Volksschullehrerposten wurden für Kleinbürgersöhne und -töchter attraktiv, die gleichzeitig auch in kleine oder mittlere Beamtenstellen drängten. Wie Jean Paul Burdy für St. Etienne jedoch zeigen konnte, gelang außerhalb des Nahrungsmittelhandwerks und der Posamentierer kaum ein sozialer Aufstieg. Auch in Bordeaux konnte das Kleinbürgertum erst nach dem Zweiten Weltkrieg zum mittleren Bürgertum aufschließen. Der Wechsel aus der Position des Meisters in die des Unternehmers, aus der des Krämers in die des Kaufmanns fand offensichtlich häufiger in Romanen als in der Wirklichkeit statt. Die soziale Distanz zum Bürgertum war zu groß, als daß sie in einer Generation, ja oft nicht einmal in der zweiten überwunden werden konnte.

Eine weniger formelle soziale Promotion bot jedoch das umfangreiche republikanische Vereinswesen der Gesang-, Schützen- und Sportvereine, die nach 1870 wie Pilze aus dem Boden schossen. Vor dem Ersten Weltkrieg sollen über 200 000 Bewohner von Paris an ihren Aktivitäten teilgenommen haben. Innerhalb dieser Organisationen boten sich vielfältige Chancen, sich durch besondere Leistungen oder Organisationsgabe auszuzeichnen, für die Wahl von Amtsfunktionen anzutreten und damit ein soziales Kapital zu erwerben, das die eigene kleine Situation erhöhte. Im vielfach zitierten Viertel Le Soleil in St. Etienne waren im Vorstand der Bogenschützenvereinigung etwa Kleinhändler und Handwerker überproportional vertreten. Neben öffentlichem Auftreten und Prestige konnten diese Ämterübernahmen auch berufliche Konsequenzen haben, da durch sie Kundschaft erworben und Beziehungen hergestellt werden konnten, oder aber sie galten bei der Rückkehr in eine Lohnabhängigkeit als Beweis für Qualifikation und Initiativkraft. So beförderte in den dreißiger Jahren die St. Etienner Firma Casino einen Angestellten in höhere Positionen, weil er Trompete spielte!

Aus dem Kleinbürgertum stammten schließlich auch kulturelle Modelle, die geradezu den Klassengegensatz negierten. In der Absetzung von den Monopolen einerseits, der sozialistischen bzw. kommunistischen Arbeiterbewegung andererseits optierten die sich erst seit den achtziger Jahren vor allem im Handel herausbildenden Verteidigungsorganisationen für eine Gesellschaft der kleinen Besitzer, die auf lokaler Ebene zusätzliche Kompetenzen bei der Wahl der Beamten erhalten sollte. Wenn sich um die Jahrhundertwende auch die berufsständische Ausrichtung verstärkte und sogar der Mittelklassengedanke von Mitgliedern des Bürgertums an die Kleinhändler herangetragen wurde, blieben diese in ihrer Mehrheit und in der Provinz doch radikalsozialistisch gesinnt und dem Ideal einer egalitären Kleinbesitzergesellschaft treu. Auch in der Zwischenkriegszeit überwogen unter den Handwerkern zahlenmäßig die republikanischen Organisationen gegenüber konservativ korporatistischen. Selbst in den Jahren der Volksfront (1936/37) trugen die kleinbürgerlichen Wähler der radikalsozialistischen Partei dazu bei, diese anfangs für Reform und Veränderung einzunehmen, engagierten sich aber alsbald angesichts der sozialen Unruhen, erhöhter Belastung und der Abwertung des Franc für eine Politik sozialer und ökonomischer Stabilität im Sinne der Besitzenden.

Über die politische Aktion hinaus bot sich das Kleinbürgertum selbst als soziales Modell an. Seine Wortführer wurden nicht müde, den sozialen Aufstieg in die Selbständigkeit als Mittel der Veränderung in einer »blockierten Gesellschaft« zu preisen, die Nähe zu den Arbeitern als Gegensatz zu der Anonymität der Fabrik zu betonen und damit den sozialen Frieden im Kleinbetrieb dem Klassenkampf in großen Industriebetrieben gegenüberzustellen. Aufstieg, Intimität und Interessenkonvergenz machten in dieser Perspektive den Kleinbetrieb zur geeigneten Therapie für die gesellschaftlichen Probleme einer sich herausbildenden Klassengesellschaft. Besonders aus den Kreisen der kleinen Beamten, die von den Gemeinden oder dem Staat beschäftigt wurden, gewann das soziale Modell des »retraité«, des Pensionärs, an Verbreitung. Durch die Pension, die Eisenbahngesellschaften und staatliche Organisationen zahlten, besaßen sie bereits seit dem Ende des 19. Jahrhunderts das Recht auf ein arbeitsfreies und materiell gesichertes Alter. Wie Studien für die Lyoner Gegend ergaben, verbreiteten sich die ehemaligen Beamten in unzähligen kleinen und mittleren Gemeinden, aus denen sie stammten, um dort ihren Lebensabend zu verbringen. Damit wirkten sie als Reklame für alle jene Beschäftigungen, die dank eines Statuts Sicherheit im Alter schufen. Auch dieses Modell war auf Ausgleich der Interessen und eine Berufstätigkeit fern den Klassenauseinandersetzungen angelegt.

4.3. Der französische Sozialstaat

Eine Stunde Null der Staatstätigkeit hat es in Frankreich wie auch andernorts nicht gegeben. Seit dem Ancien Régime intervenierten die Behörden in unterschiedlichen Formen und mit wechselndem Ausmaß in das öffentliche und private Leben, um die innere Ordnung zu verteidigen, die wirtschaftliche Organisation zu bewahren und um spezifische gesellschaftliche Ziele zu verwirklichen. Erziehungs- und Steuer-, Militär- und Verwaltungspolitik ordneten sich diesen Imperativen unter. Damit ist auch angedeutet, daß die staatlichen Instanzen nicht in einem engen Sinn als Ausdruck der Interessen der herrschenden Klasse, sondern als »Problemlöser« agierten, wobei der Lösung allerdings ein bestimmtes politisches und soziales Modell zugrunde lag. Die Elitenfusion, welche die Verfassungsgebende Versammlung des Jahres 1790 vor Augen hatte, wie auch die Herrschaft der Mittelklassen, die François Guizot anpries, waren für diese Modelle ebenso Beispiele wie die sich auf den Sieg des Talents berufende Gesellschaft der Dritten Republik. Flankiert wurden diese Gesellschaftsentwürfe, die je nach politischer Konjunktur variierten, durch den Aufbau eines Repressionsapparates, der für die Bestandserhaltung notwendig schien, ebenso wie durch eine Politik der Vermeidung von Aufständen und Unruhen. Diese konnte die Form der Integration annehmen, welche etwa die Unternehmer der Schwerindustrie des 19. Jahrhunderts massiv betrieben, aber auch die der staatlichen Sozialpolitik.

Letztere soll im folgenden im Mittelpunkt stehen und darauf befragt werden, wann sie, erstens, welche sozialen Probleme aufgriff und mit welchem Erfolg sie den Risiken begegnete; zweitens, welchen Umfang die Prävention gegenüber der Behebung bereits bestehender Mißstände hatte und, drittens, wann sie wie zur Abschwächung von Interessen- und Klassenkonflikten beitrug. Sollte sich dabei ergeben, daß die Behörden wesentliche Lebens- und Arbeitsbedingungen besser organisieren, trotzdem auftretende Risikolagen reduzieren und soziale Konflikte einvernehmlich regeln halfen, hätten sie einen Beitrag zum Abbau von Klassenkonflikten geleistet.

Die Debatte über die französische Sozialpolitik ist bisher vor allem unter der Frage geführt worden, ob Frankreich ein sozialpolitischer Nachzügler sei. Sowohl die Form als auch die Einführung wichtiger Sozialgesetze sprechen für diese Annahme. Obwohl 1898 die Unfallversicherung für die Unternehmen beschlossen wurde, blieb diese ebensowenig obligatorisch wie bis 1930 die Kranken- und bis 1957 die Arbeitslosenversicherung. Auch in der Altersversicherung, die 1910 von den beiden Kammern verabschiedet wurde, wurde der Zwang zur Versicherung zunehmend schwächer oder offen umgangen. Dieses Muster kann man im modernisierungstheoretischen Sinn als »traditionell«, wenn man von den sich nach dem Zweiten Weltkrieg verallgemeinerten Pflichtversicherungen ausgeht, als Verspätung deuten. Es entsprach jedoch spezifischen französischen Bedingungen und war weniger ineffektiv, als es auf den ersten Blick scheinen mag. Die sozialpolitische Intervention des Staates setzte im Bereich des Arbeiterschutzes ein, bevor sie sich der Armenpolitik und den Versicherungsgesetzen zuwandte, und wies mithin einen vom deutschen Beispiel deutlich unterschiedenen Ablauf auf. Generell war staatliches Eingreifen offensichtlich in einer Gesellschaft weniger geboten, in der aufgrund des geringen Wachstums der Bevölkerung und der kleinbetrieblichen Struktur der Industrie der Problemdruck nicht schlagartig anstieg, die Verschiebungen im Berufssystem nicht zu tiefen Brüchen führten und traditionelle Hilfssysteme wie Familien, Gemeinden oder die Caritas der Notabeln noch lange Zeit funktionierten. Um freilich die Aussagekraft dieser Indizien testen zu können, sind international vergleichende Analysen notwendig, die sowohl die Häufigkeit von sozialen Risiken als auch die bestehenden informellen Möglichkeiten, diese zu mindern, erfassen müßten. Derartige Untersuchungen gibt es erst in Ansätzen; sie sind auch nur schwer zu erstellen, vor allem deshalb, weil die Angaben über die soziale Pathologie in einem erheblichen Maß von der Art und Effektivität des Repressions- und Beamtenapparates abhingen und überdies die Zahlen, an denen die Weite und Solidität des sozialen Netzes abgelesen wird, meistens von staatlichen Stellen stammten und häufig politisch-propagandistischen Charakter trugen.

Ohne auf diese nur komparativ zu diskutierenden Fragen weiter eingehen zu können, sollen einige Interventionsmaßnahmen der staatlichen Instanzen dargestellt werden, die vor allem darauf abzielten, jene sozialen Probleme zu reduzieren, die in Betrieben entstanden. Die Lage der Landarbeiter bezogen die Behörden erst spät im 20. Jahrhundert in ihre Aufmerksamkeit ein, die sie den Kleinbauern auch nicht wesentlich früher widmeten. Der breite gesellschaftliche Bereich der ländlichen Lohn- und Feldarbeit blieb den traditionellen Formen der Vorsorge und Versorgung überlassen, wenn man von der Altersversicherung der Jahre 1910/11 absieht, die auch für Bauern galt.

Traditionell, vor allem aber seit der »Entdeckung der Kindheit«, regelten Gesetze zuerst die Arbeitsbelastung von Kindern. Bereits am 22. März 1841 wurde die Arbeit von Kindern unter acht Jahren verboten. Der Nutzung der kindlichen Arbeitskraft waren dadurch freilich nur unvollkommene Grenzen gesetzt. Denn ein erneutes Gesetz war am 19. Mai 1874 notwendig, um einerseits die Altersgrenze auf 13 Jahre hochzusetzen, andererseits unmündige Mädchen in den Geltungsbereich einzubeziehen. Um die Gesetzesanwendung besser kontrollieren zu können, wurde auch das staatliche Corps der Arbeitsinspektoren gebildet. Das Gesetz vom 2. November 1892 schließlich bestätigte das Einstellungsalter für Kinder, untersagte Nachtarbeit für sie und alle Arbeiterinnen. Vor allem am 30. März 1900, d.h. in der Zeit, in der der Sozialist Alexandre Millerand Mitglied der bürgerlichen Regierung Waldeck-Rousseau war, beschränkte der Gesetzgeber die Arbeitszeit von Frauen und Jugendlichen unter 18 Jahren auf zehn Stunden und sah in Werkstätten, in denen Männer und Frauen gemeinsam arbeiteten, eine progressive Verringerung der Arbeitszeit vor. Er griff am 13. Juli 1906 erneut tief in die Autorität der Unternehmer ein, als er mit der Sonntagsruhe das Prinzip eines arbeitsfreien Wochentages bestätigte.

Wie imponierend sich diese Reihe der Gesetzestexte auch ausnimmt, so bescheiden waren doch ihre Ergebnisse. In der Regel wurden sie von Ausnahmebestimmungen begleitet, die vor allem für jene Bereiche erlassen wurden, in denen das Gesetz der bisherigen Praxis diametral zuwiderlief. Vom Verbot der weiblichen Nachtarbeit ausgenommen waren etwa nach 1892 Konfektionsbetriebe für Teile des Jahres, in denen diese besonders notwendig schien. Überdies verbreiteten sich vielfältige Taktiken, um die Bestimmungen und die Aufmerksamkeit der Inspektoren zu umgehen – und dies keineswegs immer gegen den Willen der Beschäftigten. Der Hinweis auf die in Schränken oder Nebenräumen versteckten, nicht arbeitsberechtigten Kinder war keine Seltenheit. Die Unternehmer selbst versuchten, sich durch legale Methoden der Verpflichtungen zu entledigen. So nahm nach 1892 in der Pariser Papierblumenindustrie die Heimarbeit zu, die nicht der Kontrolle unterlag. Nach 1900 entließen überdies Industrielle Frauen und Kinder, um die Arbeitszeit nicht beschränken zu müssen.

Endlich wiesen die Gesetze selbst eine entscheidende Lücke insofern auf, als sie die Arbeitszeit verkürzen wollten, ohne aber für eine Sicherung der Einkommen zu sorgen. Kurzfristig schlug die Reform mithin als Einkommensverlust zu Buche, da sich die Regierungen vor der Volksfront, welche die Vierzig-Stunden-Woche bei gesichertem Lohn einführte, nicht zu einem Eingriff in den zentralen gesellschaftlichen Regelungsmechanismus entschließen konnten. Obwohl die Sozialisten vor 1914 mehrfach versuchten, ein Minimaleinkommen für alle Arbeitenden durchzusetzen, wurde es nicht beschlossen. Abgesehen von kurzfristigen negativen Effekten der Gesetze öffneten diese jedoch mittel- und langfristig das Feld für eine staatliche Regelung der Arbeitsbeziehungen. Diese schritt jedoch nicht kontinuierlich fort, sondern war vor 1906 intensiv, schwächte sich danach ab und gewann erst wieder Mitte der dreißiger Jahre an Umfang. Über lange Jahre blieb der französische Staat mithin sozialpolitisch inaktiv.

Diese gleichsam präventiven Eingriffe der staatlichen Instanzen traten jedoch hinter der Rolle zurück, welche die Behandlung bereits bestehender sozialer Probleme spielte. Als erstes wurden am 9. April 1898 die Arbeitsunfälle aufgegriffen, die vor allem bei Grubenkatastrophen, aber auch bei fast alltäglichen Verbrennungen oder Verstümmelungen die Öffentlichkeit erregten. Im Jahre 1894 meldeten die Industriellen 19 390 Unfälle. Dabei ist aber anzunehmen, daß die Dunkelziffer sehr hoch und der Umfang der Verletzungen erheblich umfangreicher war. Vor allem im Pariser Becken und in Nordfrankreich ballten sich die Industriekatastrophen. Die Normandie, die Lyoner und die Alpengegend folgten mit Abstand. Mehrheitlich erwachsene Männer waren die Opfer, die vor dem Gesetz des Jahres 1898 in oft langwierigen Prozessen vor Zivilgerichten die Frage klären mußten, ob ihnen oder dem Unternehmer die Schuld zufalle. Während die Arbeiter auf den Stücklohn, der zu Arbeitshetze führe, auf unzureichende Schutzeinrichtungen und auf das Labyrinth von Riemen, Schienen und Antriebsrädern in den Fabrikhallen verwiesen, beklagten die Unternehmer die Sorglosigkeit und die fehlende Ausbildung. Das Gesetz selbst verstand – wie François Ewald betont – den Unfall als Ergebnis des kollektiven und industriellen Lebens; er kehre regelmäßig wieder, und das Individuum trage nicht die Verantwortung dafür. Es machte die Kompensation zur Achse der Sozialpolitik und forderte die Industriellen auf, sich durch Versicherung gegen die Risiken der industriellen Arbeit zu schützen.

Vor allem an der Behandlung von Armen, Kranken und Alten wurde jedoch die Fähigkeit des Staates gemessen, soziale Probleme zu mildern. Die traditionelle Versorgung der Armen fand in den Gemeinden statt, in denen sie durch Kirche, Notabeln, aber auch durch Wohltätigkeitsbüros (»bureaux de bienfaisance«) kurzzeitige oder dauerhafte Unterstützung erhielten. Langfristig verdrängte jedoch die kommunale und staatliche Armenpflege die kirchliche und private Caritas. 1889, 1898, 1904 und 1912 organisierte der Gesetzgeber die Armenhilfe für Kinder, räumte allen Armen 1893 eine kostenlose medizinische Versorgung ein, gewährte 1905 den Alten und 1913 den kinderreichen Familien und den Frauen im Wochenbett materielle Unterstützung. Aber in dieser Entwicklung behielten bis zum Zweiten Weltkrieg die Wohltätigkeitsbüros, die sich zu einem großen Teil aus eigenem Landbesitz, zu einem kleineren aus Subventionen alimentierten, zumindest in der Lyoner Gegend eine zentrale Rolle dadurch, daß sie weiterhin Lebensmittel und Bekleidung, Heizungsgutscheine und sogar Geld an Mittellose verteilten. Selbst nach dem Gesetz des Jahres 1905, das unheilbar kranken und arbeitsunfähigen Alten über 70 Jahren eine finanzielle Unterstützung durch die Gemeinden zusagte, blieben die Büros eine der Säulen der Armenpflege. Daneben nahmen die Hospize und Hospitäler Kranke und hilflose Alte auf. 1913 verteilten diese sich im Departement Rhône je zur Hälfte auf die Büros und Hospitäler. Vor allem die Krankenhäuser, die noch nicht auf ihre therapeutischen Funktionen begrenzt waren, spielten sicherlich vor 1914, wahrscheinlich auch noch darüber hinaus als Zufluchtsort für all jene Mitglieder der Unterschichten eine Rolle, die entweder ohne familiäre Hilfe lebten oder aber von Krankheit, Arbeitslosigkeit oder Invalidität betroffen im Hospital einen Ort des Überlebens fanden.

In ihrer Gesamtbilanz blieb die staatliche Armenpolitik hinter ihrem gesetzten Ziel zurück. Freilich verdreifachten sich zwischen 1871 und 1912 die Ausgaben, die Zahl der Wohltätigkeitsbüros stieg von 13 367 (1871) auf 19 366 vor dem Ersten Weltkrieg an, und die von ihnen unterstützten Personen erhielten nach der Pariser Commune 19,6 Francs, 1912 jedoch bereits 43,9 Francs pro Jahr ausgezahlt. Im selben Jahr kamen 644 000 alte Franzosen in den Genuß einer Armenrente, die ihnen jährlich etwa 165 Francs einbrachte. Aber noch immer lebten 8,6 Millionen Personen in Gemeinden, in denen es keine Einrichtungen der Armenhilfe gab, und diese konnte mit ihren Leistungen nicht das Überleben sichern.

Damit das Alter nicht zwangsläufig mit Armut identisch war, wurde 1910 die Rente für Arbeiter, Bauern und Kleingewerbetreibende beschlossen. Dank der Beiträge, die teilweise von den Unternehmern, teilweise von den Versicherten selbst zu tragen waren, konnten die Arbeitenden mit 70 Jahren, wie der ursprüngliche Gesetzentwurf vorsah, bald aber mit 65 Jahren eine Rente erhalten, die – wie in Deutschland – als Zusatz zu anderen Einkommen sinnvoll war, allein aber kein Auskommen sicherte. Vor allem Bauern, Handwerksmeister und Krämer scheinen von diesem Angebot profitiert zu haben, während unter Arbeitern und Unternehmern die Ablehnung der Gewerkschaften wie die Furcht vor neuen Belastungen dazu beitrugen, daß die Zahl derjenigen, die Versicherungsmarken kauften, klein blieb. Dank eines anfänglichen Runs auf die Versicherung sollen 1913 mit 3,4 Millionen rund die Hälfte aller Versicherungspflichtigen tatsächlich erfaßt worden sein. Bis 1917/18 sank die Zahl um die Hälfte, und 1930 sollen nur 20% der Bevölkerung über 60 Jahren in den Genuß der Rente gelangt sein. Widerstand der einen, Vertrauen auf traditionelle Versorgungsmöglichkeiten der anderen mögen zu diesem Rückgang beigetragen haben.

Die größte Lücke klaffte vor 1930 im System der französischen Krankenversicherung, die in der Tradition des 19. Jahrhunderts weiterhin durch Hilfskassen organisiert wurde. 1883 hatte sich in Lyon der erste nationale Kongreß der Kassen versammelt und sich für die Republik und eine von staatlichen Eingriffen freie Entwicklung ausgesprochen, die durch ein Gesetz des Jahres 1898 – pathetisch »Charta der Gegenseitigkeit« genannt – schließlich bestätigt wurde. Da jene Kassen auf die Initiative, Sparsamkeit und Vorsorge der Franzosen bauten, genossen sie ungeteilte Anerkennung unter Liberalen und Republikanern. Der Erfolg schien ihnen Recht zu geben. Denn die Mitgliederzahl – um die Jahrhundertmitte lag sie bei 200000 – wuchs auf zwei Millionen vor 1914 an. Da die Ehefrauen und Kinder der Versicherten in den Genuß der Leistungen kamen, schätzt Olivier Faure, daß im Departement Rhône einer von zehn oder zwölf Einwohnern im Erkrankungsfall versichert war. Die Mitglieder wohnten eher in Städten als auf dem Lande, sie gingen eher industriellen und handwerklichen Berufen als ungelernten Tätigkeiten nach, waren im größerem Umfang männlichen als weiblichen Geschlechts. Vor allem durch Krankengeld und ärztliche Leistungen, weniger durch Medikamente unterstützten die Hilfskassen die Kranken.

Selbst wenn man die Fabrikkrankenkassen einbezieht, die etwa im Bergbau, in Metall- und Textilbetrieben existierten, waren große Teile der französischen Gesellschaft bis zum Gesetz vom 30. April 1930 weiterhin den Risiken der Erkrankung und der daraus resultierenden Erwerbslosigkeit ausgesetzt. Sie mußten bei Krisen auf traditionelle Muster der Lebensführung wie Familienhilfe, Rückkehr auf das Land, Verpfändung von Mobiliar und Wertgegenständen in den »Monts de Piété« (Pfandhäuser) zurückgreifen oder in der Armenfürsorge Hilfe suchen.

Auch die Versicherung durch die Hilfskassen wies Lücken auf. Freilich dehnten sie sich nach und nach auch auf dem Lande aus, blieben aber dort deutlich weniger vertreten. Sie steuerten überdies chronisch Kranke relativ schnell aus, um das finanzielle Gleichgewicht zu bewahren, halfen nicht immer schwangeren

Frauen und kamen für all jene Gebrechen nicht auf, die aus Schlägereien oder leichtsinniger Lebensführung resultierten. Das Netz der sozialen Sicherheit, das die Kassen gespannt hatten, blieb mithin löchrig. Es blieb dies auch noch, nachdem 1930 die Verpflichtung eingeführt worden war, nach der alle in Handel, Industrie und Landwirtschaft Beschäftigten, die weniger als 15 000 Francs, in großen Städten weniger als 18 000 Francs im Jahr verdienten, einer Krankenversicherung beitreten mußten. 1936 war dies erst für ein Drittel der Gesamtbevölkerung der Fall.

Diese Maßnahmen gegen Armut, Alter und Krankheit minderten nur allmählich die Reproduktionsrisiken und trugen überdies zu den sozialen Spannungen dadurch bei, daß ihr Prinzip und ihre Einführung Gegenstand von Konflikten waren. Ebenso wie die Rentenversicherung, die gegen den Widerstand des syndikalistischen Teils der Arbeiterbewegung und Fraktionen der Unternehmer durchgesetzt wurde, traf auch die Pflichtversicherung des Jahres 1930 auf energischen Protest unter Industriellen, unter denen die kleinen sich am vehementesten äußerten. Dominique Simon schließt daraus zu Recht: »Diese korporative, manchmal leidenschaftliche Reaktion hat den normalen Verlauf der Gesetzgebung gestoppt und das Klima der Jahre zwischen 1920 und 1930 verschlechtert, da sie Friktionen, sogar Brüche begünstigte. In dieser Hinsicht ist die Grenze zwischen der Welt der Unternehmer und der Arbeiter konsolidiert worden.«

Wie schon im Falle der Arbeitszeitbegrenzung blies die staatliche Sozialpolitik in die Glut der Klassenspannungen. Sie konnte auch deshalb nur schwerlich eine pazifizierende Wirkung entfalten, weil nahezu alle Gesetze erst nach langen parlamentarischen Geburtswehen das Licht der Welt erblickten. Nahezu 20 Jahre lang war die Rentenversicherung immer wieder in Kommissionen und den beiden Kammern diskutiert worden, während die obligatorische Krankenversicherung das Parlament zwischen 1920 und 1930 beschäftigt hatte. Vor allem der Senat erwies sich als wirksame Bremse und gab der Wahrung des Status quo den Vorrang vor der Herstellung sozialer Gerechtigkeit.

Dem Abbau von Spannungen und der Austragung von Konflikten sollten zahlreiche Institutionen dienen, die vor allem in der Hochzeit staatlicher Sozialpolitik zwischen 1890 und 1906 ins Leben gerufen wurden, bevor dann bis 1914 – wie in Deutschland – die Sozialgesetzgebung stagnierte. Diese entwickelten sich unter der

Wirkung des von Léon Bourgeois formulierten »Solidarismus«. Danach ist der Mensch von Geburt an nicht nur ein Nutznießer, sondern auch ein Schuldner der menschlichen Gesellschaft. Im Rahmen dieser allgemeinen Solidarität habe der Staat das Recht, einzugreifen, um von den Begüterten Solidarleistungen für die Armen zu verlangen. Wie ein Jurist schrieb: »Der Solidarismus hat dadurch, daß er die Pflicht an die Stelle der Caritas setzte, den juristischen Charakter der sozialen Frage betont.« Er versuchte einerseits, durch Sozialgesetze die Ungleichheit der Einkommens- und Vermögensverteilung etwas abzuschwächen, andererseits durch Institutionen zur Entfaltung von Solidarbeziehungen zwischen sozialen Schichten und Klassen beizutragen.

Zu unterscheiden sind dabei die Kommissionen, die von lokalen oder departementalen Versammlungen gewählt wurden, die durch Volks- oder Berufsvertreter gebildeten und jene, die paritätisch von Unternehmern und Arbeitern beschickt wurden. Zu den ersten gehörten jene lokalen und departementalen Zusammenschlüsse, die das Arbeitsschutzgesetz des Jahres 1892 vorsah und die sich mit Veränderungen von Gesetzen beschäftigen sollten. Wie das Beispiel des Departement Rhône zeigt, bildeten diese sich nur allmählich aus, sofern nicht der politische Wille einer Seite ihre Gründung beflügelte. 1910 sollen auch nur in 29 Departements derartige Kommissionen bestanden haben, die lediglich konsultative Funktionen hatten. Der »Conseil Supérieur du Travail«, der auch nur Wünsche und Empfehlungen an die Regierungen aussprechen konnte, war seit dem Dekret vom 14. März 1903 teilweise wählbar, nachdem zuvor seine Mitglieder ernannt worden waren. Unter seinen 67 Räten befanden sich je 27 gewählte Delegierte der Unternehmer und Arbeiter, während 13 von verschiedenen anderen Organisationen oder dem Arbeitsminister bestimmt wurden. Gewählt waren schließlich auch die paritätisch zusammengesetzten »Conseils de Prud'hommes«, den deutschen Gewerbegerichten vergleichbare Einrichtungen. In Frankreich existierten im Jahre 1907 in der Industrie 109 derartige Institutionen, die von 79 925 Unternehmern und 381 071 Arbeitern gewählt worden waren. Nach 1907 weiteten die Gerichte ihre Kompetenz auf die Angestellten aus und räumten auch Frauen das Wahlrecht ein.

Diese Kommissionen waren nicht unumstritten. So lehnten die revolutionären Syndikalisten etwa den »Conseil supérieur du travail« ab, da in ihm die Gewerkschaft majorisiert werde, während für Unternehmer in Ostfrankreich das Gewerbegericht den Industriellen »seiner natürlichen Rechte beim Vertragsabschluß« beraubte. Die Gerichte erlaubten vor allem Arbeitenden, gegen geringe Kosten eine schnelle Entscheidung in Lohn- und Entlassungsfragen zu erhalten. Wie das Lyoner Beispiel verdeutlicht, fanden die Angestellten und Prinzipalvertreter trotz unterschiedlicher Interessen schnell eine gemeinsame Verhandlungsgrundlage, da offensichtlich tradierte Regeln in den Berufen bestanden, die zwar nicht schriftlich fixiert waren, aber doch akzeptiert wurden und handlungsleitend wirkten. Als Mittel jedoch, um den Dialog an die Stelle der Konfrontation in den sozialen Beziehungen zu setzen, hatten die Kommissionen und Organisationen nur eine begrenzte Wirkung.

Außer den individuellen suchte der Staat auch kollektive Konflikte zu beeinflussen. Durch das Gesetz vom 27. Dezember 1892 konnten Unternehmer, Arbeiter oder Friedensrichter bei Arbeitskämpfen einen freilich nicht verpflichtenden Schiedsspruch einholen. Diesen sollte eine vom Friedensrichter geleitete, paritätisch zusammengesetzte Kommission aussprechen. Da die Möglichkeiten, die das Gesetz vom 25. März 1919 zum Abschluß von Tarifverträgen bot, nur sehr wenig ausgenutzt wurden, hatte das Gesetz von 1892 bis zum 31. Dezember 1936 Bestand, als die Schiedssprüche bindend erklärt und von einem Betrieb auf die ganze Branche ausgedehnt werden konnten.

Aber die Konfliktregelung blieb vor und nach dem Ersten Weltkrieg in ihrer Wirkung begrenzt. Im Jahre 1906 etwa wurde in 302 Fällen, d. h. in 23,04% aller Streiks von Arbeitenden oder Friedensrichtern ein Schiedsspruch verlangt, der aber nur in 94 Fällen zustande kam. Nach Shorter und Tilly lehnten vor allem die Unternehmer die Schlichtung ab; sie mußten gleichsam durch das Verfahren hindurchgeschleppt werden. Hierin drückte sich nicht nur ihre Ablehnung jeder äußeren Intervention in innerbetriebliche Verhältnisse aus, sondern auch eine autoritäre Konzeption der Arbeitsbeziehungen. So verstand 1902 ein Gießereibesitzer in Clermont-Ferrand den Streik nicht als legitime Unmutsäußerung, sondern als Meuterei.

Nach 1936 hatte die Schlichtung in einer Konjunktur, in der die Arbeiterbewegung gestärkt aus der massiven Streikbewegung und den Fabrikbesetzungen hervorging, mehr Erfolg. Denn auch die

Unternehmer wollten nunmehr die Kosten neuerlicher Arbeitsniederlegungen vermeiden. Zwischen dem 1. Januar 1937 und dem 30. März 1938 wurden 64% aller Arbeitskämpfe durch Schlichter geregelt. Da in dem komplizierten Verfahren der endgültige Schiedsspruch dem Arbeitsminister, bei umfangreichen Streiks sogar dem Vorsitzenden des Ministerrats zukam, standen die politischen Instanzen in der Gefahr, bei einer Ablehnung ihres Votums auch ihre Autorität geschwächt zu sehen. Deshalb wurde seit dem März 1938 die entscheidende Kompetenz auf einen Rat hoher Beamter verlagert, an deren Entscheidung die jeweilige Regierung nicht gebunden war. Da sich die Streikbewegung nach 1936 in einem tagtäglichen Kleinkrieg fortsetzte, die Zeichen der Zeit auf Polarisierung der Interessen und Ideen standen, nahmen – wie übrigens in der Weimarer Republik – die zwischen Gewerkschaften und Unternehmern autonom geregelten Konflikte zunehmend ab, die Schiedssprüche jedoch zu. Nach Jean Pierre Rioux drückten sich hierin »blockierte soziale Beziehungen aus, in denen Diskussion und Vertrag keine Rolle mehr spielten«. Bereits vor 1939 wuchs deshalb die Kritik an dem Verfahren, das überdies ungeeignet war, eine in sich gespaltene Arbeiterbewegung zu verteidigen. Angesichts der insgesamt negativen Erfahrungen fand die Schlichtung nach 1945 keinen Eingang mehr in das französische Sozialrecht.

Die staatlichen Versuche, die sozialen Konflikte durch Arbeitsgerichte und Schiedssprüche friedlich zu regeln, hatten nur begrenzt Erfolg. Allein die »Conseils de Prud'hommes« scheinen den Hoffnungen entsprochen zu haben. Freilich standen den Behörden die Arbeitsinspektoren zur Seite, die nach Donald Reid vor 1914 konfliktabbauend wirkten. Aber die Gesamtheit der staatlichen Maßnahmen konnte allenfalls schreiende Mißstände und gravierende Probleme mindern helfen, nicht aber die Folgen der Klassengesellschaft und ihren Spannungscharakter beseitigen. Da sich die staatlichen Instanzen vor allem auf reparierende, selten auf präventive Interventionen konzentrierten, kamen sie – wie Max Weber formulierte – wie die Reue häufig zu spät.

Überdies war die pazifizierende Wirkung der Sozialpolitik dadurch begrenzt, daß sie zu einem Ensemble staatlicher Maßnahmen gehörte, das häufig auf Widerstand traf. Ohne das klassische Bild des Zuckerbrots und der Peitsche benutzen zu wollen, ist doch auf die Diskrepanzen zwischen dem humanitären Pathos der Politikerreden und dem Umfang der Ausnahmebestimmungen, zwischen einer schöne Hoffnungen erregenden Regel und einer häufig kleinlichen und interessengebundenen Anwendung hinzuweisen. So klärte das Gesetz, das 1906 die Sonntagsruhe einführte, nicht etwa abschließend ein zuvor lange Zeit strittiges Problem, sondern bildete den Auftakt zu einem mehrere Jahre dauernden, lokal unterschiedlich ausgehenden Tauziehen um Schließungszeiten. Sowohl die staatliche Sicherheits- als auch die Wirtschaftspolitik konnten darüber hinaus sozialpolitische Initiativen in den Schatten stellen. Die blutige Niederschlagung der Streikbewegung in Villeneuve St. Georges im Jahre 1907, die Entlassungswelle, die dem Eisenbahnergeneralstreik des Jahres 1920 folgte, und die massenhaften Entlassungen von gewerkschaftlich Aktiven nach dem Streik im November 1938 schadeten dem sozialpolitischen Prestige des republikanischen Staates ebenso wie die deutliche Bevorzugung von kleinen und großen Unternehmen in der Sozial- und Steuerpolitik.

4.4. Innerfranzösische »Kriege«

Klassenspannungen und diese abschwächende Kräfte, Konflikt und Konfliktbewältigung, Gegensatz und Nebeneinander sozialer Klassen prägten die französische Gesellschaft zwischen 1880 und 1945. Aus dieser Gemengelage resultierten zwar harte Konfrontationen zwischen einzelnen Klassen, aber zog die Klassenkonstellation als Ganzes auch ihre Beharrungskräfte. Ebenso fand sich in den das Gemeinwesen erschütternden Auseinandersetzungen dieses Nebeneinander wieder. Einerseits prallten in den Jahren 1919 und 1920 sowie im ersten Jahr der Volksfrontregierung die Interessen und Ziele von Arbeitern und Unternehmern massiv aufeinander. Diese Frontstellung setzte cum grano salis die Konflikte der Notabelngesellschaft fort, in denen 1831 die Lyoner Gesellen und Meister gegen die Kaufleute einen angemessenen Stücklohn erkämpfen oder 1848 die Pariser Juni-Insurgenten ihren Anspruch auf Arbeit verteidigen wollten. Andererseits standen sich in anderen großen Auseinandersetzungen vor 1945, die in der französischen Geschichtsschreibung als »Kriege«, die Franzosen mit Franzosen führten, beschrieben werden, Lager gegenüber, in denen die Klassenfronten in größere Zusammenhänge eingebettet oder teilweise aufgelöst waren.

Das gilt für die Dreyfusaffäre, die Trennung von Staat und Kirche und die Vichy-Regierung. Rückschauend schrieb der Sozialist Léon Blum über die Situation am Ende des 19. Jahrhunderts: »In der Tat, die Zuordnung der Einzelnen zu einem der beiden Lager überraschte mich nicht weniger als die Bildung dieser feindlichen Lager.« Über die Frage, ob der wegen Landesverrat und Spionage angeklagte Hauptmann Dreyfus unschuldig und zu Unrecht verurteilt sei, spalteten sich in der zweiten Hälfte der neunziger Jahre wichtige, vor allem nicht auf dem Lande wohnende Teile der französischen Bevölkerung. Denn im Unterschied zu der Propaganda des General Boulanger ein Jahrzehnt zuvor fand die städtische Debatte auf dem Land nur wenig Resonanz. In ihr war überdies der Konflikt zwischen Werten und Machtinteressen wichtiger als der zwischen Klassen. Denn die Gegner des Hauptmanns rekrutierten sich aus Kreisen der Armee und der katholischen Kirche, nationalistischen Ligen, antisemitischen Zirkeln und »gelben« Gewerkschaften, fanden aber vor allem in der Ablehnung der Republik, des Parlamentarismus und der Fremden ihre Einheit. Sie setzten sich vehement ein für die Einheit des Landes, die gewachsene Hierarchie und eine autoritäre Regierungsform. In diesen Auseinandersetzungen suchte die Armee ihrer Unterordnung unter die republikanische Regierung zu widerstehen und drückte die katholische Kirche ihren Protest gegen die Politik der Laizisierung aus. Überdies schienen in der Haltung jener Publizisten oder Intellektuellen, die abgeneigt waren, die Unschuld von Dreyfus zuzugeben, weil dieser Freispruch dem nationalen Interesse und der Armee schaden könne, auch die Bedürfnisse von Notabeln nach Stabilität, nationaler Größe und fester Hierarchie durch.

Aber die Fronten in dem intellektuellen Grabenkrieg folgten nicht der Klassenlinie. Dieser endete damit, daß die Militärs sich mit der Republik arrangierten, während die katholische Kirche, die sich zu Beginn der neunziger Jahre politisch geöffnet hatte, wieder in die Defensive geriet. Allein die »Action Française« verkörperte dauerhaft den Kampf gegen Dreyfus und seine Unterstützer. Wie tief diese Erfahrung etwa Charles Maurras prägte, läßt sich an seiner Reaktion auf die im Januar 1945 gegen ihn ausgesprochene lebenslange Haftstrafe ablesen. Er rief aus: »Dies ist Dreyfus' Rache!«

Auch die Schnittstellen in den Auseinandersetzungen, welche die Trennung von Staat und Kirche begleiteten, waren nicht eindeutig durch Klassen bestimmt. Vor allem als 1906 die Steuerbeamten Kult- und Wertgegenstände in den Kirchen inventarisieren wollten, brach ein bereits zuvor latent existierender Gegensatz offen aus. Nach dem Gesetz vom 9. Dezember 1905 garantierte die Republik zwar die freie Religionsausübung, bezahlte und subventionierte aber keine Konfession. Die Kirchengüter sollten entweder Kultgemeinschaften oder lokalen Wohltätigkeitsbüros übertragen werden. Führte die Diskussion des Gesetzes auch zu Protestpetitionen von Gläubigen, so brach der offene Konflikt zwischen Republik und Kirche erst aus, als teilweise mit Hilfe von Polizisten staatliche Beamte Einlaß in die Kirchen erzwingen wollten. In der Bretagne wurden daraufhin Gotteshäuser verbarrikadiert, im Anjou organisierten Schloßherren den Widerstand und bedrohten Bauern mit Sensen und Mistgabeln die Gendarmen. Nord- und Westfrankreich, das ostfranzösische Departement Doubs, aber auch Teile des Languedoc lehnten sich – wie schon oft in der Vergangenheit – gegen die staatlichen Eingriffe in ihre Geschicke auf. Teilweise handelten die Gläubigen unter der Führung örtlicher Notabeln, die Priester, Adelige oder Bürger sein konnten, teilweise resultierte der Widerstand direkt aus der Ablehnung der Zentralgewalt.

Die Koalitionen, die bei der Verteidigung des Kirchenbesitzes geschmiedet wurden, waren sozial durchaus heterogen und nicht in das Klassenschema zu pressen. Aber in die Abwehr des Staatseingriffs gingen – wie Jean Marie Mayer nachwies – soziale Motive ein. Denn die Geographie des Widerstandes gegen die Inventur stimmte nicht mit der des praktizierten Katholizismus überein. Eine so intensiv praktizierende Gegend wie Lothringen akzeptierte etwa die staatliche Bestandsaufnahme in Kirchen. Vor allem aus Landstrichen, in denen die Großgrundbesitzer die Kleinbauern in ihrer Existenz bedrohten oder die Agrarkonjunktur die Lage der Bauern verunsicherte, sind die meisten Proteste bekannt. In ihnen äußerte sich mithin der Widerstand von Teilen der ländlichen Bevölkerung gegen die moderne Welt und ihr Festhalten an einer gemeindlichen Autonomie. Die Kirche fungierte in diesem Kontext als Symbol der Vergangenheit und der Eigenständigkeit. In diesem Sinne schrieb der Generalstaatsanwalt der mittelfranzösischen Stadt Riom: Die Bewohner sähen ihre Kirche »als den Besitz der Gemeinschaft an, der sie angehören«.

Die Haltung schließlich zur Generalvollmacht, die der Marschall Pétain im Juni 1940 einforderte, um den Waffenstillstand abschließen und eine neue soziale Ordnung einrichten zu können, war nicht eindeutig durch die Klassenherkunft bestimmt. Aufgrund des aus Antimilitarismus genährten Pazifismus stimmten auch Sozialisten und Arbeiter für ihn, während Bürger sich gegen den Marschall stellten. Auch wenn das Vichy-Regime die Autorität der Unternehmer stärkte, die Gewerkschaften auflöste und der Kirche zumindest kurzfristig zu mehr Einfluß im Bildungswesen verhalf, mithin jenen Kräften, die sich in der Vergangenheit mißverstanden und übergangen fühlten, die Möglichkeit zur Revanche einräumte, bliebe die Vorstellung zu einfach, die Arbeiterklasse habe sich in der Résistance, die Kapitalisten in der Vichy-Regierung befunden. Denn die Teile der Arbeiterbewegung, die sich wie u. a. Robert Belin bereits in den dreißiger Jahren für eine stärkere korporatistisch-syndikalistische Organisation eingesetzt hatten, konnten sich durchaus hinter die »Charte du Travail« des Vichy-Regimes stellen. Auch Unternehmer und hohe Beamte fanden keineswegs nur aus borniertem Klasseninteresse Gefallen an der neuen Regierung, sondern sie erhofften von ihm eine Modernisierung der französischen Wirtschaft und Gesellschaft und bereiteten – wie Stanley Hoffmann gezeigt hat – bereits im Kriege den Weg für die Entwicklung nach 1945.

Die Träger der numerisch kleinen Résistance ihrerseits stammten aus unterschiedlichen politischen Lagern und sozialen Schichten. Aristokraten und Bürger, Offiziere und hohe Beamte, Unternehmer und Militärs, Radikalsozialisten, Monarchisten oder Vertreter des sozialen Katholizismus fanden sich neben Arbeitern in den Widerstandsgruppen wieder. Vor allem bis 1942 legte das weithin patriotische Aufbegehren gegen Niederlage und Besatzung die Grundlage für eine breite Einheit, die danach durch einen stärker politisch akzentuierten antifaschistischen Kampf abgelöst wurde. Die politischen Brüche verliefen quer durch Klassen und Organisationen; so zeigten innerhalb des Katholizismus die Kirchenhierarchie und die einzelnen Geistlichen unterschiedliche Reaktionen.

Nach dem 10. Juli 1940 lebte daher der Gegensatz fort, der bereits in den dreißiger Jahren, vollends seit 1936 zwischen Faschismus und Kommunismus beschworen worden war. Obwohl die faschistischen Bewegungen in Frankreich untereinander zerstritten waren, so daß keine einheitliche Organisation entstand, obwohl sie als politische Kraft sui generis keine große Wirkung entfalteten, da sie sich nur unvollkommen aus der Nähe zum traditionellen Konservatismus gelöst hatten, bedrohte nach Darstellung republikanischer und sozialistischer Publizisten wie auch von Kommunisten der Faschismus Frankreich. In dieser Pauschaldefinition des politischen Gegners wurden die antiparlamentarischen Ligen zu faschistischen Fußtruppen ernannt, Colonel La Rocque mit Mussolini, der Aufmarsch des 6. Februar 1934 mit dem Marsch auf Rom gleichgesetzt. Unterschiede im konservativ-nationalistischen Lager, in dem vor allem die »Parti populaire français« des ehemaligen Kommunisten Jacques Doriot faschistische Züge trug, konnten damit eingeebnet und der wachsende Druck des nationalsozialistischen Deutschland zur Verschärfung eines Feindbildes benutzt werden, um die Franzosen gegen den faschistischen Feind im Landesinnern und in Europa zu mobilisieren. Andererseits stellten aber auch Nationalisten und Konservative Unterschiede zwischen KPF, SFIO und Teilen der Radikalsozialistischen Partei als zweitrangig dar und hoben auf den kommunistischen Einfluß ab. Selbst Sozialisten und Radikale nähmen das trojanische Pferd nicht wahr, das eine dem Ausland ergebene Partei in Frankreich aufgestellt habe. Léon Blum drohe, der französische Kerensky zu werden, da er weder die Bolschewisierung noch die Kollektivierung verhindern könne. Diese an Mythen und Metaphern reiche politische Sprache zeigte zwar an, daß sich die wesentlichen Merkmale der Zuordnung zu den politischen Lagern geändert hatten, bestätigten aber die Existenz eines bis ins 19. Jahrhundert zurückreichenden Lagerdenkens. Es mündete dann auch folgerichtig in die Spaltung Frankreichs unter Pétain, da seine Gefolgsleute aus ihrem Antikommunismus wesentliche Impulse, zumindest aber Rechtfertigung bezogen, seine Gegner dagegen vor allem seit 1942 den Antifaschismus zu ihrer Handlungsmaxime erhoben.

Es liegt nahe, diese beiden mobilisierenden Mythen (Berstein) auf gesellschaftliche Konstellationen zurückzuführen und in ihnen den Ausdruck einer sozialen Polarisierung zu sehen. Die Tatsache etwa, daß die Radikalsozialistische Partei als Garant des Ausgleichs und der Mitte sich seit Anfang 1937 unter anderem auf Druck ihrer kleinbürgerlichen Basis nach und nach von dem Volksfrontbündnis und der von diesem verfolgten Politik entfernte, könnte solchen Hypothesen Nahrung geben. Aber diese

Vorstellung geht von einem zu direkten Verhältnis von gesellschaftlicher Situation und politischer Option aus und unterschlägt überdies die vielfältigen Abstufungen, die zwischen Kommunismus hier, Faschismus dort bestanden und die sich ebenso im Pazifismus wie etwa im sozialen Katholizismus niederschlugen. Es ist wahrscheinlicher, in dieser Radikalisierung der politischen Entscheidungsfindung den Ausdruck einer in sich verunsicherten Gesellschaft zu sehen, in der weder die politische Form konsensfähig war, noch die wirtschafts- und sozialpolitischen Entscheidungen von einer breiten Basis getragen wurden. Da auch die zentralen Werte der Französischen Revolution in Frage gestellt wurden, konnte die Konstruktion eines Freund-Feind-Schemas die Identifikation mit dem bislang verpflichtenden Wertekodex ausdrücken oder aber dessen absolute Ablehnung.

Ebensowenig wie zahlreiche politische Entscheidungen folgten kollektive Angstpsychosen, in denen soziale Probleme oder politische Situationen wahrgenommen wurden, der Klassenlinie. Jene Phase, die zwischen 1895 und 1914 aufgrund der wiedergewonnenen wirtschaftlichen Prosperität als Belle Epoque erfahren wurde, war durch tiefsitzende, periodisch aufbrechende und sich manchmal sogar in panischen Reaktionen äußernde Phobien gekennzeichnet. Gegen die neuen Massenkrankheiten wie Tuberkulose und Syphilis wie auch gegen die Zivilisationsfolge des Alkoholismus mobilisierten Hygieniker und Ärzte die Öffentlichkeit, um die Bekämpfung zu organisieren und Prinzipien für ein gesundes Leben zu verbreiten. Die Gesundheit des einzelnen, aber auch der gesamten Gesellschaft erschien dabei umstellt von Krankheitskeimen, schädlichen Umwelteinflüssen und leichtsinnigem Lebenswandel.

Zur »Krankheit der Gesellschaft« – wie ein Arzt sie beschrieb – wurden alle diese Symptome dadurch, daß sie recht unvermittelt mit sozialen Praktiken in Verbindung gebracht wurden. So ging das Gerücht um, die Töchter aus dem Volke übertrügen die Syphilis auf Söhne aus dem Bürgertum und führten damit den sozialen Krieg auf einem für die bestehende Ordnung ungleich gefährlicherem Gebiet. Auch der Alkoholismus, der zur Zeugung von »Samstagabendkindern« führe, greife die Substanz des französischen Volkes selbst an, die damit geschwächt werde. Biologisches und Soziales gingen ineinander über, die Furcht vor den Massen verband sich mit der Angst vor Infektion, Probleme verdichteten sich zum Eindruck einer allgemeinen Dekadenz, die auf allen Gebieten fortschreite: Auf dem internationalen Parkett habe die Niederlage von 1870/71 zum Abstieg Frankreichs als Großmacht geführt; innenpolitisch sei in der Folge der Pariser Commune die soziale Frage auf die Tagesordnung gelangt; im zivilen Leben belegten Selbstmorde und Krankheitszahlen, Epidemien und Verbrechen den anomischen Zustand Frankreichs. Es war kein Zufall, daß Emile Durkheim in dieser Zeit des »fin de siècle« seine Studien über Selbstmord und Anomie schrieb.

In der Zahl der Verbrechen wurde eine weitere Bedrohung Frankreichs wahrgenommen. Wenn diese auch nicht signifikant zunahmen, verbanden sich die jugendlichen Banden der »Apachen« und die anarchistischen Attentate, die Eigentumsdelikte und die Überfälle zu einer Sicherheitshysterie, in der für Teile der Bevölkerung alle Mittel recht und legitim waren. Petitionen und eine am Sensationellen interessierte Massenpresse forderten sowohl die strafrechtliche Verfolgung von Bettlern und Vagabunden als auch die Todesstrafe. Zunehmend, vor allem in der Folge des harten Winters des Jahres 1890/91, in dem zahlreiche Arme in die großen Städte geflohen waren, wurden sie als »Armee des Verbrechens« wahrgenommen, da sie bereits Delikte begangen hatten oder begehen würden. Eine breite Diskussion begann darüber, ob die Vagabunden und Bettler degenerierte Personen seien, die Hilfe bedürften, oder aber Delinquenten, die zu bestrafen seien. Ein Ausweg aus dieser Alternative, der etwa im Hinweis auf die Kumulation von Nachteilen in bestimmten Bevölkerungskreisen hätte gefunden werden können, lag den medizinisch oder strafrechtlich diskutierenden Spezialisten fern. Eine 1910 eingesetzte parlamentarische Kommission schlug deshalb vor, die »wahrhaft soziale Malaise« durch Gefängnisstrafen zu lösen. Denn die Plage werde andauern, sofern die Repression keinen strafrechtlichen Charakter trage. Humanitäre Erwägungen traten hinter das Sicherheitsdenken zurück.

Der Erste Weltkrieg löste das Bettlerproblem nicht, verminderte aber seine Bedeutung. Wie Gordon Wright schreibt, »rufen die Bettler nicht mehr chronische Debatten und verallgemeinerte soziale Angst hervor«. Die Todesstrafe indes, die bis 1981 bestehenblieb, wurde bis 1939 weiterhin öffentlich exekutiert. Im Unterschied zu der Diskussion über die Vagabunden versuchte eine parlamentarische Mehrheit, die Strafe gegen eine mehrheitlich Rache fordernde Bevölkerung zu beseitigen bzw. sie stumpf zu machen. Als sich 1906 die Regierung Clemenceaus für die Begnadigung der zum Tode Verurteilten einsetzte und die Guillotine für zwei Jahre stillstand, protestierten nicht nur konservative Abgeordnete dagegen, daß »Bestien mit Menschenantlitz« geschont würden, sondern auch so unterschiedliche Gruppen wie Schöffen, der regionale Kongreß der Radikalen Partei in Lyon und 1 083 655 gegen 328 692 von dem Massenblatt *Le Petit Parisien* befragte Leser. Am 9. Dezember 1908 lehnte die Kammer daraufhin die Reform der Todesstrafe ab und machte sich jene ebenso Arroganz wie Unverständnis ausdrückende Maxime von Alphonse Karr zu eigen: »Mögen die Herren Mörder beginnen!« Die nach diesem Votum wieder einsetzenden öffentlichen Enthauptungen sahen einen so großen Zulauf von Schaulustigen, als hätten diese das Rache- und Sühneritual bereits vermißt. In Nordfrankreich reisten von weither Zuschauer an, und 1912 kampierten in Riom Bewohner aus der Region bereits die Nacht zuvor auf dem Hinrichtungsplatz oder mieteten sich Fenster in den umliegenden Häusern. Dieser Rachedurst wurde selbst den auf Ruhe und Ordnung bedachten Behörden unheimlich, so daß sie stets umfangreiche Polizei- und Militärkräfte mobilisierten, um Lynchversuche von vornherein zu unterbinden. Sie verlegten bald die Exekutionen aus den Städten in die Gefängnishöfe.

In die Kategorie der Klassen überwölbenden Einstellungen gehört auch die »Union sacrée« des August 1914. Obwohl mit dem Krieg die »Action Française« einen Sieg über das deutsche Volk, die Sozialisten jedoch die Befreiung der Völker verbanden, trafen sich Monarchisten und Linke, Katholiken und Laizisten, Priester und Volksschullehrer, Unternehmer und Arbeiter in der Verteidigung der nationalen Integrität, die sie als bedroht wahrnahmen. Wie Louis Barthou, Präsident des Ministerrates im Jahre 1913, rückschauend schrieb: »Und plötzlich fühlten wir die Gefahr, die uns alle bedroht. Das Vaterland schwebt über uns, es lädt uns ein, es ruft uns an. Es schreit uns zu, einig zu sein, nur noch den Feind zum Feinde zu haben. Ich weiß meinen Namen nicht mehr, ich heiße Vaterland ...« Wie Jean Jacques Becker nachgewiesen hat, blieb dieser patriotische Taumel eher auf die Zeit der Mobilmachung begrenzt und wurde nach der Kriegserklärung von einer realistischeren und sorgenvolleren Sicht der Eingezogenen überlagert. Aber zumindest im Imperativ der Verteidigung Frankreichs spannte sich bis 1917 ein breiter Bogen zwischen den verschiedenen politischen Gruppierungen und sozialen Schichten. Die entschiedenen Kriegsgegner unter den revolutionären Syndikalisten blieben nach 1914 isoliert; sie waren überdies geschwächt durch verlorene Streiks vor Kriegsausbruch. Die Sozialisten, die bereits seit langem zwischen Patriotismus und Internationalismus eine Synthese gesucht hatten, die nationale Loyalität erhalten half, mußten sich dem Burgfrieden in dem Augenblick anschließen, in dem sie Frankreich durch das kaiserliche Deutschland bedroht sahen. Auch auf der Rechten, die seit 1880 den Revanchegedanken und nationalistische Themen geradezu gepachtet hatte, bestand kein Zweifel, daß im Kriegsfall die Individuen sich den nationalen Interessen unterzuordnen hätten. In den August 1914 und in die Zustimmung zum Krieg mündete mithin nicht nur die konservative und radikalsozialistische Tradition des Nationalismus, sondern auch der Prozeß, in dem sich die französische Arbeiterklasse nach Jacques Juillard politisch, nicht jedoch sozial in die französische Gesellschaft integriert habe. Zeichneten sich im Verlauf des Krieges auch Klassenunterschiede deutlich ab, so waren sie zu dessen Beginn hinter eine breite nationale Synthese zurückgetreten.

Nach alledem kam in Frankreich das Klassenverhältnis erst in dem historischen Augenblick zur Ausbildung, in dem die in ihm angelegte Bipolarität bereits durch konfessionelle, politische und soziale Faktoren überlagert wurde und sie sich gegenüber einer Vielfalt von Konfliktfronten, Aufstiegskanälen und staatlichen Maßnahmen behaupten mußte. In der Zeit ihrer größten beruflichen und geographischen Kohäsion blieb die Arbeiterklasse zu klein und zu gespalten, um ihre Forderungen massiv anmelden zu können. Sobald sie jedoch besser organisiert war, nahmen ihre internen Differenzierungen zu und war sie mit einer Gesellschaft konfrontiert, in der sich zwischen die Lohnarbeiter und Unternehmer ein breites Feld von Zwischenpositionen schob, in dem sich Initiative, Unzufriedenheit, aber auch Auskommen in Krisenzeiten verwirklichen konnten. Konfrontiert mit dieser gesellschaftlichen Lage waren die Mittelklassenpolitik der Sozialistischen Partei halbherzig und zaghaft und der Proletenkult der KPF zu stark auf einzelne Arbeitergruppen ausgerichtet, um verallgemeinert werden zu können.

5. Klassenstrukturen nach 1945 – Eine Skizze

Der vorliegende Band zeichnet die langsame Herausbildung von Klassen und der Klassengesellschaft im Frankreich des 19. und 20. Jahrhunderts nach. Dabei wurde weniger auf scharfrandige Definitionen als auf die Erfassung einer vielfältigen historischen Wirklichkeit mit Hilfe eines flexiblen theoretischen Instrumentariums Wert gelegt. Abschließend ist nach dem Ertrag der Klassenanalyse zur Erfassung der französischen Gesellschaft wie auch danach zu fragen, ob und inwiefern die am französischen Beispiel herausgearbeitete Struktur neue Akzente bei der Formulierung jener Prinzipien setzen kann, die eine Untersuchung der Klassenkonstellation anleiten.

In der Analyse tauchten ideologisch-kulturelle Faktoren ebenso wie internationale Bedingungen selten oder gar nicht auf. Sowohl der Einfluß der katholischen Kirche als auch die Wirkung von kulturellen Normen wurden nur dann behandelt, wenn sie für das Verständnis des Klassenverhältnisses wichtig oder als Folge und Bestandteil von Marktstrukturen auffällig waren. Die breite Debatte um die Verbürgerlichung, die Arbeiter- oder die Unternehmerkultur ist deshalb nicht systematisch, sondern jeweils nur partiell rezipiert und in die Studie eingefügt worden. Im ersten Teil geschah das überdies häufiger als im zweiten. Damit rückt der Essay deutlich ab von aktuellen Trends in der Sozialgeschichtsschreibung Frankreichs, die sich stärker kulturellen Faktoren widmen, die von der Symbolkraft des Meeresstrandes bis zur Sozialgeschichte der Tränen reichen können. Diese Forschungen sind ihrerseits häufig eher einer geistes- und kulturwissenschaftlichen Methode verpflichtet als der sozialgeschichtlichen und beziehen sich nur noch höchst vermittelt auf klar ausmachbare soziale Gruppen oder Klassen.

Für die Reproduktion einer Gesellschaft ist natürlich auch die jeweilige außenpolitische Konstellation und ihre Instrumentalisierung für innere Ziele wichtig. Diese wurde nur punktuell etwa am Beispiel des Nationalismus erörtert, während ansonsten der »Primat der Innenpolitik« dominierte. Diese Schwerpunktsetzung läßt sich mit zwei Überlegungen rechtfertigen: Zum einen hatten die Abgrenzung gegen einen äußeren Feind oder das Kolonialfiebei in Frankreich nicht dieselbe systematische Bedeutung, die sie für die Stabilisierung des deutschen Herrschaftskartells vor 1918 spielten. Denn die inneren Mechanismen der Herrschaftssicherung und -legitimation griffen besser als im Deutschen Reich. Die Kolonien und der Imperialismus, der vor 1914 zu massiven Geldexporten führte, trugen freilich dazu bei, daß das französische Kapital sich reproduzieren konnte, dienten gesellschaftspolitisch aber vor allem als »Sicherheitsventil« (Gilbert Ziebura), um Erwartungen und Wünsche, die im Landesinnern nicht erfüllt werden konnten, auf den »Wilden Westen« der Kolonien zu verweisen. Sie eröffneten den aus gesellschaftlichen Zusammenhängen Hinausstrebenden, Veränderungen oder Aufstieg Suchenden neue Räume, die durch die Kolonialidee und -ausstellung als das ganz Andere eine emotionale Ausstrahlungskraft entfalteten. Im Vergleich zu den internen Ausweichräumen in den Mittelklassen hatten die äußeren jedoch eine sekundäre Funktion, so daß ihre Behandlung zwar einen zusätzlichen, aber keineswegs einen neuen Aspekt erbracht hätte. Wie die Biographien von André Malraux und Paul Nizan jedoch zeigen, führte das Aufbruchdenken in den dreißiger Jahren Intellektuelle sehr wohl in die Kolonien.

Das französische Beispiel warnt alle statistisch vorgehenden oder vergleichend angelegten Klassenanalysen vor dem Nominalismus, der Kinderkrankheit der Sozialgeschichte, welcher der Autor dieser Zeilen früher auch manchmal erlegen ist. Besitz im 19. und 20. Jahrhundert ist ebensowenig zu vergleichen wie der Stellenwert der Beamten vor 1880 und danach. Außer der Permanenz der Strukturen der Ungleichheit gilt es, deren unterschiedliche Formen und ihre sich wandelnden sozialen Bedeutungen einzubeziehen. Wie aus der alsbald sehr pessimistischen Beurteilung der »sozialen Indikatoren« in der sozialwissenschaftlichen Diskussion zu ersehen ist, sind bei der isolierten Behandlung von sozialen Prozessen und Faktoren große Ungenauigkeiten und Fehler in Kauf zu nehmen, es sei denn, sie dienten als Ausgang für eine Konfigurationsanalyse, die ihrerseits im Besonderen das Allgemeine, im Partikularen das Gesellschaftliche deutlich machen kann.

Die französische Sozialgeschichte des 19. und 20. Jahrhunderts fordert die Klassenanalyse auch auf, in breiteren Kategorien und oberhalb von präzisen Definitionen zu denken. Die Fusion begüterter Fraktionen des Bürgertums und des Adels in einer Elite oder – wie Jean Lhomme bereits 1960 vorschlug – im Großbürgertum muß ebenso in die Klassendiskussion eingehen wie der Selbständige, Gesellen und Arbeiter umfassende, politisch aktive »peuple« des 19. Jahrhunderts. Für beide Realitäten fehlen noch eine adäquate Begrifflichkeit und eine überzeugende Einordnung in theoretische Zusammenhänge. Auch der Terminus »Mittelklassen«, dem in Frankreich ein spezifischer sozialer Raum entspricht, ist klassentheoretisch wenig konsequent. Denn mit ihm werden freie Berufe und Angestellte, Kleinbürger und Ingenieure, mithin Lohnabhängige, Besitzer von Kapital und Qualifikationen erfaßt. Gleichwohl nahmen sich Teile dieser Berufsgruppen in spezifischen Konjunkturen als Mitglieder der Mittelklasse wahr, entwikkelten Werte, die mit denen der Mittelklassen identifiziert wurden, und bewegten sich in einem zwar gestuften, aber doch nicht durch unüberwindbare soziale Barrieren geteilten Raum, der sich zwischen dem Bürgertum und der Arbeiterklasse erstreckte und Veränderungen erlaubte. Damit entsprach dieser Begriff nur anscheinend dem des Mittelstandes, der in Deutschland stärker die Abschließung als die Öffnung, das Privileg als die Gleichheit beinhaltete. Diese an einigen Beispielen konstatierte »Differenz zwischen den realen Gruppen und den aus dem sozialen Raum herauspräparierten Klassen«, die Bourdieu bereits festgestellt hat, ist für ihn allerdings eine Voraussetzung, den Objektivismus der Klassentheorie zu überwinden und damit auch die Vorstellung, als erfaßten die vom Forscher gebildeten Kategorien die bunte Wirklichkeit ganz. In dieser Meinung trifft sich Bourdieu mit Webers Auffassung vom Idealtypus.

Als Marx in der Mitte des 19. Jahrhunderts eine seiner besten historischen Schriften *Die Klassenkämpfe in Frankreich* nannte, war er seiner Zeit weit voraus. Werden Klassen charakterisiert durch ähnliche Strukturen und Lebensweisen, Binnenkontakte und Engagements, waren weder die Arbeiter noch die Bürger bereits zur Klasse geeint. Sie waren aus der Verflechtung mit einer auf vielfache Aktivitäten, Grundbesitz und kollektive Formen der Arbeit und des Lebens gegründeten Notabelngesellschaft, die den Entwicklungsstand des Marktes widerspiegelte, noch nicht oder nur teilweise ausgebrochen. Zwischen dem Wirtschafts- und Bildungsbürgertum vermittelten nur wenige Grenzgänger; der Besitzerstatus zog viele Kaufleute und Fabrikanten in seinen Bann, und die hohen Beamten mußten über umfangreiche Rücklagen verfügen, um die Unwägbarkeiten ihrer Karriere überleben zu können. Arbeiter wurden weniger von Fabriken als von Werkstätten beschäftigt, teilten ihre Zeit häufig noch zwischen Landarbeit, Selbständigkeit und Arbeit gegen Lohn und verteidigten sich in politischen Aktionen, in denen sie kaum in einen größeren Zusammenhang integriert waren. Nationale Marktstrukturen hatten noch nicht über Frankreich ein ähnliche Bedingungen schaffendes Netz geworfen. Zur Kennzeichnung dieser Strukturen ist der Begriff »Notabelngesellschaft« benutzt worden, der aber stärker die Besonderheiten der herrschenden Klassen hervorhebt als die Gesamtheit der sozialen Beziehungen charakterisiert. Trotzdem bietet er den Vorteil, daß er mit dem Landbesitz, der Familie und der an diese gebundenen politischen Macht Säulen der Gesamtgesellschaft in den ersten beiden Dritteln des 19. Jahrhunderts und den Charakter einer Gesellschaft benennt, die noch nicht durch Marktbeziehungen integriert war.

Die Klassengesellschaft, in der die Lohnarbeit, das Kapital und die Qualifikation die sozialen Verhältnisse prägten und diese sich verstärkt auf dem Markt anboten, löste nicht übergangslos die Zeit der Notabeln ab. Je nach Klassen und Sektoren dauerten Zustände an, mischten sich mit neuen Bedingungen oder ragten als Archaismen in einen inzwischen veränderten Kontext hinein. Die Aufmerksamkeit, die den Klassenstrukturen gewidmet wurde, erlaubte es paradoxerweise, schärfer jene die Klassenspaltung überlagernden, abstumpfenden oder modifizierenden Faktoren herauszupräparieren. Nicht als Abweichung von der Klassennorm wurden der Mobilitäts- und Veränderungsraum des Kleinbürgertums, die strukturelle Heterogenität des Landes oder die Intervention des Staates begriffen, sondern als integrierte Bestandteile eines gesellschaftlichen Prozesses, in dem sie für die Bestandserhaltung der Gesellschaft, für die »Persistenz des Systems«, eine im einzelnen zu charakterisierende Rolle spielten. Ungleichheit und Konfrontation auf der einen Seite, die massive soziale Folgeprobleme aufwarfen, Fluchtmöglichkeiten, Aufstiegschancen oder Hilfestellungen auf der anderen konnten dabei in ihrem Zusammenhang erfaßt werden.

Auch für die Zeit nach 1945 lassen sich mit dem gewählten Instrumentarium wesentliche Charakteristika der französischen Gesellschaft verdeutlichen. In einer Zeit des rapiden wirtschaftlichen und demographischen Wachstums, das vor allem in den »trente glorieuses« zwischen 1945 und 1975 vorherrschte, setzte sich einerseits die Verschmelzung der verschiedenen Teile des Bürgertums fort. Durch Heirat, Berufswechsel und -wahl verbanden sich die traditionellen Unternehmer, die leitenden Angestellten und die hohen Beamten, die weiterhin einen Aufstieg in den privaten Sektor suchten. Einten ein ähnlicher Lebensstil, vergleichbare Werte und das Festhalten an einem Kastendenken auch diese Elite, brachen doch in Fragen der Unternehmensführung oder aber des in Frankreich omnipräsenten Staates Divergenzen auf. Öffnete eine aufsehenerregende Demokratisierung des Bildungssystems auch Gymnasien und Universitäten für Kinder aus dem Kleinbürgertum und aus der Arbeiterklasse, blieben die familiäre Herkunft doch für Aufstiegschancen weiterhin ausschlaggebend und die Promotion an die Übernahme des kulturellen Modells des Bürgertums gebunden. Trotz bestehender sozialer Barrieren nahm die Zahl der Aufsteiger aber schon allein deshalb zu, weil die Menge der zur Verfügung stehenden Posten in Verwaltung und Betrieben, Banken und Universitäten wuchs. Die Mengenkonjunktur konnte den Anschein einer sozialen Revolution annehmen.

Die Arbeiter lebten mehrheitlich in Städten und arbeiteten in Großbetrieben. Sie waren auch zunehmend besser ausgebildet: Der Anteil der qualifizierten Arbeiter stieg von 38% 1962 auf 43% 13 Jahre später an, obwohl ihre Tätigkeit keineswegs immer ihren Fähigkeiten entsprach. Zwischen männlichen und weiblichen, einheimischen und ausländischen, qualifizierten und unqualifizierten Arbeitern bestanden deutlich Unterschiede fort. In der Automobilindustrie, in der der OS (»ouvrier specialisé«), der angelernte Arbeiter, seine Bastionen hatte, nahmen zunehmend Ausländer die Arbeitsplätze am Fließband ein. Sie stellten 1975 17% aller in der Industrie Beschäftigten. Auch von den 1,7 Millionen berufstätigen Frauen übte ein gutes Drittel eine unqualifizierte Tätigkeit, ein weiteres sogar Handarbeit aus. Die Brüche innerhalb der Arbeiterklasse waren nach 1945 offensichtlich nicht geringer geworden, zumal sie nicht mehr in dem zuvor integrierend wirkenden Wohnviertel aufgefangen wurden und auch die als Subkultur an Bedeutung verlierenden linken Parteien und Gewerkschaften immer weniger oder nur punktuell etwas zu ihrer Überbrückung beitragen konnten.

Im gewerblichen Sektor führte im Vergleich mit der Zeit vor 1945 die Erosion der alten Mittelklassen zu einer neuen Situation.

Die Zahl der Kleingewerbetreibenden ging deutlich zurück, während der kleine Handel sich besser behaupten konnte. Auch die zuvor politisch tonangebenden Notare, Ärzte und Anwälte verloren zwar nicht an Besitz und Einkommen, aber an Prestige. An ihre Stelle traten zunehmend die »lohnabhängigen Mittelschichten«, zu denen ebenso leitende wie Büroangestellte gehörten. 1975 wurden sechs Millionen Beschäftigte diesem Bereich zugerechnet, für den seit der Volksfront der Begriff »Kader« (»cadres«) benutzt wird. Mit ihm versuchten seinerzeit Unternehmerkreise mit Erfolg, analog zum deutschen Konzept des »neuen Mittelstands«, zwischen die Lohnabhängigen einen trennenden Keil zu treiben und mit Hilfe eines Begriffs, dem eine soziale Realität entsprach, zur Ausbildung eines Sonderbewußtseins beizutragen. Im weiten Bereich der Lebens- und Aufstiegschancen von »cadres« boten sich freilich ähnlich breit gefächerte Veränderungsmöglichkeiten wie unter dem Kleinbürgertum vor 1945 und teilweise noch danach.

Vor allem auf dem Land fanden die tiefgreifendsten sozialen Veränderungen statt. Die ländliche Bevölkerung ging rapide von 8,2 Millionen (1955) auf 4,3 Millionen (1980) zurück, und die Landwirtschaft erfuhr einen massiven Wandel infolge der neuen Verbindungen von Industrie, Monokultur und Maschinisierung. Die ländliche Sozialstruktur stützte sich auf drei Pole. An der Spitze standen jene 11% der Landwirte, die als Agrarunternehmer mehr als 50 Hektar Land besaßen und 45% der bestellbaren Fläche bebauten. Am unteren Ende der Hierarchie vegetierten jene Kleinbauern, die weniger als fünf Hektar ihr eigen nannten und nur 2% der Fläche beackerten, es sei denn, sie übten die Landwirtschaft nur nebenberuflich aus. Sie stellten 1979 immer noch 29% der Landwirte. Zwischen beiden erstreckte sich auf 53% der Fläche das Aktionsfeld der mittleren Agrarbetriebe, deren Prosperität je nach Spezialisierung, Kapitaleinsatz und Region variierte. Der Gegensatz von Lohnarbeit und Grundrente verlor gegenüber dieser Trennung immer mehr an Bedeutung, denn 1980 kamen auf 1 262 000 Bauern lediglich 233 000 ländliche Arbeiter.

Auch die gegenwärtige französische Gesellschaft gründet sich auf die Struktur der sozialen Ungleichheit und soll nach einer Enquête der OECD (»Organization for Economic Cooperation and Development«) aus dem Jahre 1976 sogar den zweifelhaften Superlativ verdient haben, das europäische Land mit der größten

Einkommens- und Besitzdifferenzierung gewesen zu sein. 1976 nannten ganze 5% der Franzosen 45% des nationalen Besitzes ihr eigen, während 0,03% den 10% der Ärmsten gehörten. An der Spitze der Vermögenshierarchie rangierten mit deutlichem Abstand vor Handwerkern, Kaufleuten und leitenden Angestellten die freien Berufe, Großkaufleute und Industrielle. Die Angestellten, deren Arbeit, wenn auch nicht ihr Besitz, sich derjenigen der Arbeiter anglich, standen vor diesen.

Trotz dieser großen Differenzen bietet die französische Gesellschaft der Gegenwart ein friedlicheres Bild als in der Zwischenkriegszeit. Dafür ist nicht nur die Verbesserung der allgemeinen Lebens- und Versorgungsbedingungen verantwortlich, die Teilnahme am Massenkonsum und eine Revolution in den Wohnformen. Dazu trug vielmehr auch eine breite Erfahrung bei, daß innerhalb der Gesellschaft Veränderung möglich war. Freilich nicht für jeden und zu jeder Zeit. Aber zahlreiche Familien können auf einen Wandel der Position, der Sicherheit und des Lebensstandards innerhalb einer Generation zurückblicken, der meist auf schulische Erfolge gegründet war. In der Selbstwahrnehmung der französischen Gesellschaft sind es nicht die veränderten wirtschaftlichen Strukturen und spezifische Konjunkturbedingungen, die diesen Aufstieg erklären können, sondern die Ergebnisse der schulischen Karriere. Es ist deshalb nicht erstaunlich, daß Frankreich das europäische Land ist, in dem der Rhythmus und die Anforderungen der Schule am nachhaltigsten den Alltag bestimmen und Schulfragen zu Glaubenskriegen ausarten können. Der Konflikt um die hessischen Rahmenrichtlinien war ein laues Windchen im Vergleich mit dem Sturm, den in den achtziger Jahren die Debatte über die Zukunft der konfessionellen Schulen in Frankreich entfachte. Massenhafte soziale Situations-, weniger jedoch Positionsveränderungen in den letzten 30 Jahren sowie der Glaube an die Egalität garantierende Kraft der kostenlosen, alle Kinder von früh an erfassenden Schule tragen dazu bei, daß die weiterhin bestehenden sozialen Kasten und Privilegien ertragen oder ihre Probleme ausgeblendet werden. Der republikanische Wunsch des ausgehenden 19. Jahrhunderts, daß die gesellschaftlichen Positionen sich nicht nach dem Vermögen, sondern nach dem Verdienst des einzelnen verteilen sollten, scheint gegenwärtig erfüllt – zumindest im Bewußtsein weiter Teile der französischen Gesellschaft.

Kommentierte Auswahlbibliographie

Abkürzungen:

ADH	Annales de démographie historique
AESC	Annales. Economie-Société-Civilisation
AHES	Annales d'histoire économique et sociale
AHR	American Historical Review
AHRF	Annales Historiques de la Révolution française
ARSS	Actes de la Recherche en Sciences Sociales
BCPL	Bulletin du Centre Pierre Léon
FHS	French Historical Studies
GG	Geschichte u. Gesellschaft
JIH	Journal of Interdisciplinary History
JSH	Journal of Social History
MS	Le Mouvement Social
PP	Past and Present
RFSP	Revue Française des Sciences Politiques
RH	Revue Historique

Die folgende Bibliographie kann nicht die einzelnen Anmerkungen ersetzen, soll jedoch die wichtigsten Monographien und Aufsätze vorstellen, die die Argumentation geleitet haben und auf die ich mich gestützt habe. Soweit vorhanden, wurde auf deutschsprachige Publikationen zurückgegriffen. Trotz der deutlichen Fortschritte, die die bundesrepublikanische Frankreichforschung seit dem Anfang der siebziger Jahre gemacht hat, bliebe jedoch die Bibliographie, die nicht die maßgeblichen französischen oder angelsächsischen Studien erwähnte, unvollkommen.

Einleitung

Zur Geschichte des intellektuellen und politischen Austauschs zwischen Deutschland und Frankreich s. das Standardwerk von R. Poidevin u. J. Bariety, Frankreich u. Deutschland. Die Geschichte ihrer Beziehungen 1815–1975, München 1982; vor allem unter kultur- und mentalitätsgeschichtlichen Aspekten interessant sind die Aufsätze, die M. Christadler (Hg.) versammelt hat. In: Deutschland–Frankreich. Alte Klischees – Neue Bilder, Duisburg 1981; für die Zeit nach 1945, aber auch mit einer kurzen historischen Einleitung s. G. Ziebura, Die deutsch-französischen Beziehungen seit 1945. Mythen u. Realitäten, Pfullingen 1970.

Zum theoretischen Ansatz: J. Kocka Hg., Max Weber, der Historiker,

Göttingen 1986; M. Mauke, Die Klassentheorie bei Marx u. Engels, Frankfurt 1970; P. Bourdieu, Sozialer Raum u. »Klassen«. Leçon sur la leçon, ebd. 1985; ders., Die feinen Unterschiede, ebd. 1982. Als historische Vorarbeiten sind zu nennen: Die Aufsätze in H.-U. Wehler Hg., Klassen in der europäischen Sozialgeschichte, Göttingen 1979; J. Kocka, Klassengesellschaft im Krieg, ebd. 1973/78²; H.-U. Wehler, Deutsche Gesellschaftsgeschichte, 2 Bde, München 1987/1988²; J. Mooser, Arbeiterleben in Deutschland 1900–1970, Frankfurt 1986.

Eine Sozialgeschichte Frankreichs seit 1789 liegt in deutscher Sprache bisher noch nicht vor. Dagegen gibt es zahlreiche Geschichten Frankreichs, in denen sozialgeschichtliche Teile eine mehr oder minder wichtige Rolle spielen. J. Kuczynskis Darstellung der Lage der Arbeiter in Frankreich, in: ders., Die Geschichte der Lage der Arbeiter unter dem Kapitalismus, Bde. 32, 33, Berlin 1967, kann sozialgeschichtlichen Ansprüchen nicht genügen, sondern ist allenfalls als Steinbruch – und auch dies nur mit Vorsicht! – zu benutzen. Sowohl M. Erbe (Geschichte Frankreichs von der Großen Revolution bis zur Dritten Republik 1789–1884, Stuttgart 1982) als auch G. Ziebura (Frankreich 1789–1870. Entstehung einer bürgerlichen Gesellschaftsformation, Frankfurt 1979) beziehen sozialgeschichtliche Fragen ein, bleiben aber stark einer auf politische Ereignisse und Strukturen bezogenen Sichtweise verhaftet. Auch W. Loth, Geschichte Frankreichs im 20. Jahrhundert, Stuttgart 1987, privilegiert den politischen Bereich, auch wenn er von der These der »blockierten Gesellschaft« ausgeht. Dies gilt auch für E. Weisenfeld, Frankreichs Geschichte seit dem Krieg 1944–1980, München 1980, und H.-O. Sieburg, Geschichte Frankreichs, Stuttgart 1983³. Eher wirtschafts- als sozialgeschichtliche Aufsätze sind aufgenommen in: G. Ziebura u. H.G. Haupt Hg., Wirtschaft u. Gesellschaft in Frankreich seit 1789, Köln 1975.

Aufgrund dieser Literaturlage im deutschsprachigen Raum muß auf französische Publikationen zurückgegriffen werden. Übersetzt ist ein Teil des Sammelwerks, das der französischen Wirtschafts- und Sozialgeschichte gewidmet ist und eher in der Tradition von E. Labrousse als von F. Braudel steht: F. Braudel u. E. Labrousse Hg., Wirtschaft u. Gesellschaft in Frankreich im Zeitalter der Industrialisierung, 2 Bde, Frankfurt 1986 (der Text ist von den Autoren selbst gekürzt worden). Trotz der guten Übersetzung ist jedoch immer wieder auf die in vier Teilen und mehreren Bänden veröffentlichte französische Fassung zurückzugreifen. In ihr sind besonders empfehlenswert und sozialgeschichtlich interessant die Teile von A. Armengaud zur Demographie, von P. Léon zur Entstehung des nationalen Marktes, von J. Bouvier zum französischen Bankwesen, von M. Perrot zu den städtischen Unterschichten. Daneben ist unerläßlich und in Teilen deutlich über die »Histoire économique et sociale« hinausweisend: Y. Lequin Hg., Histoire des Français, XIXe–XXE siècles, 3 Bde, Paris 1983/1984. Besonders gelungen sind die Teile zur ländlichen Bevölkerung von

R. Hubscher, zur Demographie von M. Garden und zu den Stadtbewohnern von Y. Lequin. Einen Einblick in aktuelle Tendenzen der französischen Sozialgeschichte vermittelt ein Bericht über den Forschungsstand: H. G. Haupt, Forschungen zur neueren Sozialgeschichte Frankreichs: Neue Ansätze u. Ergebnisse, in: AfS 27. 1987, 483–98. Als Nachschlagewerke sinnvoll sind: W. Loth u. a., Frankreich-Ploetz. Französische Geschichte zum Nachschlagen, Freiburg 1985, wie auch A. Burguière Hg., Dictionnaire des sciences historiques, Paris 1986.

In englischer Sprache bietet das Werk von T. Zeldin zu unterschiedlichen Problemen und Ereignissen erstaunlich viel Material, ist aber als Gesamtdeutung der französischen Gesellschaft nicht überzeugend: France 1848–1945, 2 Bde, London 1973/1977. Sehr nützlich sind die beiden in der »Fontana History of Modern France« vorliegenden Bände von D. M. G. Sutherland (France 1789–1815: Revolution and Conterrevolution, Oxford 1985) und R. Magraw (France 1815–1914: The Bourgeois Century, ebd. 1983). Sehr materialreich, wenn auch traditionell im Zuschnitt: R. Price, A Social History of 19th Century France, London 1987. Schließlich ist auf die Frankreich gewidmeten Teile in einzelnen Sammelwerken oder übergreifenden Gesamtdarstellungen hinzuweisen. Das gilt etwa für den anregenden Band in der Fischer-Weltgeschichte: L. Bergeron u. a., Das Zeitalter der europäischen Revolutionen, Frankfurt 1969; C. M. Cipolla u. K. Borchard Hg., Europäische Wirtschaftsgeschichte, Bde. 3, 4, Stuttgart 1976/77; W. Fischer Hg., Handbuch der europäischen Wirtschafts- und Sozialgeschichte, Bde. 5, 6, Stuttgart 1985/1987; H. Kaelble, Auf dem Weg zu einer europäischen Gesellschaft. Eine Sozialgeschichte Westeuropas 1880–1980, München 1987.

I. Frankreich – Eine Notabelngesellschaft 1789–1880

1. Markt und Gesellschaft

1.1. Märkte und Marktbeziehungen

Zum theoretischen Ansatz vgl. K. Polanyi, The Great Transformation. Politische u. ökonomische Ursprünge von Gesellschaften u. Wirtschaftssystemen, Frankfurt 1978; F. Braudel, Civilisation matérielle, Economie et capitalisme, XVe–XVIIIe siècles, 3 Bde, Paris 1979. Der zweite Band ist betitelt: Les jeux de l'échange (dt.: Sozialgeschichte des 15.–18. Jahrhunderts, 3 Bde, München 1985/86).

Der Markt für Waren: Zurückzugreifen ist auf folgende großen Agrargeschichten: M. Agulhon u. a., Histoire de la France rurale, 3, Paris 1976; vor allem eröffnet jedoch die Dissertation von R. Hubscher der Agrarforschung neue Horizonte: L'agriculture et la société rurale dans le Pas-de-Calais du milieu du 19e siècle à 1914, 2 Bde, Arras 1979; wichtig ist aber auch die im reinsten Stil der Labrousse-Schule angefertigte Arbeit von G. Dupeux, Aspects de l'histoire sociale et politique de Loir-et-Cher, Paris 1962; P. Vigier, La seconde république dans la région alpine, 2 Bde, ebd. 1963; G. Désert, Une société rurale au 19e siècle. Les paysans du Calvados 1815–95, 3 Bde, Lille 1975; G. Garrier, Paysans du Beaujolais et du Lyonnais, 1800–1970, 2 Bde, Grenoble 1973. Direkt zum Marktgeschehen finden sich zahlreiche Hinweise in: G. Rudé, Die Volksmassen in der Geschichte. England u. Frankreich 1730–1848, Frankfurt 1977. Stimulierend ist der Aufsatz von D. Margairaz, La formation du réseau des foires et des marchés: Stratégies, pratiques et idéologies, in: AESC 1986, 1215–42; materialreich: B. Lepetit, Sur les dénivellations de l'Espace économique en France, dans les années 1830, in: AESC 1986, 1243–72. In die Vielfalt der ländlichen Märkte führt ein: J. Thomas, Galeries de portraits: personnages de foires et de marchés dans les campagnes toulousaines au XIXe siècle, in: BCPL 1–2, 1986, 29–54. Zur Agrargeschichte der Revolutionszeit s. die beiden klassischen Aufsätze: M. Bloch, La lutte pour l'individualisme agraire dans la France du XVIIIe siècle, in: AHES 2. 1930, 329–81; 511–56; G. Lefebvre, La place de la Révolution dans l'histoire agraire de la France, in: AHES 1. 1929, 506–23. Eine Synthese der französischen Forschungsergebnisse legt vor: G. van den Heuvel, Grundprobleme der französischen Bauernschaft 1730–1794, München 1982.

Der Markt für Arbeitskräfte: Spezielle Studien zu dieser Frage existieren nicht, aber die großen Arbeiterstudien enthalten zahlreiche Elemente. M. Agulhon, Une ville ouvrière au temps du socialisme utopique. Toulon de 1815 à 1851, Paris 1980; G. Duveau, La vie ouvriére en France sous le Second Empire, ebd. 1946; Y. Lequin, La formation de la classe ouvrière régionale: les ouvriers de la région lyonnaise, 2 Bde, Lyon 1977; M. Perrot, Les ouvriers en grève, Paris 1871–1890, 2 Bde, Paris 1974; G.J. Sheridan, The Social and Economic Foundations of Association Among the Silk Weavers of Lyon 1852–1870, 2 Bde, New York 1981; R. Trempé, Les mineurs de Carmaux, 1848–1914, 2 Bde, Paris 1971. Eine Synthese bietet jetzt: G. Noiriel, Les ouvriers dans la société française, XIXe–XXe siècle, ebd. 1986. Besonders aussagekräftig sind folgende Memoiren: J.E. Bédé, Un ouvrier en 1820, ebd. 1984; J.B. Dumay, Mémoires d'un militant du Cruesot 1841–1905, ebd. 1976; M. Nadaud, Léonard, maçon de la Creuse, ebd. 1976; A. Perdiguier, Mémoires d'un compagnon, ebd. 1982; N. Truquin, Mémoires et aventures d'un prolétaire à travers la Révolution, ebd. 1977; weiterführend auch die Beiträge in: R. Trempé Hg., Naissance de la classe ouvrière, in: MS 97. 1976, sowie in M. Perrot Hg., Travaux de femmes dans la France du XIXe siècle, in: MS 105. 1978.

»Zum Gelde drängt doch alles...«: Zur allgemeinen Einführung in die Problematik ist unerläßlich: J. Bouvier, Un siècle de banque française, Paris 1971; zum Spar- und Investitionsverhalten s. C.A. Michalet, Les

placements des epargants français de 1815 à nos jours, ebd. 1968, sowie die große kollektive Enquête unter der Leitung von A. Daumard Hg., Les fortunes françaises au XIXe siècle, ebd. 1973. Zu lokalen Gebräuchen der Kreditaufnahme und -vergabe s. J. C. Martin, Commerce et commerçants à Niort au XIXe siècle. Les faillites, in: Bulletin de la société historique et scientifique des Deux Sèvres 13, 1980, 337–501; Y. Marec, Le »clou« rouennais des origines à nos jours (1778–1982) du Mont de piété au Crédit municipal. Contribution à l'histoire de la pauvreté en province, Rouen 1983.

Der Markt für kulturelle Güter: F. Furet u. J. Ozouf, Lire et écrire, 2 Bde, Paris 1977; s. auch zur Rolle der Intellektuellen in der frühen Arbeiterbewegung in: J. Rancière, La nuit des prolétaires, ebd. 1981; zur ländlichen Bevölkerung das stimulierende, wenn auch nicht immer überzeugende Werk von E. Weber, Peasants into Frenchmen. The Modernization of Rural France, Stanford 1976. Vgl. auch G. Duveau, La pensée ouvrière sur l'éducation, Paris 1948. Reich an kulturhistorischen Beispielen ist auch A. Corbin, Archaisme et modernité en Limousin au 19e siècle, 2 Bde, ebd. 1975. Zur Bedeutung der Bildung für Arbeiterkreise s. J. Ozouf, Le peuple et l'école: note sur la demande populaire d'instruction en France au XIXe siècle, in: Mélanges d'histoire sociale offerts à J. Maitron, ebd. 1976, 167–76. Zum gesamten Bereich der Erziehung bleibt der Rückgriff auf A. Prost, L'enseignement en France, 1800–1967, ebd. 1968, ein Gewinn. Zu den unterschiedlichen Ausdrucks- und Einflußformen der Volksschichten in der Restaurationszeit s. H. G. Haupt, Nationalismus u. Demokratie. Zur Geschichte der Bourgeoisie im Frankreich der Restauration, Frankfurt 1974, 231 ff.

1.2. Industrialisierung, Bevölkerungswachstum und innere Staatsbildung

Der französische Weg der Industrialisierung: Zur Einführung vgl. bes. P. Verlay, La révolution industrielle, Paris 1985 (eine kluge Zusammenfassung der Forschungstendenzen). Vgl. auch die makroökonomische und quantitative Studie von M. Lévy-Leboyer u. F. Bourguignon, L'économie française au XIXe siècle. Analyse macro-économique, ebd. 1985. Die revisionistische Sichtweise faßt zusammen und führt fort: J. Bouvier, Libres propos autour d'une démarche révisionniste, in: P. Fridenson u. A. Straus Hg., Le capitalisme français 19e–20e siècle. Blocages et dynamismes d'une croissance, ebd. 1987, 11–27. S. den Vergleich, der diese revisionistische Sicht stützte: P. O'Brien u. C. Keyder, Economic Growth in Britain and France, 1780–1914, London 1978; Zur Landwirtschaft: J.-C. Toutain, Le produit de l'agriculture française de 1700 à 1958, in: Cahiers de L'ISEA 1961; zum Handwerk: T. J. Markovitch, Le revenu industriel et artisanal sous la Monarchie de Juillet et le Second Empire, in: Cahiers de l'ISEA 1967. Zum Eisenbahnnetz: vor allem die Monographie von F. Caron, Histoire de l'exploitation d'un grand réseau: la compagnie de chemin de fer du Nord, 1846–1937, Paris 1973. Zu den französischen Unternehmern vgl. den Sammelband von E. C. Carter u. a. Hg., Enterprises and Entrepreneurs in 19th and 20th Century France, New York 1976. Zum Überblick vgl. auch F. Caron, An Economic History of Modern France, London 1979.

Das langsame Wachstum der Bevölkerung: Außer den Kapiteln, die M. Garden dieser Frage (in: Y. Lequin, Histoire des Français) widmet, s. die beiden klassischen und noch nicht überholten Studien von P. Ariès, Histoire des populations françaises et de leurs attitudes devant la vie depuis le XVIIIe siècle, Paris 1948, und A. Armengaud, La population française au 19e siècle, ebd. 1971. Stimulierend jetzt: H. Le Bras u. E. Todd, L'invention de la France, ebd. 1981, sowie der Beitrag von M. Perrot in: P. Ariès u. G. Duby Hg., Histoire de la vie privée, ebd. 1987, 4, 93 ff. Zur Familie s. M. Segalen, Sociologie de la famille, ebd. 1981, sowie die Aufsätze von J. Goy, L. Bergeron und S. Chassagne in: N. Bulst u. a. Hg., Familie zwischen Tradition u. Moderne. Studien zur Geschichte der Familie in Deutschland u. Frankreich vom 16. bis zum 20. Jahrhundert, Göttingen 1981. Zum Heiratsverhalten: J. Borie, Les célibataires français, Paris 1976; R. George, Chronique intime d'une famille de notables au XIXe siècle. Les Odouard de Mercurol, Lyon 1981; M. Frey, Du mariage et du concubinage dans les classes populaires à Paris (1846–1847), in: AESC 1978, 803–29. Theoretisch wichtig: P. Bourdieu, Les stratégies matrimoniales dans le système des stratégies de reproduction, in: AESC 1972, 1105–27; zur familiären Zusammenarbeit: W. Reddy, Family and Factory: French Linen Weavers in the Belle Epoque, in: JSH 1975, 102–112; zum Altern: P. Bourdelais, Vieillir en famille dans la France des ménages complexes (L'exemple de Preayssas 1836–1911), ADH 1985, 21–38. Zur »Landflucht«: P. Hohenberg, Migrations et fluctuations démographiques dans la France rurale 1836–1901, in: AESC 1974, 461–97; A. Chatelain, Les migrants temporaires en France de 1800 à 1914, 2 Bde, Lille 1977; J. Pitié, Exode rural et migrations intérieures en France, Poitiers 1971. Zur Urbanisierung s. M. Agulhon Hg., Histoire de la France urbaine, 4, Paris 1983; C.H. Pouthas, La population francaise pendant la première moitié du XIXe siècle, ebd. 1956; L. Chevalier, La formation de la population parisienne au 19e siècle, ebd. 1950; G. Dupeux, La croissance urbaine en France au 19e siècle, in: RHES 1974.

Die innere Staatsbildung: Als Nachschlagewerke nützlich sind: J. Godechot, Les institutions de la France sous la Révolution et l'Empire, Paris 1969; F. Ponteil, Les institutions de la France de 1814 à 1870, ebd. 1966. Eine wichtige Fallstudie über die Kontinuität des politischen Personals: W. S. Giesselmann, Die brumairianische Elite. Kontinuität u. Wandel der französischen Führungsschicht zwischen Ancien Régime u. Julimonarchie, Stuttgart 1977; zu den Präfekten: E. H. Whitcomb, Napoleon's

Prefects, in: AHR 79. 1974, 1089–118; N. Richardson, The French Prefectoral Corps 1814–1830, Cambridge 1966, sowie der Sammelband: Les préfets en France, Genf 1978. Zur Kritik am Verwaltungszentralismus: R. v. Thadden, Revolution u. Napoleonisches Erbe. Der Verwaltungszentralismus als politisches Problem in Frankreich 1814–1830, Wiesbaden 1972; zur Militärgeschichte als Überblick weiterhin sinnvoll: R. Girardet, La société militaire dans la France contemporaine 1815–1939, Paris 1953; zur Revolution die ebenso lesenswerte wie interessante kommentierte Quellensammlung von J. P. Bertaud, Valmy. La démocratie en armes, ebd. 1970; zu dem System der Ersatzleute: B. Schnapper, Le remplacement militaire en France, ebd. 1968. Zur Nationalgarde weiterhin: L. Girard, La garde nationale, 1814–1871, ebd. 1964; zur Polizeiforschung, die in Frankreich gerade erst beginnt: C. Emsley, Policing in Its Context 1750–1870, Oxford 1983, der die englische und französische Entwicklung konfrontiert; jetzt vor allem die Aufsätze in: Société d'histoire de la Révolution de 1848 et des Révolutions du XIXe siècle, Maintien de l'ordre et polices en France et en Europe au XIXe siècle, Paris 1987; insgesamt enttäuschend: L'Etat et sa police en France (1789–1914), Genf 1979. Zu einem speziellen Aspekt: H. G. Haupt, Staatliche Bürokratie u. Arbeiterbewegung. Zum Einfluß der Polizei auf die Konstituierung der Arbeiterbewegung u. der Arbeiterklasse in Deutschland u. Frankreich 1848–1880, in: J. Kocka Hg., Arbeiter u. Bürger im 19. Jahrhundert, München 1985, 219–54. Zum Steuersystem: Wegweisend ist die Aufsatzsammlung von R. Schnerb, Deux siècles de fiscalités française, Paris 1973, in ihr vor allem der Aufsatz von J. Bouvier, Le système fiscal français au XIXe siècle. Als Gesamtdarstellung nützlich: G. Ardant, Histoire de l'impôt, 2, ebd. 1972. Zur Gewerbesteuer: J. Gaillard, Les intentions d'une politique fiscale: la Patente en France au XIXe siècle, in: Bulletin du Centre d'Histoire de la France contemporaine, 7, 1986, 15–38.

2. Adel und Bürgertum in der Notabelngesellschaft

2.1. Strukturen der Notabelngesellschaft

Wichtige Hinweise bietet immer noch das ökonomistisch argumentierende Werk von G. Dupeux, La société française 1789–1964, Paris 1964; mit viel Gespür für sozialgeschichtliche Zusammenhänge dagegen: P. Sorlin, La société française, I: 1840–1914, ebd. 1969. Wenig ergiebig in empirischer wie in theoretischer Hinsicht ist jedoch die Debatte zwischen L. O'Boyle und A. Cobban, in: AHR 71. 1966, 826–45; FHS 5. 1967, 41–52; 53–56; zur sozialen Bedeutung des Landbesitzes vgl. P. Vigier, Essai sur la répartition de la propriété foncière dans la région alpine, Paris 1963; M. Vovelle, Structure et répartition de la fortune foncière et de la fortune mobilière d'un ensemble urbain: Chartres de la fin de l'Ancien Régime à la Restauration, in: RHES 36. 1958, 384–98; vgl. auch ders. u. D. Roche, Bourgeois, Rentiers, Propriétaires. Elements pour la définition d'une catégorie sociale à la fin du XVIIIe siècle, in: Actes du 84e Congrès national des Sociétés savantes (Dijon 1959), Paris 1960, 419–52. Zur Familie: die zahlreichen Hinweise in L. Bergeron, Les capitalistes en France 1780–1914, ebd. 1978; spezieller auch: G. Thuillier, Georges Dufaud et les débuts du grand capitalisme dans la métallurgie en Nivernais au XIXe siècle, ebd. 1959; D. Woronoff, L'industrie sidérurgique en France pendant la Révolution et L'Empire, ebd. 1984, das trotz des rein wirtschaftsgeschichtlichen Titels zahlreiche und differenzierte Informationen über Unternehmer und Arbeiter enthält; auf dem Land: A. Burguière, Bretons de Plozévet, ebd. 1975 (der Bericht über ein interdisziplinär angelegtes Forschungsprojekt, das sich um ein Dorf gruppiert); M. Segalen, Maris et femmes dans la société paysanne, Paris 1980 (zentral für die Familienstruktur und Riten); zur Familie der Kleinhändler und Handwerker vgl. die Beiträge von A. Faure und J. Le Yaouang in: H. G. Haupt u. P. Vigier Hg., L'atelier et la boutique, MS 108. 1979. Zum lokalen Einfluß s. vor allem das weiterhin aufschlußreiche Werk von R. Rémond, La vie politique en France, 2 Bde, Paris 1965/69.

2.2. Die Notabeln: Klassenunterschiede oder Elitebindung?

Zentral in diesem Zusammenhang A. J. Tudesq, Les grands notables en France 1840–49. Etude historique d'une psychologie sociale, 2 Bde, Paris 1964; wichtig auch die Pionierarbeit von A. Daumard, La bourgeoisie parisienne de 1815 à 1848, ebd. 1963, deren spätere Synthesen nicht mehr die Qualität dieser Fallstudie erreicht haben. Vgl. etwa dies., Bourgeois et bourgeoisie en France au 19e et 20e siècle, ebd. 1987; vgl. auch die lokalen Studien von M. Agulhon, La vie sociale en Provence intérieure au lendemain de la Révolution, ebd. 1970; J. P. Chaline, Les bourgeois de Rouen: une élite urbaine au XIXe siècle, ebd. 1982, der die Ansätze von A. Daumard aufnimmt und weiterführt; P. Lévêque, Une société provinciale. La Bourgeoisie sous la monarchie de Juillet, ebd. 1983 (eine problem- und detailreiche Studie); O. Voillard, Nancy au XIXe siècle (1815–1871). Une bourgeoisie urbaine, ebd. 1968; vgl. auch die Textsammlung von G. Chaussinand-Nogaret Hg., Une histoire des élites, 1700–1848, ebd. 1975, die allerdings für das 18. Jahrhundert ergiebiger ist als für das 19. Wenn auch etwas veraltet, so doch immer noch anregend: J. LHomme, La grande bourgeoisie au pouvoir (1830–1880), ebd. 1960; zum Adel s. vor allem M. Denis, Les royalistes de la Mayenne et le monde moderne, ebd. 1977; R. Gibson, The French Nobility in the 19th Century – Particularly in the Dordogne, in: J. Howorth u. P. G. Cerny Hg., Elites in France. Origins, Reproduction and Power, London 1981, 4–45 (die beste Synthese der bisher vorliegenden Forschung); A. Guillemin, Le pouvoir de l'innovation: les notables de la Manche (1830–1875), Thèse EHESS 1980; vgl. auch ders., Patrimoine foncier et pouvoir nobiliaire: la noblesse de la Manche sous la Monarchie de Juillet, in: Etudes rurales 1976, 127ff; A. Tudesq, Les survivances de l'Ancien Régime: la noblesse dans la société française de la première moitié du XIXe siècle, in: D. Roche u. C. E. Labrousse Hg., Ordres et classes, Paris 1973, 199–214; T. D. Beck, French Legislators, 1800–1834, Berkeley 1974. Zum Bildungsbürgertum vgl. die Angaben in: L. Bergeron u. G. Chaussinand-Nogaret Hg., Les masses de granit. Cent mille notables du premier Empire, Paris 1979 (eine vorläufige Auswertung auf nationaler Ebene gesammelter Angaben, die nunmehr für jede Region aufgearbeitet werden). Zum politischen Personal: C. H. Church, Revolution and Red Tape: The French Ministerial Bureaucracy 1770–1850, Oxford 1981; A. Tudesq, Les conseillers généraux au temps de Guizot, Paris 1967; L. Girard u. a., Les conseillers généraux en 1870, ebd. 1967. Zur Magistratur vgl. J. P. Royer u. a., Juges et notables au XIXe siècle, ebd. 1982. Insgesamt die Synthese vom besten Kenner der französischen Verwaltungsgeschichte des 19. Jahrhunderts: G. Thuillier, Bureaucratie et bureaucrates en France au XIXe siècle, Genf 1980; zum Unternehmerbürgertum: L. Bergeron, Banquiers, négociants et manufacturiers parisiens du Directoire à l'Empire, Paris 1978; J. Lambert-Dansette, Origine et évolution d'une bourgeoisie. Quelques familles du patronat textile de Lille-Armentières, Lille 1954. Vor allem aber jetzt A. Plessis, Régents et gouverneurs de la Banque de France sous le Second Empire, Genf 1985; La Banque de France et ses deux cents actionnaires, ebd. 1982.

Konsens und Konflikt unter den Notabeln: vgl. die Beiträge in G. Duby Hg., Histoire de la France, Bde. II, III, Paris 1972; D. H. Pinkney, Decisive Years in France 1840–47, London 1986; J. M. Merriman, The Red City. Limoges and the French 19th Century, ebd. 1986; R. R. Locke, French Legitimists and the Politics of Moral Order in the Early Third Republic, ebd. 1974. Zum Liberalismus vgl. die Beiträge von H. G. Haupt, F. Lenger, R. Hudemann und G. Krumeich in: D. Langewiesche Hg., Liberalismus im 19. Jahrhundert, Göttingen 1988. Zum konfessionellen Konflikt vgl. jetzt vor allem das Standardwerk G. Cholévy u. Y. M. Hilaire Hg., Histoire religieuse de la France contemporaine, 2 Bde, Toulouse 1985/86. Sie lösen damit das Werk von A. Dansette aus dem Jahre 1957 ab. Wichtige Regionalstudien stammen von G. Cholévy, Religion et société au 19e siècle. Le diocèse de Montpellier, 2 Bde, Lille 1973, und von C. Marcilhacy, Le Diocèse d'Orléans au milieu du XIXe siècle, Paris 1964; eine neue sozialgeschichtliche Sicht der Nonnen und ihrer Rolle legt mit überraschenden Ergebnissen vor C. Langlois, Le catholicisme au féminin. Les congrégations françaises à supérieure générale au XIXe siècle, ebd. 1984. Zur Wirkungsgeschichte der Französischen Revolution vgl. jetzt das nützliche, Forschungskontroversen darbietende Taschenbuch von J. Solé, La révolution en questions, ebd. 1988, und M. Vovelle Hg., L'Etat de la France pendant la Révolution 1789–1799, ebd. 1988. Vgl. auch unter mentalitätsgeschichtlichen Gesichtspunkten die Aufsätze in: P. Nora Hg., Les lieux de mémoire, I: La République, ebd. 1984. Vgl. die Hinweise in: L. Hunt, Politics, Culture and Class in the French Revolution, Berkely 1984; M. Ozouf, L'Ecole de la France. Essais sur la Révolution, l'utopie et l'enseignement, Paris 1984. Zur Gefängnisdiskussion: R. Forster u. O. Ranum Hg., Deviants and the Abandoned in French Society, Baltimore 1978; G. Wright, Between the Guillotine and Liberty. Two Centuries of the Crime Problem in France, New York 1983; M. Perrot, 1848. Revolution et Prisons, in: AHRF 49. 1977, 306–38; dies. Hg., L'impossible prison: recherches sur le système pénitentiaire au XIXe siècle, Paris 1980. Zum Umgang mit Geisteskranken s. außer dem Klassiker von M. Foucault (Histoire de la folie à l'age classique, Paris 1977) vor allem R. Castel, Die psychiatrische Ordnung, Frankfurt 1979; instruktiv die beiden Fallstudien von G. Bleandonn u. G. Le Gaufey, Naissance des asiles d'aliénés (Auxerre–Paris), in: AESC 1975. 93–121; J. G. Petit, Folie, Language, Pouvoirs en Maine-et-Loire (1800–1841), in: RHMC 27. 1980, 529–64.

2.3. Die bedrohte Festung der Notabeln

Innovation und Protest auf dem Land: J. P. Jessenne, Le pouvoir des fermiers dans les villages d'Artois (1770–1848), in: AESC 1983, 702–34; A. Guillemin, Aristocrates, propriétaires et diplomés. La lutte pour le pouvoir local dans le département de la Manche, 1830–1875; in: ARSS 42. 1982, 35–60; F. Baby, La guerre des demoiselles en Ariège, Montbel 1972; T. Margadant, French Peasants in Revolt: The Insurrection of 1851, London 1979; R. Price, The Modernization of Rural France, London 1983; J. L. Mayaud, Les Paysans du Doubs au temps de Courbet, Paris 1979; E. Weber, Comment la politique vint aux paysans. A Second Look at Peasant Politicisation, in: AHR 1982, 357–389. Vgl. auch ders., The Second Republic. Politics and the Peasant, in: FHS 11. 1979/80, 521–50; auch R. Price, The French Second Republic, London 1972; zu den Konflikten und Konfliktformen auf dem Land vgl. V. Hunecke, Antikapitalistische Strömungen in der Französischen Revolution: Neuere Kontroversen der Forschung, in: GG 4. 1978, 291–323; vgl. auch die Aufsätze von G. Lefebvre und A. Soboul in: E. Labrousse u. a., Geburt der bürgerlichen Gesellschaft: 1789, Frankfurt 1979, 88ff., 136ff., 171ff. Ausführlicher dazu: R. Cobb, The Police and the People. French Popular Protest 1789–1820, London usw. 1970, 85 ff.; A. Soboul, Problèmes paysans de la révolution 1789–1848, Paris 1976; zum besonderen Fall der Provence: M. Agulhon, La république au village. Les populations du Var de la Révolution à la Seconde République, ebd. 1970. Umstritten ist: C. Tilly u. a., The Rebellious Century, 1830–1930, London 1975. Zur Agrargesetzgebung vgl. F. Fortunet, Le code rural ou l'impossible codification, in:

AHRF 54. 1982, 95–112; zum ländlichen Handwerk vgl. außer den Regionalstudien vor allem: J. C. Farcy, Rural Artisans in the Beauce During the 19th Century, in: G. Crossick u. H. G. Haupt Hg., Shopkeepers and Master Artisans in Nineteenth Century Europe, London 1984.

Talent und Unabhängigkeit in der Stadt: Zu den Unternehmern vgl. die Beiträge von J. P. Hirsch, M. Hau und J. P. Chaline in MS 132. 1985, 3–55; nützlich ist auch: R. Cathy u. E. Richard, Contribution à l'étude du négoce marseillais de 1815 à 1870: l'apport des successions, RH 1980. Zu den Journalisten s. die Ausführungen des besten Kenners dieser Gruppe: M. Martin, Les journalistes notoires à Paris (1830–1870), in: RH 239. 1982, 897–926. Zu den Ingenieuren vgl.: A. Thépot Hg., L'ingénieur dans la société française, Paris 1985; T. Shinn, Savoir scientifique et pouvoir social. L'Ecole polytechnique, ebd. 1980; J. H. Weiss, The Making of Technological Man. The Social Origins of the French Engineering Education, Cambridge/Mass. 1982.

Die Welt der Arbeit: Zum Kleinbürgertum vgl. die Beiträge von A. Faure und H. G. Haupt in: G. Crossick u. H. G. Haupt, Shopkeepers; s. auch die Bemerkungen in: Petite entreprise et croissance industrielle dans le monde aux XIXe et XXe siècle, 2 Bde, Paris 1981; vgl. auch die beiden Sonderhefte der Zeitschrift »Le Mouvement social« 108. 1979 und 114. 1981. – Zur Arbeiterklasse: Wenn auch etwas überzogen, so doch stimulierend W. M. Reddy, The Rise of Market Culture. The Textile Trade and French Society 1750–1900, London 1984; L. Berlanstein, The Working People of Paris, 1871–1914, ebd. 1985 (eine bemerkenswerte Arbeit); C. H. Johnson, Utopian Communism in France. Cabet and the Icariens 1838–51, ebd. 1974; vgl. auch die Beiträge von W. Sewell, M. Perrot und A. Cottereau in: I. Katznelson u. A. R. Zollberg Hg., Working Class Formation: 19th Century Patterns in Western Europe and the United States, Princeton 1985. Zu Aktions- und Organisationsformen vgl. E. Shorter u. C. Tilly, Strikes in France, 1830–1968, London 1974; W. H. Sewell, Work and Revolution in France. The Language of Labour from the Old Regime to 1848, ebd. 1980 (wesentliche Annahmen des Werkes sind aber bereits kritisiert worden). A. Aminzade, Class, Politics and Early Industrial Capitalism. A Study of Mid 19th Century Toulouse, ebd. 1981; B. H. Moss, The Origins of the French Labor Movement. The Socialism of Skilled Workers, ebd. 1976. Vgl. auch G. Hardach, Der soziale Status des Arbeiters in der Frühindustrialisierung 1800–1870, Berlin 1969, dessen Fragestellung aber jetzt überholt ist. Materialreich, obwohl in ihren Schlußfolgerungen überzogen: U. Pruss-Kaddatz, Wortergreifung. Zur Entstehung einer Arbeiterkultur in Frankreich, Frankfurt 1982. Zur Herausbildung einer Arbeiterbewegung vgl. H. G. Haupt, Republikanismus u. langsame Industrialisierung, in: J. Kocka Hg., Europäische Arbeiterbewegungen im 19. Jahrhundert, Göttingen 1982. Zur Einheit des »peuple« vgl. R. Cobb, The People in the French Revolution, PP 1959, 60–72; M. Lyons, The Jacobin

Elite of Toulouse, in: ESR 1977, 259–84; A. Soboul, Les sans-culottes parisiens en l'an II. Mouvement populaire et gouvernement révolutionnaire (1793–1794), Paris 1968; J. Merriman Hg., 1830 in France, London 1975; D. Pinkney, The Crowd in the French Revolution of 1830, in: AHR 70. 1964, 1–17; C. Tilly u. L. H. Lees, Le peuple de juin 1848, in: AESC 1974, 1061–91; M. Agulhon, Les Quarante-huitards, Paris 1975; J. Rougerie, Procès des communards, ebd. 1964; ders., Paris libre: 1871, ebd. 1971; H. G. Haupt u. K. Hausen, Die Pariser Kommune. Erfolg u. Scheitern einer Revolution, Frankfurt 1979. Die wichtigsten Beiträge faßt differenziert zusammen: D. Langewiesche, Europa zwischen Restauration u. Revolution 1815–1849, München 1985.

II. Die französische Klassengesellschaft seit 1880

2. Das Ende der Notabeln

2.1. Der Landbesitz auf dem Rückzug

Vgl. G. Duby u. A. Wallon Hg., Histoire de la France rurale, IV: La Fin de la France paysanne de 1914 à nos jours, Paris 1977. Besonders aufschlußreich sind auch folgende Lebensberichte: P. J. Hélias, Le Cheval d'orgueil. Mémoires d'un Breton du pays bigouden, ebd. 1975 (unerläßlich zum Verständnis von Riten und Symbolen auf dem Land); R. Thabault, Mon village, ses hommes, ses roues, son école 1848–1914, ebd. 1945 (sehr eindrucksvoll); vgl. auch den Reisebericht von D. Halévy, Visites aux paysans du Centre 1907–1934, ebd. 1935; E. Guillaume, La Vie d'un simple, ebd. 1935. Zum 20. Jahrhundert liegen weniger umfangreiche »thèses« vor als zum 19. Vgl. jedoch die Langzeitstudie von G. Gavignaud, Propriétaires-viticulteurs en Roussillon. Structures – Conjoncture – Société, XVIIIe–XXe siècle, 2 Bde, ebd. 1983; Y. Rinaudo, Les paysans du Var (fin du XIXe siècle – début du XXe siècle), 3 Bde, Lille 1983; P. Gratton, Les luttes de classes dans les campagnes, Paris 1971 (über Landarbeiterproteste); zur Landflucht: P. Pinchemel, Structures sociales et dépopulation rurale dans les campagnes picardes, de 1836 à 1936, ebd. 1957; s. auch G. Postel-Vinay, La rente foncière dans le capitalisme agricole, ebd. 1974. Vgl. dazu die ethnologische Arbeit über das burgundische Dorf Minot bei F. Zonabend, La Mémoire longue. Temps et histoire au village, ebd. 1980; zum Verlust an Geselligkeit und zur Verödung des Landes: M. Agulhon u. M. Bodiguel, Les Associations au village, ebd. 1981.

2.2. Die neuen sozialen Schichten

P. Birnbaum, Les sommets de l'Etat. Essai sur l'élite au pouvoir en France, ebd. 1977; zeitgenössische Stellungnahme: D. Halévy, La fin des notables, ebd. 1930; zu den Bürgermeistern vgl. die mit Fallstudien und allgemeinen Überblicken versehene Publikation einer breiten Enquête, für die es in der Bundesrepublik kein Äquivalent gibt: M. Agulhon u. a., Les maires en France du Consulat à nos jours, ebd. 1986; J. Estèbe, Les ministres de la République 1871–1914, ebd. 1982; zum Einfluß des Adels vgl. J. Bécarud, Noblesse et représentation parlementaire. Les députés nobles de 1871 à 1958, in: RFSP 23. 1973, 972–93. Zu den Parlamentariern insgesamt vgl. M. Doggei, La stabilité du personnel politiquc sous la troisième République, RFSP 1953, 319–48. Zur Rolle der Lehrer vgl. B. Singer, The Teacher as Notable in Brittany, 1880–1914, in: FHS 9. 1975/76, 635–99; J. Ozouf, Nous les maîtres d'école: Autobiographies d'instituteurs de la Belle Epoque, Paris 1967; G. Duveau, Les instituteurs, ebd. 1966; zum Agrarismus vgl. P. Barral, Les Agrariens Français de Méline à Pisani, ebd. 1968.

2.3. Das Band der Familie

P. Ariès u. G. Duby Hg., Histoire de la vie privée, V: De la première guerre mondiale à nos jours, ebd. 1987 (insgesamt ist dieser Band jedoch enttäuschend, da offensichtlich die vorliegenden Forschungen nicht ausreichend waren, um zu einer Synthese zusammengefaßt zu werden). P. Guillaume, Permanences et mutations dans la société bordealise contemporaine, Bordeaux 1978; A. Girard, Le Choix du Conjoint. Une enquête psycho-sociologique en France, Paris 1974; A. Martin-Fugier, La Place des Bonnes. La domesticité féminine à Paris en 1900, ebd. 1979.

2.4. Faktoren der Stabilität zwischen 1880 und 1945

Zur ökonomischen Entwicklung vgl. A. Sauvy, Histoire économique de la France entre les deux guerres, 4 Bde, ebd. 1965–70: C. Kindleberger, Economic Growth in France and Britain 1851–1950, Cambridge/Mass. 1964; J.-J. Carré u. a., La croissance française. Un essai d'analyse économique causale de l'après guerre, Paris 1972 (mit einem wichtigen historischen Vorspann); A. Bouton, La fin des rentiers. Histoire des fortunes privées en France depuis 1914, ebd. 1931; P. Cornut, Répartition de la fortune privée en France, par département et nature de biens, au cours de la première moitié du XXe siècle, ebd. 1963 (lediglich als Steinbruch zu benutzen!); zur demographischen Entwicklung: A. Armengaud, La population française au XXe siècle, ebd. 1969; J. Dupâquier Hg., Histoire de la population française, Bde. IV, V, ebd. 1988 (Maurice Garden hat mich sein Manuskript einsehen lassen, dafür danke ich ihm). Zur Urbanisierung vgl. A. Fourcault, Bobigny, banlieue rouge, ebd. 1986; G. Jacquemet, Belleville aux XIXe et XXe siècles: une méthode d'analyse de la croissance urbaine à Paris, in: AESC 1975, 819–43; J. Merriman Hg., French Cities in the 19th Century, London 1982. Zur politischen Entwicklung: S. Hoffmann, Sur la France, Paris 1976; C. Bloch, Die Dritte Französische Republik, Stuttgart 1972; J. M. Mayeur, La vie politique sous la Troisième République, Paris 1984; in deutscher Sprache die Parlamentsstudie von R. Hudemann, Fraktionsbildung im französischen Parlament. Zur Entwicklung des Parteiensystems in der frühen Dritten Republik 1871–1875, München 1979.

3. Bürger gegen Arbeiter

3.1. Das Besitzbürgertum

M. Lévy-Leboyer Hg., Le Patronat de la Seconde Industrialisation, Paris 1979 (bes. die Beiträge vom Herausgeber, P. Lanthier, H. Morsel, P. Cayez und M. Perrot); F. Bédarida, Des réalités de la guerre aux mirages de la prospérité (1914–1931), in: L. H. Parias Hg., Histoire du peuple français, V, ebd. 1967; I. Kolboom, Französische Unternehmer in der Periode der Volksfront 1936–1937, Rheinfelden 1983; P. Fridenson, Unternehmenspolitik, Rationalisierung, Arbeitsmarkt. Französische Erfahrungen im internationalen Vergleich 1900–1929, in: N. Horn u. J. Kocka Hg., Recht u. Entwicklung der Großunternehmen im 19. u. frühen 20. Jahrhundert, Göttingen 1979, 428–50; ders., Un tournant taylorien de la société française, 1904–1918, in: AESC 1987, 1031–60.

3.2. Das Bildungsbürgertum

C. Charles, Les Hauts fonctionnaires en France au XIXe siècle, Paris 1980; ders., Les élites de la république, 1880–1900, ebd. 1987; ders., Le pantouflage en France (vers 1880–vers 1980), in: AESC 1987, 1115–38; s. auch N. Carré de Malberg, Le recrutement des inspecteurs de finances de 1892 à 1946, in: Vingtième siècle, Oktober 1985, 67–91; M. C. Kessler, Les grands corps de l'Etat, Paris 1986; M. de Saint-Martin, Une grande famille, in: ARSS 31. 1980, 4–22 (über eine adelige Familie); P. Ory u. J. F. Sirinelli, Les intellectuels en France de l'affaire Dreyfus à nos jours, Paris 1986; zu den Gymnasiallehrern: V. Karady, Les professeurs de la République. Le marché scolaire, les réformes universitaires et les transformations de la fonction professorale à la fin du XIXe siècle, in: ARSS 47–48. 1983, 90–112; G. Vincent, Les professeurs du second degré au début du XXe siècle. Essai sur la mobilité sociale et la mobilité géographique, in: MS 1965, 47–74; ders., Les professeurs de l'enseignement secondaire dans la société de la »Belle Epoque«, in: RHMC 1966, 49–86.

Vgl. W. H. Sewell, Structure and Mobility. The Men and Women of Marseille 1820–1870, Cambridge 1985 (eine der bereits früh in Angriff genommenen, aber spät publizierten Mobilitätsstudien); fundamental: D. Reid, The Miners of Decazeville. A Genealogy of Desindustrialization, Cambridge/Mass. 1985; M. Hanagan, The Logic of Solidarity. Artisans and Industrial Workers in Three French Towns 1871–1914, London 1980; J. W. Scott, The Glassworkers of Carmaux, Cambridge/Mass. 1974; J. P. Brunet, Saint-Denis, la ville rouge? Paris 1980; O. Hardy-Hemery, De la croissance à la desindustrialisation, ebd. 1984 (über nordfranzösische Stahlarbeiter); G. Noiriel, Longwy. Immigrés et prolétaires 1880–1980, ebd. 1984 (eine wichtige Arbeit); P. Fridenson Hg., L'autre front, MS cahier 2, Paris 1976 (über die Arbeiterklasse im Ersten Weltkrieg); S. Schweitzer, Des engrenages à la chaîne. Les usines Citroen 1915–1935, Lyon 1982 (eine subtile Betriebsmonographie). Vgl. auch die Beiträge von M. Perrot, Y. Lequin, M. Hanagan und P. Fridenson in: S. L. Kaplan u. C. J. Koepp Hg., Work in France. Representations, Meaning Organization, and Practice, London 1986. Neuland betreten vor allem zwei umfangreiche Arbeiten: J. P. Burdy, Le Soleil noir, Lyon 1988; sowie J. Michel, Le mouvement ouvrier chez les mineurs d'Europe occidentale (Grande-Bretagne, Belgique, France, Allemagne). Etude comparative des années 1880 à 1914, 7 Bde, Lille 1987. Zu den gewerkschaftlichen und politischen Kämpfen vgl. E. Andréani, Grèves et fluctuations. La France de 1890 à 1914, Paris 1968; R. Cazals, Avec les ouvriers de Mazamet dans la grève et l'action quotidienne 1909–1914, ebd. 1978; R. Goetz-Girey, Le mouvement des grèves en France 1919–1962, ebd. 1965; A. Kriegel, Aux origines du communisme français 1914–1920, ebd. 1964 (vor allem mit dem auch heute noch lesenswerten Kapitel über den Eisenbahnergeneralstreik); G. Lefranc, Le mouvement syndical en France sous la Troisième République, ebd. 1967. Trotz aller Schwächen als erster Einstieg: C. Willard, Geschichte der französischen Arbeiterbewegung, Frankfurt 1981. Zur sozialistischen Partei vgl. die über eine biographische Würdigung hinausgehende Arbeit von G. Ziebura, Léon Blum. Theorie u. Praxis einer sozialistischen Politik, Bd. 1, Berlin 1963; s. jetzt auch M. Christadler Hg., Geteilte Utopie, Opladen 1986. – Zu den Arbeiterbörsen: P. Schöttler, Die Entstehung der »Bourses du Travail«. Sozialpolitik u. französischer Syndikalismus am Ende des 19. Jahrhunderts, Frankfurt/New York 1982; ders., Syndikalismus in der europäischen Arbeiterbewegung. Neuere Forschungen in Frankreich, England u. Deutschland, in: K. Tenfelde Hg., Arbeiter u. Arbeiterbewegung im Vergleich. Berichte zur internationalen historischen Forschung, München 1986, 419–75 (mit zahlreichen weiterführenden Literaturangaben).

4. Die Kräfte der gesellschaftlichen Synthese

4.1. Veränderungen der ländlichen Welt

J. Harvey Smith, Work Routine and Social Structure in an French Village: Cruzy in the 19th Century, in: JIH 5. 1975, 357–82; R. Hubscher, La petite exploitation en France: Reproduction et compétitivité (fin XIXe siècle–début XXe siècle), in: AESC 1985, 3–34 (ein wichtiger, bisherige Annahmen revidierender Aufsatz); C. Mesliand, La fortune paysanne dans le Vaucluse (1900–1938), in: AESC 1967, 88–137; H. Mendras, La Fin des Paysans. Changement et innovation dans les sociétés rurales françaises, Paris 1970; G. Wright, La révolution rurale en France. Histoire politique de la paysannerie au XXe siècle, ebd. 1967; s. auch die Fallstudie von L. Wylie, Un village du Vaucluse, ebd. 1968.

4.2. Das Kleinbürgertum als Schmelztiegel

Vgl. H. G. Haupt, The petite bourgeoisie en France 1850–1914, in: G. Crossick u. H. G. Haupt Hg., 95–119; F. Gresle, L'univers de la boutique. Les petits patrons du Nord (1920–1975), Lille 1981; B. Zarca, L'artisanat français du métier traditonnel au groupe social, Paris 1986; N. Mayer, La boutique contre la gauche, ebd. 1986. Zur politisch-ideologischen Entwicklung vgl. jetzt vor allem P. Nord, Paris Shopkeepers and the Politics of Resentment, Princeton 1986.

4.3. Der französische Sozialstaat

Als Standardwerke sind zu benutzen: H. Hatzfeld, Du paupérisme à la sécurité sociale. Essai sur les origines de la sécurité sociale en France 1850–1940, Paris 1971; J. Le Goff, Du silence à la parole. Droit du travail, société, Etat 1830–1945, ebd. 1985; J. Alber, Vom Armenhaus zum Wohlfahrtsstaat. Analyse zur Entwicklung der Sozialversicherung in Westeuropa, Frankfurt/New York 1982. Zur Unfallversicherung: F. Ewald, L'Etat-Providence, Paris 1985; zur Verkürzung der Arbeitszeit vgl. H. G. Haupt, Les petits commerçants et la politique sociale: L'exemple de la loi sur le repos hebdomadaire, in: Bulletin du Centre d'Histoire de la France contemporaine 8. 1987, 7–34; zur Rentenversicherung: I.Bourquin, »Vie ouvrière« u. Sozialpolitik. Die Einführung der »Retraites ouvrières« in Frankreich um 1910, Bern 1977; zur Versicherungsgesetzgebung zu Beginn der dreißiger Jahre: D. Simon, Le patronat face aux assurance sociales 1920–1930, in: MS 137. 1986, 7–27; vgl. zu der Bewältigung der Kriegsfolgen: A. Prost, Die Demobilmachung, der Staat u. die Kriegsteilnehmer in Frankreich, in: GG 9. 1983, 178–94; M. Geyer, Ein Vorbote des Wohlfahrtsstaates. Die Kriegsopferversorgung in Frankreich,

Deutschland u. Großbritannien nach dem Ersten Weltkrieg, in: GG 9. 1983, 230–77. Zur Armenpolitik s. den insgesamt jedoch zu optimistischen Aufsatz von J. H. Weiss, Origins of the French Welfare State. Poor Relief in the Third Republic 1871–1914, in: FHS 13. 1983/84, 46–78; O. Faure, La genèse de l'hôpital moderne. Les hospices civils de Lyon de 1802 à 1845, Lyon 1982; O. Faure u. D. Dessertine, Hospitalisation et populations hospitalisées dans la région lyonnaise aux XIXe et XXe siècle, Centre P. Léon, ebd. 1988. Vgl. auch die Beiträge in: Cahiers d'histoire 29/2–3. 1984 unter dem Titel: Santé et histoire. Zum Arbeitskampfrecht: P. Bance, Les fondateurs de la C.G.T. à l'épreuve du droit, Paris 1978; J. P. Rioux, La conciliation et l'arbitrage obligatoire des conflits du travail, in: R. Rémond u. J. Bourdin Hg., Edouard Daladier. Chef du gouvernement Avril 1938–Septembre 1939, ebd. 1977, 112–28 (allerdings verdeutlicht dieser Artikel nicht die Veränderungen, die die Gesetzgebung in den Betrieben bewirkte).

4.4. Innerfranzösische »Kriege«

C. Charle, L'Affaire Dreyfus. Champ littéraire et champ du pouvoir. Les écrivains et l'Affaire Dreyfus, in: AESC 1977, 241–64; M. Winock, Les Affaires Dreyfus, in: Vingtième siècle 5. 1985, 19–39; vor allem aber M. Burns, Rural Society and French Politics. Boulangism and the Dreyfus Affair, 1886–1900, Princeton 1984. Zum Konflikt zwischen Staat und Kirche: J. M. Mayeur, La séparation de l'Eglise et de l'Etat, Paris 1966; ders., Géographie de la résistance aux Inventaires, in: AESC 1968, 1259–72. Zu Vichy – das grundlegende Werk von R. O. Paxton, La France de Vichy, 1940–1944, Paris 1973; jetzt auch A. G. Sama, Vichy était-il fascite? in: Vingtième siècle 11. 1986, 41–54; in deutscher Sprache s. K. J. Müller, Protest – Modernisierung – Integration. Bemerkungen zum Problem faschistischer Phänomene in Frankreich 1924–1934, in: Francia 8. 1980, 464–524.

5. Klassenstrukturen nach 1945 – Eine Skizze

J. Fourastié, Les trente glorieuses, ou la révolution invisible de 1946 à 1975, Paris 1979; H. Mendras Hg., La sagesse et le désordre, France 1980, ebd. 1980; M. Parodi, L'Economie et la société française depuis 1945, ebd. 1981; S. Maresca, Les dirigeants paysans, ebd. 1983; D. Bertaux, Destins personnels et structure de classe, ebd. 1977; P. Birnbaum, La classe dirigeante française, ebd. 1978; C. Thélot, Tel père, tel fils, ebd. 1982; P. Bourdieu u. J. C. Passeron, Die Illusion der Chancengleichheit, Stuttgart 1971. Vgl. dagegen jedoch die Argumentation von H. Kaelble, Soziale Mobilität u. Chancengleichheit im 19. u. 20. Jahrhundert, Göttingen 1983; L. Boltanski, Les cadres. La formation d'un groupe social, Paris 1982;

G. Lavau u. a. Hg., L'univers politique des classes moyennes, ebd. 1983; G. Adam u. a., L'ouvrier français en 1970, ebd. 1971; G. Noiriel, Le creuset français. Histoire de l'immigration XIXe–XXe siècle, ebd. 1988; M. Verret, L'Espace ouvrier, ebd. 1979; ders., Le travail ouvrier, ebd. 1982.

Neue Historische Bibliothek
in der edition suhrkamp

»Hans-Ulrich Wehlers fast aus dem Nichts entstandene ›Neue Historische Bibliothek‹ ist (...) nicht nur ein forschungsinternes, sondern auch ein kulturelles Ereignis.« Frankfurter Allgemeine Zeitung

Abelshauser, Werner: Wirtschaftsgeschichte der Bundesrepublik Deutschland 1945-1980. NHB. es 1241

Alter, Peter: Nationalismus. NHB. es 1250

Becher, Ursula: Geschichte des modernen Lebensstils in Deutschland seit 1750. NHB. es 1253

Berghahn, Volker: Unternehmer und Politik in der Bundesrepublik. NHB. es 1265

Blasius, Dirk: Geschichte der politischen Kriminalität in Deutschland 1800-1980. Eine Studie zu Justiz und Staatsverbrechen. NHB. es 1242

Botzenhart, Manfred: Reform, Restauration, Krise. Deutschland 1789-1847. NHB. es 1252

Carsten, Francis L.: Geschichte der preußischen Junker. NHB. es 1273

Dippel, Horst: Die Amerikanische Revolution 1763-1787. NHB. es 1263

Frevert, Ute: Frauen-Geschichte. Zwischen bürgerlicher Verbesserung und Neuer Weiblichkeit. NHB. es 1284

Geiss, Immanuel: Geschichte des Rassismus. NHB. es 1530

Geyer, Michael: Deutsche Rüstungspolitik 1860-1980. NHB. es 1246

Grimm, Dieter: Deutsche Verfassungsgeschichte 1776-1866. NHB. es 1271

Haupt, Heinz-Gerhard: Sozialgeschichte Frankreichs seit 1789. NHB. es 1535

Hentschel, Volker: Geschichte der deutschen Sozialpolitik 1880-1980. Soziale Sicherung und kollektives Arbeitsrecht. NHB. es 1247

Hildermeier, Manfred: Die russische Revolution. NHB. es 1534

Holl, Karl: Pazifismus in Deutschland. NHB. es 1533

Jaeger, Hans: Geschichte der Wirtschaftsordnung in Deutschland. NHB. es 1529

Jarausch, Konrad H.: Deutsche Studenten 1800-1970. NHB. es 1258

Jasper, Gotthard: Die gescheiterte Zähmung. Wege zur Machtergreifung Hitlers 1930-1934. NHB. es 1270

Kluge, Ulrich: Die deutsche Revolution 1918/1919. Staat, Politik und Gesellschaft zwischen Weltkrieg und Kapp-Putsch. NHB. es 1262

Kluxen, Kurt: Geschichte und Problematik des Parlamentarismus. NHB. es 1243

Kraul, Margret: Das deutsche Gymnasium 1780-1980. NHB. es 1251

314/1/8.88

Neue Historische Bibliothek in der edition suhrkamp

314/2/8.88

Geschichte in der edition suhrkamp

Wolfgang Abendroth: Ein Leben in der Arbeiterbewegung. Gespräche, aufgezeichnet und herausgegeben von Barbara Dietrich und Joachim Perels. es 820
– Sozialgeschichte der europäischen Arbeiterbewegung. es 106
Wilhelm Alff: Materialien zum Kontinuitätsproblem der deutschen Geschichte. es 714
Perry Anderson: Die Entstehung des absolutistischen Staates. Übersetzt von Gerhard Fehn. es 950
Jean-Paul Aron/Roger Kempf: Der sittliche Verfall. Bourgeoisie und Sexualität in Frankreich. Aus dem Französischen von Agnes Bucaille-Euler, Birgit Spielmann und Gerhard Mahlberg. es 1116
Aus der Zeit der Verzweiflung. Zur Genese und Aktualität des Hexenbildes. Beiträge von Gabriele Becker, Silvia Bovenschen, Helmut Brackert, Sigrid Brauner, Ines Brenner, Gisela Morgenthal, Klaus Schneller, Angelika Tümmler. es 840
Helmut Böhme: Prolegomena zu einer Sozial- und Wirtschaftsgeschichte Deutschlands im 19. und 20. Jahrhundert. es 253
Helmut Brackert: Bauernkrieg und Literatur. es 782
Freya Eisner: Kurt Eisner – Die Politik des libertären Sozialismus. es 422
Kurt Eisner: Sozialismus als Aktion. Ausgewählte Aufsätze und Reden. Herausgegeben von Freya Eisner. es 773
Geburt der bürgerlichen Gesellschaft: 1789. Beiträge von Ernest Labrousse, Georges Lefebvre, Albert Soboul, Maurice Dommanget, Michelle Vovelle. Herausgegeben von Irmgard A. Hartig. Aus dem Französischen übersetzt von Klaus Voigt. es 937
Ute Gerhard: Verhältnisse und Verhinderungen. Frauenarbeit, Familie und Rechte der Frauen im 19. Jahrhundert. Mit Dokumenten. es 933
Gunnar Heinsohn/Rolf Knieper/Otto Steiger: Menschenproduktion. Allgemeine Bevölkerungstheorie der Neuzeit. es 914
Eike Hennig: Bürgerliche Gesellschaft und Faschismus in Deutschland. Ein Forschungsbericht. es 875
– Thesen zur deutschen Sozial- und Wirtschaftsgeschichte 1933 bis 1938. es 662
Die Hexen der Neuzeit. Studien zur Sozialgeschichte eines kulturellen Deutungsmusters. Herausgegeben von Claudia Honegger. es 743
Eric J. Hobsbawm: Industrie und Empire 1. Britische Wirtschaftsgeschichte seit 1750. Aus dem Englischen übersetzt von Ursula Margetts. es 315

312/1/5.88

Geschichte
in der edition suhrkamp

Eric J. Hobsbawm: Industrie und Empire 2. Britische Wirtschaftsgeschichte seit 1750. Aus dem Englischen übersetzt von Ursula Margetts. es 316

Ernst-Ulrich Huster/Gerhard Kraiker/Burkhard Scherer: Determinanten der westdeutschen Restauration 1945-1949. Autorenkollektiv: Ernst-Ulrich Huster, Gerhard Kraiker, Burkhard Scherer, Friedrich-Karl Schlotmann, Marianne Welteke. es 575

André Leroi-Gourhan: Die Religionen der Vorgeschichte. Paläolithikum. Aus dem Französischen von Michael Bischoff. es 1073

Christian Meier: Entstehung des Begriffs ›Demokratie‹. Vier Prolegomena zu einer historischen Theorie. es 387

– Die Ohnmacht des allmächtigen Dictators Caesar. Drei biographische Skizzen. es 1038

»Mit uns zieht die neue Zeit«. Der Mythos der Jugend. Herausgegeben von Thomas Koebner, Rolf-Peter Janz und Frank Trommler. es 1229

Die Münchner Räterepublik. Zeugnisse und Kommentar. Herausgegeben von Tankred Dorst. Mit einem Kommentar versehen von Helmut Neubauer. es 178

Ulla Pruss-Kaddatz: Wortergreifung. Zur Entstehung einer Arbeiterkultur in Frankreich. es 1115

Schrift und Materie der Geschichte. Vorschläge zur systematischen Aneignung historischer Prozesse. Herausgegeben von Claudia Honegger. es 814

Albert Soboul: Französische Revolution und Volksbewegung: die Sansculotten. Die Sektionen von Paris im Jahre II. Bearbeitet und herausgegeben von Walter Markov. Die Übersetzung aus dem Französischen besorgte Claus Werner. es 960

Sozialdemokratische Arbeiterbewegung und Weimarer Republik. Materialien zur gesellschaftlichen Entwicklung 1927-1933. Herausgegeben von Wolfgang Luthardt. 1. Band. es 923

Der spanische Bürgerkrieg. Eine Bestandsaufnahme fünfzig Jahre danach. Manuel Tunñón de Lara, Julio Aróstegui, Ángel Viñas, Gabriel Cardona, Joseph M. Bricall. es 1401

Theorie der modernen Geschichtsschreibung. Herausgegeben von Pietro Rossi. es 1390

Edward Thompson: Die Entstehung der englischen Arbeiterklasse. 2 Bde. Aus dem Englischen von Lotte Eidenbenz, Mathias Eidenbenz, Christoph Groffy, Thomas Lindenberger, Gabriele Mischkowski, Ray Mary Rosdale. es 1170

312/2/5.88

Geschichte
in der edition suhrkamp

Leo Trotzki: Denkzettel. Politische Erfahrungen im Zeitalter der permanenten Revolution. Herausgegeben von Isaac Deutscher, George Novack und Helmut Dahmer. Übersetzungen aus dem Englischen von Harry Maòr. es 896

Umwälzung einer Gesellschaft. Zur Sozialgeschichte der chinesischen Revolution (1911-1949). Herausgegeben von Richard Lorenz. es 870

Paul Veyne: Von der Geschichtsschreibung. Aus dem Französischen von Gustav Roßler. es 1472

Von deutscher Republik 1775-1795. Texte radikaler Demokraten. Herausgegeben von Jost Hermand. es 793

Otto Vossler: Die Revolution von 1848 in Deutschland. es 210

Wahrnehmungsformen und Protestverhalten. Studien zur Lage der Unterschichten im 18. und 19. Jahrhundert. Mit Beiträgen von Edward P. Thompson, Rainer Wirtz, Pierre Caspard, Josef Ehmer, Detlev Puls, Patrick Fridenson, Douglas A. Reid, W. R. Lambert, Gareth Stedman Jones. Herausgegeben von Detlev Puls. es 948

Wissenschaft im Dritten Reich. Herausgegeben von Peter Lundgreen. es 1306

Weitere Bände zum Thema in der Reihe Neue Historische Bibliothek

312/3/5.88